Patrick Leiske

Höfisches Spiel und tödlicher Ernst

Patrick Leiske

Höfisches Spiel und tödlicher Ernst

Das Bloßfechten mit dem langen Schwert in den
deutschsprachigen Fechtbüchern des späten Mittelalters und
der frühen Neuzeit

 JAN THORBECKE VERLAG

Die Verlagsgruppe Patmos ist sich ihrer Verantwortung gegenüber unserer Umwelt bewusst. Wir folgen dem Prinzip der Nachhaltigkeit und streben den Einklang von wirtschaftlicher Entwicklung, sozialer Sicherheit und Erhaltung unserer natürlichen Lebensgrundlagen an. Näheres zur Nachhaltigkeitsstrategie der Verlagsgruppe Patmos auf unserer Website www.verlagsgruppe-patmos.de/nachhaltig-gut-leben
Übereinstimmend mit der EU-Verordnung zur allgemeinen Produktsicherheit (GPSR) stellen wir sicher, dass unsere Produkte die Sicherheitsstandards erfüllen. Näheres dazu auf unserer Website www.verlagsgruppe-patmos.de/produktsicherheit. Bei Fragen zur Produktsicherheit wenden Sie sich bitte an produktsicherheit@verlagsgruppe-patmos.de

Bibliografische Information der Deutschen Nationalbibliothek
Die Deutsche Nationalbibliothek verzeichnet diese Publikation in der Deutschen Nationalbibliografie; detaillierte bibliografische Daten sind im Internet über http://dnb.dnb.de abrufbar.

2. Auflage 2025
Alle Rechte vorbehalten
© 2018 Jan Thorbecke Verlag,
Verlagsgruppe Patmos in der Schwabenverlag AG, Senefelderstr. 12, 73760 Ostfildern
www.thorbecke.de

Umschlaggestaltung: Finken & Bumiller, Stuttgart
Umschlagabbildung: vorne: Hans Thalhofer, Fechtbuch von 1467 (Bayerische Staatsbibliothek München, Cod.icon. 394 a, fol. 13r); hinten: Joachim Meyer, Gründtliche Beschreibung des Fechtens [Mitte 16. Jh.] (Universitätsbibliothek Lund, B. N. Msc. N. 37 (G. J. Sommelius), fol. 27v).
Satz und Repro: Schwabenverlag AG, Ostfildern
Druck: CPI books GmbH, Leck
Hergestellt in Deutschland
ISBN 978-3-7995-1257-2

Inhalt

Dank

Musste sich ein Mensch vor 500 Jahren auf ein Duell vorbereiten, so suchte er die Hilfe eines Fechtmeisters, der ihn während der Zeit vor dem Kampf im Umgang mit der Waffe schulte, ihm in dieser psychisch belastenden Situation aber auch mit Ratschlägen und mentaler Unterstützung zur Seite stand. Auch wenn es in meinem Fall nicht um Leben und Tod ging, so hatte doch auch ich meinen ganz eigenen Kampf mit der nun vorliegenden Arbeit auszufechten, die im Wintersemester 2016/17 an der Ruprecht-Karls-Universität Heidelberg als Dissertation angenommen und für die Veröffentlichung noch einmal geringfügig überarbeitet wurde – und ich bin sehr dankbar für all die Unterstützung, die mir im Laufe dieses Projekts zuteilwurde.

An erster Stelle zu nennen sind hier sicherlich meine Eltern, Bernd und Jutta Leiske, die mich auf meinem bisherigen Weg stets und kompromisslos unterstützt und es mir nicht nur nachgesehen, sondern mich darin bestärkt haben, eine geisteswissenschaftliche Laufbahn einzuschlagen. Dass ich meine Leidenschaft zum Beruf machen und meinen wissenschaftlichen Interessen folgen konnte, habe ich in erster Linie ihnen zu verdanken – sie waren mir über all die Jahre ein sicherer Hafen auch in turbulenten Zeiten.

Weiterer Dank gilt vor allem auch meinem Doktorvater Bernd Schneidmüller, der sich ohne zu zögern auf das Wagnis einließ, eine Arbeit mit solch einem doch eher exotischen Thema zu betreuen, und der mir stets mit Rat und Tat zur Seite stand. Zusammen mit Stefan Weinfurter mühte er sich über mehrere Hundert Seiten voller Fachbegriffe aus der Welt des Fechtens, dafür gebührt beiden mein Dank. Die allgemeine Kollegialität und Hilfsbereitschaft am Historischen Seminar der Universität Heidelberg, besonders auch am Lehrstuhl Schneidmüller, haben mich tief beeindruckt und eine wichtige Rolle bei der Entstehung dieser Arbeit gespielt. Hervorheben möchte ich vor allem auch meinen Bürokollegen Werner Bomm, dem ich für die gute und freundschaftliche Zusammenarbeit über all die Jahre danke und der sicherlich mit seinen gelegentlichen neckenden Nachfragen über unsere Bildschirme hinweg, wie weit die Arbeit denn nun sei, seinen Teil dazu beitrug, dass das Buch doch noch relativ zeitig fertig wurde.

Ich danke ebenfalls all meinen Kollegen in Heidelberg, die aufzuzählen das Vorwort sprengen würde, aber die stets ein offenes Ohr für Fragen und Diskussionen hatten. Besonders auch meinen fleißigen Korrekturlesern, und hier zuvorderst Veronika Egetenmeyr, die sich einmal durch das komplette Werk kämpfen durfte und dabei sicher mehr über Hiebe und Häue gelernt hat, als ihr lieb war. Zu Dank verpflichtet bin ich weiterhin Lisa Badock und Louise Roggatz, die mir mit ihrem künstlerischen Talent bei der Anfertigung der Grafiken eine große Hilfe waren, sowie Jürgen Weis und den Kollegen von Thorbecke für die Unterstützung bei der Veröffentlichung.

Besonders ‚tatkräftige' Unterstützung erhielt ich im Rahmen dieser Arbeit von einer ganzen Reihe von Personen, die ich ebenfalls leider nicht alle einzeln aufzählen kann. Allen voran gebührt dabei Christian Bott von der Fechtschule Krîfon großer Dank: Ohne ihn, der meine Leidenschaft für das Fechten geweckt hat und mir stets mit fachlichem Rat und auch – ganz in der Tradition der alten Fechtmeister – immer wieder als Mentor zu Seite stand, wäre dieses Buch sicher niemals entstanden. Joachim Bartsch danke ich für seinen wertvollen Input zum Thema langes Messer, ebenso Martin Helmke für seine Expertise mit Schwert und Buckler. Nicht zuletzt will ich mich auch herzlich bei all den Mitgliedern meiner ‚AG historische Quellenkunde' bedanken, mit denen ich im Laufe der Jahre selbst die absurdesten Fechttechniken erproben und somit viele Erkenntnisse gewinnen konnte, die in die Arbeit mit eingeflossen sind – ein Fechtergruß geht an Euch und alle anderen Fechter, die mich über ein ganzes Jahrzehnt begleitet haben, mit denen ich Gefechte verbaler und sportlicher Natur ausfechten durfte und die alle ihren Teil zu diesem Buch beigetragen haben.

I. Einleitung

„In fencing, weight and strength mean nothing"[1] schreibt der italienische Olympiasieger Aldo Nadi in einem Lehrbuch über das Sportfechten. Verfolgt man heute live oder per TV-Übertragung ein Duell zwischen olympischen Fechtern, so verwundert ein solches Zitat kaum, scheinen die in Weiß gekleideten Athleten doch förmlich über die Planche, die Fechtbahn, zu fliegen. Sie landen blitzschnelle Ausfälle und Treffer, denen das menschliche Auge kaum folgen kann und die oft nur mehr über elektrische Hilfsmittel gewertet werden können. Erst im Zeitraffer offenbart sich dem Publikum zumeist die eigentliche Bahn der Waffe, die schließlich zum jeweiligen Treffer geführt hat.

Es lässt sich daher leicht vorstellen, dass folgendes Zitat ebenfalls von Nadi oder einem anderen olympischen Fechter stammen könnte: „Kühnheit, Schnelligkeit, Vorsicht, List und Klugheit [...] will das Fechten haben".[2] Auch hier wird der Aspekt der Geschicklichkeit herausgestellt, während die körperliche Stärke keine Erwähnung bei der Aufzählung dieser für den Fechter wichtigen Attribute findet. Doch handelt es sich hierbei nicht etwa um eine Zitat Nadis oder eines anderen zeitgenössischen Sportfechters: Die Worte stammen vielmehr aus einem Text des späten 14. Jahrhunderts, der sich mit dem mittelalterlichen Kampf mit dem langen Schwert beschäftigt – und hierbei handelt es sich nur um ein Beispiel aus einer ganzen Reihe von literarischen Zeugnissen des späten Mittelalters, welche das Fechten mit dem Schwert als eine eigenständige, höchst anspruchsvolle Kunst beschreiben.

Dies mag überraschen, denn anders als bei den modernen Wettkampfwaffen sind filigrane und ästhetische Bewegungen, wie man sie im heutigen Fechtsport finden kann, mit einem mittelalterlichen Schwert nur schwer vorstellbar. Das im Vergleich zum olympischen Florett, Degen oder Säbel deutlich schwerere, zweihändig geführte Schwert scheint doch ein solch dynamisches und motorisch anspruchsvolles Gefecht unmöglich zu machen. Der Begriff ‚Schwertkampf' lässt heute – zumindest im europäischen Kontext – schließlich auch weniger an ein technisch komplexes Bewegungssystem wie beim Sportfechten denken als vielmehr an das grobschlächtige Aufeinanderschlagen schwergerüsteter Ritter. „Roh und primitiv"[3] sei der Kampf mit dem Schwert im europäischen Mittelalter gewesen, wie folgerichtig sogar die Forschungsliteratur des ausgehenden 20. Jahrhunderts zur historischen Waffenkunde stellenweise noch bescheinigt. Dass es im mittelalterlichen Europa, und hier besonders im deutschsprachigen Raum, eine technisch (und philosophisch) durchaus hoch entwickelte Fechtkunst gab, ist in der Neuzeit eine kaum noch bekannte Tatsache, die erst seit

---

1   Nadi, On Fencing, S. 11.
2   Nürnberg, GNM, HS 3227a, fol. 18v: *Kunheit und rischeit vorsichtikeit list und klugheit* [...] *Wil fechten haben.*
3   Seitz, Blankwaffen, S. 166.

relativ kurzer Zeit wieder verstärkte Beachtung findet.[4] Denn seit dem Ende des
17. Jahrhunderts existiert in Europa, abgesehen von den verschiedenen Varietäten des Degen-, Florett-, und Säbelfechtens, die noch heute im Sport- und
Olympischen Fechten zu finden sind, keine nennenswerte lebendige Tradition
der historischen Fechtkunst mehr.[5] Das Fechten mit dem langen Schwert war
zugunsten leichterer und handlicherer Waffen aufgegeben worden, deren direkte Nachfolger noch heute im sportlichen Bereich Verwendung finden. Erst seit
etwa der Jahrtausendwende dringt das Bewusstsein für eine vormoderne europäische Schwertkampftradition als Kunstform wieder in eine breitere Öffentlichkeit vor.

So wurden im Verlauf der letzten Jahre immer neue Fecht- und Kampf-
sportschulen gegründet, die versuchen, die Techniken der mittelalterlichen
Fechtmeister zu rekonstruieren und auf diese Weise eine moderne Sportart in der
Tradition der europäischen Fechtkünste zu schaffen. Gerade in der jüngsten
Vergangenheit ist das Interesse an (internationalen) Turnieren stark gewachsen,
auf denen sich historisch interessierte Fechter untereinander messen und miteinander über die Geschichte der Fechtkunst und deren Interpretation austau-
schen können.[6] Auch die Akademie der Fechtkunst Deutschlands (ADFD), die in
der Bundesrepublik für die Ausbildung der Fechtlehrer zuständig ist, bietet inzwischen einen Ausbildungszweig zum ‚Historischen Fechten' an, was das öffentliche Interesse an dieser noch jungen ‚alten' Sportart belegt.[7] Gemeinsam ist
all diesen Bestrebungen, welche die historischen Kampfkünste wieder aufleben
lassen möchten, dass sie sich stark auf das Studium und die Interpretation der
Überlieferungszeugen der Fechtkunst aus dem Spätmittelalter stützen: eine bemerkenswerte Fülle von Handschriften und später auch Drucken, die sogenannten (Ring- und) Fechtbücher, die sich mit dem Schwertkampf und anderen
Formen des bewaffneten und unbewaffneten Zweikampfes zur damaligen Zeit
beschäftigen.

Die vorliegende Arbeit widmet sich genau dieser Quellengattung und speziell der Frage, in welcher Form eine Schwertkampftradition im deutschsprachigen Europa des Spätmittelalters existierte, die als Vorläufer des modernen
Fechtsports gesehen werden kann. Darüber hinaus werden die Frage nach
Veränderungen in den Fechtsystemen im Verlauf der Jahrhunderte thematisiert
und mögliche Ursachen für diese Entwicklungen aufgezeigt. Zu diesem Zweck

---

4   Vgl. dazu den Überblick zur Forschungsgeschichte in Kapitel I.3.
5   Vgl. etwa die Definition des Lemmas ‚fechten' in Duden – Deutsches Universalwörterbuch,
    S. 586, bei der auch in der aktuellen Auflage von 2015 lediglich die olympischen Disziplinen
    aufgelistet sind. Das Fechten mit Schwert oder anderen historischen Waffen wird hier nicht als
    zeitgenössische Konnotation zum Begriff erwähnt.
6   Hier tritt etwa der 2014 gegründete ‚Deutsche Dachverband Historischer Fechter e.V.' hervor, ein
    „überregionaler Zusammenschluss deutscher Vereine und Schulen des Historischen Fechtens.
    Zweck des Verbands ist die Pflege und Förderung des Historischen Fechtens als Sport sowie die
    Förderung der Forschung zu den für das Historische Fechten relevanten Themen." (Quelle:
    http://www.ddhf.de/ueber-uns; 01.09.2017).
7   Der Ausbildungszweig zum Historischen Fechten existiert seit 2011 bei der ADFD (Quelle:
    http://www.akademie-der-fechtkunst.de/akademie; 01.09.2017).

werden in den nachfolgenden einleitenden Abschnitten zunächst der Untersuchungsgegenstand genauer definiert sowie der aktuelle Forschungsstand zum Thema beleuchtet, woraufhin sich Erläuterungen zur wissenschaftlichen Vorgehensweise und den benutzten Quellen einschließlich einiger Worte zur besonderen Problematik im Umgang mit diesen anschließen.

Das Thema mittelalterliche Fechtkunst wurde in der Forschung lange Zeit eher stiefmütterlich behandelt, und auch heute noch herrschen in der breiten Öffentlichkeit viele Vorurteile und falsche Vorstellungen zu diesem Themenkomplex. Da das Interesse an den europäischen Kampfkünsten aber in den letzten Jahren rasant angestiegen und aktuell so stark wie noch nie ist, erscheint die wissenschaftliche Beschäftigung mit der Materie heute wichtiger und zeitgemäßer denn je.

1. Untersuchungsgegenstand

Der Begriff ‚Fechten‘ hat seit dem Mittelalter eine starke Bedeutungsverengung erfahren. Wenn wir heute mit Fechten in erster Linie die moderne Sportart meinen, die ihren Ausdruck in den olympischen Disziplinen des Florett-, Degen- und Säbelfechtens findet, oder etwas allgemeiner den Kampf mit einer Klingenwaffe,[8] war die Bedeutung des Wortes im Mittelalter noch weitaus breiter gefasst. Fechten (mhd. *vehten* von ahd. *fehtan*) bezeichnete lange Zeit den generellen Akt des Kämpfens an sich. Während die indogermanischen Wurzeln des Wortes zunächst bei „rupfen“ und „raufen“ liegen und damit schon auf die gewalttätige Konnotation hindeuten,[9] verweist noch das Grimm'sche Wörterbuch im 19. Jahrhundert auf die allgemeine Bedeutung von „sich abmühen“ oder „die Hände anstrengen“[10], vorwiegend mittels einer Waffe. In der Tat deckte der Begriff des Fechtens im Mittelalter ein breites Spektrum von kämpferischen Tätigkeiten ab, während der eigentliche Kampf mit den ritterlichen Waffen, also die Tätigkeit, die wir heute noch am ehesten mit dem Begriff ‚Fechten‘ assoziieren würden, zunächst noch als Schirmen (mhd. *schirmen*, *schermen*) bezeichnet wurde. Schirmen meinte ursprünglich lediglich das Verteidigen vor einem gegnerischen Angriff, rückte in seiner Bedeutung aber immer mehr auch in die Nähe des offensiveren ‚fechten‘.[11] Im Gegensatz zu diesem trug ‚schirmen‘ aber stets eine ritterlich-adlige Konnotation, da es den Kampf mit Schwert und Schild, also den Waffen des Ritterstandes bezeichnete.[12]

---

8   Vgl. die Bedeutung nach der 8. Auflage des Duden-Universalwörterbuchs: „mit einer Hieb- oder Stoßwaffe kämpfen: mit jmdm., gegen jmdn. F.: du fichst, er ficht mit dem Degen, dem Säbel, dem Florett" (Duden – Deutsches Universalwörterbuch, S. 586).

9   KLUGE, Etymologisches Wörterbuch, S. 281.

10 GRIMM, Deutsches Wörterbuch, Bd. 3, Sp. 1387.

11 Bis heute findet sich diese Bedeutungserweiterung in den romanischen Sprachen wieder: Vgl. die Begriffe ital. ‚scherma‘ und span. ‚esgrima‘, die den Fechtsport bezeichnen.

12 Zur Etymologie von ‚schirmen‘ und ‚fechten‘ vgl. HILS, Liechtenauers Kunst, S. 244–250.

Die Personengruppe derer, die den Umgang mit den ritterlichen Waffen
lehrte, nennt sich in den Quellen aus diesem Grund zunächst auch noch selbstbewusst ‚Schirmmeister' (*schirmaister*), während sich der heute geläufige Begriff
‚Fechtmeister' erst bedeutend später durchsetzte.[13] Den Schirm- oder Fechtmeistern oblag es, ihre Schüler in den verschiedensten Kampfkünsten[14] zu un-
terweisen, die im mittelalterlichen Fachschrifttum den *artes mechanicae*, also den
praktischen, den Handwerkskünsten zugeordnet waren. Anwendung fand die
Kunst des Fechtens dabei sowohl im militärischen Kontext bei der Ausbildung
für kriegerische Auseinandersetzungen wie auch im zivilen Bereich bei der
Vorbereitung auf verschiedene Zweikampfsituationen wie etwa Ehrenstreitig-
keiten oder gerichtliche Duelle. Angesichts dieses breiten Anwendungsspek-
trums mussten sich die Fechtmeister nicht nur auf den Umgang mit einer Vielzahl von Waffengattungen verstehen, sondern auch umfassende Kenntnis in
Kampftaktik aufweisen und in der Lage sein, ihren Schützling mental auf eine
potenziell lebensbedrohliche Auseinandersetzung vorzubereiten.

Die gebräuchlichsten Wehren bei dieser Ausbildung stellten sicherlich die
ritterlichen Waffen Schwert und Dolch dar, aber auch der Kampf mit dem
Streitkolben, dem langen Messer, verschiedenen Stangenwaffen und sogar
Sense, Sichel, dem exotisch anmutenden riesigen Stechschild und weiteren
Kampfwerkzeugen wurde gelehrt. Neben dem bewaffneten Zweikampf war
überdies vor allem auch die Ringkunst fester Bestandteil des Ausbildungska-
nons, da aus einem bewaffneten schnell ein unbewaffneter Kampf werden
konnte, sobald sich die Distanz zwischen den Kämpfern auf handgreifliche
Reichweite verringert hatte. Unterschieden wurde ferner auch zwischen dem
Kampf in voller Rüstung (Harnischfechten) und dem ungerüsteten Kampf
(Bloßfechten) sowie zwischen Fußkampf und Fechten zu Ross. Aus den Kom-
binationen dieser verschiedenen Waffen und Kampfesweisen ergab sich eine
Fülle von teils sehr unterschiedlichen Disziplinen, in denen ein mittelalterlicher
Fechtmeister geschult und erfahren sein musste, um sie seinerseits an seine
Klientel weiterzureichen.

---

13 Sofern in den Quellen überhaupt eine genauere Titulatur vorliegt. Zumeist findet sich dort nur
    das Attribut ‚Meister'.

14 Die Verwendung des Begriffs ‚Kampfkunst' im wissenschaftlich-historischen Rahmen ist im
    Hinblick auf den aktuell andauernden sportwissenschaftlichen Diskurs zu diesem Thema nicht
    unproblematisch. Es besteht die Gefahr, dass hierbei fälschlich Konzepte der modernen Sport-
    und Selbstverteidigungsdisziplinen auf die mittelalterliche Zweikampfrealität übertragen
    werden. Besonders die andauernden Differenzierungsversuche zwischen den Konzepten
    Selbstverteidigung, Kampfkunst und Kampfsport sorgen hierbei für ein weites Feld verschie-
    dener Definitionen und Abgrenzungsbemühungen innerhalb der jeweiligen Lager. Zu nennen
    sei hier beispielhaft die Frage, inwiefern eine auf Wettkämpfe ausgelegte Kampfsportart im
    Ernstfall zu Selbstverteidigungszwecken dienlich sei und inwiefern hier ‚Kunst' und ‚Praxis'
    miteinander vereinbar sind. Vgl. dazu etwa die ausführliche Gegenüberstellung bei LEFFLER, Zum
    Verhältnis. Die Nutzung des Begriffs ‚Kampfkunst' im weiteren Verlauf der Arbeit folgt daher
    der Definition von Eric Burkart als „Bezeichnung für jede spezialisierte Praxislehre des Kämp-
    fens", die auch durch die Verwendung des Begriffs ‚Kunst' in der mittelalterlichen Fechtliteratur
    gestützt wird: BURKART, Die Aufzeichnung des Nicht-Sagbaren, S. 257–259.

Eine Sonderstellung unter all diesen Waffengattungen nimmt jedoch der Kampf mit dem sogenannten langen Schwert ein, der spätestens vom Ende des 14. Jahrhunderts an zur Königsdisziplin der verschiedenen Duellformen avancierte und eine ausnehmend prominente Stellung im entsprechenden Fachschrifttum des deutschsprachigen Raumes bis zum ausgehenden 16. Jahrhundert findet.[15] Im Verlauf dieses Zeitraumes entstanden so auch nur wenige Abhandlungen zum Fechten, die sich nicht mit dieser Waffe beschäftigen. Oft nimmt sie im jeweiligen Überlieferungszeugnis dabei eine vorrangige Position ein, sei dies durch die bloße Fülle an Material im Vergleich zu den anderen Waffengattungen, die einleitende Platzierung im Werk oder durch hervorhebende Kommentare des Verfassers. Diese Vorrangstellung des langen Schwertes vor anderen Wehren seiner Zeit rechtfertigt alleine schon eine schwerpunktmäßige wissenschaftliche Beschäftigung. Darüber hinaus stellt das lange Schwert aber auch aus gesellschaftlich-historischer Sicht eine Art Kuriosum dar, denn es lässt sich, wie im Verlauf der Arbeit noch aufgezeigt wird, als Gebrauchsgegenstand nur schwerlich im sozialen Kontext seiner Zeit einordnen. Das tatsächliche Anwendungsgebiet für das Fechten mit dem langen Schwert im militärischen und zivilen Gebrauch entzieht sich einer genauen Definition, was ganz im Widerspruch zur prominenten Stellung dieser Waffe in den zeitgenössischen Fachtexten steht. Auch hier eröffnen sich also wichtige Ansatzpunkte für eine nähere Untersuchung dieses Waffentyps, bei der technik- und sozialgeschichtliche Aspekte gleichermaßen Beachtung finden.

Obschon eine Vielzahl verschiedener Waffengattungen und Kampfesweisen in den Fechtbüchern thematisiert werden und eine nähere Untersuchung der einzelnen Disziplinen wichtige Erkenntnisse über die zahlreichen mittelalterlichen Kampfkünste erbringen könnte, würde ein solches Unterfangen angesichts der gewaltigen Materialfülle den Rahmen einer einzelnen Arbeit jedoch bei Weitem sprengen.[16] Die Eingrenzung des Untersuchungsgegenstandes auf die Fechtkunst mit dem langen Schwert, der in den Fechtbüchern meistbeachteten

---

15 Bemerkenswerterweise scheint das Fechten mit dem langen Schwert eine größtenteils auf den deutschsprachigen Raum begrenzte Wirkmacht besessen zu haben. Lediglich im italienischen Raum fand die Waffe ebenfalls vermehrt Eingang in verschiedene Fechtbücher, außerhalb dieses Gebietes sind jedoch nur vereinzelte Überlieferungen bekannt, etwa die in England im 15. Jahrhundert entstandene Sammelhandschrift Harley MS 3542 der British Library, London, die ein kurzes Traktat sowie ein Gedicht zum zweihändig geführten Schwert enthält (fol. 82r–85v). Die wissenschaftliche Bearbeitung und Untersuchung der nicht im deutschen Sprachgebiet verfassten und vor allem italienischsprachigen Fechtbücher und -meister ist bislang noch defizitär. Einen Beitrag zur Forschung lieferten jüngst MONDSCHEIN, The Italian Schools of Fencing; sowie BODEMER, Aspekte.

16 Es wäre überdies ratsam, für ein solches Unternehmen ein Expertenkontingent zusammenzustellen, das über praktische Erfahrung mit allen Teildisziplinen verfügt. Dies mag etwa bei den gebräuchlicheren Nahkampfwaffen und dem Ringen noch keine größeren Schwierigkeiten darstellen, da hier viele ähnliche und sich überschneidende Prinzipien zugrunde liegen. Der Kampf zu Pferde oder in voller Rüstung hingegen setzt für eine Untersuchung der Quellen unter praktisch-experimentellen Gesichtspunkten jedoch die Zusammenarbeit mit Fachkundigen der jeweiligen Disziplin sowie Zugang zu den entsprechenden Ressourcen voraus, was für die vorliegende Arbeit nicht praktikabel erschien.

Waffe, erscheint also sinnvoll, um eine erschöpfende Bearbeitung dieses Teilbereichs zu ermöglichen. Nicht nur bietet das lange Schwert anders als manch andere Waffe aufgrund der hohen Überlieferungsdichte zu seiner Handhabung eine gute Quellengrundlage für die Untersuchung der eigentlichen Fechttechniken. Auch die speziellen konstruktionsbedingten Eigenschaften dieser Waffe bieten ein Alleinstellungsmerkmal vor den anderen ritterlichen Wehren, das es im Laufe der Arbeit zu untersuchen gilt.

Eine weitere Eingrenzung des Themas geschieht durch die Ausklammerung der mit dem langen Schwert eingesetzten Techniken beim gerüsteten Kampf sowie beim Kampf zu Pferd. Das sogenannte Harnischfechten unterscheidet sich grundlegend vom ungerüsteten Kampf. Die hier eingesetzten Techniken waren weit weniger komplex und eher dem Ringkampf zuzuordnen, da es bei dieser Kampfweise in erster Linie nicht darum ging, den Gegner mit dem Schwert zu verletzen, was durch die schwere Rüstung beinahe unmöglich war. Vielmehr wurde hier versucht, den Kontrahenten zu Boden zu ringen und eine Schwachstelle in seiner Rüstung zu finden. Die überwiegende Mehrheit der Techniken aus dem Bloßfechten war dabei nutzlos und fand keine Anwendung, weshalb es sich beim Harnischfechten aus technischer Sicht um eine eigenständige Kampfdisziplin handelt. Das Schwert wurde hier nicht in seiner eigentlichen Funktion einer Hieb- und Stichwaffe benutzt, sondern als Werkzeug der Ringkunst, in seiner Wirkungsweise eher ähnlich dem Kampfstab, um den Gegner zu Fall zu bringen oder ihn durch stumpfe Traumata zu verletzen. Die nachfolgende Untersuchung widmet sich daher nur den Techniken des Bloßfechtens, bei denen das Schwert in seiner traditionellen Anwendung als Hieb- und Stichwaffe zum Einsatz kam. Das Rossfechten wurde hierbei aus praktischen und logistischen Gründen nicht berücksichtigt.[17] Das Bloßfechten zu Fuß mit dem langen Schwert wird daher die ausgewählte Grundlage für die exemplarische Untersuchung der spätmittelalterlichen und frühneuzeitlichen Fechtkunst im weiteren Verlauf der vorliegenden Arbeit bilden.

2. Quellengrundlage

Die Grundlage für diese und jede andere Beschäftigung mit der Fechtkunst des späten Mittelalters und der frühen Neuzeit liefert die Quellengattung der sogenannten Fecht- und Ringbücher. In diesem bisher nur schwer überschaubaren Korpus[18] finden sich die einzigen belastbaren Überlieferungszeugen zur tat-

---

17 Eine Analyse der überlieferten Techniken zum Rossfechten wäre sicherlich interessant, würde aber beträchtlichen logistischen Aufwand mit sich bringen. Für eine Untersuchung unter praktischen Aspekten, wie sie im Verlauf der Arbeit Beachtung finden werden, würden speziell ausgebildete Pferde und entsprechendes theoretisches und praktisches Wissen im Umgang mit diesen benötigt, was im Rahmen der vorliegenden Untersuchung nicht zu leisten war.

18 Heidemarie Bodemer erfasste für ihre kunsthistorische Untersuchung der Fechtbücher bis zum Ende des 18. Jahrhunderts so etwa 330 illustrierte Exemplare aus dem mediterranen und

sächlichen Verwendung der zeitgenössischen Waffen, da ihr konkreter Entstehungsanlass die Lehre beziehungsweise Erinnerbarkeit der Kampfkünste darstellt. Im Gegensatz zu anderen Überlieferungszeugen mittelalterlicher Kampftechniken wie etwa der höfischen Literatur, in der durchaus auch Schwertkämpfe beschrieben werden, finden sich hierbei nicht etwa externe, gegebenenfalls fiktionale Blicke auf die Kampfkunst. Es handelt sich vielmehr um Niederschriften durch oder unter Anleitung von mit der Materie vertrauten Fechtmeistern zum Zweck der Wissensvermittlung in einem eng gefassten Spezialbereich, nämlich einer handwerklich-beruflichen Tätigkeit.

Die Fecht- und Ringbücher fallen damit nach der Definition von Bernhard Dietrich Haage unter die Gattung der mittelalterlichen und frühneuzeitlichen Fachliteratur.[19] Als Vertreter des Fachschrifttums lässt sich die Fechtliteratur dabei in das mittelalterliche Wissenschaftssystem der *artes* eingliedern: So sind sie dem Bereich der *artes mechanicae* zuzuordnen, also den handwerklichen Künsten, die neben den beiden anderen großen Bereichen der *artes liberales* und der *artes magicae* existieren. Schon im Hochmittelalter fand eine genauere Ausdifferenzierung und Systematisierung dieser Übergruppen statt. Die ausführlichste Binnengliederung findet sich bei Hugo von St. Victor (ca. 1100–1141) im Rahmen seines *Didascalicon de studio legendi*, der die *artes mechanicae* in sieben Untergruppen teilt: *lanificium* (Textilgewerbe), *armatura* (Kriegshandwerk), *navigatio* (Handel zu See und am Land), *agricultura* (Landwirtschaft), *venatio* (Jagd), *medicina* (Heilkunde) und *theatrica* (Hofkünste).[20] Im 15. Jahrhundert schließlich findet sich in einer anonymen (aber dem Gelehrten Johannes Rothe zugeschriebenen) deutschsprachigen Einteilung dieser sogenannten Eigenkünste[21] auch die Verortung des Fechthandwerks: Bemerkenswerterweise wird dieses nicht dem Kriegshandwerk (*armatura*) zugeordnet, sondern der Hofkunst (*theatrica*).[22] Wie alle spezialisierten Handwerke bediente sich auch die Fechtkunst einer Fachsprache mit ihr eigenen Wortbildungen und Wortbedeutungen, die zum einen die Kommunikation im Kreis der Eingeweihten durch ein klar definiertes Fachvokabular erleichterte, zum anderen aber auch das Nachahmen durch Außenstehende erschwerte.[23]

---

westeuropäischen Raum. Die nicht-illustrierten Vertreter der Gattung sind hier nicht enthalten: BODEMER, Das Fechtbuch, S. 14.

19 HAAGE, Deutsche Fachliteratur, S. 15.

20 Hugo von Sankt Viktor: Didascalicon de studio legendi, S. 192–207.

21 Die Bezeichnung ‚Eigenkünste‘ begründet sich in der Unterscheidung zwischen den *artes liberales*, die dem freien Mann würdig waren, und den *artes mechanicae*, die zunächst nur von Unfreien, von Leibeigenen ausgeführt wurden. Vgl. HAAGE, Deutsche Fachliteratur, S. 17.

22 Es handelt sich um die Handschrift Kassel, Universitätsbibliothek, Landesbibliothek und Murhardsche Bibliothek der Stadt Kassel, 4° Ms. poet. et roman. 8, dort fol. 150r–152vr. *Dy hofekunst hat undir er dry houphantwerg. Daz erste die vechter, und ist eyn houphandwerg.* Zitiert nach Eisenacher Rechtsbuch, S. 250. Auf die Einordnung der Fechtbücher unter den Hofkünsten wird in Kapitel III dieser Arbeit noch zurückzukommen sein.

23 Zu den philologischen Aspekten der Fachsprache der Fechtbücher als handwerkliche Literatur vgl. SCHMID, Historische deutsche Fachsprachen, S. 177–183, wenn auch trotz des erst kürzlichen Erscheinungsdatums von einem teilweise veralteten Forschungsstand ausgehend. Zur Veror-

Obwohl die Bezeichnung ‚Fecht- und Ringbücher' der Titulatur anderer
Fachschriften folgt und damit analog etwa zu den Kriegs- oder Feuerwerkbü-
chern gebildet wird, wird der Begriff ‚Buch' in diesem Kontext weit gedehnt.
Nicht immer findet sich so unter dieser Einordnung ein komplett der Fechtkunst
gewidmetes, eigenständiges Werk in Buchform. Diese zumeist prachtvoll aus-
gestatten Codices dienten vor allem repräsentativen oder memorialen Zwecken.[24] Viele Fechtlehren hingegen sind uns nur in kurzer Traktatform oder gar
nur als wenige Zeilen umfassende Gedichte überliefert und im Rahmen verschiedener Sammelhandschriften erhalten, die neben den Fachtexten zum
Fechten (oftmals mehrerer verschiedener Verfasser) auch Texte anderer Gat-
tungen wie etwa medizinische und metallurgische Rezepte oder astronomische
Abhandlungen enthalten. Der Verwendungskontext der jeweiligen Handschrift
bestimmte hier die Auswahl der Texte. Eine Sammelhandschrift des Fechtmeisters Hans Talhoffer[25] enthält so etwa die Kopie eines Kriegsbuches und eine
im Kontext von Zweikämpfen verwendete Namenmantik, also Texte, die für die
Ausübung von Talhoffers Gewerbe sinnvoll waren. Hingegen finden sich beispielsweise in HS 3227a des Germanischen Nationalmuseums Nürnberg neben
mehreren Fechttraktaten auch Niederschriften zu verschiedensten anderen
Themengebieten, etwa magische Rezepte oder Anleitungen zur Edelsteinbe-
handlung. Die Handschrift wäre damit also am ehesten als Hausbuch zu bezeichnen, das eine Sammlung von Wissen für den allgemeinen Gebrauch enthält.
Im weiteren Verlauf der Arbeit werden einige Abhandlungen zum Fechten daher, sofern es aufgrund ihres Umfanges geboten erscheint, auch als Traktat bezeichnet. Der etablierte Gattungsbegriff ‚Fecht- und Ringbücher' wird davon
unberührt weiterhin übergreifend für alle Fachtexte zum Fechten verwendet.

In der Forschung fanden die spätmittelalterlichen Fecht- und Ringbücher bis
zur Jahrtausendwende kurioserweise kaum Beachtung. Kurioserweise deshalb,
da die Werke dieser Gattung mit zu den bilderreichsten Überlieferungsträgern
des 15. und 16. Jahrhunderts zählen. Rainer Leng verzeichnete so im Rahmen der
letzten größeren Inventarisierung der Fechtbücher bei den Arbeiten zum ‚Katalog der deutschsprachigen illustrierten Handschriften des Mittelalters' 48
Handschriften mit über 7.800 Abbildungen. Nur wenige Traktate kommen dabei
gänzlich ohne Bildmaterial aus, Werke mit 100 bis 200 Abbildungen sind der
Regelfall, während auch einzelne Exemplare mit über 300 oder im Fall der
Prachthandschriften Paul Hector Mairs sogar mit fast 800 Abbildungen existie-

---

tung der Fechtbücher im Artes-Schema Hugos von St. Victor neuerdings auch HAAGE, Zur
Verortung, wenn auch leider ebenfalls teilweise noch auf älterem Forschungsstand basierend
und diesen fälschlich forttragend, wenn etwa Hanko Döbringer oder Peter von Danzig noch als
Verfasser von Fechtbüchern genannt werden, obwohl für ihre Urheberschaft keine stichhaltigen
Beweise vorliegen. Vgl. dazu die entsprechenden Ausführungen im späteren Verlauf der vor-
liegenden Arbeit.

24 Hierbei zu nennen wären etwa die sichtlich auf Repräsentation ausgelegten und adligen Emp-
fängern gewidmeten Prachthandschriften Hans Talhoffers in München, BSB, Cod. Icon. 394a
und Königseggwald, Gräfliches Schloss, MS XIX.17–3 (Privatbesitz der Familie Königsegg-
Aulendorf), die jeweils als eigenständige Codices angelegt sind.

25 Kopenhagen, Det Kongelige Bibliotek, MS Thott 290.2º.

ren.[26] Gattungsbedingt liegt hier zwar eine gewisse Variantenarmut in der Bildthematik vor – meist erschöpft sich diese in der Darstellung zweier sich in verschiedenen Posen gegenüberstehender Kämpfer –, aber dennoch ist es bemerkenswert, dass die Fecht- und Ringbücher erst in den letzten Jahren verstärkt in den Fokus der Forschung geraten sind.[27] In der Tat ist es so in vielen Fällen auch weniger der wissenschaftlichen Gemeinschaft, sondern den Bestrebungen engagierter Fechtsportler zu verdanken, dass einige der Handschriften heute einem breiteren Publikum zugänglich gemacht wurden, auch wenn hierbei nicht selten die Einordnung in einen wissenschaftlichen Kontext zu wünschen übrig lässt. Neben (oft auch im Selbstverlag publizierten) gedruckten Ausgaben verschiedener Fechtbücher stellt hier vor allem auch das Internet eine wichtige Plattform dar, auf der Scans, Transkriptionen und Übersetzungen der verschiedenen Fechttraktate gesammelt und einer breiten Gemeinschaft von historischen Fechtern und anderen Interessierten zugänglich gemacht werden.[28] Dennoch bleiben bis heute viele Fechtbücher nicht oder nur unzureichend (wissenschaftlich) ediert, weshalb die Arbeit direkt an den Handschriften nach wie vor unerlässlich bleibt.

Wissenschaftliche Katalogisierungen der Handschriften wurden zuerst von Martin Wierschin, später von Hans-Peter Hils und zuletzt von Rainer Leng vorgenommen, wobei selbst diese jüngste Bestrebung angesichts der noch nicht wissenschaftlich erschlossenen Exemplare (und darüber hinaus die Fokussierung auf bebilderte Handschriften) defizitär bleibt.[29] Eine Neu-Sichtung und Katalogisierung der aktuell bekannten Fecht- und Ringbücher unter neuesten Forschungserkenntnissen wäre daher ein lohnenswertes Unterfangen, auch im Hinblick auf die Möglichkeiten, die eine Web-basierte Datenbank in dieser Hinsicht bieten würde.

Es wurde bereits darauf hingewiesen, dass sich die Fechtbücher mit einer Vielzahl verschiedener Waffengattungen beschäftigen, wobei das lange Schwert

---

26 Leng, Fecht- und Ringbücher, S. 1.
27 Verwiesen sei hier auf den Überblick zur Forschungsgeschichte im nächsten Abschnitt. Bemerkenswert angesichts dieser Fülle von Illustrationen ist auch die Nichtbeachtung der Fechtliteratur durch die Kunstwissenschaften. Vgl. dazu Welle, Baumanns Fecht- und Ringkampfhandschrift, Bd. 1, S. 7 f., der sich auf Merkl, Buchmalerei und die dortige Übergehung dieser Gattung unter Qualitätsaspekten bezieht.
28 Erwähnt sei hier vor allem die Seite www.wiktenauer.com, ein durch freiwillige Spenden finanziertes Portal zur Erschließung der mittelalterlichen Fechtliteratur. Über die letzten Jahre konnten im Rahmen dieses Projekts durch Crowdfunding die Kosten für die Digitalisierung mehrerer Handschriften gestemmt werden, sodass die Seite nun eine Vielzahl von Fechtbüchern in hoher digitaler Qualität zur Verfügung stellen kann. Obwohl zu diesem Unterfangen auch aktuelle Forschungsliteratur herangezogen wird, schwankt die wissenschaftliche Qualität der Beiträge aber wie bei vielen ähnlichen internet-basierten Gemeinschaftsprojekten mitunter sehr. Besonders Nutzer ohne wissenschaftliche Ausbildung erhalten dadurch möglicherweise einen falschen Eindruck bezüglich verschiedener Sachverhalte, da Informationen schnell als gegeben angenommen und nicht weiter hinterfragt werden. So bieten derartige Großprojekte zwar viele Möglichkeiten der Erschließung von historischem Material, sind angesichts der offenen Informationskultur des Internets aber auch nicht unkritisch zu betrachten.
29 Wierschin, Liechtenauers Kunst; Hils, Liechtenauers Kunst; Leng, Fecht- und Ringbücher.

jedoch im Großteil der Traktate thematisiert wird. Innerhalb des Verbundes der Traktate, die sich mit dieser Waffe auseinandersetzen, sticht ein Überlieferungsstrang ganz besonders hervor: die ‚Kunst des langen Schwertes' nach Johannes Liechtenauer, in dessen Tradition[30] der größte Teil der Fechthandschriften verfasst wurde und der selbst lange nach seinem Tod noch ehrfurchtsvolle Erwähnung in den Schriften seiner Nachfolger findet. Obschon im Laufe des Spätmittelalters immer wieder vereinzelte Abhandlungen zum Kampf mit dem langen Schwert verfasst wurden, die (zumindest augenscheinlich) außerhalb der Tradition Liechtenauers stehen, konnte sich kein zweiter Überlieferungsstrang durchsetzen, der über einzelne (oder einige wenige) Handschriften hinaus aufgegriffen und weiter tradiert worden wäre, weshalb die Liechtenauer'sche Tradition einen wichtigen Schwerpunkt dieser Arbeit bilden wird. Dennoch sollen auch die nicht direkt der Lehre Liechtenauers zuzuordnenden Traktate berücksichtigt werden, besonders auch deshalb, weil sie bislang nur selten von der Forschung beachtet wurden, die sich stark auf die Liechtenauer-Tradition konzentrierte.[31]

Der genaue Entstehungs- und Nutzungskontext der Fechttraktate ist weiterhin spekulativ. Dass das Erlernen einer Kampfkunst wie des Schwertfechtens – oder generell eines derart auf Bewegungs- oder Körpertechnik basierenden Systems – nicht vollständig durch ein rein schriftliches Medium möglich ist, dürfte heute in der Forschung als unbestritten gelten.[32] Doch auch die Verfasser

---

30 Der Begriff ‚Tradition' wird im Folgenden für alle Fechtlehren verwendet, die in einem erkennbaren Abhängigkeitsverhältnis im Bezug auf die verwendeten Techniken und Fachbegriffe zueinander stehen. Die Liechtenauer-Tradition umfasst also alle Fechtlehren, die hauptsächlich das Technikgut Liechtenauers verwenden, selbst wenn kein namentlicher Bezug zu Liechtenauer gegeben sein sollte.

31 Vgl. etwa die Aussage in Leng, Fecht- und Ringbücher, S. 6: „Somit stehen nahezu alle Fechtbücher in der Tradition Liechtenauers, der die bis über das 16. Jahrhundert hinaus gültigen und immer wieder aufgeführten Haltungen und Grundschläge festlegte, und in einem weiteren Sinne wären sämtliche Bildkataloge zum Fechten mit dem langen Schwert als Illustrationen zu Liechtenauers ‚Kunst des langen Schwertes' aufzufassen." Besonders bezüglich der „Haltungen und Grundschläge" wird eher kritisch zu betrachten, wie die weiteren Ausführungen im Verlauf der Arbeit noch zeigen werden.

32 Vgl. dazu etwa schon früh Anglo, How to Kill, S. 4 f: „The extent to which anybody could actually learn to fight from a book is, naturally, very limited". Grundlegend dazu auch die in drei Aufsätzen erfolgten Untersuchungen Jan-Dirk Müllers zur Kommunikationsstruktur der Fechtbücher und dem Spannungsfeld zwischen mündlicher Anweisung und schriftlicher Aufzeichnung eines Bewegungssystems: Müller, Bild – Vers – Prosakommentar; Müller, Hans Lecküchners Messerfechtlehre; Müller, Zwischen mündlicher Anweisung. Hier etwa Müller, Bild – Vers – Prosakommentar, S. 252: „Fechten war – und ist bis heute – eine Fertigkeit, die primär nicht durch Schrift, sondern durch Nachahmen, Übung und mündliche Anleitung erlernt wird. […] Fechtbücher lösen den Unterricht im Fechten nicht ab, sondern stellen zusätzliche Hilfen bereit." Neuerdings dazu auch Burkart, Die Aufzeichnung des Nicht-Sagbaren, hier S. 265 f: „Fechtbücher können daher – gleich ob sie sich mnemotechnischer Merkverse, einer textlichen Beschreibung von Bewegungen oder bildlicher Repräsentationen bedienen – immer nur auf praktische Wissensbestände verweisen, die außerhalb ihrer selbst liegen. […] Der Erwerb dieses praktischen Wissens bleibt aber stets auf subjektive praktische Erfahrungen und den persönlichen Kontakt mit Lehrenden und Übungspartnern angewiesen."

der Fechtbücher waren sich dieser Tatsache bereits bewusst, wenn sich dort etwa Kommentare finden wie:

Auch merke das / und wisse das man nicht gar eygentlich und bedewtlich von dem fechten mag sagen und schreiben ader aus legen / als man is wol mag czeigen und weisen mit der hant[33]

Möglich mag es auf diese Weise zwar sein, einzelne Prinzipien und einfache Bewegungsabläufe zu vermitteln. Tiefergehende und für das Erlernen eines kompletten Bewegungssystems notwendige Aspekte wie etwa Körperdynamik und physikalische Eigenschaften der Waffe können hierbei aber nicht transportiert werden.[34] Das Vermitteln einer komplexen Kampfkunst in vollständiger Abwesenheit einer Lehrperson kann also nicht die *ratio* hinter den Fechtbüchern gewesen sein. Vielmehr boten diese vermutlich in erster Linie eine schriftliche Unterstützung beim Erlernen der Kampfkunst, entweder im direkten praktischen Unterricht durch einen Fechtmeister oder zur Memorierung bereits erlernten Wissens nach einer ebensolchen praktischen Unterweisung. Besonders dieser zweite Aspekt stand sicherlich bei der Anfertigung der prachtvollen Bilderhandschriften Hans Talhoffers und Paulus Kals im Vordergrund.[35] Die dort enthaltenen Abbildungen, welche Fechtmeister und Klienten zusammen zeigen, weisen deutlich auf einen Entstehungsanlass aus Gründen der Memoria hin, vermutlich im Rahmen einer zuvor erfolgten Ausbildung. Andere Werke lassen vermuten, dass sie als persönliches Handbuch des jeweiligen Fechtmeisters dienten, zum einen sicherlich zur Unterstützung des eigenen Unterrichts, zum anderen aber möglicherweise auch zur Kundenakquise. Talhoffers dritte erhaltene Handschrift (Kopenhagen, Det Kongelige Bibliotek, MS Thott 290.2º) wäre hierbei zu nennen, in der neben den Fechttraktaten auch viele andere Schrift- und Textsammlungen zu finden sind, welche die Kenntnisse und Fähigkeiten des Fechtmeisters zu Werbezwecken veranschaulichen könnten.[36] Die Fechtbücher dienten sicherlich also nicht im modernen Wortsinn als Lehrbücher zum

---

33   Nürnberg, GNM, HS 3227a, fol. 15r.

34   Sicherlich kann ein schriftliches Medium dazu genutzt werden, ein Bewegungssystem, in diesem Fall etwa das Fechten mit dem Schwert, auch ohne Anleitung durch einen Lehrer zu konstruieren. Dass dies möglich ist, zeigt sich am besten am Beispiel der aktuellen HEMA-Szene (,Historical European martial arts'). Die verschiedenen Gruppierungen von Sportlern und Mittelalterinteressierten versuchen hierbei, die historischen Kampfkünste wieder aufleben zu lassen, und bedienen sich dazu der mittelalterlichen und frühneuzeitlichen Fechtbücher. In der Tat trainiert jede dieser Gruppierungen nach einem System, das meist auf einer oder einer Kombination mehrerer Fechtlehren aus diesen Werken besteht. Die Grenzen des schriftlichen Mediums bei der Erhaltung von Bewegungswissen werden hier jedoch überaus deutlich, denn nur selten stimmen diese Systeme miteinander überein. Je nach sportlicher Vorbildung der Akteure zeigen sich mitunter gar eklatante Unterschiede in der Ausführung der verschiedenen Techniken und dem Verständnis der zugrunde liegenden Prinzipien. Angesichts dieser Tatsache ist es evident, dass ein Medium wie das Fechtbuch bestenfalls die Neuinterpretationen einer aufgezeichneten Lehre unter Einfluss der Vorkenntnisse und Fähigkeiten des Lesers zulässt, nicht jedoch geeignet ist, eine Lehre in ihrer Gänze zu transportieren.

35   Vgl. Israel, Die Fechtbücher Hans Talhofers, S. 131 f.

36   Vgl. dazu die Untersuchung zur Handschrift in dieser Arbeit auf S. 140.

Selbststudium, sondern wurden als unterstützendes Unterrichtsmaterial und zur Niederschrift von Wissen genutzt, sei es zur Erhaltung desselben oder als Mittel der Veranschaulichung.

Die Verfasser der Fechtbücher bedienen sich zur Übermittlung von Wissen dreier zu unterscheidender Methoden: Merkvers, Prosatext und Bild.[37] Diese können je nach Anlage des jeweiligen Traktats alleine oder in beliebiger Kombination Verwendung finden, wie bereits das älteste erhaltene Fechtbuch zeigt. Das in den Royal Armouries, Leeds aufbewahrte MS I. 33 übermittelt seinen Inhalt so durch eine Verbindung von Vers, Prosaerläuterung und Federzeichnung – eine Tradition, die sich bis ins 16. Jahrhundert fortsetzt, wie etwa Paurenfeindts Fechtbuch von 1516[38] zeigt. Neben dieser Verbindung aller Übermittlungsmethoden existieren auch Handschriften, die sich – von wenigen erläuternden Beischriften abgesehen – gänzlich auf das Medium Bild konzentrieren. Genannt sei hier etwa Talhoffers letztes Werk, erhalten in München, BSB, Cod. Icon. 394a. Gänzlich ohne Bild- oder Versmaterial kommen dagegen Traktate wie etwa München, Bayerische Staatsbibliothek, Cgm 558 aus, während es in seltenen Fällen auch nur bei der Überlieferung von Lehrgedichten ohne Prosaerläuterungen bleibt, etwa die Lehre Martin Siebers in Salzburg, Universitätsbibliothek, M I 29.

Die basalste Form der Wissensvermittlung bildet unter den drei genannten Kategorien der Merkvers beziehungsweise das Lehrgedicht. Vermutlich liegt deren Ursprung in der zunächst mündlichen Tradierung von Wissen, die durch die· mnemotechnische Funktion der Endreime unterstützt wurde. Eine Verschriftlichung dieser Gedichte in Form einer sogenannten *zedel* (von lat. *schedula*, heute etwa ‚Zettel')[39] zur Sicherung der Überlieferung erfolgte wohl erst später. Liechtenauers Fechtlehre ist heute in ihrer ursprünglichen Form nur durch dessen *zedel* überliefert, wobei nicht gesichert ist, ob Liechtenauer selbst jemals eine Verschriftlichung seiner Lehre anstrebte oder ob diese erst durch seine Schüler stattfand.[40] Alle Prosakommentare zu Liechtenauers Versen stammen aus zweiter Hand durch spätere Fechtmeister.

Die Merkverse selbst bestehen aus aufs Kürzeste reduzierten Reimpaaren, die schon in ihrer ursprünglichen Fassung durch Fachausdrücke und technische Wendungen codiert waren. Zudem enthalten sie in den wenigsten Fällen konkrete Angaben zur Umsetzung der jeweiligen Technik, vielmehr dienen die Verse als Gedächtnisstütze, um den Ablauf und die zugrunde liegenden Prinzipien der einzelnen Stücke zu verinnerlichen. Der Zweck dieser Codierung ist offensichtlich: Nicht Eingeweihte sollten durch die bloße Weitergabe der Verse nichts über die Kunst lernen können, es sollte sichergestellt sein, *daz die kunst nitt gemain*

---

37 Dazu ausführlich Müller, Bild – Vers – Prosakommentar.
38 Andre Paurenfeindt, Ergrundung.
39 Zur Geschichte der *zedel* vgl. Müller, Bild – Vers – Prosakommentar, S. 256 f., hier besonders Anm. 26 und 27.
40 Sigmund Ringeck berichtet in seiner Vorrede in Dresden, SLUB, Mscr.Dresd.C.487, fol. 10v zwar, dass Liechtenauer *hatt die zedel laußen schryben*, ob dies eine glaubhafte Aussage ist, lässt sich aufgrund des fragwürdigen zeitlichen Abstandes zu Liechtenauer aber nicht sagen.

solt werden, wie es später in einem Fechtbuch aus dem 15. Jahrhundert heißt.[41] Erst unter Anleitung eines selbst in der Kunst bewanderten Meisters sollte das Fechten richtig zu erlernen sein.

Die Problematik, die sich aus moderner Sicht durch diese Codierung ergibt, wird weiterhin verschärft durch die Schwierigkeiten bei der Überlieferung: Kopierte ein Schreiber, der selbst der Fechtkunst nicht kundig war, einen solchen Fachtext, so schlichen sich unweigerlich Fehler ein, die sich von Übertragung zu Übertragung weiter verschlimmerten. Besonders hinsichtlich der Fachtermini ist dies nachvollziehbar, musste der Schreiber doch unter Umständen einen für ihn nicht verständlichen Text kopieren, den er möglicherweise selbst nicht richtig entziffern konnte. Vermutlich ist es in erster Linie der mnemotechnischen Funktion der Verse zu verdanken, dass ihr Sinngehalt weitestgehend bewahrt blieb, auch wenn sich durch Wechsel der Reimwörter nicht selten Änderungen im Text ergeben haben. Als Beispiel für die Verwendung der Reimverse sei hier der Abschnitt zur Technik des Absetzens aufgeführt:

LEre abesetczen
hewe stiche künstlichen letczen
Wer auf dich sticht
dyn ort trift vnd seynen bricht
Von payden seyten
trif allemal wiltu schreiten[42]

Es wird schnell deutlich, dass eine in der Kunst nicht geschulte Person mit diesen Reimen wenig anfangen kann: Weder erschließt sich die Funktion des Begriffs ‚Absetzen' direkt aus den Versen, noch wird spezifiziert, was mit dem eigenen Ort (der Schwertspitze) zu tun ist, um denjenigen des Gegners zu brechen. Auch die Anweisung, ‚zu schreiten' wird nicht näher ausgeführt und erschließt sich nicht aus dem Kontext: wie viele Schritte und wohin? Das Gedicht kann also lediglich dazu dienen, bereits erlerntes Wissen zu memorieren und leichter abrufbar zu machen. Durch die starke inhaltliche Verkürzung bezieht sich dieser mnemotechnische Effekt jedoch nur noch auf die wenigen enthaltenen Schlüsselwörter – in den Versen ist damit keine codierte Fechtlehre zu finden, sondern lediglich ein Technikkatalog, losgelöst von nahezu jeder inhaltlichen Aussage. Dem Verständnisproblem, das mit dieser Art der Überlieferung einhergeht, sahen sich offensichtlich auch die auf Liechtenauer nachfolgenden Fechtmeister seiner Tradition ausgesetzt.

Aus diesem Grund finden sich in den Fechtbüchern, angefangen mit dem Fechttraktat in HS 3227a, umfangreiche Glossierungen der Meister zu den Liechtenauer'schen Versen. Diese Glossen ermöglichen einen Einblick in die tatsächliche Ausführung der Kunst, sie entschlüsseln die Merkverse Liechtenauers

---

41 Dresden, SLUB, Mscr.Dresd.C.487, fol. 10v. Vgl. dazu auch die Anmerkung des Verfassers von Nürnberg, GNM, HS 3227a, der sich bei seinen Erläuterungen zum Ringen auf die *zedel* Liechtenauers bezieht, welche nur schwer zu entziffern sei (fol. 87r): *und das ist gar swer und unbedewtlich / wen das das ist sein zete gewest / dorum das ist nicht yderman vorneme / der is woerde lezen.*

42 Nürnberg, GNM, HS 3227a, fol. 34r.

und geben Anleitung zur Umsetzung der darin enthaltenen Techniken. Damit übernehmen sie zumindest teilweise die Rolle des Fechtmeisters im praktischen Unterricht. Die Erläuterungen der jeweiligen Verfasser reichen von recht detaillierten Beschreibungen, mit deren Hilfe sich einzelne Techniken mehr oder weniger genau nachstellen und analysieren lassen, bis hin zu groben Überblicksdarstellungen diverser Stücke, die offensichtlich nicht rekonstruierbar sind ohne vorherige genaue Kenntnis des dort Beschriebenen. In allen Fällen jedoch gilt, und darauf verweisen auch schon die Verfasser der Texte, dass auch mit den Glossierungen nur ein bereits im Fechten Bewanderter Einblicke in die Kunst erlangen kann. Zum Erlernen des Kampfhandwerkes von Grund auf dienten sie vermutlich also nicht.[43]

Die dritte Form der Wissensüberlieferung schließlich stellt das Bild dar. Hierbei ist wiederum zwischen den reinen Bilderhandschriften wie etwa bei Talhoffer und solchen Traktaten zu unterscheiden, bei denen Abbildungen in unterstützender Funktion neben dem Text eingesetzt werden, beispielsweise in Augsburg, Universitätsbibliothek, Cod.I.6.4.2. Je nach handwerklichem Können des Illustrators und der angestrebten Detailfülle[44] können diese Zeichnungen durchaus eine Hilfe bei der Vermittlung verschiedener Techniken darstellen. So lassen sich etwa Ausgangs- oder Endstellungen und Grundhaltungen effektiver auf diese Weise visualisieren, als es die rein wörtliche Beschreibung könnte. Aufgrund der mangelnden Genauigkeit in der Darstellung benötigen aber auch diese Abbildungen eine erklärende Beischrift, besonders was die Details anbelangt, etwa die Handhaltung am Schwert, die gerade in frühen Werken technisch nur wenig detailliert ausgeführt ist. Auch die Fußstellung und die allgemeine Körperhaltung kann bedingt durch die gestalterischen Einschränkungen des Mediums nur unzureichend vermittelt werden.

Zur Veranschaulichung von teils sehr komplexen Bewegungsabläufen, aus denen eine Kampfkunst notwendigerweise immer besteht, ist diese Form der bildlichen Vermittlung generell wenig geeignet. Dies gilt besonders für den Umstand, dass die Fechtbücher in aller Regel nur einzelne Momentaufnahmen abbilden, die in vielen Fällen nicht konkret dem beistehenden Textteil zugeordnet sind. Oft wird aus dem jeweils abgebildeten Figurenpaar nicht einmal ersichtlich, welcher der Kämpfer die beschriebene Technik überhaupt ausführt. Unter diesem Aspekt könnten Abbildungen bei der Verwendung eines solchen Werkes ohne fachkundige Anleitung sogar hinderlich sein, da sich Diskrepanzen zwischen Text und Bild auftun können.[45] Das Bild konnte den Text, und hier vor

---

43 Vgl. Rom, BANLC, Cod. 44 A 8, fol. 9v: *die selbigen verporgen vnd verdackten wort der zedel die stenn hernach in der glosen Also verklert vnd aus gelegt das sy ydermann wol vernemen vnd versten mag der do anders fechten kan.*

44 Eine umfassende Untersuchung der Fechtbücher unter kunsthistorischen Aspekten findet sich bei Bodemer, Das Fechtbuch.

45 Laut Müller, Zwischen mündlicher Anweisung, S. 399 f. stellt das Bild einen evolutionären dritten Schritt (von insgesamt vieren, wobei der Buchdruck den letzten markiert) bei der Wissensvermittlung nach Vers und Prosakommentar dar. Diese These ist aber nicht überzeugend, da die Illustration innerhalb der Fechtbücher insgesamt nur wenig didaktischen Wert aufweist. Um ein komplexes Bewegungssystem bildlich zu veranschaulichen, hätte das Fechtbuch zunächst

allem die Prosaglossierung, als Informationsträger nie vollständig ablösen und wurde daher hauptsächlich als unterstützendes Medium zur Wissensvermittlung hinzugezogen. Reine Bilderhandschriften dienten vor diesem Hintergrund vermutlich auch eher Zwecken der Memoria und der Repräsentation.[46]

Durch ihre textliche und ikonografische Bandbreite bilden die Fecht- und Ringbücher damit ein Literaturkorpus, das überdisziplinär Stoff für eine ganze Reihe verschiedener Forschungsansätze bietet, sei dies unter literatur-, kunst- oder technikgeschichtlichen Aspekten. Durch die ihnen eigene teils schwer zugängliche und verschlüsselte Überlieferungsform gestaltet sich die Arbeit mit dieser Quellengattung aber nicht immer einfach. Auf die Problematik des Umgangs mit den Fechtlehrbüchern im Rahmen wissenschaftlicher Untersuchungen wird in Kapitel I.5 noch näher eingegangen.

3. Forschungsstand und -geschichte

Wie eingangs bereits erwähnt, erfreut sich die europäische Schwertkampfkunst erst seit vergleichsweise wenigen Jahren gesteigerter Aufmerksamkeit, sowohl in der Öffentlichkeit als auch unter Gesichtspunkten der (Quellen-)Forschung. Insofern ist es nicht verwunderlich, dass auch die wissenschaftliche Aufarbeitung des Themas bislang noch nicht in zufriedenstellendem Maße vorangetrieben wurde. So erschöpfte sich die Zahl der rein wissenschaftlichen Abhandlungen, die sich mit den Quellen zur historischen Fechtkunst beschäftigen, bis vor wenigen Jahren in einer recht überschaubaren Menge von Titeln, die vorwiegend noch auf dem Forschungsstand des letzten Jahrhunderts basierten. Erst in jüngster Zeit ist das Thema nennenswert in den Fokus von Wissenschaft und Öffentlichkeit gelangt, was zu einer Reihe aktueller Veröffentlichungen führte. Ein kurzer Abriss zur Forschungsgeschichte soll im Folgenden einen Überblick über die Beschäftigung mit dem Thema in der wissenschaftlichen Literatur anhand der wichtigsten Wegmarken liefern.

---

den entscheidenden Schritt zur Bilderfolge unternehmen müssen, bei der eine Bewegung anhand mehrerer aufeinanderfolgender Einzelbilder visualisiert wird. Da dies niemals geschehen ist, konnte das Bild hier auch keine didaktische Überlegenheit zum Text etablieren, der für das Verständnis der Techniken neben einem anleitenden Fechtlehrer stets noch erforderlich war. Vgl. dazu auch jüngst WELLE, Baumanns Fecht- und Ringkampfhandschrift, Bd. 2, hier besonders S. 118–126. Hier wird das Verhältnis von Bild und Text anhand von Ringtechniken anschaulich erläutert. Ausführlich zum Thema Illustration der Fechttraktate auch ANGLO, The Martial Arts, S. 40–90, hier besonders S. 40–44 zu den Problemen der bildlichen Darstellung von Bewegungssystemen. Zur Beziehung von Bild und Text in den Fechtbüchern neuerdings auch LENG, Text und Bild.

46 Zu den Defiziten der Bilderhandschriften bei der Vermittlung von Bewegungswissen und ihrem Nutzen als Teil der adligen Ausbildung (hier am Beispiel Talhoffers) vgl. BURKART, Die Aufzeichnung des Nicht-Sagbaren, S. 297–300. Zur Verwendung von Bildern im Kontext der Fechthandschriften generell KLEINAU, Visualised Motion.

Die erste neuzeitliche Beschäftigung mit der mittelalterlichen und frühneuzeitlichen Fechtliteratur lässt sich in den 1860er Jahren bei dem Heidelberger Turnlehrer Karl Wassmannsdorff greifen. Bedingt durch sein Fachgebiet beschäftigte dieser sich vor allem auch mit den historischen Ringtraktaten, was 1870 nach einigen ersten Aufsätzen, meist in der ‚Deutschen Turnzeitung', in einer monografischen Publikation zur Ringkunst im deutschen Mittelalter mündete, basierend auf dem Fechtbuch Albrecht Dürers.[47] Eine intensive Auseinandersetzung Wassmannsdorffs mit den Fechtbüchern und den sozialen Aspekten des Handwerks führte weiterhin auch zu Publikationen zu den Fechtergesellschaften des Mittelalters und der frühen Neuzeit, darunter eine ebenfalls 1870 erschienene Monografie zu diesem Thema.[48] Im Jahr 1890 schließlich erschien unter seiner Herausgeberschaft eine Aufsatzsammlung zum Thema Fechten und Turnen im Mittelalter.[49]

Etwa zu diesem Zeitpunkt ist auch die Bestrebung Gustav Hergsells zu erkennen, erste ausgewählte historische Werke zur Fechtkunst der Öffentlichkeit zugänglich zu machen. Von 1887 bis 1889 veröffentlichte dieser so Lichtdruck-Faksimiles mehrerer Fechtbücher des Fechtmeisters Hans Talhoffer: den sogenannten Gothaer Codex[50], den sogenannten Ambraser Codex[51] und ‚Talhoffers Fechtbuch aus dem Jahre 1467'[52]. 1896 ließ er diesen Werken eine Abhandlung über die Fechtkunst im 15. und 16. Jahrhundert[53] folgen, die sich zu ihrer Zeit großer Beliebtheit erfreute,[54] auch wenn der wissenschaftliche Wert der Veröffentlichungen besonders durch Wassmansdorff hinterfragt wurde.[55]

Über die Zeitdauer von mehr als einem halben Jahrhundert fand daraufhin keine nennenswerte wissenschaftliche Beschäftigung mit dem Thema mehr statt. Erst Martin Wierschin widmete sich wieder eingehender der historischen Fechtkunst. 1965 legte er seine Dissertation über ‚Meister Johann Liechtenauers Kunst des Fechtens'[56] anhand einer Handschrift von Sigmund Ringeck vor. Wierschin untersuchte das Fechtbuch zwar vorwiegend unter philologischen Gesichtspunkten und mit dem Ziel der Erstellung einer kommentierten Edition der Fechthandschrift. Er lieferte darüber hinaus aber auch einige sozialgeschichtliche Betrachtungen zum Stand der Fechtmeister und legte mit seiner Arbeit den Grundstein für eine weitere wissenschaftliche Bearbeitung, die freilich erst etwa 20 Jahre später folgen sollte.

---

47 WASSMANNSDORFF, Die Ringkunst.
48 WASSMANNSDORFF, Sechs Fechtschulen.
49 WASSMANNSDORFF, Turnen und Fechten.
50 HERGSELL, Talhoffers Fechtbuch 1443.
51 HERGSELL, Talhoffers Fechtbuch 1459.
52 HERGSELL, Talhoffers Fechtbuch 1467.
53 HERGSELL, Die Fechtkunst.
54 Vgl. BODEMER, Das Fechtbuch, S. 17.
55 Schon zu diesem Zeitpunkt scheint es einen nicht immer emotionslos geführten Diskurs zwischen Vertretern von Wissenschaft und Sport gegeben zu haben, wie sich an teils vernichtenden Kritiken etwa bei WASSMANNSDORFF, Aufschlüsse zeigt.
56 WIERSCHIN, Liechtenauers Kunst.

Grundlegend für jegliche Beschäftigung mit mittelalterlicher Fechtkunst sind so die Arbeiten von Hans-Peter Hils, der 1983 zunächst eine Untersuchung der Handschriften Hans Talhoffers veröffentlichte[57] und später mit seiner Dissertation über ,Meister Johannes Liechtenauers Kunst des langen Schwertes'[58] das bis heute noch ausführlichste und meistzitierte Werk zum Thema Fechtkunst des Mittelalters vorlegte. Der dort enthaltene Katalog der zu dieser Zeit bekannten Fechttraktate[59] ist trotz teils überholten Forschungsstands nach wie vor maßgeblich. Erwähnenswert sind darüber hinaus die von Hils verfassten Artikel zum rechtlichen und beruflichen Stand der Fechtmeister.[60]

Mit einer nennenswerten Ausnahme, Rainer Welles 1993 erschienener Untersuchung zur adligen Ringkunst,[61] die sich sachgemäß auch mit dem Fechten auseinandersetzte, fand das Thema aber erst zur Jahrtausendwende wieder verstärkte Beachtung, als sich Sydney Anglo mit den historischen Kampfesweisen beschäftigte.[62] Anglo richtete hierbei erstmals auch den Blick unter Betrachtung der technischen Seite auf die Kampfkunst selbst, während frühere Abhandlungen zu den Fechtbüchern eher sozialgeschichtliche oder kodikologische Fragestellungen aufwiesen. Der Schwerpunkt seiner Betrachtungen liegt jedoch erkennbar auf dem ausgehenden Mittelalter und der Renaissance und damit eher im italienischen Sprachraum, während das Fechten mit dem langen Schwert nach deutscher Schule nur am Rande thematisiert wird.

Ebenfalls um die Jahrtausendwende setzte vor allem im deutschen, aber auch im internationalen Raum ein gesteigertes populärwissenschaftliches Interesse am Thema Mittelalter ein. Hauptsächlich geschah dies auch im Rahmen der sogenannten Reenactment-Bewegung, bei der die möglichst authentische Nachstellung historischer Ereignisse und Epochen angestrebt wird, sowie im sportlichen Bereich des Fechtens. Besonders auch der Umgang mit historischen Waffen trat hierbei stark in den Fokus, weshalb sich vielfältige private Gruppierungen mit dem Zweck bildeten, die historischen europäischen Kampfkünste (HEMA) zu rekonstruieren und wieder aufleben zu lassen. Da hierfür als Quellengrundlage nur die mittelalterlichen und frühneuzeitlichen Fecht- und Ringbücher zur Verfügung standen, setzte eine breite, zumeist nicht-wissenschaftliche Beschäftigung mit dieser Quellengattung ein. Dies hatte eine Welle von populärwissenschaftlichen Publikationen zur Folge, von Editionen und/

---

57 Hils, Die Handschriften.
58 Hils, Liechtenauers Kunst.
59 Ebd., S. 21–142.
60 Hils, Zur sozialen und rechtlichen Stellung; Hils, Reflexionen; Hils, Zum Stand. Kritisch zu sehen ist der teils inzwischen stark veraltete Forschungsstand bei Hils, der aufgrund von Hils' ausführlichen Arbeiten in den 1980er Jahren nach wie vor in verschiedenen Publikationen mitgetragen wird. Zu nennen wäre hier etwa der Eintrag im Lexikon des Mittelalters zum Lemma ,Fechten' (LexMA Bd. 7, München 2002, Sp. 323–327), der noch heute häufig zitiert wird und Hanko Döbringer als Schüler Liechtenauers und Kompilator von Nürnberg, Germanisches Nationalmuseum, HS 3227a darstellt. Beide Sachverhalte sind in der moderneren Forschung stark umstritten, werden durch Hils' Einfluss aber stetig wieder als Fakten aufgegriffen.
61 Welle, Der Ringkampf.
62 Anglo, The Martial Arts.

oder Faksimiles der Fechttraktate bis hin zu Lehrbüchern, welche sich mit dem
Umgang der dort enthaltenen Waffen beschäftigten und die Lehren der Fechtmeister zu interpretieren suchten.[63] Der wissenschaftliche Wert dieser Publikationen schwankt jedoch sehr stark, weshalb viele der in diesem Zeitraum entstandenen Titel nicht oder nur eingeschränkt für die weitere Forschung ver-
wendbar sind.[64] Dennoch lässt sich an dieser Publikationsflut erkennen, dass die
mittelalterlichen und frühneuzeitlichen Kampfkünste Europas seit dem Beginn
des 21. Jahrhunderts eine Art Renaissance erleben, deren Begeisterung bis heute
ungebrochen ist.[65]

Seit wenigen Jahren schließlich ist nun auch eine erneute universitäre Beschäftigung mit dem Thema zu beobachten, die inzwischen bemüht ist, das
breite öffentliche Interesse an den historischen Kampfkünsten mit einem soliden
wissenschaftlichen Fundament zu untermauern. Zu nennen sind hier beispielsweise die Untersuchungen von Heidemarie Bodemer[66] aus dem Jahr 2008,
die sich mit den kunsthistorischen Aspekten der Fechtbücher beschäftigt. 2009
erschien im ‚Katalog der deutschsprachigen illustrierten Handschriften des
Mittelalters' unter der Bearbeitung von Rainer Leng eine auf den neuesten Stand
der Forschung gebrachte Übersicht und wissenschaftliche Beschreibung über die
meisten der nach damals aktuellem Stand bekannten Fechtbücher des Mittelalters (wenn auch überwiegend nur der bebilderten Handschriften).[67] Gerade in
den letzten Jahren bildeten sich mehrere Forschungsgruppen, die sich mit den
verschiedenen Aspekten der historischen Kampfkünste und Fechtbücher aus-
einandersetzten. Besonders die Beschäftigung mit dem Thema Zweikampf und
Duell in historischer Perspektive tritt hierbei hervor. Zu nennen wäre hier neben
dem 2012 erschienenen Sammelband zur Duellforschung unter der Herausge-

---

63 Genannt sei hier vor allem beispielhaft die Reproduktion der Hergsell-Edition zu Hans Tal-
    hoffers Handschrift aus dem Jahr 1467: Talhoffer, Talhoffers Fechtbuch. Diese 1998 erstmals
    erschienene Publikation liegt heute bereits in der 6. Auflage vor und erfreute sich breiter Be-
    liebtheit im Kreise der historischen Fechter, da sie für die nicht-wissenschaftliche Allgemeinheit
    lange der einzige Einblick in die Welt der Fechtbücher darstellte. Die vielen Titel zu nennen, die
    sich mit der Rekonstruktion verschiedener historischer Kampfkünste beschäftigen, würde den
    Rahmen dieses Kapitels sprengen und wäre aufgrund des oftmals geringen wissenschaftlichen
    Anspruchs der Werke wenig zielführend. Beispielhaft sei hier auf die frühe Arbeit von Andre
    Schulze verwiesen, die sich in den Jahren 2006–07 mit der Interpretation der Talhofferschen
    Fechtlehre beschäftigte, hier exemplarisch an Band 1 zum Fechten mit dem langen Schwert:
    Schulze, Mittelalterliche Kampfesweisen.
64 Vgl. dazu auch den wertenden Kommentar bei Welle, Baumanns Fecht- und Ringkampf-
    handschrift, Bd. 1, S. 11 f., hier Anmerkung 29.
65 Dies gilt auch für den internationalen Bereich. Besonders im englischsprachigen Raum herrscht
    ein reges Interesse an den europäischen historischen Kampfkünsten, was sich an einer Vielzahl
    von Publikationen zeigt. Gerade die Sprachbarriere beim Umgang mit mittelalterlichen
    deutschsprachigen Texten führt hierbei mitunter zu Problemen. Hingewiesen sei hier stellver-
    tretend auf die Arbeit von Christian Henry Tobler, der für einige frühe englischsprachige Edi-
    tionen und Übersetzungen von Fechtbüchern ins Englische verantwortlich ist: Tobler, In Saint
    George's Name; Tobler, In Service of the Duke; Tobler, Secrets.
66 Bodemer, Das Fechtbuch.
67 Leng, Fecht- und Ringbücher.

berschaft von Ulrike Ludwig[68] vor allem das Dresdner DFG-Projekt ,Der mittelalterliche Zweikampf als agonale Praktik zwischen Recht, Ritual und Leibesübung', aus dem einige wichtige Beiträge hervorgingen.[69] Im Rahmen mehrerer Fachtagungen entstanden darüber hinaus wertvolle, teils interdisziplinäre Beiträge rund um das Thema historische Kampfkünste, besonders auch im Hinblick auf die Fechtbücher des späten Mittelalters und der frühen Neuzeit und das Schwert im Allgemeinen.[70] 2016 erschien unter der Herausgeberschaft von Daniel Jaquet, Karin Verelst und Timothy Dawson eine Sammlung wichtiger Aufsätze vor allem den wissenschaftlich-methodischen Zugang zur literarischen Gattung der Fechtbücher betreffend.[71] 2017 schließlich wurden in einem Sammelband unter dem Titel ,Die Kunst des Fechtens' mehrere Aufsätze zusammengefasst, die noch auf eine Tagung des Jahres 2009 zurückgehen.[72] Trotz des langen Entstehungsprozesses bietet der Band wichtige interdisziplinäre und nach wie vor aktuelle Beiträge zu den frühneudeutschen Fechtbüchern und -meistern, weshalb er noch kurzfristig in die Überarbeitung der vorliegenden Studie einbezogen wurde. Neben den gedruckten Beiträgen zur Forschung steht in den sogenannten Acta Periodica Duellatorum seit 2013 eine Online-Platform zur biannualen Veröffentlichung von wissenschaftlichen Beiträgen und Peer-Reviews auf dem Gebiet der HEMA zur Verfügung.[73]

Im Zuge des aktuellen wissenschaftlichen Interesses an den mittelalterlichen Fechtmeistern und -büchern entstanden überdies in den letzten Jahren mehrere vorbildliche Editionen zu verschiedenen Handschriften, welche auch bisher unbekanntere Werke einer breiteren Öffentlichkeit erschließen. Hervorzuheben wären hier vor allem die kodikologisch gewissenhaft durchgeführten Arbeiten von Ute Bergner/Johannes Giessauf, Matthias Johannes Bauer und zuletzt Rainer Welle.[74]

Einschlägige Bibliografien zum Thema Fechtkunst verfassten in der Vergangenheit 1966 Hellmuth Helwig und 2005 Henk Pardoel.[75] Jüngst wurden diese durch die Online-Bibliografie des bereits genannten DFG-Projekts auf den

---

68 Ludwig, Das Duell.
69 Zu nennen wären hier vor allem die Beiträge in Israel, Zweikämpfer sowie der auf eine im November 2012 am Comer See vom DFG-Projekt abgehaltene Tagung (,Agon und Distinktion. Soziale Räume des Zweikampfs zwischen Mittelalter und Neuzeit') zurückgehende Sammelband: Israel, Agon und Distinktion.
70 Besonders hervorzuheben wären hier die im Oktober 2012 in Freiburg abgehaltene Tagung ,Das Schwert: Symbol und Waffe' mit dem daraus resultieren Band: Deutscher, Das Schwert sowie die im November 2015 in Solingen abgehaltene Tagung ,Das Schwert – Gestalt und Gedanke' (der zugehörige Sammelband befindet sich noch in Vorbereitung).
71 Jaquet, Late Medieval and Early Modern Fight Books.
72 Vavra, Die Kunst des Fechtens. Der Band geht zurück auf ein internationales Round-Table-Gespräch zum Thema „Forschungsstand und -perspektiven frühneuhochdeutscher Ring- und Fechtlehren" des österreichischen Instituts für Realienkunde des Mittelalters und der frühen Neuzeit vom 22.–23. Oktober 2009.
73 Online verfügbar unter http://www.actaperiodicaduellatorum.com (01.09.2017).
74 Bergner, Würgegriff und Mordschlag; Bauer, Langes Schwert; Welle, Baumanns Fecht- und Ringkampfhandschrift.
75 Helwig, Die deutschen Fechtbücher und Pardoel, Fencing.

neuesten Stand gebracht, wenn auch hier mit Schwerpunkt auf dem Thema Zweikampf.[76] Nicht zu vernachlässigen darf an dieser Stelle auch der Hinweis auf die Bestrebungen einer großen Gemeinschaft interessierter Fechter sein, möglichst viele Daten zu den Fechtbüchern und -meistern des Mittelalters im Internet zusammenzutragen und allgemein verfügbar zu machen. Stellvertretend für die große Anzahl an Seiten und Portalen, die sich dieses Ziel gesetzt haben, sei hier auf die Seite www.wiktenauer.com verwiesen, die im Netz vermutlich die größte frei zugängliche Sammlung an Informationen zu dem Thema bereitstellt, ebenso wie eine große Zahl an digitalen Scans, Transkriptionen und (englischsprachigen) Übersetzungen der Fechtbücher. Auf die gebotene Vorsicht beim Umgang mit derartigen Gemeinschaftsprojekten im Bezug auf die oft fragwürdige wissenschaftliche Arbeitsweise wurde bereits hingewiesen.[77]

Diese kurze Übersicht zur Forschungsgeschichte hat aufgezeigt, dass gerade in den letzten Jahren immer neue Forschungsarbeiten erscheinen, die das Thema historische Fechtkunst auf die eine oder andere Weise tangieren. So finden sich unter den Titeln etwa Abhandlungen aus dem kunsthistorischen Bereich, kodikologische Untersuchungen der Handschriften und sozialgeschichtliche Arbeiten über das Duellwesen oder den Stand der Fechtmeister. Die Fechtkunst an sich, der Akt des Kampfes und die Techniken und Lehren, die diesem zugrunde liegen, fanden unter Gesichtspunkten der Technikgeschichte bisher aber nur wenig bis gar keine Beachtung.[78] Auf diese mangelnde Resonanz bezüglich der wissenschaftlichen Bearbeitung der Fechtkunst selbst wurde bei Anglo schon vor über einem Jahrzehnt hingewiesen,[79] jedoch hat seither leider keine erneute, zufriedenstellende Beschäftigung mit dem Thema stattgefunden.

4. Fragestellung und Methodik

Dem Überblick zum Forschungsstand war bereits zu entnehmen, dass es bisher kaum Versuche gab, sich dem Thema der spätmittelalterlichen und frühneuzeitlichen Fechtkunst von einer technikgeschichtlichen Seite aus zu nähern. Wiewohl es mehrere Veröffentlichungen gibt, die sich mit einzelnen Fechtbüchern oder -meistern auseinandersetzen, handelt es sich hierbei jedoch zumeist

---

76 Die Bibliografie ist als PDF verfügbar unter https://tu-dresden.de/gsw/phil/ige/ma/ressourcen/dateien/zweikampf_projekt/bibliographie_zweikampf?lang=de (01.09.2017).

77 Siehe Anmerkung 28.

78 Als eine der wenigen Ausnahmen sei der kürzlich veröffentlichte Beitrag von Grzegorz Żabiński erwähnt, der in sehr kompakter Form ein ähnliches Ziel verfolgt wie die vorliegende Arbeit. Die unterschiedlichen Themen und Fechtbücher können dabei aber dem Format entsprechend nur kurz angerissen werden: ŻABIŃSKI, Legendo Discimus. Einen ähnlichen Versuch wagte bereits TOBLER, In Saint George's Name, eine „Antologie der mittelalterlichen deutschen Kampfkünste", die sehr breit angelegt die Geschichte der Fechtbücher und -meister darlegt in Verbindung mit Rekonstruktionsversuchen vieler verschiedener Techniken, wobei auch die taktischen Aspekte Erwähnung finden.

79 ANGLO, The Martial Arts, S. 3.

um einen schlaglichtartigen Versuch, eine bestimmte Fechtlehre zu rekonstruieren. Hierbei werden zwar häufig auch die einzelnen Techniken näher untersucht und beschrieben, dies jedoch mit der Absicht, sie für den Leser als Teil eines
bestimmten, in sich geschlossenen Fechtsystems begreif- und anwendbar zu
machen. Eine übergreifende und vergleichende Untersuchung der überlieferten
Fechtlehren hat bisher hingegen nicht stattgefunden, ebenso wenig wie eine
Analyse der dort beschriebenen Techniken unter praktischen Gesichtspunkten.
    Gerade hierbei ergeben sich aber interessante und bisher vernachlässigte
Fragestellungen, welche der vorliegenden Arbeit als Grundlage dienen. Besonders die Prominenz des langen Schwertes in der Fechtliteratur und damit verknüpft die Wirkmacht der Liechtenauer-Lehre wurden bisher noch nicht ausreichend kritisch hinterfragt und stets als gegeben hingenommen. Wofür lernte
man im 15. oder 16. Jahrhundert überhaupt das Fechten mit dem langen
Schwert? Und warum konnte sich eine Lehre wie die Liechtenauers dabei so
vollständig vor anderen Systemen durchsetzen? Auf einer weiteren Ebene stellt
sich dabei die Frage, ob sich diese beiden Tatsachen gegenseitig bedingen, ob also
Liechtenauers Kampfsystem eine Rolle bei der Erhebung des langen Schwertes
zur ‚Königsdisziplin‘ des mittelalterlichen Fechtens spielte. Die Dominanz der
Liechtenauer-Lehre steht bei den folgenden Untersuchungen somit im Fokus.
Anders als bei bisherigen Arbeiten soll diese hier jedoch nicht als isoliertes
Phänomen, sondern in ihrem historischen Kontext betrachtet werden. Vor allem
auch die Frage spielt dabei eine Rolle, in welchem Verhältnis sie zu anderen
zeitgenössischen Fechtlehren stand (sofern sich diese belegen lassen) und wie
sich ihre Vormachtstellung vor diesem Hintergrund erklären lässt.
    Die Leitfragen der Arbeit lauten also: Existierten neben der Liechtenauer-
Lehre noch andere Fechtsysteme? Falls ja, welche technischen Begebenheiten
hoben das Liechtenauer-System von diesen ab und wie lässt sich vor diesem
Hintergrund der gewaltige Einfluss Liechtenauers auf die spätere Überlieferung
erklären? In einem weiteren Schritt wird danach untersucht werden, wie sich das
Fechten mit dem langen Schwert im Verlauf des Spätmittelalters hin zur frühen
Neuzeit aus technischer Sicht entwickelt hat und worauf diese Entwicklungen
zurückzuführen sind. Hierbei ist vor allem auch zu beachten, wie sich die einzelnen Fechtlehren untereinander beeinflusst haben. Auch die Frage nach dem
eigentlichen Verwendungszweck des langen Schwertes und seiner Rolle im
höfischen und bürgerlichen Umfeld muss dabei Beachtung finden, um die Prominenz dieser Waffe in der Fechtliteratur zu erklären.
    Hierzu wird in einem ersten Kapitel die Liechtenauer-Lehre selbst anhand
der dort verwendeten Techniken als Kampfsystem analysiert und untersucht,
welche Eigenschaften das ‚Fechten mit dem langen Schwert‘ konstituiert. Beispielhaft geschieht dies für das späte 14. Jahrhundert anhand der wohl ältesten
Überlieferung der Lehre in der Handschrift Nürnberg, Germanisches Nationalmuseum, HS 3227a. Dabei findet auch die Frage nach der Entstehung dieses
Systems Beachtung durch eine Rückschau auf das Fechten mit Schwert und
Buckler nach dem ältesten erhaltenen Fechtbuch, Leeds, Royal Armouries, MS
I.33.

In einem nächsten Schritt werden diejenigen Fechttraktate untersucht, die nicht direkt auf der Liechtenauer-Lehre basieren. Anhand dieser Textzeugen wird die Frage erörtert, ob sich eine weitere ‚allgemeine' Fechtlehre neben der Liechtenauers erschließen lässt und auf welchen Grundlagen diese basierte. In einer anschließenden Analyse im Vergleich zu Liechtenauers System wird schließlich eruiert, warum dieses eine solche Wirkmacht entfalten konnte und was es aus taktischer und technischer Sicht von anderen zeitgenössischen Kampfsystemen unterscheidet.

In den folgenden Kapiteln werden daraufhin die verschiedenen Lehren der späteren Fechtmeister diachron im Zeitraum des 15. und 16. Jahrhunderts auf ihren Technikkatalog zum langen Schwert hin analysiert. Hierbei steht die Frage im Vordergrund, wie die einzelnen Fechtsysteme miteinander in Verbindung stehen, welche Techniken Verwendung fanden und ob diese eventuellen Änderungen gegenüber anderen Fechtlehren unterworfen waren. Sofern dies möglich ist, wird an den betreffenden Stellen versucht, die Lehren in den gesellschaftlichen Kontext ihrer Zeit einzuordnen und dies anhand des verwendeten Technikkatalogs zu untermauern.

Den letzten Teil der Arbeit bildet schließlich die Beantwortung der Frage nach der sozialgeschichtlichen Bedeutung des langen Schwertes als Fechtwaffe anhand der Ergebnisse der vorausgehenden Untersuchungen. Hierbei wird beleuchtet, wie diese Waffe ihre vorrangige Stellung in der Fechtliteratur einnehmen konnte, obwohl sich ihre tatsächliche Verwendung in der zeitgenössischen Gesellschaft nur schwerlich verorten lässt. Dazu werden die physikalischen Eigenschaften des langen Schwertes und seine Verwendungsmöglichkeiten als Fechtwaffe unter praktischen Aspekten näher untersucht. Am Ende der Arbeit liefert eine abschließende Zusammenfassung noch einmal einen Überblick über alle gewonnenen Erkenntnisse der vorangegangenen Untersuchungen.

Angesichts der Tatsache, dass sich eine von physischen Bewegungen lebende Kampfkunst kaum allein durch theoretische Arbeit analysieren lässt,[80] flossen in die folgenden Überlegungen auch praktische Aspekte und Erfahrungen mit ein. Nur auf diese Weise ließen sich aufgestellte Thesen beispielsweise über Körper- und Waffendynamik auch tatsächlich auf ihre Stichhaltigkeit untersuchen. Hierzu fand im Rahmen der Arbeit am Hauptteil dieser Abhandlung ein reger Austausch mit einer Vielzahl von historischen Fechtern der unterschiedlichen Waffengattungen und mit breit gefächerter Erfahrungsgrundlage statt.[81] Auf die

---

80   Vgl. dazu ANGLO, The Martial Arts, S. 3, der bereits auf das Problem hingewiesen hat, dass eine Beschäftigung mit den Fechtkünsten bisher hauptsächlich durch Sportler und Fechter stattfand, der wissenschaftliche Rahmen dazu jedoch weitgehend fehlte. Dennoch sei das Thema „difficult to grasp solely on the basis of theoretical exposition".

81   Eine Aufzählung der einzelnen Personen ist hier leider nicht zu leisten. Erwähnt sei hier stellvertretend die Vereinigung ‚SchwertRing', ein Zusammenschluss von mehreren Fechtschulen und Personen, der sich mit vielen Varietäten der historischen Kampfkünste beschäftigt. Besonders hervorzuheben sind hierbei die Mitglieder der Fechtschule ‚Krîfon' und ihr Leiter Christian Bott (Fechtmeister ADFD und Fachsportlehrer Deutscher Sportlehrerverband), die stets mit hilfreichem Rat zur Seite standen.

Herausforderungen und Probleme einer experimentellen Herangehensweise bei der Erforschung einer auf Bewegung basierten Kunst hat jüngst Daniel Jaquet in seiner Studie ‚Problems of Interpretation and Application in Fight Book Studies' hingewiesen.[82] Er beschreibt die experimentelle Forschung auf diesem Gebiet als legitimes Mittel, sofern sie als unterstützendes Werkzeug eingesetzt wird und nicht als Ziel der Untersuchung definiert ist.[83] Sein auf vier Phasen basierendes System der Durchführung solcher Untersuchungen (Sammeln von Informationen aus den Quellen, Aufstellen einer Hypothese, praktisches Testen und schließlich Interpretation der Ergebnisse)[84] liefert einen gut durchdachten Ansatz, der jedoch für das Anliegen dieser Arbeit nicht praktikabel war.[85] Die vorliegende Arbeit versucht nicht, offene Fragen bei der Interpretation einzelner Techniken zu klären, sondern die Informationen aus den Quellen einzuordnen und zu systematisieren. Die experimentellen Aspekte der vorliegenden Untersuchung beschränken sich daher auf allgemeine physikalische Überlegungen zur Körper- und Waffendynamik.

Es scheint in diesem Kontext noch einmal geboten darauf hinzuweisen, dass es sich bei den Ausführungen in den folgenden Kapiteln nicht um den Versuch handelt, die Fechttechniken in einer anwendbaren Form zu rekonstruieren. Ziel dieser Arbeit ist nicht die Erarbeitung eines funktionierenden Kampfsystems, sondern die Analyse der historischen Quellen unter technischen und taktischen Gesichtspunkten. Es ist also für die Untersuchung nicht erheblich, ‚wie' eine Technik genau ausgeführt wurde, sondern vielmehr ‚wozu' sie genutzt wurde. Auch wenn für dieses Unterfangen praktische Überlegungen nötig sind, die über den reinen Quellenbeleg hinausgehen, wurden diese unter möglichst objektiven Gesichtspunkten durchgeführt. Es wurde dabei versucht, nur die tatsächlich aus den Quellen extrahierbaren Fakten zu berücksichtigen und nach Möglichkeit keine interpretative Arbeit zu leisten, die sich nicht durch die Quellen belegen lässt. Die Aussagen, die im Rahmen der Untersuchung getroffen werden, stützen sich damit soweit möglich direkt auf die Quellenbelege, nicht auf ein rekonstruiertes Kampfsystem, das bereits eine Interpretation der jeweiligen Quelle darstellen würde. Es sei dennoch darauf hingewiesen, dass jede Übertragung einer schriftlichen Anweisung in ein tatsächliches Bewegungssystem unweigerlich auch eine interpretative Handlung darstellt. Obwohl auf eine möglichst objektive Herangehensweise geachtet wurde, sind die Ergebnisse in manchen

---

82 Jaquet, Experimenting.
83 Ebd., S. 226.
84 Ebd., S. 229–233.
85 Jaquet geht in seinem vorgeschlagenen System sehr kleinteilig vor, was für die Untersuchung einzelner Techniken durchaus sinnvoll ist. So legt er neben ausführlicher Dokumentation (durch Videoaufnahmen) etwa auch Wert auf die passende Bekleidung, im besten Fall nach archäologischen Erkenntnissen gefertigten Textilien der betreffenden Zeit. Für die experimentellen Überprüfungen im Rahmen der vorliegenden Arbeit wurden diese Maßstäbe jedoch nicht angewendet, da hier nicht die tatsächliche Ausführung einer Technik analysiert werden sollte. Es flossen in die Arbeit also keine konkreten empirischen Versuche ein, sondern lediglich allgemeine praktische Überlegungen zum Umgang mit der Waffe und physikalische Grundlagen des Fechtens. Eine gesonderte Dokumentation war hierbei nicht sinnvoll umzusetzen.

Fällen also, wie in der experimentellen Geschichtswissenschaft üblich, nicht absolut.[86] Auf die Schwierigkeiten bei der Auslegung einer rein schriftlichen Anweisung zu einem Bewegungssystem wird im folgenden Kapitel der Einleitung näher eingegangen.

Bei der Quellenarbeit wurde, soweit möglich, auf die tatsächlichen Handschriften zurückgegriffen, sei dies anhand von Digitalisaten oder, wenn diese nicht verfügbar waren, direkt vor Ort. Die Transkriptionen beziehen sich also auf die Originalhandschriften, sofern nicht anders angegeben. Aufgrund der unterschiedlichen grafischen Varianten der Namen der einzelnen Techniken in den Fechttraktaten wird im Verlauf der Arbeit eine normalisierte neudeutsche Schreibvariante verwendet.[87] Bei der Transkription der Quellen wurden aus Gründen der Übersichtlichkeit alle Kürzungs- und diakritischen Zeichen (Nasalstriche, r-/er-Haken, überschriebene Diphtongteile) bereits aufgelöst. Trennstriche wurden dort beibehalten, wo sie offensichtliche satzgliedernde Funktion aufweisen. Ein kurzes Glossar am Ende der Arbeit listet zur Übersicht alle wichtigeren fachsprachlichen Begriffe zur Thematik des Fechtens auf, die im Verlauf der Untersuchung häufiger Nennung finden.

5. Von der Schriftlichkeit einer schriftlosen Praxis

Schon die mittelalterlichen Fechter waren sich der Tatsache bewusst, dass ein auf Bewegung basierendes System nur schwerlich durch das geschriebene Wort vermittelt werden kann. Es sei hier noch einmal auf das bereits angeführte zeitgenössische Zitat verwiesen.[88] Das Fechten, wie jede praktische Kampfkunst, ist zunächst einmal eine „schriftlose Praxis", wie Müller es formuliert. Es handelt sich dabei um eine Fertigkeit, die „primär nicht durch Schrift, sondern durch Nachahmen, Übung und mündliche Anleitung erlernt wird".[89] Für die moderne Forschung stellt dies ein nicht unerhebliches Problem dar, denn bei einem heutigen Rückblick auf die Fachtexte des Mittelalters erweitert sich der mediale Abstand nochmals um eine zusätzliche Ebene. So steht der Historiker nicht etwa wie der mittelalterliche Fechtmeister vor der Schwierigkeit, über ein schriftloses Bewegungssystem schreiben zu müssen. Er muss vielmehr auf einer Metaebene dasjenige beschreiben, was bereits über ein solches System geschrieben wurde, und befindet sich damit gleich in einem doppelten Abstand zur ursprünglichen Bewegungslehre. Vor der eigentlichen Untersuchung müssen daher zunächst

---

86 Dazu vertiefend CLEMENTS, Problems of Interpretation.
87 Beispielsweise werden die grafischen Varianten *twerch; twirg; zwerchhaw; zwerch* etc. unter dem Lemma ‚Zwerchhau' zusammengefasst.
88 Nürnberg, GNM, HS 3227a, fol. 15r: *Auch merke das und wisse das man nicht gar eygentlich und bedewtlich von dem fechten mag sagen und schreiben ader aus legen als man is wol mag czeigen und weisen mit der hant.*
89 MÜLLER, Bild – Vers – Prosakommentar, S. 252.

einige Überlegungen zum Problem der ‚Schriftlichkeit einer schriftlosen Praxis'
und dem wissenschaftlichen Umgang damit stehen.

Beachtet werden muss hierbei vor allem die Frage, welche Informationen ein
Leser aus den Fachtexten ziehen kann und welche verborgen bleiben. Veranschaulichen lässt sich dies an einem Beispiel, hier die Beschreibung einer
grundlegenden Technik der Liechtenauer-Lehre, dem sogenannten Zornhau aus
einem Fechtbuch des 15. Jahrhunderts:

> *Merck der zorenhaw pricht mit dem ort alle oberhaw / vnd ist doch anders*
> *nicht wenn ein slächter pauren slagk / vnd den treib also / Wenn dw mit dem*
> *zuo vechten zu ym kumst / haut er dir denn von seiner rechten seitten oben ein*
> *zuo dem kopff / So haw auch von deiner rechten seitten von oben an alle vor*
> *satzung / Mit im zornigklich ein auf sein swert*[90]

Da der Kotext des Traktats keine weiteren Informationen zu dieser Technik liefert, wird schnell evident, dass ohne unterstützende Anweisung durch einen
Fechtmeister nur eine grundlegende Einsicht in die Ausführung des Hiebs erlangt werden kann. Um die Technik korrekt auszuführen, fehlen dem Leser
einige wichtige Informationen. Darunter etwa die Kenntnis, was das *zuo vechten*
charakterisiert, was auch im weiteren Verlauf des Traktats nicht erläutert wird.
Auch die Körperhaltung des Fechters findet keine Erwähnung. Ist der Hieb mit
einem Schritt zu kombinieren? Wenn ja, welcher Art? Wird das Schwert nur aus
den Armen heraus bewegt oder durch Drehung des Oberkörpers? Selbst
grundlegende Informationen wie etwa die Frage, mit welchem Teil des
Schwertes die Klinge des Gegners zu treffen ist, werden omittiert (Schneide?
Fläche? Welcher Abschnitt bezogen auf die Länge der Klinge?). Warum wird der
Hieb nur von rechts beschrieben, ist er auch von links ausführbar? Ein nicht in
der Kunst bewanderter Fechtschüler könnte also bestenfalls verschiedene Varianten testen und letztlich zu einer eigenen Interpretation der Technik gelangen,
die möglicherweise weit von der ursprünglichen Ausführung entfernt wäre.
Genau diesem Problem sehen sich heutige Sportfechter gegenüber, die um eine
Rekonstruktion der historischen Fechtkünste bemüht sind. Zeugnis darüber
legen schon die unzähligen Interpretationen der einzelnen Techniken ab, die sich
oftmals von Fechtschule zu Fechtschule unterscheiden. Alleine dieses basale
Beispiel, bei dem es sich zudem um eine vergleichsweise einfache Technik handelt, veranschaulicht, dass dem Erlernen der Fechtkunst nur aus den Quellen
heraus enge Grenzen gesetzt sind.[91]

---

90 Rom, BANLC, Cod. 44 A 8, fol. 13r.
91 Bei der wissenschaftlichen Rekonstruktion einer solchen Technik würde sich das von Jaquet
    vorgeschlagene System als Vorgehensweise anbieten. Doch selbst die Nachstellung unter kon-
    trollierten Bedingungen, wie sie dort beschrieben ist, würde lediglich je nach Fragestellung
    Aufschlüsse über verschiedene Aspekte der Technik zulassen. Jede Form der Rekonstruktion,
    gleichgültig nach welchen wissenschaftlichen Standards, bliebe weiterhin eine Interpretation.
    JAQUET, Experimenting, S. 230 weist zwar auf die Notwendigkeit hin, von einer „kreativen"
    Herangehensweise Abstand zu nehmen, liefert aber keinen Ansatz zur Umgehung des Problems
    fehlender essenzieller Informationen in den Quellen. Selbst bei einer sorgfältigen Versuchsan-
    ordnung wie im dort gelieferten Beispiel der Untersuchung des ‚Flügelhaus' mit 180 Wieder-

Dennoch lassen sich aus den historischen Quellen wichtige Informationen ziehen, die zu einer Analyse der jeweiligen Techniken und der Fechtkunst allgemein benutzt werden können. So liefert der Abschnitt den Hinweis darauf, dass der Zornhau aus taktischer Sicht gegen alle von oben geführten Hiebe (*alle oberhaw*) angewendet werden kann. Dies wiederum lässt erkennen, dass es sich dabei um eine defensive Aktion handelt, die als Reaktion auf einen Angriff des Gegners geführt wird (*haut er dir denn von seiner rechten seitten oben ein*). Weiterhin wird aus den Bemerkungen *anders nicht wenn ein slächter pauren slagk* und *an alle vor satzung Mit im zornigklich ein auf sein swert* ersichtlich, dass der Hieb kraftvoll geführt wird, und zwar gegen die Waffe des Gegners, nicht gegen ihn selbst. Er wird zudem *von oben* geschlagen, was darauf schließen lässt, dass das Schwert bereits erhoben sein sollte, wenn der Gegner den Schlag führt. Daraus, dass nicht der Mann, sondern die Waffe das Ziel ist, lässt sich weiter ableiten, dass es keine Technik in direkter Absicht ist, der Gegner selbst also erst mit einer Folgeaktion getroffen werden soll.

Das Beispiel zeigt, dass eine genaue Rekonstruktion der Technik – zumindest anhand dieser einen Quelle – kaum möglich ist. Dennoch lassen sich einige wichtige Aussagen zum Verwendungskontext treffen, die es ermöglichen, den Hieb funktional und taktisch zu beschreiben und in das Fechtsystem einzuordnen. Der Zornhau etwa lässt sich nach dieser Quelle als eine Reaktion auf einen spezifischen gegnerischen Angriff (von oben, zum Kopf des Fechters) beschreiben, bei der durch einen eigenen, kraftvollen Hieb der Schlag des Gegners versetzt wird, um anschließend durch eine Folgeaktion weiterzuarbeiten. In diesem Kontext ist die genaue Ausführung der Technik unerheblich, da die Fragestellung für eine systematische Verortung des Hiebs nur auf das ‚Warum‘ zielt, nicht auf das ‚Wie‘. Auf diese Weise werden im weiteren Verlauf der Arbeit die Fechtlehren zum langen Schwert nach den mittelalterlichen und frühneuzeitlichen Fechtbüchern auf ihre taktischen und technischen Eigenschaften hin analysiert und systematisiert werden.

---

holungen bleiben einige Faktoren der ‚kreativen‘ Interpretation vorbehalten. Hier etwa die tatsächliche Ausführung des Schlags oder die Beinarbeit. Aufgrund mangelnder Informationen wird zwangsweise jede Art der experimentellen Geschichtswissenschaft auf diesem Gebiet unvollständig und auf interpretative Auslegung angewiesen bleiben müssen.

II. Die Entwicklung einer Kunst: Fechten mit dem langen Schwert

1. Das lange Schwert

Bevor mit den eigentlichen Untersuchungen zur Fechtkunst des späten Mittelalters mit dem langen Schwert begonnen werden kann, ist es ratsam, zunächst einen Blick auf die eigentliche Waffe zu werfen, mit der die Fechtmeister dieser Zeit gearbeitet haben.

Es handelt sich dabei, den Abbildungen in den Fechtbüchern folgend, um ein für gewöhnlich zwischen 100 und 120 Zentimeter langes, mit beiden Händen geführtes Schwert mit einer Klingenlänge von bis zu einem Meter (Farb-Abb. 1).[92] Das Gewicht der Waffe betrug – im Gegensatz zur heute immer noch häufig zu vernehmenden Meinung, dass solche Schwerter mit fünf bis vielleicht sogar zehn Kilogramm unverhältnismäßig schwer gewesen seien – zwischen 1500 und 2000 Gramm, in Ausnahmefällen etwas mehr oder weniger, was sich durch archäologische Funde stützen lässt.[93] Abgesehen von den Funden, die das

---

92 Eine verwendbare Typologisierung der Schwertformen nach aktuellem Forschungsstand liegt bislang noch nicht vor. Die bisher meistverwendete Klassifizierung nach dem Oakeshott-System ist nicht mehr zeitgemäß, besonders auch in Hinblick auf die zweihändig geführten Schwerter des Spätmittelalters und der frühen Neuzeit, die Gegenstand der vorliegenden Arbeit sind. Oakeshotts erstes Typisierungssystem stammt noch aus den 1960er Jahren (OAKESHOTT, The Archaeology of Weapons) und wurde im Laufe der Zeit um mehrere Typen erweitert (1981 OAKESHOTT, The Sword; 1991 OAKESHOTT, Records; zuletzt 2000 OAKESHOTT, Sword in Hand). Oakeshott selbst wies bereits auf die Unzulänglichkeiten des Systems hin: „So the following typologies are based purely and simply upon an aesthetic standard, form and proportion being the only criteria. This may seem to be a serious archaeological heresy; the only excuse I can offer for it is that it works." (OAKESHOTT, The Sword, S. 22). Da die Oakeshott-Klassifizierung das Bloßfechten fast gänzlich ausklammert, ist sie für die Untersuchung von Fechtschwertern nicht brauchbar. Die in den Fechtbüchern abgebildeten Schwerttypen lassen sich am ehesten in die Kategorien XIII, XIIIa, XVa, XVIa, XVII, XVIIIb, XVIIIc, XVIIIe und XX einordnen. Von einer Festlegung sollte hierbei aber Abstand genommen werden. Einen Idealtypus ,langes Schwert' kann es nicht geben, da sich die Schwertformen (Klingentyp und -länge, Grifflänge) je nach Verwendungszweck und Vorlieben des Benutzers stark unterscheiden können. Die Probleme der bisherigen Typologisierungen historischer Schwertformen fanden auch bei der Solinger Tagung ,The Sword – Form and Thought' 2015 Beachtung, hier zu nennen wäre vor allem der Beitrag von Iason-Eleftherios Tzouriadis ,What is the Riddle of Steel? Problems of Classification and Terminology in the Study of Late Medieval Swords'. Bisher konnte sich jedoch noch keine neue verwendbare Klassifikation etablieren.

93 Vgl. beispielsweise die Untersuchung von Timothy DAWSON zum Gewicht mittelalterlicher Schwerter: http://ejmas.com/jwma/articles/2005/jwmaart_dawson_0205.htm (01.09.2017). Erhaltene Schwerter aus dem deutschsprachigen Gebiet finden sich etwa in der Sammlung des Kunsthistorischen Museums Wien (Inv.-Nr. HJRK_A_168; Länge: 123 Zentimeter; Gewicht: 1650 Gramm; um 1500); in der Sammlung des Musée de Cluny, Musée national du Moyen Age, Paris

Gewicht der Schwerter mit unter zwei Kilogramm bestätigen, lässt sich der Mythos des wuchtigen, mehrere Kilogramm wiegenden Schwertes schon im Hinblick auf ihre Verwendungsweise in den Fechtbüchern nicht aufrecht erhalten. Denn viele der in den Texten und Abbildungen beschriebenen Techniken sind mit einem Schwert, das über drei Kilogramm wiegt, nicht oder nur sehr schwer auszuführen. Besonders die Stücke, bei denen das Schwert aus den Handgelenken beschleunigt oder wieder abgebremst wird, würden auf die Dauer so eine viel zu große physikalische Belastung für den Fechter darstellen, zumal ein schwereres Schwert aus praktischer Sicht auch keine Vorteile im Kampf mit sich bringen würde.

Obwohl die hier beschriebene Waffe im modernen Sprachgebrauch als das ‚lange Schwert‘ bekannt ist (und der Begriff auch in dieser Arbeit dergestalt verwendet wird), handelt es sich dabei nicht um eine zeitgenössische Benennung, zumindest nicht für die Waffe selbst. In den Quellen findet sich zwar die Bezeichnung *langes swert*, jedoch ist dieser Begriff aller Wahrscheinlichkeit nach nur auf die Haltung des Schwertes mit beiden Händen am Griff bezogen. Sie steht im Gegensatz zu der Technik des ‚kurzen Schwertes‘, bei der die linke Hand vom Griff genommen wird, um die eigene Klinge zu greifen.[94] Dadurch verkürzt sich effektiv die Reichweite der Waffe, aus dem ‚langen‘ wird also ein ‚kurzes‘ Schwert. (Vor allem im Harnischfechten wird diese modern auch als ‚Halbschwert‘ bezeichnete Technik oft verwendet, da auf diese Weise eine bessere Hebelwirkung erzielt und die Waffe im Ringen effektiver eingesetzt werden kann – in den Quellen findet sich hierfür auch die Beschreibung „mit gewappneter [= gerüsteter] Hand"[95] für die Haltung im kurzen Schwert, ein Hinweis auf

---

(Inv.-Nr. Cl. 11829; Länge: 120 Zentimeter; Gewicht: lediglich ca. 1000 Gramm; letztes Viertel des 15. Jahrhunderts); in der Higgins-Sammlung des Worcester Art Museum, Worcester (Inv.-Nr. 1996.01.2; Länge: 120 Zentimeter; Gewicht: 1446 Gramm; 1350–1425). Es sind auch größere Varianten erhalten wie zum Beispiel ein weiteres Exemplar in der Sammlung des Kunsthistorischen Museums Wien mit einer Länge von 1450 Millimetern bei einem Gewicht von 2500 Gramm zeigt (Inv.-Nr. HJRK_A_89; um 1450). Mehrere Exemplare des in den Fechthandschriften verwendeten Schwerttyps waren darüber hinaus auch in der 2015/16 abgehaltenen Ausstellung ‚Das Schwert. Gestalt und Gedanke‘ im Klingenmuseum Solingen zu besichtigen und finden sich im Katalog zur Ausstellung wieder. So beispielsweise: GROTKAMP-SCHEPERS, Das Schwert, Exponat 20 (S. 92 f.) mit 1580 Gramm bei 1232 Millimetern Länge, Exponat 27 (S. 108 f.) mit 1407 Gramm bei 1238 Millimetern Länge oder das bemerkenswerte Exponat 28 (S. 110 f.), das offenbar für einen jungen oder kleinen Mann eigens auf die geringere Körpergröße angepasst wurde (822 Gramm Gewicht bei 1050 Millimetern Länge). Bei diesen Angaben muss natürlich beachtet werden, dass ein gewisser Prozentsatz des Gewichts der ursprünglichen Waffen im Laufe der Zeit verloren gegangen ist, vor allem durch den Verlust des organischen Materials am Griff (Leder, Holz) und durch Korrosion beziehungsweise Restauration, weshalb das Originalgewicht in allen Fällen etwas höher gelegen haben muss.

94 Zu sehen ist diese Grifftechnik in Farb-Abb. 6, rechter Fechter des rechten hinteren Kämpferpaares.

95 Vgl. beispielsweise die Abbildungen bei Talhoffer: München, BSB, Cod. Icon. 394a, fol. 14v, 15v, 19r und 19v: Hier wird die Haltung mit einer Hand an der Klinge als *gewauppet ort* bezeichnet. Ebenso die Abhandlung Andre Liegniczers zum kurzen Schwert, die überschrieben ist mit *Hye hebt sich an Maister Andres Kunst genant der Lignitzer Dem got genadig sey Das kurtz swert zw gewappter hant* (Rom, BANLC, Cod. 44 A 8, fol. 73r).

den Einsatz dieser Technik in Rüstung.) Gestützt wird diese Annahme durch die Tatsache, dass in den Fechtbüchern oft lediglich von dem ‚Schwert‘ die Rede ist, ohne die genaue Waffenart weiter zu unterscheiden,[96] während die Bezeichnung ‚langes Schwert‘ meist auch in Verbindung mit dem ‚kurzen Schwert‘ fällt.[97] Da bei Letzterem zweifellos die gleiche Waffe, nur eine andere Haltung gemeint ist, lässt sich vermuten, dass auch das ‚lange Schwert‘ in erster Linie nur die Haltung bezeichnet, nicht jedoch den Waffentyp. Es ist aber durchaus möglich, dass sich die Verwendung des Begriffs ‚langes Schwert‘ auch synonym für Waffe und Haltung benutzen ließen, denn das Fechten im langen Schwert, also mit beiden Händen am Griff, war natürlich auch nur mit einer Waffe möglich, die genug Platz für beide Hände bot. Für den Fechter dieser Zeit war es also ohnehin unerheblich, was genau der Begriff bezeichnete. Entscheidend war, dass er das zweihändig gehaltene Schwert mit beiden Händen am Griff führen und damit die in den Fechtbüchern beschriebenen Techniken sinnvoll umsetzen konnte.

Generell scheint unter den (deutschsprachigen) Zeitgenossen eine bemerkenswerte Undifferenziertheit bezüglich der Bezeichnungen für die einzelnen Schwerttypen geherrscht zu haben. So wird beispielsweise auch das kürzere, einhändig geführte Schwert, das im Verbund mit einem Faustschild (Buckler) verwendet wurde, lediglich als ‚Schwert‘ bezeichnet, ohne auf die Länge oder die einhändige Führung Bezug zu nehmen.[98] Dementsprechend sind auch alle weiteren Begriffe, mit denen das lange Schwert heute bezeichnet wird, wie beispielsweise ‚Großschwert‘, ‚Biden-‘, oder ‚Zweihänder‘, Erfindungen späterer Jahrhunderte. Weiterhin wird das lange Schwert oftmals auch ungenau als ‚Anderthalbhänder‘ oder Bastardschwert bezeichnet, wobei es sich ebenfalls um Anachronismen handelt, die darüber hinaus aber auch einen anderen Schwerttyp meinen.[99]

Es hat in der Forschungsgeschichte bereits mehrere Versuche einer Klassifikation des Typus ‚langes Schwert‘, welches in den mittelalterlichen Fechtbüchern benutzt wird, gegeben. Natürlich bietet sich an, das lange Schwert dem Namen nach zunächst über seine tatsächliche Länge zu klassifizieren, was aber schon Hils als unzureichendes Kriterium befunden hat, da die Varianz ein zu großes Spektrum aufweist, besonders auch im Hinblick auf die übergroßen Landsknechtschwerter späterer Zeit, die Längen von zwei Metern erreichen

---

96 So schon in Nürnberg, GNM, HS 3227a, fol. 13v: *Hie hebt sich an meister lichtenawers kunst des fechtens mit deme swerte.* In diesem Traktat findet sich nur an einer Stelle der Begriff ‚langes Schwert‘: *das sy aus dem langen swerte gefochte / was dar get / mit gestracken armen / und mit gestrakten swerte* (fol. 40r). Auch hier bezieht sich der Begriff auf die Haltung beziehungsweise Führung des Schwertes, was die Annahme untermauert, dass nicht der Schwerttyp gemeint ist.

97 Vgl. Cod. 44 A 8: *Des ersten mit dem langen swert* […] *Dar nach mit dem kürtzen swert* (fol. 3r).

98 Vgl. die Abhandlung zum Bucklerfechten in Dresden, SLUB, Mscr.Dresd.C.487, fol. 54r–55v. Im italienischen Sprachgebiet scheint sich hingegen schon zu Beginn des 15. Jahrhunderts die Differenzierung zwischen der ein- und zweihändigen Führung durchgesetzt zu haben. Vgl. dazu Fiore dei Liberi in: Los Angeles, J. Paul Getty Museum, Ms. Ludwig XV 13, fol. 2r: *la spada d'una mano e de dy mani.*

99 Vgl. dazu die ausführliche Untersuchung bei WANKE, Anderthalbhänder.

konnten.[100] Ebenso bereiten besonders lange Einhandschwerter oder Schwerter, die mit einer oder auch beiden Händen geführt werden konnten, aber dennoch eine Länge ähnlich der des langen Schwertes erreichten, bei einer solchen Einordnung Probleme. Hils' Vorschlag einer Klassifizierung über die zweihändige Führung des Schwertes ist hierbei ein guter Ansatz, auch wenn er die (ebenfalls stets zweihändig geführten) Landsknechtschwerter dabei nicht berücksichtigt.[101] Wie bereits geschildert, erscheint es am sinnvollsten, sich der Praxis des mittelalterlichen Fechters anzunähern und die Waffe über ihre Funktionsweise beziehungsweise ihre Nutzung zu klassifizieren, wenn man über das ‚lange Schwert' spricht. So sind tatsächliche Länge der Waffe und ihre Beschaffenheit (Form von Klinge, Parierstange und Knauf) kein entscheidendes Kriterium. Entscheidend ist vielmehr die Frage, ob mit dem Schwert ‚im langen Schwert' gefochten werden konnte, also ob eine zweihändige Führung und die Anwendung der beschriebenen Techniken damit möglich war. Entsprechend wird mit dem Begriff ‚langes Schwert' im Folgenden auch kein einzelner Schwerttypus bezeichnet, sondern jedwede Waffe, auf die sich das in den Fechtbüchern dargestellte Fechten sinnvoll übertragen lässt.

Konstituierend für das lange Schwert ist seine (meist eher schmale) beidseitig scharf geschliffene Klinge, die sich zur Spitze, dem sogenannten Ort, hin verjüngt. Die Klinge lässt sich in ihrer Länge in zwei Abschnitte unterteilen, die ‚Stärke', vom Griff bis etwa zur Hälfte der Klinge, und die ‚Schwäche', von der Hälfte der Klinge bis zum Ort (Abb. 1). Die Bezeichnung rührt von der Hebelwirkung am Schwert her, die dazu führt, dass bei Klingenkontakt mit dem gegnerischen Schwert in der Stärke ein größerer Teil der eigenen Kraft umgesetzt und der gegnerischen Waffe entgegen gebracht werden kann. Man ist dort ‚stärker in der Bindung'.[102] Mit zunehmender Entfernung vom Griff verringert sich diese Kraft, beim Klingenkontakt in der Nähe des Ortes, in der Schwäche, kann der Gegner die eigene Klinge leichter bewegen und aus der Bahn lenken, man ist dort ‚schwach in der Bindung'.

Weiterhin lassen sich die beiden Schneiden der Klinge voneinander unterscheiden, sie werden als ‚kurze' und ‚lange' Schneide bezeichnet, wobei diese Begriffe nicht fest an die Klingenseiten des tatsächlichen Schwertes gekoppelt, sondern abhängig von der Haltung der Waffe sind. So ist die lange Schneide jeweils diejenige, die zum Gegner zeigt, wenn das Schwert mit senkrecht nach oben stehendem Ort auf diesen ausgerichtet ist, während die kurze Schneide dabei zum Fechter selbst zeigt. In anderen Worten ist die lange Schneide diejenige, die auf der Knöchelseite der zugreifenden Hand liegt, die kurze Schneide

---

100 HILS, Liechtenauers Kunst, S. 276–278.
101 Ebd., S. 278–285.
102 Zum Begriff ‚Bindung' beziehungsweise ‚Band' vgl. BARTH, Fechttraining, S. 51: „Alle Stellungen, in denen Waffen (Klingen) der beiden Fechter Kontakt haben, werden als Bindungen oder Berührungen bezeichnet. Bindungen sind die Stellungen, bei denen ein Fechter mit seiner Klinge die Waffe des anderen durch das Hebelverhältnis Klingenmitte gegen Klingenschwäche, Klingenstärke gegen Klingenmitte bzw. Klingenstärke gegen Klingenschwäche beherrscht."

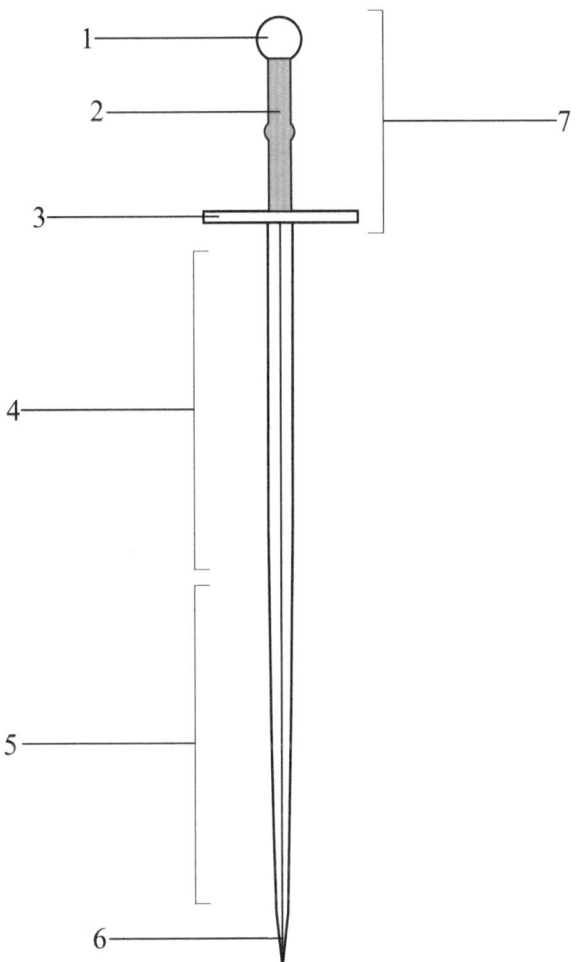

Abb. 1: Aufbau des langen Schwertes 1: Knauf; 2: Griff; 3: Parierstange; 4: Schwäche; 5: Stärke; 6: Ort; 7: Gehilz

diejenige auf der Seite des Handgelenks.[103] Für den Fechter ist somit immer klar, mit welcher Klingenseite er zuschlagen muss, wenn er mit der langen oder kurzen Schneide treffen will.

An die Klinge schließt sich die sogenannte Parierstange an, die in Form und Größe variieren kann. Im untersuchten Zeitraum haben die Schwerter aber in aller Regel eine einfache Parierstange, die aus einem 20 bis 30 Zentimeter langen

---

103 Vgl. dazu Joachim Meyer, Gründtliche Beschreibung des Fechtens, fol. 1.4v: *Die Langeschneid ist die volle Widerschneid von den fingern hinaus / gerad gegen deinem widerpart / die Kurtze oder halbe schneide heist die so gegen dem daumen oder zwischen dem daumen vnd zeiger / oder ersten finger gegen den Fechter selbst gekeret [...].*

Metallstück besteht, das rechtwinklig zur Klinge angebracht ist. In erster Linie schützt die Parierstange die Hand vor Treffern oder vor dem Abgleiten des gegnerischen Schwertes, sie kann aber auch dazu benutzt werden, das Schwert des Gegners zu fangen und zu arretieren oder um damit zuzustoßen, sollte sich die Gelegenheit ergeben.

Der Griff sitzt unterhalb der Parierstange und bietet Platz für beide Hände. Er ist, je nach Gesamtlänge des Schwertes, etwa 20 Zentimeter lang und wird oftmals auch als ‚Gehilz‘ bezeichnet (vermutlich abgeleitet von mhd. *helz*, ‚Holz‘, da der Schwertgriff normalerweise aus mit Leder umwickeltem Holz bestand). Der Begriff Gehilz kann aber auch stellvertretend für das untere Ende des Schwertes stehen, also alle Teile unterhalb der Klinge. An den Griff schließt sich der Knauf an, der im untersuchten Zeitraum meist Scheiben- oder Birnenform aufweist. Auch mit ihm kann zugestoßen werden, wenn beide Kontrahenten nah genug beieinander stehen und es die Situation erlaubt. Die Proportionen der Waffe waren dabei so gewählt, dass der Schwerpunkt des Schwertes etwas oberhalb der Parierstange lag, um eine möglichst gute Ausbalancierung und ein optimales Schwungverhalten zu erreichen.[104]

Es wird also deutlich, dass diese Schwertform sozusagen eine Allzweckwaffe darstellte, von der sich jeder Teil im Kampf einsetzen ließ, seien es die beiden Klingenseiten, der Knauf oder die Parierstange. Durch seine beidseitig scharfe Klinge und den spitzen Ort ließ sich das Schwert sowohl zum Stich als auch zum Hieb und zum Schnitt benutzen. Dies sind die drei Angriffsarten, die den Techniken der Fechtbücher zugrunde liegen und die sich dort als die *drei wunder* finden lassen.[105] Neben der neuhochdeutschen Bedeutung Wunder könnte dies möglicherweise auch im Sinne von ‚Verwunder‘, also eine Technik, mit der man den Gegner verwunden kann, gelesen werden.

Im Verlauf des Spätmittelalters ist aus materialkundlicher Sicht eine Weiterentwicklung der Schwertform zu beobachten. Schon zur Mitte des 15. Jahrhunderts[106] finden sich in den Fechtbüchern Schwerter mit einer Verbreiterung der Klinge kurz über der Parierstange. Diese als ‚Schild‘[107] (neuzeitlich auch als

---

104 In den letzten Jahren fanden besonders durch Peter Johnsson ausführliche und sehr interessante Untersuchungen zur Geometrie verschiedener Schwertformen statt. Hierbei entstand die These, dass die Schwertproduktion ähnlichen mathematischen und geometrischen Berechnungen folgte, wie sie auch in der Baukunst, etwa der gotischen Architektur, zugrunde liegen. Ob dies von den mittelalterlichen Schmieden intendiert war oder sich aus dem Prinzip ‚form follows function‘ ergab, bleibt dabei offen. Vgl. dazu JOHNSSON, One Single Wholeness; JOHNSSON, Die Geometrie.

105 Vgl. beispielsweise Dresden, SLUB, Mscr.Dresd.C.487, fol. 48r: *Vnd gedenck dz du vß yedem winden besonnder triben solt ainen haw oder schnitt vnd ain stich Vnd dz haissen die drew wunder.*

106 Etwa bei Talhoffer in München, BSB, Cod. Icon. 394a, fol. 2r.

107 Ob es sich dabei um einen zeitgenössischen Begriff handelt, ist nicht nachweisbar. Schon in den Liechtenauer-Versen des 14. Jahrhunderts wird das Schild erwähnt (Nürnberg, GNM, HS 3227a, fol. 18v: *keyn wechsler kawm an dich schild*), ob es sich hierbei aber um die Parierhilfe handelt oder Schild im Sinne von Verteidigung gemeint ist, ist unklar. Spätestens im 16. Jahrhundert setzte sich die Bezeichnung aber gesichert in der Fachsprache der Fechter durch. Vgl. etwa Meyer, Gründtliche Beschreibung des Fechtens, fol. 1.14r: *fang ihme seinen streich in der lufft auff dein schilt oder kreutzstang.*

Fehlschärfe oder Ricasso) bezeichnete Parierhilfe diente dem Schutz der Finger und Hände, indem sie die gegnerische Klinge auffing, bevor diese zum eigenen Gehilz abrutschen konnte. Mit Beginn des 16. Jahrhunderts schließlich etablierte sich eine neue Form der Waffe, bei der der Schild zum Schutz der Hände immer stark ausgeprägt war und die über eine stumpfe (und vermutlich meist sehr flexible) Klinge mit abgerundeter, teils sogar noch verbreiterter Spitze verfügte. Diese als Fechtfeder[108] bezeichnete Schwertform wurde als Übungswaffe eingesetzt, da sie das Verletzungsrisiko sowohl beim Fechter selbst als auch beim Gegner im Gegensatz zu einer starren Klinge stark verringerte (Farb-Abb. 2).[109]

Gerade im Vergleich zu einhändig geführten Schwertern stellte das lange Schwert insofern eine Weiterentwicklung dar, dass mit ihm Techniken ermöglicht wurden, die mit einer einhändigen Waffe gar nicht oder nur schwer auszuführen waren. Besonders die Erhöhung der Reichweite durch die lange Klinge sorgte nun dafür, dass der Fechter sich nicht mehr in unmittelbare Nähe zum Gegner begeben musste, um diesen zu treffen, während die zweihändige Führung das Stoßfechten erheblich erleichterte. Somit stellte das lange Schwert auch den Höhepunkt der Fechtwaffenentwicklung dar, bis die ihm zugrunde liegenden Prinzipien (Länge und Stoßlastigkeit) im 16. Jahrhundert wieder auf einhändige Waffen wie das Rapier zurück übertragen wurden.[110]

2. Das 14. Jahrhundert: Die Anfänge

Das Problem, das sich bei der Betrachtung der Anfänge der Fechtkunst mit dem langen Schwert im 14. Jahrhundert stellt, ist die Tatsache, dass nur ein einziges Fechtbuch aus dieser Zeit existiert – sofern dieses nicht gar schon aus dem frühen 15. Jahrhundert stammt. Dennoch liegen die Ursprünge des Kampfes mit dem langen Schwert zweifelsohne in diesem Zeitraum. Liechtenauers Fechtkunst, die sich erstmals in der im Germanischen Nationalmuseum Nürnberg aufbewahrten Handschrift 3227a findet, welche vermutlich auf das Ende des 14. Jahrhunderts zu datieren ist,[111] stellt so bereits eine Weiterentwicklung der ursprünglichen Kampfkunst mit dem langen Schwert dar, wie noch zu zeigen sein wird. Angesichts dieser Tatsache ist mit hoher Sicherheit davon auszugehen, dass die Fechtkunst mit dieser Waffe in den 1380er Jahren bereits voll entwickelt war; erste Formen dieser Kunst reichen sicherlich bis in die 1350er Jahre oder sogar noch weiter zurück.

---

108 Woher der Begriff Fechtfeder stammt oder wann er etabliert wurde, ist unklar, vermutlich handelt es sich um einen Anachronismus. Möglicherweise steht er in Verbindung mit der Prager ‚Gesellschaft der Freifechter von der Feder von Greifenfels‘, einer Fechtervereinigung aus dem Jahr 1570, deren Mitglieder auch als Federfechter bezeichnet wurden. In den Fechtbüchern jedoch wird auch die Fechtfeder durchgängig lediglich als ‚Schwert‘ bezeichnet.
109 Erhaltene Exemplare dieser Schwertform finden sich beispielsweise im Landesmuseum Zürich unter den Inventarnummern KZ 193, KZ 1029 und KZ 1030.
110 Dies wird in Kapitel III. der Arbeit weiter ausgeführt.
111 Vgl. S. 47 zu den vermuteten Lebensdaten Liechtenauers.

Nichtsdestotrotz bleibt uns heute nur ein einziges schriftliches Zeugnis aus dieser Zeit, besagter Codex 3227a, der Liechtenauers *zedel* und einen umfangreichen Prosakommentar zu dieser durch einen unbekannten Verfasser enthält.[112] Die Überlieferung der Liechtenauer-Lehre liegt uns also nur aus zweiter Hand vor. Weder ist ein Autograf des Meisters erhalten, noch ist gesichert, ob überhaupt eine Verschriftlichung seiner Lehre über die Merkverse, die von späteren Fechtmeistern tradiert wurden, hinaus stattgefunden hat. Selbst die Frage, ob Liechtenauer selbst seine *zedel* jemals verschriftlichen ließ oder ob dies erst durch seine Schüler geschah, ist ungeklärt. Die teils offensichtlich korrumpierte Form der bis heute überlieferten Verse lässt darauf schließen, dass diese bereits mit einigem Abstand zur eigentlichen Lehre niedergeschrieben wurden. Interessanterweise findet sich mit dem Codex 3227a eine der wenigen Handschriften, die neben der Liechtenauer-Lehre auch Fechttraktate anderer Traditionen überliefern. Auf diese außerhalb der Liechtenauer-Tradition stehenden Werke wird in einem späteren Abschnitt der Arbeit zurückzukommen sein.

Über den Verfasser der Handschrift ist uns heute kaum etwas bekannt. Die Forschung war lange Zeit der Meinung, dass es sich bei dem im Codex enthaltenen Fechtbuch um einen Text des Pfaffen Hanko Döbringer handelt,[113] weswegen sich umgangssprachlich bis heute noch der Name ‚Döbringer-Codex‘ für dieses Werk hält. Diese Fehlannahme ist einem Eintrag auf Blatt 43r geschuldet. Dort findet sich eine Abhandlung zu ‚Gefechten anderer Meister‘, von denen drei namentlich genannt werden.[114] Da Hanko Döbringers Name an exponierter Stelle am Anfang des Textes steht, wurde dies als Selbstnennung des Verfassers interpretiert. Jedoch handelt es sich nur um einen nachträglichen Eintrag, der auch als solcher mit einem Kreuz gekennzeichnet ist,[115] das sich in der Reihe der genannten Fechtmeister wiederfindet. Hanko ist also nur einer der Meister, deren Stücke dort präsentiert werden, sein Name wurde offensichtlich in der Auflistung vergessen und später am oberen Rand des Blattes nachgetragen. Über den wahren Urheber des Textes lässt sich daher nur spekulieren. Die Annahme, dass es sich um ein Autograf von Liechtenauer selbst handelt, ist sehr unwahrscheinlich, da dieser nur in der dritten Person genannt wird, zudem wäre eine Glossierung der eigenen Reimverse und auch die Nennung der anderen Meister ungewöhnlich für einen Text, den Liechtenauer selbst verfasst hätte. Nicht aus-

112 Trotz der Bedeutung dieses Fechtbuches haben bis dato auffallend wenige Versuche stattgefunden, das Werk in seiner Gesamtheit zugänglich zu machen. Eine Edition liegt bislang nur in englischer Sprache in Zabinski, Unarmoured Longsword Combat vor. Eine kodikologische Untersuchung des Codex besonders im Hinblick auf das enthaltene Fechttraktat geschah unlängst durch Eric Burkart (Burkart, The Autograph).

113 So unter anderem schon bei Hils, Liechtenauers Kunst, S. 106, aber auch noch bei Leng, Fecht- und Ringbücher, S. 16.

114 Nürnberg, GNM, HS 3227a, fol. 43r: *Hie hebt sich an der ander meister gefechte / + Andres Juden • Josts von der nyssen • Niclas prewßen /* etc.

115 Ebd.: *+ Hanko pfaffen döbringers.*

zuschließen ist jedoch die Vermutung, dass es sich bei dem Verfasser des Textes um einen Schüler Liechtenauers gehandelt haben könnte.[116]

Eric Burkart gelangt in seiner jüngst erfolgten kodikologischen Untersuchung der Handschrift zu dem Schluss, dass es sich um einen gelehrten Anwender verschiedener Kampfkünste handeln muss. Dieser erhielt nach einer bereits erfolgten Ausbildung am langen Schwert nun eine Einweisung ins Liechtenauer-System, welche er zum Anlass nahm, die Grundlagen der Lehre schriftlich festzuhalten.[117] Diese These scheint plausibel, denn der offensichtliche Entwurfscharakter der Handschrift lässt eine Auftragsarbeit oder die Kopie eines bereits existierenden Werkes ausschließen.[118] Die Anlage des kleinformatigen Codex deutet eher auf einen Gebrauch als persönliches Notizbuch hin, in dem der Verfasser aus eigenem Antrieb verschiedene Texte zur Erhaltung von Wissen sammelte. Zu seiner Ausbildung im Liechtenauer-System muss der Verfasser dabei über eine oder mehrere Versionen von dessen *zedel* verfügt haben, die er durch einen ausgiebigen, aber nie vollendeten Kommentar glossierte.[119]

Einer heutigen Untersuchung der mittelalterlichen Fechtkunst kommen diese Glossierungen zwar zugute, da sich die Techniken mit ihrer Hilfe leichter (oder überhaupt erst) verstehen lassen als nur durch die Verse Liechtenauers. Jedoch muss immer beachtet werden, dass es sich bei den auf Liechtenauer folgenden Glossen jeweils schon um eine Interpretation und gegebenenfalls Erweiterung beziehungsweise Modifizierung der Kunst handelt. Im Falle der Handschrift 3227a, die das einzige Schriftzeugnis aus dem 14. Jahrhundert

---

116 So etwa Hans-Peter HILS im Artikel ‚Fechten' in LexMA, Bd. 4, Sp. 325, der Hanko Döbringer als Autor des Traktats in Nürnberg, GNM, HS 3227a und Schüler Liechtenauers sieht. Entgegen der absoluten Formulierung Hils' sind dies aber nur Mutmaßungen.

117 BURKART, The Autograph, S. 476, hier besonders Anmerkung 88.

118 Für die Annahme, dass es sich um ein eigenständiges Traktat handelt, spricht die Tatsache, dass an vielen Stellen Abschnitte begonnen, aber nicht fertiggestellt wurden. Für sich allein stehende Überschriften und für spätere Nachträge freigelassene Stellen weisen auf eine sukzessive Fertigstellung der Handschrift hin, die sich nicht mit einer bloßen Kopiertätigkeit vereinbaren lässt. Immer wieder finden sich im Text Streichungen, bei denen es sich offensichtlich nicht um korrigierte Abschreibfehler handelt, sowie Nachträge durch den Verfasser der Handschrift. Dass dieser in der Fechtkunst bewandert sein musste, ergibt sich aus einigen Nachträgen und sinnverändernden Korrekturen wie etwa der mehrmaligen Ersetzung von ‚rechts' durch ‚links' (fol. 18v; 38v) bei der Beschreibung einer Technik. Diese Korrekturen setzen voraus, dass der Verfasser um die tatsächliche Ausführung der Techniken wusste. Insgesamt erweckt die Handschrift damit den Eindruck eines ersten, nie vollendeten Entwurfs für ein Fechttraktat. Dass einige der Liechtenauer-Verse einzig in Nürnberg, GNM, HS 3227a zu finden sind, lässt vermuten, dass das hier angelegte Traktat nicht weiter ausgearbeitet und weder es noch die zugrunde liegende Fassung der Verse später weiter rezipiert wurden. Alle nachfolgenden Fechtbücher scheinen sich auf eine andere Quellengrundlage für die Überlieferung der Liechtenauer-Lehre zu stützen.

119 Laut BURKART, The Autograph, S. 471 muss der Glossator über mindestens zwei verschiedene Fassungen der *zedel* verfügt oder aber mehrere Anläufe gebraucht haben, um diese nach mündlichem Diktat niederzuschreiben. Burkart geht davon aus, dass der Verfasser irgendwann das Interesse an einer vollständigen schriftlichen Auslegung verlor, eventuell begründet durch seine Meisterung der Techniken, worauf sich weitere Notizen erübrigt hätten (ebd., S. 476 f.).

darstellt, ist glücklicherweise eine sehr enge Bindung der Glosse an die ursprünglichen Verse Liechtenauers zu erkennen. Ob ein konkretes Lehrer-Schüler-Verhältnis des Verfassers zu Liechtenauer bestand, lässt sich heute nicht mehr nachvollziehen. Jedoch ist an mehreren Textpassagen zu erkennen, dass dieser stets hochachtungsvoll Bezug auf Meister Liechtenauer nimmt und es ihm offenbar in erster Linie nicht um eine eigene Interpretation von dessen Fechtkunst, sondern eine möglichst genaue Wiedergabe und Erklärung derselben ging.[120]

Da der Verfasser den Codex zur Erhaltung von Wissen nutzte, das er sich selbst angeeignet hatte, könnte es sich bei ihm womöglich um einen Zeitgenossen Liechtenauers handeln. Auch die Vollständigkeit der Versüberlieferung deutet auf einen relativ geringen zeitlichen Abstand oder zumindest eine gute Quellengrundlage des Verfassers hin, denn in HS 3227a finden sich einige Verszeilen, die in keinem späteren Fechtbuch mehr erscheinen. Die teils chaotische und unfertige Anordnung der Verse in der Handschrift lässt ein direktes Diktat durch Liechtenauer oder einen anderen Fechtmeister aber ausschließen. Sie scheinen viel eher mit einigem zeitlichen Abstand aus der Erinnerung des Verfassers niedergeschrieben worden zu sein. Obgleich demnach in einer Analyse der Texte aus HS 3227a immer noch zwischen den von Liechtenauer selbst stammenden Merkversen und der Auslegung des Verfassers der Glosse (im Folgenden als Glosse L1 bezeichnet) unterschieden werden muss, kann diese dennoch als sehr nah an Liechtenauers ursprünglicher Lehre stehend angesehen und daher mit Bedacht zu einer ersten Interpretation seines Systems herangezogen werden.

Zusammenfassend bedeutet dies für die Untersuchung der Fechtkunst mit dem langen Schwert im 14. Jahrhundert, die im Folgenden vorgenommen wird: Es existiert für den Untersuchungszeitraum nur eine mutmaßliche Quelle aus dieser Zeit, die den Kampf mit dem langen Schwert thematisiert. Diese beschäftigt sich mit der Fechtlehre Liechtenauers, welche die wirkmächtigste Lehre zum langen Schwert im Verlauf der nächsten zweihundert Jahre darstellt, weswegen sie die Grundlage der folgenden Untersuchung bilden wird. Da als schriftliche Zeugen für Liechtenauers Lehre selbst nur die mitunter schwer verständlichen Merkverse existieren, wird sich die Untersuchung auf die umfangreiche Glossierung der Verse in HS 3227a stützen. Bei dieser ist jedoch zu beachten, dass es sich, selbst wenn der Verfasser direkter Schüler Liechtenauers war, unter Umständen schon um eine Interpretation der Lehre handelt. Im Verlauf des Kapitels wird daher jeweils zwischen den Aussagen des Glossators und denjenigen, die vermutlich direkt auf Liechtenauer zurückgehen (also die Verse), differenziert werden. Aufgrund der Tatsache, dass es sich bei dem Text in HS 3227a um ein nie fertiggestelltes Konzept handelt und daher nicht alle Verse

---

120 So tauchen im Text immer wieder Formulierungen auf, die auf Liechtenauers Urheberschaft verweisen, während der Autor selbst keinen Anspruch auf den präsentierten Text erhebt. Vgl. beispielsweise Nürnberg, GNM, HS 3227a, fol. 20v: *Dorvm spricht lichtnawer*; fol. 21v: *Vnd das meynt lichtnawer mit dem worte*; fol. 22r: *Vnd das meynt lichtnawer / mit desen wörter*; fol. 22v: *als lichtnawer spricht* et al. Vgl. dazu auch Hils' Einschätzung des Autors in Hils, Liechtenauers Kunst, S. 106–110 und ebenso Wierschin, Liechtenauers Kunst, S. 69–73.

mit Erläuterungen versehen sind, muss an diesen Stellen für die Analyse auf
jüngere Auslegungen zurückgegriffen werden. Hierfür wird eine Glossierung
der Verse aus dem 15. Jahrhundert herangezogen, die ebenfalls noch eine vergleichsweise große Nähe zur ursprünglichen Liechtenauer-Lehre aufweist.[121]
Ebenso müssen zur Veranschaulichung der Techniken Abbildungen späterer
Traktate verwendet werden, da die Illustration der Fechthandschriften erst zur
Mitte des 15. Jahrhunderts einsetzt. Die Abbildungen können damit zu Rate
gezogen werden, um die grundlegenden Prinzipien der Techniken zu verdeutlichen, es muss dabei aber beachtet werden, dass es sich um spätere Interpretationen handelt.

Die Lehre Liechtenauers stellte zwar das wirkmächtigste, aber nicht einzige
System des Kampfes mit dem langen Schwert dar, das im 14. Jahrhundert
praktiziert wurde, wie schon die sogenannten ‚Gefechte anderer Meister' in HS
3227a belegen. Nach der folgenden Analyse der Liechtenauer-Lehre schließt sich
daher eine Untersuchung der Traktate an, die offensichtlich nicht in dieser Tradition stehen, um Rückschlüsse über die neben Liechtenauers Katalog existierenden Techniken zu erlangen. Das Ende des Kapitels bildet schließlich eine
vergleichende Gegenüberstellung beider Systeme, um die Frage zu beantworten,
wie das Liechtenauer-System eine solche Prominenz in der Überlieferung entwickeln konnte.

2.1. Die Liechtenauer'sche Lehre

2.1.1. Zur Person Liechtenauers

Obwohl Johannes Liechtenauer als Begründer der Fechtkunst mit dem langen
Schwert gilt und sein Name im Laufe der Jahrhunderte stets mit großer Hoch-
achtung weitergetragen wurde, ist von seiner Person selbst nur überraschend
wenig überliefert. Außerhalb einiger weniger über die Fechtbücher verstreuter
Informationen ist Liechtenauer historisch in keiner Weise greifbar. Die wenigen
Hinweise, die mehr oder weniger direkten Einblick in sein Leben gewähren,
stammen aus dem frühesten Schriftzeugnis, das die Lehre des berühmten
Fechtmeisters überliefert, dem Codex 3227a des GNM Nürnberg. Dort findet sich
zu Beginn des eigentlichen Fechtbuches eine Vorrede des Autors, in der direkt
Bezug auf Liechtenauer genommen wird. So heißt es dort:

Hie hebt sich an meister lichtenawers kunst des fechtens mit deme swerte czu
fusse und czu rosse blos und yn harnuesche / Und vor allen dingen und sachen
/ soltu merken und wissen das nuer eyne kunst ist des swertes / und dy mag
vor manche hundert jaren seyn funden und irdocht und dy ist eyn grunt und
kern aller kunsten des fechtens / Und dy hat meister lichtnawer ganz vertik
und gerecht gehabt und gekunst / Nicht das her sy selber haben funden und

121 Es handelt sich dabei um die Handschrift Rom, BANLC, Cod. 44 A 8, die in Kapitel II.3.1. näher
     untersucht wird.

irdocht / als vor ist geschreben / sonder her hat manche lant durchfaren und
gesucht / durch dy selben rechtvertigen und worhaftigen kunst wille / das her
dy io irvaren und wissen welde[122]

Diesen Ausführungen folgend ist Meister Liechtenauer in der Tat nicht der Urheber der Fechtkunst mit dem Schwert, vielmehr mag diese schon vor „manchen
hundert Jahren" erfunden worden und Liechtenauer lediglich weit umhergereist
sein, um sich diese Kunst eigen zu machen.[123] Obschon es unwahrscheinlich ist,
dass der Satz *dy mag vor manchen hvndert Jaren seyn fvnden vnd irdocht* auf das
lange Schwert direkt bezogen ist, da diese Art des Fechtens sich erst im
14. Jahrhundert voll etablieren konnte,[124] so ist davon auszugehen, dass der
Autor hier Bezug auf die grundlegenden Techniken und Prinzipien nimmt, die
allen Klingenwaffen gemein sind. Wie im späteren Verlauf der Arbeit zu sehen
sein wird, sind es in der Tat ältere Lehren, die in die Kunst des langen Schwertes
einfließen. Es erscheint daher glaubhaft, dass Liechtenauer im Laufe seiner
Karriere andere Waffengattung und Kampfesweisen studiert und dazu möglicherweise auch andere geografische Regionen bereist hat, in denen diese zu
lernen waren.

Neben diesem kurzen Einblick in die – man könnte sagen – ‚Wanderjahre' des
Fechtmeisters schweigen sich die Fechtbücher jedoch über jegliche Fakten zur
Person Liechtenauers aus. Eine zeitliche und räumliche Verortung kann daher
höchstens mittelbar durch die Werke geschehen, die seine Kunst überliefern. So
lässt sich der Wirkungskreis Liechtenauers auf den süddeutschen Sprachraum
einengen, stammt doch die überwiegende Mehrheit der Fechtbücher in der
Tradition des Meisters aus dem bairisch- und schwäbischsprachigen Gebieten
Oberdeutschlands. Eine genauere Lokalisierung kann aufgrund fehlender Au-
tografen und/oder historiografischer Belege nicht erfolgen, über die Herkunft
Liechtenauers lässt sich daher nur mutmaßen. Welcher Ort für den Namenszu-
satz des Fechtmeisters verantwortlich ist, lässt sich nicht sicher feststellen. Es
könnte sich um das mittelfränkische Lichtenau bei Ansbach handeln, was im
Hinblick auf den späteren räumlichen Schwerpunkt der Liechtenauer-Tradition
im oberdeutschen Sprachraum nicht auszuschließen ist. Eine weitere Möglichkeit wäre das in Mittelsachsen gelegene Lichtenau, das jedoch höchstens ange-

---

122 Nürnberg, GNM, HS 3227a, fol. 13v.

123 Dass Liechtenauer (zumindest) die frühen Jahre seines Lebens als Reisender verbrachte, ist nicht
ungewöhnlich. Fechtmeister und vor allem auch die sogenannten Kämpen, also gedungene
Lohnkämpfer, aus deren Stand die Fechtmeister naturgemäß oft hervorgingen, gehörten nach
mittelalterlichem Rechtsverständnis zum unehrlichen, fahrenden Volk, wie schon der Sachsenspiegel (38 § 1) attestiert: *Kempen unde er kinder [...] de sin alle rechtelos.* Auch wenn diese
scheinbar absolute Rechtelosigkeit der Lohnkämpfer inzwischen in der Forschung relativiert
wurde, darf doch als gesichert gelten, dass unter den Kämpen und damit auch den Fechtmeistern eine vergleichsweise hohe geografische Unabhängigkeit und Mobilität geherrscht
haben dürfte, die sie zur Ausübung ihrer Profession auch benötigten. Zum Stand der Kämpen
und Fechtmeister vgl. grundlegend HILS, Zur sozialen und rechtlichen Stellung; HILS, Reflexionen; HILS, Zum Stand; aktueller: JASER, Infamis;

124 Vgl. HILS, Liechtenauers Kunst, S. 282–285 sowie die Ausführungen zur Geschichte des Fechtens
in Kapitel III. dieser Arbeit.

sichts des schlesischen Dialekts des Schreibers des Codex HS 3227a, der frühesten Liechtenauer-Überlieferung, durch seine relative örtliche Nähe zum vermeintlichen Herkunftsort der Handschrift in Frage käme.

Indizien zu den Lebensdaten Liechtenauers sind ebenfalls rar gesät. Neben einem Eintrag in Talhoffers Fechtbuch aus den 1440er Jahren, der darauf hindeuten könnte, dass die Liechtenauer-Lehre im Jahr 1348 entstand beziehungsweise niedergeschrieben wurde,[125] liefert wiederum allein Handschrift 3227a einen Anhaltspunkt zu Liechtenauers Lebensdaten. Dass Liechtenauer zur Zeit der Entstehung des Textes noch am Leben gewesen sein könnte, wird jedenfalls durch die Tatsache gestützt, dass er an keiner Stelle mit der ansonsten üblichen Formulierung ‚dem Gott gnädig sei‘ bedacht wird, die normalerweise in solchen referentiellen Kontexten zu erwarten wäre.[126] Doch selbst wenn die Vermutung zutreffend wäre, dass Meister Liechtenauer zur Zeit der Anfertigung des Textes noch am Leben war, ließe sich daraus nicht viel Gewinn ziehen. Denn eine Datierung des Textes ist ebenfalls allein durch Indizien möglich, die eine ungefähre Einordnung zulassen: Eine Intervalltafel im hinteren Teil des Codex, die mit Weihnachten des Jahres 1390 (also dem 25.12.1389) und damit dem vermeintlichen Entstehungsjahr der Handschrift beginnt, wurde bisher immer wieder zur Datierung des Codex herangezogen.[127] Jedoch muss es sich bei diesem Intervallkalender beileibe nicht um den aktuellen des Entstehungsjahres gehandelt haben, und auch mag der Text zu Liechtenauers Lehre bereits einige Jahre vor der Anfertigung des Codex niedergeschrieben worden sein. All dies betrachtend, lässt sich allenfalls vorsichtig formulieren, dass Meister Johannes Liechtenauer möglicherweise in den Jahren kurz vor oder während der Anfertigung von HS 3227a, die sich vermutlich um das Jahr 1389 datieren lässt, noch am Leben gewesen sein könnte. Träfe diese Vermutung zu, so könnte es durchaus möglich sein, dass der Verfasser der Handschrift Liechtenauer selbst noch persönlich gekannt oder vielleicht sogar bei ihm die Fechtkunst gelernt hatte.

---

125 Gotha, UB Erfurt, Chart. A 558, fol. 18r: *Hye hebt sich an meister Liechtenawers chunst deß lengen swerts. Anno domini xlviii jar etc.* Eisermann weist darauf hin, dass es ungewöhnlich wäre, das Datum der Niederschrift einer Handschrift in einer Überschrift zu nennen, um die es sich bei diesem Eintrag handelt. Die Jahreszahl wäre damit als 1448 aufzulösen. Da die kodikologischen Befunde jedoch für dieses Jahr als Datum der Anfertigung von Chart. A 558 sprechen, ist es unwahrscheinlich, wenn auch nicht auszuschließen, dass die Datumsangabe sich auf das Jahr 1348 als Abfassungszeit der Liechtenauer-Lehre bezieht. Vgl. Eisermann, Katalog.

126 Diese Beobachtung findet sich schon bei Hils, Liechtenauers Kunst, S. 108. Die später benutzte Formel *dem got genadig sey* findet sich beispielsweise in Cod. 44 A 8, fol. 3r oder bei Sigmund Ringeck (Dresden, SLUB, Mscr.Dresd.C.487, fol. 3r), aber auch bei Paulus Kal (München, BSB, Cgm 1507, fol. 2r). Bei Hans Talhoffer (beispielsweise Gotha, UB Erfurt, Chart. A 558, fol. 18r) jedoch findet sich ebenfalls keine Formulierung dieser Art, was die Glaubwürdigkeit dieser These einschränkt. Ob bewusst oder unbewusst, nicht jeder spätere Meister hat die Formulierung aufgegriffen, weshalb sie auch in HS 3227a möglicherweise nur vergessen wurde oder man sich nicht gezwungen sah, sie zu benutzen.

127 Hils, Liechtenauers Kunst, S. 105; Leng, Fecht- und Ringbücher, S. 16.

2.1.2. Die Verse der Liechtenauer-Lehre

Da Liechtenauers Verse die einzigen direkten Zeugnisse seines Werkes darstellen, dienen sie als Grundlage jeder weiteren Beschäftigung mit seiner Lehre. Die Verse sind nachfolgend in einer synoptischen Übersicht der beiden Handschriften Nürnberg, GNM, HS 3227a und Rom, BANLC, Cod. 44 A 8 aufgeführt. Letztere steht dabei stellvertretend für den späteren und maßgeblichen Überlieferungsstrang, der einige der Verse aus HS 3227a nicht mehr enthält.[128] Diese kürzere Fassung wurde mehrfach in der späteren Überlieferung verwendet, sie findet sich unter anderem ebenfalls in der Lehre Talhoffers und Ringecks wieder. Die überzähligen Verse aus HS 3227a hingegen wurden offenbar außerhalb dieser Handschrift nicht weiter rezipiert, werden hier aber der Vollständigkeit halber ebenfalls aufgeführt.

Die Verse sind dabei jeweils über die Traktate verteilt, hier jedoch aus Gründen der Übersichtlichkeit fortlaufend zusammengestellt:

HS 3227a	Cod. 44 A 8
[18r] *Jung Ritter lere*	[3r] *Junck ritter lere*
got lip haben frawen io ere	*Got lieb haben frawen Jo ere*
So wechst dein ere	*So wechst dein ere*
Uebe ritterschaft und lere	*Vbe ritterschafft vnd lere*
kunst dy dich zyret	*Kunst dye dich zyret*

---

128 Fraglich ist hierbei, ob die überzähligen Verse von Liechtenauer stammen. Der Verfasser von HS 3227a besaß offensichtlich mehrere Vorlagen (ob mündlich oder schriftlich), aus denen er seine Notizen immer wieder ergänzte. So tauchen manche Verse doppelt auf (etwa werden sowohl Schiel- als auch Scheitelhau mit dem Zusatz *ich preize / kumpt her dar nicht czu leize* versehen; der Komplex zum Winden um das Verspaar *In allen winden / hewe stiche snete lere finden* von fol. 23r wird auf fol 37r wiederholt, zusätzlich werden dort die *hewe stiche snete* gleich mehrfach angeführt), andere wurden nachgetragen und verfügen teilweise über keine erkennbaren Reime (beispielsweise das auf fol. 23r nachgetragene Verspaar *Wer weite umbe hewet / dy wort oft sere bescheme*). Auffällig ist, dass die Mehrzahl der in der weiteren Überlieferung nicht mehr rezipierten Verse offensichtlich erst später in HS 3227a eingefügt wurden, entweder per Nachtrag am Rand der jeweiligen Seite oder deutlich zu erkennen an der unterschiedlichen Tintenfarbe (die erkennbaren Nachträge wurden in der Transkription durch runde Klammern markiert). Es steht daher zu vermuten, dass der Verfasser von HS 3227a nach Niederschrift der eigentlichen Liechtenauer-*zedel*, wie sie auch später überliefert wurde, an eine erweiterte Fassung gelangte und die zusätzlichen Reimpaare in sein Manuskript nachtrug – falls es sich bei den überzähligen Versen nicht gar um Eigenschöpfungen des Verfassers handelt. Dem würde entsprechen, dass die ausschließlich in HS 3227a auftauchenden Verse hauptsächlich generelle Anweisungen enthalten, die nicht zwingend zu Liechtenauers Lehre gehören müssen, und keine konkrete Verbindung zu den Techniken der Liechtenauer-Lehre aufweisen. Die teils ungereimten, sinnentleerten oder redundanten Verse heben die Nachträge an mehreren Stellen qualitativ deutlich von der eigentlichen *zedel* ab. Die spätere Überlieferung, für die Cod. 44 A 8 hier stellvertretend steht, wirkt in sich weitaus geschlossener, auch (oder gerade) wenn dort eben jene Verse nicht mehr auftauchen. Es mag sich also vielleicht auch um eine bereinigte Fassung handeln, die bewusst auf die zusätzlichen Verse einer möglichen anderen Vorlage verzichtete, um eine konzisere *zedel* zu schaffen.

HS 3227a	Cod. 44 A 8
und in krigen sere hofiret	*vnd In kriegen zu eren hofiret*
Ringens gut fesser	*Ringes guet fesser*
glefney sper swert unde messer	*Glefen sper swert vnd messer*
menlich bederben	*Mandleich bederben*
unde in andern henden vorterben	*vnd In anderen henden verderben*
Haw dreyn und hort dar	*Haw drein vnd hurtt dar*
rawsche ym trif ader la farn	*Rausch hin trif oder la faren*
das in dy weisen	*Das yn die weyssen*
hassen dy man siet preisen	*hassen dye mann sicht preysen*
Dorauf dich zoße	*Dar auff dich fasse*
alle ding haben lenge unde moße	*Alle kunst haben leng vnd masse*
(Und was du wilt treiben	
by guter vornunft saltu bleiben	
czu crust ader czu schimpf	
habe froelichen mut mit limpf	
So magstu achten	
und mit gutem mute betrachten	
Was du solt fueren	
und keyn im dich rueren	
Wen guter mut mit kraft	
macht eyns wedersache czagehaft	
dornoch dich richte	
gib keynem forteil mit ichte	
Tumkunheit meide	
vier ader sechs nicht vortreibe	
mit deynem oebermut	
biss sitik das ist dir gut	
der ist eyn kuener man	
der synem gleichen tar bestan	
Is ist nicht schande	
vier ader sechs flien von hande)	
[18v] Wiltu kunst schawen	*[3v] Wildu kunst schauen*
sich link gen und recht mete hawen	*Sich linck gen und recht mit hawen*
Und link mit rechten	*Vnd linck mit rechten*
is das du stark gerest fechten	*Ist das du starck gerest vechten*
Wer noch get hewen	*wer nach get hauen*
der darf sich kunst kleyne frewen	*Der darff sich kunst wenig fräwen*
haw im was du wilt	*Haw nahent was du wild*
keyn wechsler kawm an dich schild	*kain wechslär kumpt an deinen schilt*
(Haw nicht czum swerte	
zonder stets der bloße warte)	
Czu koppe czu leibe	*zwo kopff zuo leib*
dy czecken do nicht vormeide	*Dye zegt nicht vermeyd*
Mit ganczem leiben	*Mit gantzem leib*
ficht was du stark gerest treiben	*vicht was du starck gerest treyben*
Hoer was do slecht ist	*Hör was da slecht ist*

HS 3227a	Cod. 44 A 8
ficht nicht oben link zo du recht pist	*Vicht nicht oben linck*
Und ob du link pist	*So du recht pist*
ym rechten sere hinkest	*Vnd ab dw linck pist*
Auch so vicht io liber	*Im rechten aug sere hinckes*
von oben linklichen nider	
Vor noch dy czwey dink	*Vor und nach dy zway ding*
syn allen kunsten eyn orsprink	*Sind aller kunst ain vrsprinck*
Schwach unde sterke	*Swech vnd sterck*
Indes das wort mete merke	*Inndes Das wort do mit merck*
So machstu lernen	*So magstu lernen*
mit kunst und erbeit dich weren	*Mit kunst arbaitten vnd weren*
Irschrikstu gerne	*Erschrickstu geren*
keyn fechten nymmer lerne	*kain vechten nÿmmer geleren*
Kunheit und rischeit	
vorsichtikeit list und klugheit	
(Vornunft vorborgenheit	
mosse bevorbetrachtunge hobsheit fetikeit)	
Wil fechten haben	
vnd froelichs gemuete tragen	
[23r] *Funf hewe lere*	*ffünff häw lere*
von der rechten hant were dy were	*von der rechten hant wer dy were*
	denn wir geloben
	In kunsten geren zwo lon
Zornhaw krump twere	*Zoren haw krump twer*
hat schiler mit scheitlere	*hat schiler mitt schaitlar*
Alber vorsatzt	*Alber vorsetzt*
nochreist ueberlawft hewe letzt	*Nach reysen vber lauff haw setzt*
Durchwechselt zukt	*Durch wechsel zuck*
durchlawft abesneit hende drukt	*durchlauff Abschneid hende druck*
henge wind mit bloessen	*heng wind mit* [4r] *plösen*
slag vach strich stich mit stoessen	*Schlach vach streich stich mit stössen*
Der dir oberhawet	*Wer dir öberhäwt*
czornhaw ort deme drewet	*zorenhaw ort dem drawt*
wirt her is gewar	*wirt er es gewar*
nym is oben ab ane vaer	*Nym oben ab äne far*
Pis sterker weder	*Piß starck her wider*
wint stichsiet her is nym is neder	*wind stich sicht ers nym es nyder*
Das eben merke	*Das eben merck*
hewe stiche leger weich ader herte	*haw stich leger waich oder hert*
Indes und vor noch	*Inndes vnd var nach*
ane hurt deme krige sey nicht goch	*an hürt Dem krieg sey nicht gach*
Wes der krig remet	*Wes der krieg Rempt*
oben neder wirt her beschemet	*oben nyden wirt er beschempt*
In allen winden	*In allen winden*
hewe stiche snete lere finden	*Haw stich schnydt lere vinden*

HS 3227a	Cod. 44 A 8
Auch saltu mete	*Auch soltu mit*
pruefen hewe stiche ader snete	*prufen Haw stich oder schnyd*
In allen treffen	*In allen treffen*
den meistern wiltu sie effen	*den maisteren wiltu sy effen*
(haw nicht czum swerte	
zonder stets der bloeßen warte	
Czu koppe czu leibe	
wiltu an schaden bleyben	
du trefs ader velest	
zo trachte das du der blossen remest	
In aller lere	
den ort keyn den bloeßen kere	
Wer weite ume hewet	
dy wort oft sere bescheme	
Of das aller neste	
brenge hew stich dar geweste	
Und soltu auch ie schreiten	
eyme czu der rechten seiten)	
[25r] *Wer bloeßen wisse*	*Vier plössen wisse*
remen zo slestu gewisse	*Reme so schlestu gewisse*
an alle var	*An alle vare*
an zweifel wy her gebar	*An zweyfel wie er geparr*
Wiltu dich rechen	*Wildu dich rechen*
vier bloessen kunstlichen brechen	*Dye vier plöß kunstlich prechen*
Oben duplire	*Oben duplir*
do neden rechten mutire	*Nyden recht mutir*
Ich sage vor ware	*Ich sag fur war*
sich schoetzt keyn man ane vare	*Sich schützt kein man ane far*
hastu vornomen	*Hastu vernomen*
czu slage mag her kleyne komen	*zu slag mag er klain kummen*
[25v] *Krump auf behende*	*Krump auff behende*
wirf deynen ort auf dy hende	*wirff dein ort auff dye hende*
krump wer wol setczet	*Krump wer wol setzt*
mit schreten vil hewe letczet	[4v] *Mit schreiten vil haw letzt*
haw krump czu flechen	*Haw krump zuo flechen*
den meistern wiltu sie swechen	*Den maisteren wiltu sy swechen*
Wen is klitzt oben	*Wenn es glitzst oben*
stant abe das wil ich loben	*So stand ab das wil ich loben*
krump nicht kurcz hawe	*Krump nit kurtz haw*
durchwechsel do mete schawe	*Durch wechsel do mit schaw*
Krump wer dich irret	*Krump wer dich Irret*
der edele krig den vor virret	*Der edel kriegk in vor wirret*
Das her nicht vorwar	*Das er nicht weiß vor war*
weis wo her sye anevar	*wo es sey ane far*
[27r] *Twere benymet*	*Twer benympt*

HS 3227a	Cod. 44 A 8
was von dem tage dar kuemet	*was vom tag her chümpt*
Twere mit der sterke	*Twer mit der sterck*
deyn arbeit do mete merke	*Dein arbait do mit merck*
Twere czu dem pfluge	*Twer zw dem pflueg*
czu den ochsen herte gefuge	*zw dem ochsen hart gefüg*
Was sich wol tweret	*Was sich wol twert*
mit spruengen dem hew geferet	*mit sprüngen dem haupt gevert*
Veller wer fueret	*Veler wer fürt*
von unden noch wonsche her rueret	*Von vnden nach wünscher rurt*
Vorkerer twinget	*Vekerrer twingt*
durchlawfer auch mete ringet	*Durchläuffer auch mit ringt*
den ellenbogen gewis nym	*den elpogen / Gewiß nym*
sprink yn den wogen	*spring im in die wage*
Veller zwefache	*Veler zwifach*
trift man den snet mete mache	*Trifft mann den schnit mit mach*
Czwefaches vorpas	*Zwifach es fürpas*
schreit yn link und weze nicht las	*Scheitt in linck vnd pis nicht las*
wen alles vechten	
wil rischheit haben von rechte	
Dorczu auch kunheit	
vorsichtikeit list unde klugheit	
[28v] *Schiler in bricht*	*Schiler ain pricht*
was pueffel mit slet ader sticht	*was püffel slecht oder sticht*
Wer wechsel drawet	*wer wechsel drawt*
schiler dor aus in berawbet	*schiler dar aus Inn beraubt*
Schil kuerczt her dich an	*Schil kürtzt er dich an*
durchwechsel das sigt ym an	*Durch wechsel gesigt im an*
Schil zu dem orte	*Schill zw dem ort*
und nym den hals ane vorchte	*vnd nym den hals ane vorcht*
Schil in dem oebern	*Schill zwo dem öberen*
hawpte hende wiltu bedoebern	*haubt hend wild du bedöberen*
(Schil ken dem rechten	
is das du wol gerest vechte	
den schilhaw ich preize	
kumpt her dar nicht czu leize)	
[30r] *Der scheitelere*	*Der scheitlar*
deyn antlitz ist ym gefere	*dem antlützt ist gevar*
mit seinem karen	*Mit seiner kar*
der broste vaste gewaren	*Der prüft vast gefer*
Was von ym kuemet	[5r] *was von ym kümpt*
dy crone das abe nymmet	*Dy kron das abnympt*
Sneyt durch dy krone	*Schneid durch dye kron*
zo brichstu sie harte schone	*So prichstu sye hart schon*
Dy striche druecke	*Dye striche druck*
mit sneten sie abe ruecke	*Mit schnÿtten sy ab zuck*

HS 3227a	Cod. 44 A 8
(Den scheitelhaw ich preize *kuempt her dar nicht czu leize)*	
[32r] Vier leger alleyne *do von halt und flewg dy gemeyne* *ochse pflug alber* *vom tage nicht sy dir uemmer*	*Vier leger allain* *Da von halt vnd fleuch dye gemain* *Ochs pflueg alber* *vom tag sey dir nicht unmär*
[32v] Vier sint vorsetczen *dy dy leger auch sere letczen* *Vorsetczen huet dich* *geschiet das auch sere muet dich* *Ab dir vorsatz ist* *und wy das dar komen ist* *hoere was ich rate* *streich abe haw snel mete drate* *Setzt an vier enden* *bleib droffe lere wiltu enden* *(Wer wol vorsetczit* *ders vechten vil hewe letczit* *wen yn dy hengen* *kumpstu mit vorsetczen behende)*	*Vier sind vor setzen* *dye dy leger auch sere letzen* *Vor fursetzen hüett dich* *Geschicht das auch ser es müt dich* *Ob dir vor setzt ist* *vnd wie das dar chömen ist* *Hör was ich dir ratte* *Reiß ab haw schnell mit drate* *Setz an vier enden* *pleib dar auff lere wildu enden*
[33r] Nochreisen lere *czwefach ader sneit in dy were* *Czwey ewsere nymme* *der erbeit dornoch begynne* *Und prueff dy ferte* *ab sye sint weich ader herte* *Das fuelen lere* *Indes das wort sneidet sere* *Reisen czwefache* *den alden snet mete mache* *Volge allen treffen* *den starken wiltu sy effen* *In aller lere* *den ort keyn eyns gesichte kere* *Mit ganczem leibe* *nochreize deyn ort io da pleibe* *lere auch behende* *reizen zo magstu wol enden*	*Nach raisen lere* *zwifach oder scheneid in die were* *zway ewssere mynne* *der arbait dar nach begynne* *vnd prüff dye gefert* *Ob sy sind / waich oder hert* *Das fulen lere* *Inndes das wort schneidet sere* *Nach raysen zwifach* *Trifft mann den alten schnit mit mach*
[33v] Wer unden remet *oeberlawf den der wirt beschemet* *Wen is klitzt oben* *so sterke das ger ich loben* *deyn arbeit mache* *ader herte druecke czwefache* *Wer dich druekt neder*	*Wer vnnden rempt* *vber lauff denn der wirt beschempt* *wenn es klitzst oben* *So sterck das ger ich loben* *[5v] Dein arbeit mache* *Oder herte druck zwifache*

HS 3227a	Cod. 44 A 8
oeberlawf in slach sere weder	
Von beiden seiten	
oeberlawf und merke dy sneiden	
[34r] *Lere abesetczen*	*Lere absetzen*
hewe stiche kuenstlichen letczen	*haw stich kunstlich letzen*
Wer auf dich sticht	*wer auff dich sticht*
dyn ort trift und seynen bricht	*Dein ort trifft / vnd seinen pricht*
von payden seyten	*Von paiden seitten*
trif allemal wiltu schreiten	*Triff alle mal wiltu schreiten*
In aller lere	
deyn ort keyn eyns gesichte kere	
[34v] *Durchwechsel lere*	*Durchwechsel lere*
von payden seyten stich mete sere	*von paiden seitten stich mit sere*
Wer auf dich bindet	*Wer auff dich pindet*
durchwechsel in schire vindet	*durchwechsel In schier vindet*
(Wen du durchwechselt hast	
slach stich ader winde	
Haw nicht zum swerte	
durchwechsel do mete nicht laz warte)	
[35r] *Trit nue in buende*	*Trit nahent Inn pinden*
das czuecken gibt gute fuende	*Das zucken gibt guote fünde*
Czuek trift her czucke mer	*Zuck trifft er zuck mer*
erbeit her wind das tut im we	*Arbait erfinde Das tuot ym we*
Czuek alle treffen	*Zuck allen treffen*
den meistern wiltu sye effen	*den maisteren wiltu sy effen*
(Czuk ab vom swerte	
und gedenke io deyner ferte	
[35v] *Durchlawff loz hangen*	*Durchlauff las hangen*
mit dem knauf greif wiltu rangen	*Mit dein knopff greiff wiltu rangen*
Wer kegen der sterke	*Wer gegen dir sterckt*
durchlawfir do mete merke	*durchlauff do mit merck*
Durchlawf und stos	
vorkere greift her noch dem klos)	
[36r] *Sneit abe dy herten*	*Schneid ab dy herten*
von unden in beiden ferten	*von vnden in baiden geferten*
Vier sint der snete	*Vier sind der schnydt*
czwene unden czwene oben mete	*Zwen vnden zwen oben mit*
(Czwir wer wol sneidet	
den schaden her gerne meidet	
Sneit nicht in vreize	
betrachten io vor dy reize	
Du magst wol sneiden	
alle krewtz nuer reisen vormeiden	
Wiltu ane schaden bleiben	

HS 3227a	Cod. 44 A 8
zo bis nicht gee mit dem sneiden)	
[36v] *Dyn sneide wende*	[6r] *Dein schneid wende*
czum flechen druecke dy hende	*zw flechen druck dye hende*
Ein anders ist wenden	
eyns winden das dritten hengen	
(Wiltu machen vordrossen	
dy vechten zo drucke mit stoessen	
Ober dy hende	
hewet man snete behende	
Czewch och dy snete	
obe ims ober dem hewpte	
Wer hende drueckt	
ane schaden vor finger czueckt)	
[37r] *Czwey hengen werden*	*Zway hengen werden*
aus eyner hant von der erden	*Aus einer hant von der erden*
In allen geferten	*In allem geferte*
hewe stiche leger weich ader herte	*Haw stich leger waich oder herte*
Sprechfenster mache	*Sprechfenster mach*
stant froelich sich syne sache	*Stant freileich besich sein sache*
Slach das her snabe	*Slach in das er schnobe*
wer von dir zich czewt abe	*wer sich fur dir zeuhet abe*
Ich sage vor ware	*Ich sag dir für war*
sich schuetzt keyn man ane vare	*Sich schütz kain man ane far*
Hastu vornommen	*Hastu vernummen*
czu slage mag her kleyne komen	*zu slag mag er clain kummen*
Is das du bleibest	*Wer wol fürt vnd recht pricht*
am swerte da mete auch treibest	*vnd endlich gar bericht*
hewe stiche ader snete	*vnd pricht besunder*
das fuelen merke mete	*Igleichs in drey wunder*
an alles vor czihen	*wer recht wol henget*
Vom swerte du nicht salt flien	*vnd winden do mit pringet*
Auch wen meister gefechte	*Vnd winden acht*
ist am swerte von rechte	*Mit rechten wegen betracht*
Wer an dich bindet	
der krik mit im sere ringet	
Das edle winden	
kann in auch schure vinden	
Mit hewen mit stichen	
mit sneten vindest in werlichen	
In allen winden	
hewe stiche snete saltu vinden	
Das edle hengen	
wil nicht syn an dy winden	
wen aus den hengen	
saltu dy winden brengen	

HS 3227a	Cod. 44 A 8
[39v] *Und io ir eyne*	*vnd io ir eine*
der winden mit drey stoecken meyne	*Der selben winden selbdritt ich meine*
So synt ir czwenczik	*So sind ir zwaintzigk*
und vier czele sy enczik	*vnd vier zell sy antzigk*
Von beiden seiten	*von paiden seitten*
ler acht winden mit schreiten	*Acht winden lere mit schreiten*
	Vnd pruef dye gefert
	Nicht mer nür waich oder hert
ffechter das achte	
und dy winden rechte betrachte	
Und lere sy wol furen	
zo magst du dy vier bloeßen rueren	
Wen itzliche bloesse	
hat sechs ruren gewisse	

Beim Studium der Verse wird schnell deutlich, dass diese kaum noch sinnhafte konkrete Handlungsanweisungen enthalten. Sie liefern vielmehr aufs Kürzeste reduzierte generelle Anweisungen für den Fechter, vor allem taktischer (etwa: *In aller lere / deyn ort keyn eyns gesichte kere* – also die Ermahnung, stets den eigenen Ort zum Gesicht des Gegners auszurichten, um eine Bedrohung aufzubauen), aber auch psychologischer beziehungsweise philosophischer Natur (*Alle kunst haben leng vnd masse*). Die wohl wichtigste Funktion der *zedel* dürfte jedoch in der Tatsache begründet liegen, dass in ihr der komplette Technikkatalog Liechtenauers enthalten war. Ein Fechter, der die *zedel* verinnerlicht hatte, verfügte damit über einen mentalen Katalog (oder vielmehr einen Stichwortzettel) aller Techniken, die im Liechtenauer-System zum Einsatz kamen. Für die praktische Anleitung zum Kampf war dies nicht wirklich nützlich, wohl aber, um die Lehre als Ganzes in einer konzisen Form zu erinnern und auch um sie kohärent zu tradieren. Mit ihrer Hilfe konnten Liechtenauer und seine Nachfolger das Training ihrer Schüler strukturieren und sicherstellen, dass die Lehre als Ganzes und in sich geschlossen weitergegeben werden konnte. Zu einem Verständnis der Verse bedurften diese jedoch der Anleitung durch einen Fechtmeister, was als Sicherungsmechanismus für die Geheimhaltung der Kunst verstanden werden kann – sie konnte zwar überliefert, jedoch nur durch Liechtenauer oder von ihm autorisierten Personen wirklich gelehrt und vermittelt werden.[129] Einen Versuch, diese praktische Komponente zu ersetzen beziehungsweise zumindest zu unterstützen, stellen die prosahaften Auslegungen der *zedel* durch spätere Fecht-

---

129 Vgl. BURKART, The Autograph, S. 459: „These verses mainly consisted of specialized technical terms and they were intentionally shortened and encrypted to ensure that only initiates could understand them. The central part, i. e. the actual information about martial arts techniques and strategies, therefore has to be present outside of the verses in the person of an already skilled practitioner or teacher. The verses only serve as mnemonic anchors that help to memorize and organize practical knowledge."

meister dar. Diese werden im nächsten Teil der Arbeit ausführlich untersucht, um konkrete Rückschlüsse auf die Kunst des Fechtens mit dem langen Schwert zu ziehen, beginnend mit den Glossen aus HS 3227a, die Liechtenauer zeitlich vermeintlich am nächsten stehen.

2.1.3. Technik, Taktik und Psychologie

Betrachtet man den Textteil in HS 3227a, der sich mit dem Schwertkampf beschäftigt,[130] so wird schnell offensichtlich, dass das Fechten im 14. Jahrhundert mitnichten das grobschlächtige Aufeinanderschlagen von Schwertern darstellte, das uns heute durch Film und Fernsehen vor Augen geführt wird. Vielmehr wird gleich zu Beginn des Textes klar, dass Fechtenlernen schon im Mittelalter hieß, sich nicht nur körperlich in einem technisch sehr detailreichen und ausgeklügelten Bewegungssystem zu trainieren, sondern sich auch psychologisch auf die Zweikampfsituation vorzubereiten. So findet sich in der Handschrift nicht nur eine Beschreibung der Techniken des Schwertkampfes, sondern es werden überdies viele Prinzipien aus Bereichen vermittelt, die wir heute Psychologie, Didaktik und Taktik des Zweikampfs nennen würden. Aber auch philosophische Ansätze lassen sich aus dem Text herauslesen, wie wir es heute doch eher aus fernöstlichen Kampfsportarten kennen. Ganze zehn Blatt (fol. 13v–22v), und damit fast ein Drittel der Abhandlung, sind dieser Vorrede gewidmet, in der einzig die Grundprinzipien des Schwertkampfes vermittelt werden, bevor sich der zweite Teil des Textes mit den eigentlichen Fechttechniken der Liechtenauer'schen Lehre beschäftigt (fol. 23r–40r). Angesichts dieses Verhältnisses lässt sich vermuten, dass die tatsächliche Unterweisung im Kampf mit dem langen Schwert von Lehrer zu Schüler zunächst einen nicht geringen Theorieteil enthielt, der sicherlich auch im weiteren Verlauf der Ausbildung nicht vernachlässigt wurde.

Selbst wenn in dieser Vorrede vor allem der Verfasser des Traktats zu uns spricht und nicht Liechtenauer selbst, sind seine Ausführungen untrennbar mit denen des alten Meisters verbunden. Ob es sich dabei nun um einen Schüler Liechtenauers handelte, bleibt ungewiss. Deutlich erkennbar ist hingegen die enge Bindung an dessen Lehre, wenn immer wieder Zitate aus den Liechtenauer-Versen in den Text eingestreut sind und namentlich Bezug auf diesen genommen wird. Auch ist die Vorrede nicht als eigenständige Leistung des Glossators gekennzeichnet, sondern ausdrücklich mit *Hie hebt sich an meister lichtenawers kunst* überschrieben.[131] Zudem finden sich in diesem Abschnitt von HS 3227a, wie bereits ausgeführt wurde, einige Verse, die in der späteren Liechtenauer-Überlieferung nicht weiter rezipiert wurden. Der Verfasser des Textes hatte also – sofern es sich bei diesen Versen um solche Liechtenauers handelt – Zugriff auf

---

130 Bei Nürnberg, GNM, HS 3227a handelt es sich um eine Sammelhandschrift, die nicht nur viele Anleitungen zum bewaffneten und unbewaffneten Kampf enthält, sondern auch eine ganze Reihe weiterer Fachtexte. Darunter eine Sammlung von Farb-, Pulver-, alchemistischen und magischen Rezepten, das *Liber ignium* des Marcus Graecus, wissenschaftliche Traktate etc.

131 Nürnberg, GNM, HS 3227a, fol. 13v.

eine Quelle, die späteren Autoren nicht mehr zur Verfügung stand. Ein weiterer Hinweis, der für eine erkennbare Nähe zur ursprünglichen Lehre spricht, sofern es sich nicht um Eigendichtungen des Glossators handelt. Wenngleich daher bei den nun folgenden Untersuchungen zur Vorrede immer beachtet werden muss, dass es sich nicht um tatsächliche Anweisungen Liechtenauers handelt, so beziehen sich die Ausführungen des Glossators doch streng auf dessen Lehre. Es kann daher davon ausgegangen werden, dass das dort behandelte Material auch in Liechtenauers Lehre zur Anwendung kam, weshalb es hier stellvertretend zur Untersuchung derselben angeführt wird.

Die in der Vorrede behandelten Aspekte der Fechtlehre lassen sich nach modernem Verständnis in drei Kategorien einteilen: (1) technische Grundlagen des Fechtens, (2) Taktik und (3) mentale Vorbereitung für den Kampf. Obgleich die einzelnen Passagen im Text der Vorrede größtenteils ungeordnet aufeinander folgen (und teilweise an späterer Stelle wieder aufgegriffen werden), werden sie im Folgenden der Verständlichkeit halber zu diesen drei Kategorien geordnet gruppiert.

Bei den technischen Grundlagen handelt es sich um basale Erkenntnisse und Prinzipien, die dem Schwertkampf und dem Erlernen desselben zugrunde liegen. So wird beispielsweise die korrekte Handhabung des Schwertes beschrieben, das mit beiden Händen fest am Griff zu greifen ist – es kann leicht passieren, dass die untere Hand mit der Zeit auf den Knauf ,wandert', was nach Ansicht des Autors zu vermeiden ist –, da das Schwert somit sicherer gegriffen und die Schläge stärker geführt werden können.[132] Das Schwert selbst wird überdies „gleich einer Waage" beschrieben, ein Hinweis auf die Wichtigkeit einer guten Ausbalancierung der Klinge mit dem Griff/Knauf – eine schwerere Klinge bedingt auch einen größeren Knauf.[133] Weiterhin sind alle Teile des Schwertes im Kampfe zu nutzen, egal ob Schneide, Gehilz oder Knauf. Das Schwert wird somit zu einer wohldurchdachten ,Allzweckwaffe', an der kein Teil ohne Verwendung bleibt.[134]

Doch die grundlegenden Anweisungen beschränken sich nicht nur auf die Waffe selbst, sondern geben auch Einblick in ihre Verwendung. Ein wichtiges Anliegen ist dem Verfasser des Textes in diesem Zusammenhang offensichtlich die Zielgerichtetheit des Fechtens. Gerade und schlicht soll es dahergehen, ohne weit ausholende Bewegungen, die vielleicht für Zuschauer eindrucksvoll an-

---

132 Ebd., fol. 15r: *Auch wisse das eyn guter fechter sol vor allen sachen syn swert gewisse und sicher fueren und fassen mit beiden henden / czwischen gehilcze und klos / wen alzo helt her das swert vil sicher / den das hers bey dem klosse vasset mit eyner hant / Und slet auch vil harter und suerer / alzo / wen der klos oeber wirft sich und swenkt sich noch dem slage das der slag vil harter / dar kumpt / den das her das swert mit dem klosse vasset Wen alzo czoege her den slag mit dem klosse weder das her nicht zo voelkoemlich und zo stark moechte dar komen.*

133 Ebd., fol. 15r f.: *das swert ist recht zam eyn woge / den ist eyn swert gros und swer / zo mus der klos auch dornoch swer syn / recht zam noch eynen wogen.*

134 Ebd., fol. 19r: *merke und wisse / daz keyn dink an dem swerte / Umbe zuest funden und irdocht ist / zunder eyn fechter / den ort / beide sneiden gehilcze klos / und als das am swerte ist / nuetczen sal.*

zusehen, dem Fechten aber nicht dienlich wären.[135] Diese ‚ökonomische‘ Herangehensweise an den Zweikampf hat mehrerlei Auswirkungen. Zum einen
sollen die Bewegungen möglichst effizient gehalten werden, was nicht nur den
eigenen Energieverbrauch senkt, sondern auch die Schnelligkeit des Kämpfers
erhöht und damit die Reaktionszeiten reduziert. Bei einem weit ausholenden
Fechtstil ist die Waffe lange Zeit unterwegs, es braucht mehr Energie, sie zu
stoppen, und gibt dem Gegner Zeit, auf die jeweilige Technik zu reagieren;
zudem ist die Wahrscheinlichkeit hoch, sich durch weite Bewegungen selbst eine
Blöße zu geben (*do mite vaste blos geben*)[136] – je länger die eigene Waffe unterwegs
ist, desto länger hat der Gegner Zeit für einen Gegenangriff. Um dies zu verhindern, sollen kleine, wohlüberlegte und energieeffiziente Bewegungen getan
werden, die jeweils eine direkte Absicht verfolgen. So beschreibt der Glossator
das Führen des Schwertes metaphorisch mit einer Schnur, die am Ort der eigenen
Waffe festgebunden ist und zur anzugreifenden Blöße des Gegners führt.[137] Die
Schnur steht in diesem Vergleich für den kürzesten Weg zwischen zwei Punkten,
dem das Schwert im Idealfall folgen sollte.

Aber nicht nur zielgerichtete Bewegungen fallen unter das Effizienzver-
ständnis des Fechtmeisters, sondern auch die Absicht, den Kampf schnell zu
beenden:

> *Wen sol eyner eynen slaen ader stechen / der do vor im stet zo hilft in io keyn*
> *slag ader stich vor sich ader hindersich / ader neben sich noch keynerley*
> *weitfechten ader vil hewe […] Sonder her mus ir / slecht und gleich czuhawen*
> */ czum manen / czu kop ader czu leibe / noch dem aller nehesten und schiresten*
> *als her in mir gehaben mag und in eichen vrisch und snelle und liber mit eyme*
> *slage wen mit viern ader sechen*[138]

Dies ist ein nicht zu unterschätzender Punkt der Liechtenauer'schen Fechtlehre,
zeigt uns diese Stelle doch das zeitgenössische Verständnis eines bewaffneten
Zweikampfes auf: Nicht eine in die Länge gezogene Auseinandersetzung mit
vielen Klingenkontakten, Paraden und Angriffen ist das Ziel, sondern ein
möglichst mit dem ersten Hieb beendetes Gefecht. Obschon das moderne Bild
des mittelalterlichen Schwertkampfes durch Schaukämpfe auf Bühne und
Leinwand von minutenlangen Kampfszenen beherrscht ist, war die zeitgenös-

---

135 Ebd., fol. 14r: *Wen das selbe rechtfertige vechten / wil nicht hobisch und weidlich paryren haben / und*
    weiterumefechten mit deme sich lewte mochten lassen und vorzümen. Der Glossator nimmt in diesem
    Zusammenhang auch Bezug auf die sogenannten Leichmeister, also Tanzmeister für Waffentanz
    und -spiele (nach BAUFELD, Kleines Frühneuhochdeutsches Wörterbuch, S. 159. Vermutlich von
    mhd. *leich*, einer Liedform des Minnesangs. Vgl. auch mhd. *leichære*, ‚Spielmann‘. Es handelt sich
    hierbei offenbar um Spielmänner, die Schaufechten vor Publikum praktizierten, bei dem es in
    erster Linie auf Effekthascherei ankam, was der Autor des Textes in Nürnberg, GNM, HS 3227a
    mit abschätzigen Kommentaren quittiert. Zum Schwerttanz vgl. vor allem MESCHKE, Schwerttanz
    sowie ferner HUHLE, 500 Jahre Fechtmeister, S. 12–15.
136 Nürnberg, GNM, HS 3227a, fol. 14v.
137 Ebd., fol. 13v f.: *das man im denn eynen vadem ader snure an seinen ort ader sneyde des swertes buende*
    und leytet aber czoege den selben ort ader sneide off eines blossen den her hawen ader stechen selde.
138 Ebd., fol. 14v.

sische Realität sicherlich eine andere. Da jede Verletzung den Tod oder zumindest die Niederlage im Gefecht mit sich bringen konnte,[139] war es durchaus
sinnvoll, den Gegner nach Möglichkeit bereits mit einem einzigen Schlag aus-
zuschalten, nicht mit „vieren oder sechsen". Denn je länger das Gefecht dauerte,
zu je mehr Klingenkontakten und Schlagabtäuschen es kam, desto größer wurde
auch die Gefahr, selbst getroffen zu werden.

Ein Zweikampf mit dem langen Schwert war dementsprechend eine eher
kurze Angelegenheit, jedenfalls wenn es sich um ein Gefecht im Bloßfechten
handelte, bei dem jeder Treffer sofort auch ein Wirkungstreffer sein konnte. Die
Erfahrungen im modernen Historischen Fechtsport stützen diese Vermutung. So
zeigen Turniergefechte mit dem langen Schwert in der Regel nach einer kurzen
,Abschätzphase', in der die Kontrahenten versuchen, die Fähigkeiten des Gegners einzuordnen, innerhalb weniger Sekunden nach dem Einleiten des eigentlichen Angriffs die ersten Treffer. Begegnungen, bei denen es erst nach mehr-
maligem Klingenkontakt zu einem Treffer kommt, sind eher die Ausnahme.
Natürlich muss bei diesem Vergleich berücksichtigt werden, dass im modernen
Sport die psychologische Komponente der Verletzung oder gar des Todes keinen
Einfluss auf die Kämpfer nimmt, wie dies mit Sicherheit bei einem Kampf mit
scharfen Waffen der Fall war. Jedoch hat diese Tatsache vermutlich mehr Einfluss
auf den Aufbau des Gefechts – also die Beobachtung und Einschätzung des
Gegners sowie die eigene Bereitschaft, in den Angriff zu gehen – als auf die
Umsetzung der eigentlichen Kampftechniken, sobald es zum Angriff kommt.
Denn ab diesem Zeitpunkt übernehmen die antrainierten Fertigkeiten und Re-
flexe des Kämpfers und spulen die erlernten Techniken ab, für das Nachdenken
bleibt keine Zeit. Der Augenblick des tatsächlichen Angriffs ist damit im Sport
sicher durchaus vergleichbar mit dem Ernstkampf, die Trefferdichte dürfte in
etwa gleich sein.

Die Prinzipien des Schwertkampfes sind hier dieselben wie in Liechtenauers
Lehre: Dauert ein Schlagabtausch zu lange, steigt die Wahrscheinlichkeit, selbst
getroffen zu werden, weshalb es ratsam ist, den Gegner nach Möglichkeit mit
dem ersten Angriff zu besiegen, dem sogenannten Vorschlag, auf den in dieser
Arbeit noch eingegangen wird. Der erste Angriff ist in diesem Sinne jedoch nicht
mit dem ersten Schlag gleichzusetzen. Der erste Angriff kann zwar nur aus
einem Schlag bestehen, der das Gefecht auch entscheiden kann, gemeint ist hier
aber das erste ,Stück', das auch aus mehreren Aktionen wie Schlägen oder Finten
bestehen kann. Wichtig ist, dass der eine Schlag, der den Gegner treffen soll, nach
Möglichkeit den Kampf beendet, unabhängig von der Vorbereitung für diese
Aktion.

Der zweite Aspekt der Vorrede beschäftigt sich mit der Taktik des Kampfes. Er
liefert Grundlagen und konkrete (allgemeine) Ratschläge dazu, wie ein Gefecht
anzugehen ist, um als Sieger daraus hervorzugehen. Behandelt wird hier zu-

---

139 Die Auswirkungen von Verletzungen in Gefechten des Mittelalters wurden bisher noch nicht
    zufriedenstellend untersucht. Einen Versuch unternahm jüngst MacInnes, Injury and Death;
    weiterhin zum allgemeinen Thema: Tracy, Wounds.

nächst die taktische Bewegung: Der Kämpfer soll Maß haben im Fechten und darauf achten, wann es angebracht ist, kurze Schritte zu machen oder aber lange.[140] Er soll dabei stehen wie auf einer Waage, damit er jederzeit abschätzen kann, welcher Schritte er bedarf, ob vorwärts oder rückwärts.[141] In den Kontext der Bewegung fällt auch die eigene Positionierung während des Kampfes. Hier soll darauf geachtet werden, den Gegner möglichst von dessen Seite anzugehen anstatt gerade von vorne.[142] Unklar ist hierbei, ob der Glossator mit *rechte seiten* die für den jeweiligen Angriff taktisch beste, also die ‚richtige' Seite meint oder in der Tat die rechte. Ein Angriff von der Seite bedeutet für den Gegner generell einen Nachteil in der Positionierung, da er hierbei mit ungünstigeren Winkeln und Kraftvektoren arbeiten muss.[143]

Wäre explizit die ‚rechte' Seite gemeint, hätte dies darüber hinaus noch weitere Implikationen. Die Absicht dahinter könnte sein, dass die meisten Fechter Rechtshänder sind, welche von Natur aus die rechte Seite bevorzugen. Schläge lassen sich in diesem Fall leichter von rechts anbringen, und die Haltung des Schwerts auf der rechten Seite wirkt im Allgemeinen natürlicher. Nun mag es merkwürdig erscheinen, ausgerechnet diese scheinbar starke Seite bevorzugt anzugreifen, jedoch hat dieser Rat durchaus System. Denn die normale Angriffsrichtung (und auch die der Parade) führt für einen Rechtshänder von rechts nach links, das Schwert wird also von der rechten Seite weg geführt, wodurch dort eine Blöße entsteht. Zudem erwartet ein Fechter aus genau diesem Grund zunächst einmal, dass bei einem Kampf gegen andere Rechtshänder die Schläge ebenfalls von dessen rechter, also der eigenen linken Seite kommen. Heute würden wir diese Erscheinung mit Kraftvektoren erklären, denn führt man das Schwert rechts, lässt sich durch Drehen des Rumpfes in den Angriff beziehungsweise die Parade nach links mehr Körperdynamik und Energie einsetzen; ein Angriff/eine Parade von rechts nach rechts jedoch erfolgt größtenteils nur aus den Armen heraus, weshalb er weniger dynamisch verläuft. Ein Angriff auf die eigene rechte Seite ist daher für gewöhnlich eher unerwartet und schlechter beziehungsweise ungewohnter zu parieren.

Dieser Gedanke wird an anderer Stelle weiter ausgearbeitet, an der es heißt, dass ein kunstvoller Fechter mit der linken Seite vor stehen (das Schwert ist dabei

---

140   Ebd., fol. 15v: *Auch soltu mosse haben yn deyme gefechte dornich als sichs gepuert / und solt nicht zu weit schreiten / das du dich desto las eyns / andern schretes irholen magest / hinderdich / ader vordich zutuen / noch deme als sich woerde gepuren / und das / Auch gepuren sich oft czwene korcze schrete vor eynem langen / und oft gepuert sich das eyner eyn lewtcheyn mus tuen / mit korczen schreten / und oft das eyner eynen guten schret ader sprunk mus tuen.*

141   Ebd.: *Auch wisse wen eyner mit eyme ficht / zo sol her syner / schrete wol war nemen / und sicher in den seyn / wen her recht zam of eyner wogen stehen sol / hindersich / ader vorsich zu treten / noch deme als sichs gepürt.*

142   Ebd., fol. 16r: *Auch wisse / das eyner sal io eyme of dy rechte seiten komen yn seyme gefechte / wen her eyner do yn allen sachen / des fechtens ader ringens / das gehaben mag / denne gleich vorne czu.*

143   Dies wird auch an anderer Stelle wieder aufgegriffen. Es wird noch einmal erwähnt, dass der Fechter stets versuchen soll, auf die Seite des Gegners zu kommen, anstatt ihn nur von vorne anzugreifen. Vgl. Anm. 147.

auf der rechten Seite) und den Gegner von rechts zunächst mit Schlägen[144] be-
drohen soll, bis er erkennen kann, wie er ihn am besten erreichen kann.[145] Die
Formulierung *wol dirreichen mit seinen schreten* ist eine der wenigen Stellen der
Glosse, die auf die Mensur[146] im Kampf hinweist. Offensichtlich geschieht das
Abschätzen und Bedrohen des Gegners zunächst in einer recht weiten Mensur,
die für den eigentlichen Angriff schließlich *mit schreten* verkürzt werden soll.
Hierzu muss der Fechter zunächst über fintierte Schläge in Erfahrung bringen,
wie sehr er sich dem Gegner nähern muss, um die richtige Entfernung für einen
richtigen Angriff herzustellen.

Der Gegner soll demnach erst durch Finten im Unklaren gelassen und
gleichzeitig abgeschätzt werden, bevor der Treffer schließlich gesetzt wird.
Gleichzeitig soll die eigene Bewegungsrichtung, die sich aus den Schritten ergibt,
welche man den eigenen Schlägen nachfolgen lässt, nicht direkt auf den Gegner
zu, sondern zu dessen Seite verlaufen.[147] Interessant ist hierbei die Unterscheidung zwischen der rechten und linken Seite durch den Glossator. Er erwähnt
explizit, dass das Bedrohen des Gegners von der eigenen rechten Seite aus geschehen soll. Der Hinweis, dass ein starkes Fechten von der linken Seite aus
ermöglicht wird, erinnert hingegen wieder an den Ratschlag, den Gegner auf
dessen rechter Seite anzugreifen. Möglicherweise meint der Glossator hier, dass
der Gegner zunächst durch Finten auf einen Angriff von links konditioniert
werden soll, bevor der eigentliche Schlag von rechts erfolgt.

Zu diesen Anweisungen, wie der Gegner aus ,horizontaler' Sicht anzugreifen ist, vermerkt der Glossator ebenso, wie es sich aus ,vertikaler' Sicht verhält.
Hier sollen nach Möglichkeit bevorzugt die oberen Blößen des Gegners angegriffen werden, da dieser so besser zu erreichen und der Fechter sicherer im
Kampf ist. Nur wenn es sich anbietet („man es kürzer dorthin hat"), sollten die
unteren Blößen gesucht werden, was aber durchaus häufig vorkommen kann.[148]

---

144 Gemeint sind hier eventuell auch nur fintierte, also angetäuschte Schläge.
145 Nürnberg, GNM, HS 3227a, fol. 19v: *das eyn kunstlicher fechter der sal den linken fuz vor seczen / und
     von der rechten seiten mete hawen / gleich zum manne / mit drewe hewen / zo lang bis das her siet wo her
     iener wol gehaben mag / und wol dirreichen mit seinen schreten und meynt wie eyner stark wil fechten zo
     sal her von der linken seiten of fechten / mit ganczem leibe und mit ganczer kraft.*
146 Der Begriff Mensur bezeichnet im modernen Fechtsport den Abstand zwischen zwei Fechtern,
     die sich in Fechtstellung befinden. Er lässt sich für die Untersuchung der mittelalterlichen
     Fechtkunst aber auch auf diese übertragen. Dabei werden drei Mensuren unterschieden: die
     weite Mensur, bei der die Brust des Gegners durch einen Schritt mit anschließendem Ausfall
     getroffen werden kann; die mittlere Mensur, bei der die Brust des Gegners durch einen Ausfall
     ohne vorigen Schritt getroffen werden kann; die nahe/enge Mensur, bei der die Brust des Geg-
     ners ohne Ausfall erreicht werden kann. Vgl. GAUGLER, Fechten, S. 22. Bemerkenswert ist die
     Tatsache, dass die Fechtbücher allgemein kaum Bezug auf diese eigentlich wichtige Grundlage
     des Fechtens nehmen.
147 Nürnberg, GNM, HS 3227a, fol. 19v: *Auch meynt her das / eyner den hewen nicht gleich sal noch gehen
     und treten zonder etwas beseites und krummes umbe / das her ieme an dy seite kome / do her in vas / mit
     allerleye gehaben mag.*
148 Ebd., fol. 16r: *Auch sal eyner allemal liber den obern blößen remen / denne den undern / unde eyme ober
     deme gehilcze yn varen / mit hewen ader mit stichen / künlich und risch / Wen eyner irreicht eynen vil bas
     und lenger ober dem gehilcze / den dorunder / und eyner ist auch alzo vil sicher alles fechtens / und der*

Hierbei spielt ebenfalls zunächst einmal die Physik des menschlichen Körpers eine entscheidende Rolle. Auf der einen Seite bieten sich die oberen Blößen deshalb an, weil man beim Angriff auf diese die höchste Reichweite besitzt. Dies ergibt sich aus der Tatsache, dass sich der menschliche Arm kreisförmig um das Schultergelenk bewegt – die höchste Reichweite parallel zum Boden besteht also auf der Höhe des Schultergelenks. Dies lässt sich durch einen einfachen Versuch veranschaulichen: Stellt man sich mit nach vorne ausgestreckten Armen vor eine Wand, sodass die Fingerspitzen die Wand eben noch berühren, wird man feststellen, dass bei jeder Bewegung des Armes auf- oder abwärts die Berührung verloren geht. Gleiches gilt für den Angriff mit dem Schwert: Idealerweise lässt sich dasjenige Ziel am besten treffen, das in etwa auf Höhe der eigenen Schultergelenke liegt, normalerweise der Oberkörper beziehungsweise der Kopf des Gegners. Auf der anderen Seite ist die Wahrscheinlichkeit, bei einem Angriff auf die oberen Blößen von unten pariert zu werden, relativ hoch. In diesem Falle kommen ebenfalls die Kraftvektoren zur Geltung, die es einfacher machen, von oben nach unten Druck auf die gegnerische Klinge auszuüben als anders herum. Das eigene Schwert liegt also im Prinzip auf demjenigen des Gegners, wodurch man selbst eine bessere Kontrolle ausüben kann als dieser, sofern es zur Klingenbindung kommt. Zu guter Letzt ist, wie es in der Lehre selbst heißt, *der obern rure* (‚Treffer') *eyne vil besser denne der vndern eyne*, denn Treffer an Kopf, Oberkörper und Armen sind mitunter die wirkungsvollsten in einem Gefecht.

Ein weiterer wichtiger taktischer Aspekt ist das Prinzip von *vor, nach* und *indes*, das zusammen mit dem von *swach* und *stark*, das ebenfalls an dieser Stelle beschrieben wird, nach Liechtenauer die Grundfeste des Fechtens darstellt und in den sogenannten fünf Wörtern zusammengefasst ist.[149] Vereinfacht ausgedrückt handelt es sich bei Vor, Nach und Indes um drei unterschiedliche Zeitfenster, in denen jeweils verschiedene Aktionen ausgeführt werden können, während ‚schwach' und ‚stark' die Art und Weise bezeichnet, wie der Gegner auf die Klingenbindung reagiert. Alle fünf Begriffe werden in der Vorrede nur kurz umrissen, später aber bei den eigentlichen Techniken wieder aufgegriffen, da sie dort für das Verständnis der Stücke essenziell sind. Das Vor ist das Zeitfenster für den bereits erwähnten Vorschlag. Der Fechter kommt dem Gegner zuvor, ergreift die Initiative und schlägt zu, bevor der andere reagieren kann. Dabei ist es zunächst unerheblich, ob der Gegner auch wirklich getroffen wird. Wichtig ist, den Vorschlag und damit die Initiative zu gewinnen.[150] Wurde dieser Vorschlag getan, muss man ihm entweder stark nachfolgen, sofern er getroffen hat, oder aber, sollte der Gegner pariert haben, den sogenannten Nachschlag (im *nach*)[151]

---

obern rure eyne / ist vil besser denne der under eyne / Is wen denne / das ist alzo queme das eyner neher hette zu der undern das her der remen mueste / als das ofte kumpt.

149 Ebd., fol. 20r: *Auch merke und wisse / mit deme als her spricht / vor noch dy zwey dink etc do / nent her dy fuenff woerter / vor noch swach stark Indes / an den selben woertern leit alle kunst / meister lichtnawers / Und sint dy gruntfeste und der / kern alles fechtens czu fusse ader czu rosse / blos ader in harnuesche.*

150 Ebd., fol. 20r: *Mit deme worte vor / meynt her das eyn itzlicher guter fechter sal allemal den vorslag haben und gewinnen / her treffe ader vele.*

151 Hierbei sei bemerkt, dass der Glossator eine andere Auffassung des Nach als spätere Fechtmeister zu haben scheint. Vgl. etwa Cod. 44 A 8, fol. 12r: *Das nach das sind die prüch wider alle stuck*

folgen lassen. Diese Entscheidung geschieht *indes*, also während der Gegner agiert, und ist abhängig davon, ob der Gegner *swach* oder *stark* in der Klingenbindung ist. Das zugrundeliegende Prinzip hinter diesem Gedanken ist, dass der Gegner stets nur reagieren soll, während der Fechter selbst die Initiative besitzt und agiert. Der Vorschlag wird geführt, und ihm folgen so schnell weitere Stücke, dass der Gegner sich stets verteidigen muss und selbst nicht zum Zuge kommt. Dies bringt ihn in eine nachteilige Lage, da sich zu schützen stets gefährlicher ist, als selbst den Angriff zu führen.[152] Er kann sich entweder treffen lassen oder den Schlag abwehren, wobei er aber das eigene Schwert benutzen muss. Aus dieser Abwehr kann der Fechter mit der Initiative dann weiter arbeiten, sobald er dem Gegner erst einmal an das Schwert gekommen ist.

Das unablässige Eindringen auf den Gegner bezeichnet der Glossator auch mit dem lateinischen Ausdruck *frequens motus*, hinter dem sich das Prinzip verbirgt, stets in Bewegung zu bleiben, um die Überhand im Gefecht zu behalten, welches bereits in den Versen Liechtenauers enthalten ist.[153] Der Vorteil, den man sich so durch den Vorschlag verschaffen kann, scheint offenbar so groß zu sein, dass der Verfasser (sicherlich überspitzt) darauf hinweist, dass sogar ein Bauer einen Meister besiegen könne, wenn er diese Lehre beherzige.[154]

Das Prinzip von *swach* und *stark* wird wichtig, sobald es zur Klingenbindung gekommen ist. Liegen die Klingen nach Kontakt aufeinander, wird dies auch als ‚Sprechfenster‘ bezeichnet – die Waffen bilden zusammen einen Winkel, ein ‚Fenster‘, durch das sich die Kontrahenten beobachten können – und vermutlich auch beschimpfen oder reizen, wie der Name vermuten lässt.[155] Kommt ein Sprechfenster, also eine Bindung, zustande, muss der Fechter ‚fühlen‘, wie viel Kraft ihm sein Gegner entgegensetzt, und entsprechend gegenteilig reagieren. Setzt der Gegner viel Kraft ein, ist er *stark* am Schwert, so sollte ihm weich begegnet werden und umgekehrt. Auf diese Weise wird die Energie des Gegners gegen ihn selbst genutzt, wie es auch in anderen Kampfsportarten der Fall ist. Bietet er keinen Widerstand, so kann sein Schwert mit dem eigenen beiseite

---

vnd häw die man auff dich treibt. Das Nach wird hier als Zeitfenster der Reaktion auf einen Angriff des Gegners aufgefasst im Vergleich zum Vor, das die zuvorkommende Aktion meint. Diese Auslegung bleibt fortan die vorherrschende in der Liechtenauer-Überlieferung.

152 Nürnberg, GNM, HS 3227a, fol. 20v: *und in den selben e den / das iener czu keyme slage kome / so sal her denne den nochslag tuen / das ist / das her czu haut / dy weile sich iener schuetzt vnd sich des vorslags weret / is sy haw ader stich zo sal her ander gefechte vnd stoecke hervoersuechen / mit den her aber czu synen bloessen hurt vnd rawschet / also das her vmbermer in bewegunge vnd in beruerunge sy / das her ienen als ine / und berawbet mache / das iener mit syme schuetzen vnd weren / also vil czu schaffen habe / das her / der schuetzer / czu syner slege / keyne komen mag / wen eyner der sich sal schuetzen / und des slege warnemen der ist allemal in groesser var denne dor der da slet of in.*

153 Ebd., fol. 17v: *Hie merken das / frequens motus / beslewst in im / begynnes / mittel und ende / alles fechtens / noch deser kunst und lere / also das eyner yn eyme rawsche / anhebunge / mittel unde endunge / an underlos und an hindernues syner wedervechters volbrenge / und ienen mit nichte lasse zu slage komen.* Weiterhin fol. 22v: *dis ist der grunt des fechtens das eyn man vmbermer in motu ist / und nicht veyert.* Vgl. dazu den Vers Liechtenauers *Motus das worte schone / ist des fechtens eyn hort vnd krone.*

154 Ebd., fol. 38v: *Wenne mit der selben kunst / ader mit dem vorteil das / kumpt is oft / das eyn pawer ader eyn ungelarter eyn guten meistern / slet / mit deme das her den vorslag tuet / und hinlich dar hurt.*

155 Ebd., fol. 37v: *Und daz stehen / also an deme swerte / das heisset lichtenawer eyn sprechvanster.*

geschoben werden, um ihn zu treffen. Geht er jedoch stark dagegen, bleibt der Fechter weich und umgeht die Klinge des anderen, während dessen Schwert durch das starke Drängen von selbst den Weg frei gibt und eine Blöße eröffnet.[156] Diese feinen Nuancen jederzeit zu erkennen und für sich zu nutzen (und das alles im Bruchteil einer Sekunde, im Indes), das ‚Fühlen‘,[157] stellt die große Kunst der Liechtenauer'schen Lehre dar.

Der dritte und letzte Aspekt der Vorrede zu Liechtenauers Lehre lässt sich unter dem Begriff mentale Vorbereitung zusammenfassen, wobei es sicher nicht zu weit gegriffen ist, hier von einer Art Philosophie des Kampfes zu sprechen. So wird an verschiedenen Stellen der Vorrede Bezug auf die geistige Haltung und die mentalen Fähigkeiten genommen, über die ein Fechter verfügen soll, um im Kampf zu bestehen. Dazu zählt neben dem eigentlichen Kampf auch das Training, für das der Fechter seine Sinne öffnen soll, denn Übung ist dem Glossator zufolge besser als Kunst,[158] da Übung auch ohne Kunst nützlich ist, umgekehrt jedoch nicht.[159] Dies ist ein bemerkenswerter Satz innerhalb der Lehre, lässt er doch möglicherweise auf das Trainingskonzept schließen, das Liechtenauer und später andere Fechtmeister angewandt haben.

Das Grundprinzip hinter der Aussage ist verständlich: Kenntnis des Fechtens – sowie auch vieler anderer Tätigkeiten – nutzt nicht viel, wenn diese nicht durch fortwährende Übung verinnerlicht wird. Gerade in einer Kampfsituation, in der es darum geht, innerhalb von Sekundenbruchteilen Entscheidungen unter großer körperlicher und psychischer Anspannung zu treffen, ist es entscheidend, intuitiv handeln zu können. Das Wissen um eine Kampftechnik nutzt in diesem Falle nichts, wenn sie nicht durch ständiges Üben reflexartig abrufbar gemacht wurde. In den traditionellen und modernen Kampfkünsten begegnet uns dieses Prinzip auch heute noch beispielsweise in Form der japanischen ‚Kata‘, dem andauernden ritualisierten Wiederholen verschiedener Übungen, das dem Erlernen der Techniken dient. Aber auch das moderne Sportfechten kennt das Prinzip des Lektionierens, bei dem es ebenfalls darum geht, Techniken immer und immer wieder zu wiederholen, bis sie unterbewusst abrufbar werden und keines Nachdenkens im Gefecht mehr bedürfen.

---

156 Ebd., fol. 22r: *Wen e hater und e surer iener dringt und druckt mit syme swert und deser denne swach und weich dirweder ist / und syn swert lest abegleiten / und im alzo weicht / e verrer und e weiter denne ieme syn swert wek prelt das her denne gar blos wirt / und das in denne deser noch wonsche mag treffen und rueren / e denne her sich selber / keyns haws ader stichs irholen mag/ Ist aber iener an dem swerte swach und weich alzo das is deser nue wol merkt und fuelet /zo sal deser denne stark und herte dirweder syn / an dem swerte / und sal denne mit syne orte sterklichen an dem swerte hin varn und rawschen keyn iens blossen gleich vorne czu.*

157 Das Fühlen ist bei Liechtenauer eine nicht zu unterschätzende Fähigkeit, deren Bedeutung immer wieder hervorgehoben wird: Ebd., fol. 22v: *Dorvem fechter lere wol fülen / als lichtnawer spricht / das fülen lere / Indes daz wort / sneidet sere.*

158 Kunst ist hier zu übersetzen als das Wissen, die Kenntnis vom Kampf.

159 Nürnberg, GNM, HS 3227a, fol. 15r: *Dorume tu of dyne synen und betrachte is deste vas / und ube dich dorynne deste mer yn schimpfe / zo gedenkstu ir deste vas in ernste / wen ubunge ist besser wenne kunst / deine ubunge tawg wol ane kunst aber kunst tawg nicht wol ane uebunge.*

Es ist nicht schwer vorstellbar, dass die Lehre in HS 3227a genau aus diesem Grund darauf verweist, dass Übung besser ist als bloße Kenntnis der Techniken. Doch führt man den Gedanken fort, stellt sich die Frage, ob in dieser Behauptung des Glossators möglicherweise noch ein Hinweis auf das Trainingskonzept Liechtenauers steckt. Denn bedenkt man, unter welchen Umständen zeitgenössisch das Fechten gegebenenfalls erlernt werden musste, nämlich innerhalb eines streng bemessenen Zeitraumes vor einem Duell, so liegt es nahe, dass die in den Augen der Fechtmeister effektivste Methode zur Vorbereitung nicht das Erlernen aller verfügbarer Techniken gewesen sein könnte (was viel Zeit in Anspruch genommen hätte), sondern vielmehr die Konzentration auf einige wenige Techniken, die dafür umso wirkungsvoller eintrainiert werden konnten. Denn aus dem Satz *denne übunge tawg wol ane kunst aber kunst tawg nicht wol ane übunge* lässt sich ableiten, dass ein geübter Fechter einem anderen Fechter, der zwar in der Kunst gelehrt, aber nicht geübt ist, prinzipiell überlegen gewesen sein dürfte.

Ebenfalls in diesen Kontext passt die Bemerkung *Und was eyner redlichs wil treiben czu schimpfe / ader czu ernste / das sol her eyme vor den ogen / fremde und vorworren / machen / das iener nicht merkt was deser keyn im meynt czutreiben.*[160] Der Fechter soll sich so lange im Spaß darin üben, eine Technik perfekt zu beherrschen, dass er sie dem Gegner gegenüber verworren zeigen kann, auf dass dieser nicht erkennen kann, was der Fechter wirklich vorhat. Hier geht es wieder darum, durch sauberes Üben eine Technik so zu verinnerlichen, dass sie im realen Kampf ohne Probleme so abgerufen werden kann, dass der Gegner keine Chance hat, die eigenen Absichten zu erkennen. Als Beispiel ließe sich hier anführen, einen Schlag, der in der Übung sauber ausgeführt normalerweise von einer Schwertstellung in eine andere führt, plötzlich aus einer völlig anderen Stellung zu schlagen. Erst wenn die Prinzipien der Techniken durch sauberes Erlernen verinnerlicht sind, können sie fehlerlos frei angewendet werden.

Abgesehen von der Übungssituation enthält die Vorrede zusätzlich Ratschläge für die mentale Einstellung zum Ernstkampf: Der Kampf soll guten Mutes geführt werden, mit Gewissheit und Vernunft sowie ohne Furcht.[161] Der Fechter ist dem Glossator zufolge also ein furchtloser, jedoch stets besonnener Kämpfer. Es wird hier ein ganz bestimmtes Bild des Fechthandwerks gezeichnet, das aber nicht nur zur Preisung und Erhöhung des eigenen Standes und der eigenen Zunft dienen soll. Denn die Eigenschaften, die der Verfasser von HS 3227a mit dem Fechter assoziiert, finden ihre Entsprechung direkt in der tatsächlichen Ausführung der Kunst. An mehreren Stellen der Lehre wird offenbar, warum es wichtig ist, ohne Furcht[162] und diszipliniert zu sein: Denn die mentale Herangehensweise an das Gefecht besteht nach dem Glossator darin, sich ein Stück vorzunehmen, es zu verinnerlichen und es daraufhin in gutem Gottver-

---

160 Nürnberg, GNM, Hs 3227a, fol. 15v.
161 Ebd.: *mit guter mute und guter gewissen ader vornunft sol deyn fechten dar gehen / und an alle vorchte.*
162 Was sich auch in dem Merkvers *Irschrikstu gerne / keyn fechten nymmer lerne* (ebd., fol. 18v) widerspiegelt.

trauen auch anzuwenden.[163] Hier kommt wieder das taktische Prinzip des Vorschlages zum Ausdruck, denn der Fechter muss den Mut haben, diesen auszuführen. Lässt er sich durch den Gegner verunsichern und versäumt es, das vorgenommene Stück auszuführen, gerät er selbst ins Nach, er fängt an zu reagieren und überlässt dem Gegner unter Umständen die Initiative. Dies deckt sich mit der Anweisung, zuzuschlagen, als hätte der Gegner kein Schwert oder als würde man es nicht sehen;[164] wichtig ist für den Glossator, sich nicht aus der Ruhe bringen zu lassen und den eigenen Plan zu verfolgen, ohne sich vom Gegner verängstigen zu lassen. Denn in der Hektik des Gefechts ist kein Platz für das Zögern, man muss sich sicher sein können, mit dem eigenen Vorhaben das Ziel erreichen zu können.

Bemerkenswert an der in den Liechtenauer'schen Versen enthaltenen Aufzählung zu den Eigenschaften, die ein guter Fechter besitzen sollte – nämlich Kühnheit, Schnelligkeit, Vorsicht, Listigkeit und Klugheit[165] – ist, dass die bloße körperliche Stärke dort abseits der Anforderung eines „gesunden Leibes"[166] keine Erwähnung findet. Ganz im Gegenteil, an anderer Stelle wird wieder das Prinzip von *swach* und *stark* aufgegriffen mit einem Hinweis, der über das bloße Fühlen am Schwert hinausgeht:

Denne solde stark weder stark syn / zo gesigt allemal der sterker / dorvm get lichtnawer fechten noch rechter vnd worhaftiger kunst dar / das eyn swacher mit syner kunst vnd list / als schire gesigt /als eyn starker mit syner sterke / worvm were anders kunst[167]

Hier offenbart sich ein schon fast philosophischer Ansatz, der im Hinblick auf die hervorgehobene Rolle, die physische Kraft und Gewalt in der mittelalterlichen Gesellschaft spielten, überraschen dürfte.[168] Nicht der stärkste Kämpfer ist es, der am Ende immer triumphiert – auch (oder gerade) der körperlich unterlegene Fechter kann durch List und Fertigkeit den Kampf für sich entscheiden. Auf einer zweiten, abstrakteren Ebene lehrt der Verfasser den Fechter darüber hinaus, dass Gewalt nicht immer mit Gegengewalt zu begegnen ist, also dass es sinnvoll sein kann, Gewalt nachzugeben und andere Lösungswege als die direkte Konfron-

---

163 Ebd., fol. 16v: *Auch wisse / wen eyner ernstlich wil fechten / der vasse im eyn vertik stoerke voer / wels her wil / das do gancz und gerecht sey / und neme im das ernstlich und stete in seynem syn und gemuete / wen her of eynem wil recht zam her soelde sprechen das meyne ich io zutreiben / und dal sal und mus vorgank haben in der hoelfe gotes zo mag is im mit nichte velen / her tut was her sal / wen her kunlich dar hort und rawschtn / mit dem vorslage.*

164 Ebd., fol. 19v: *Und nimmer zu keyn swerte / zunder her sal tuen / zam iener keyn swert habe aber zam hers nicht sehe.*

165 Ebd., fol. 18v: *Kunheit vnd rischeit / vorsichtikeit list vnd klugheit Vornunft verborgenheit / moße bevorbetrachtunge / hobsheit / fetikeit / Wil fechten haben vnd frölichs gemüte tragen.*

166 Ebd., fol. 17r: *Czu allem fechten / gehört* [...] *Gerader leip vnd gesvnder.*

167 Ebd., fol. 22v.

168 Vgl. dazu etwa MAUNTEL, Gewalt, hier besonders S. 364: „Sowohl das Bild des Schlachters als auch die Bewunderung schierer körperlicher Kraft lassen sich jedoch häufiger fassen und weisen auf die ambivalente Bedeutung hin, die physische Kraft für die kriegerische Elite der Gesellschaft hatte."

tation zu suchen. Immer wieder lassen sich in den Fechttraktaten solche Stellen finden, die neben ihrer eigentlichen, auf den Kampf bezogenen Bedeutung auch als lebensweisheitliche Ratschläge an den Fechter gesehen werden können.

Der Vorrede des Glossators schließt sich der eigentliche Teil der Fechtlehre an, welcher sich mit der Auslegung der Verse zum Bloßfechten mit dem langen Schwert beschäftigt. Zur besseren Verständlichkeit sind die betreffenden Stellen, die über das gesamte Traktat verstreut sind, in den folgenden Kapiteln jeweils zu einem Bereich zusammengefasst: zunächst die Huten, gefolgt von den Grundlagen der Fechtlehre, den fünf Hieben Liechtenauers und schließlich in einem letzten Abschnitt alle weiteren Techniken der Fechtlehre.

2.1.4. Die Huten

Obschon die Huten in den überlieferten Texten der Liechtenauer'schen Tradition für gewöhnlich erst nach den fünf verborgenen Hieben behandelt werden, ist es aus Gründen des Verständnisses sinnvoller, sie an den Anfang der Untersuchung zur technischen Seite der Fechtkunst zu stellen. Bei einer Hut, die in den Texten auch als *leger* bezeichnet wird,[169] handelt es sich um eine Stellung beziehungsweise eine Lage (daher die Bezeichnung *leger*), aus der eine Technik begonnen wird oder in der sie endet. Sie bestimmt sich aus der Haltung und Ausrichtung des Schwertes im Vergleich zum eigenen Körper und dem des Gegners. Verschiedene Techniken lassen sich effektiv nur aus bestimmten Huten ausführen, wohingegen einzelne Angriffstechniken gezielt bestimmte Huten brechen sollen, das heißt, sie sind besonders effektiv, um den Gegner zu treffen, wenn er eine bestimmte Hut eingenommen hat.

Im Liechtenauer'schen System werden vier Haupthuten beschrieben, aus denen die übrigen Techniken hauptsächlich gefochten werden. Es kann jedoch davon ausgegangen werden, dass zur Zeit ihrer Entstehung noch weitere Huten im Gebrauch waren, weswegen Liechtenauer schon in einem Merkvers darauf verweist, dass allein die bei ihm beschriebenen vier zu verwenden seien, von den anderen (den „gemeinen" Huten) sei nichts zu halten.[170] Die vier Huten sind der *ochs*, der *pflug*, der *alber* und *vom tage*, sie sind mnemotechnisch nach bestimmten Dingen benannt, an welche die jeweilige Stellung erinnert. Neben ihnen gibt es noch einige weitere Huten, welche die Endstellungen verschiedener Techniken markieren.

Besonders bei der Analyse der Huten ergibt sich das anfangs besprochene Problem, dass der Text der Glossierung in HS 3227a an dieser Stelle sehr kurz und in Fachsprache gehalten ist, wodurch sich ohne Vorwissen teilweise nicht erschließen lässt, wie die Haltung richtig einzunehmen ist. Aus diesem Grund wird im Folgenden eine der Liechtenauer'schen Tradition nahestehende Glosse des 15. Jahrhunderts benutzt, um Rückschlüsse auf die jeweilige Ausführung der Huten zu ziehen.

---

169 Nürnberg, GNM, HS 3227a, fol. 32r: *Hie nent her vier leger ader vier hute.*
170 Ebd.: *Vier leger alleyne / do von halt und flewg dy gemeyne.*

Der *ochs* wird in Hs 3227a lediglich als *oberhengen von der achsel* bezeichnet.[171] Es handelt sich nach Vergleich mit der späteren Auslegung um eine obere Hut, bei der das Schwert neben dem Kopf gehalten wird, das Gehilz kurz vor dem Gesicht, der Ort leicht nach unten hängend auf den Gegner ausgerichtet.[172] Vermutlich ist die Stellung nach dem Horn eines Ochsen benannt, an das das Schwert erinnert, wenn es neben dem eigenen Kopf steht und nach vorne auf den Gegner zeigt (Farb-Abb. 3, linke Seite).

Die zweite obere Hut ist *vom tage (ist der lange ort / wer den wol furet mit gestragtem armen)*,[173] bei der das Schwert mit erhobenen Armen über der Schulter oder dem Kopf gehalten wird. Der Ort wird dabei ,lang'.[174] Der Name rührt eventuell von mhd. *tach* her, da das Schwert über dem Kopf, dem ,Dach' gehalten wird und selbiges beschützt (Farb-Abb. 4, rechte Seite).

Pflug und Alber sind untere Huten, die sich auch mit Hilfe der späteren Glossierung nur schwer interpretieren lassen, da sie sich bis zum 15. Jahrhundert offenbar entweder verändert haben oder in HS 3227a ein Fehler vorliegt. Der *pflug* wird hier beschrieben als eine Hut, bei welcher der Ort zu Boden zeigt, entweder nach vorne oder zu beiden Seiten: *pflug is / dy / wen eyner den ort vor sich of dy erde legt ader czu der seiten*.[175] Benannt ist die Hut sicher nach der Körperhaltung des Fechters, die an das Führen eines Pfluges erinnert (Farb-Abb. 3, rechte Seite). Der Alber wird lediglich als das *vnderhengen* beschrieben. Inwiefern er sich vom Pflug unterscheidet, lässt sich nur eingeschränkt spekulieren, sofern die Verwendung der Begriffe in der Handschrift stimmt. Wenn das *hengen* hier wie beim Ochs ebenfalls bedeutet, dass der Ort auf den Gegner gerichtet ist, so scheinen sich entweder in der späteren Überlieferung die Begriffe für Alber und Pflug umgekehrt zu haben (der Pflug wird in späteren Fechtbüchern mit auf den Gegner gerichtetem Ort beschrieben, beim Alber zeigt er zu Boden) oder aber es liegt eine Verwechslung der beiden Huten entweder seitens des Glossators oder des Schreibers der Handschrift vor.[176] Im ersten Fall wäre das Schwert im Alber seitlich neben dem Körper zu halten, den Ort zum Gegner aufgerichtet, was der Hut des Pfluges in den späteren Schriften entspricht. Nicht zuletzt die Bezeichnung (vgl. mhd. *albære*) spricht aber eher dafür, dass der Fechter beim Alber eine unbedrohlichere Haltung einnimmt, die dem Gegner ,einfältig' erscheint und ihn zum Angriff einlädt, wie es in der Handschrift beim Pflug beschrieben wird. Durch den dort nach unten gerichteten Ort begibt sich der Fechter in eine

---

171 Ebd.
172 Vgl. Rom, BANLC, Cod. 44 A 8, fol. 25v: *Stee mit dem rechten fuess vor vnd halt dein swert neben deiner lincken seitten mit dem gehultz vor dem'haubt das dein dawmen vnden se y vnd heng ym den ort gegen dem gesicht.*
173 Nürnberg, GNM, HS 3227a, fol. 32r.
174 Vgl. Rom, BANLC, Cod. 44 A 8, fol. 26r: *Stee mit dem lincken fueß vor vnd halt dein swert an deiner rechten achsel oder mit auff gerackten armen hoch über dem haubt vnd stee also in der huot.*
175 Nürnberg, GNM, HS 3227a, fol. 32r.
176 Vgl. Rom, BANLC, Cod. 44 A 8, fol. 25v zum Pflug: *halt dein swert mit gekrautzten henden mit dem knopff vnder sich neben deiner rechten seitten zuo der hüff das die kurtz schneid oben se y vnd der ort im stee gegen dem gesicht.* Und fol. 26r zum Alber: *halt dein swert mit gerackten armen für dir mit dem ort auff der erd das die kurtz schneid oben gewänt sey.*

scheinbar ungeschützte Stellung, die den Gegner zu einer Aktion provozieren soll (Farb-Abb. 4, linke Seite). Es ist daher wahrscheinlicher, dass der Glossator die beiden Huten verwechselt hat: Der Pflug stellt das untere Hängen dar, bei dem der Ort wie beim Ochs, dem oberen Hängen, auf den Gegner gerichtet ist. Beim Alber ist der Ort zum Boden gerichtet. Neben der Tatsache, dass die späteren Fechtmeister die Huten auf diese Weise verwenden (vgl. Farb-Abb. 3 und 4), sind in HS 3227a an mehreren Stellen Streichungen zu erkennen, bei denen zunächst eine Bezeichnung eingetragen und später durch eine andere ersetzt wurde.[177] Angesichts des Entwurfscharakters der Handschrift[178] ist es somit durchaus möglich und wahrscheinlich, dass die Korrektur an dieser Stelle vergessen wurde oder der Fehler nicht aufgefallen ist.

Es ist wichtig, sich vor Augen zu halten, dass eine Hut einzunehmen nicht immer bedeutet, sich in die jeweilige Lage zu begeben und diese länger beizubehalten. Vielmehr können die Huten auch als Wegpunkte betrachtet werden, die das Schwert durchlaufen muss, um eine Technik richtig auszuführen. Denn eine Hut einzunehmen bedeutet oftmals, die eigenen Möglichkeiten einzuschränken und gleichzeitig dem Gegner einen Angriffspunkt zu liefern. Dies kann natürlich beabsichtigt sein, etwa um den Gegner zu einem Angriff zu verleiten. Generell rät die Liechtenauer'sche Lehre jedoch dazu, nach Möglichkeit nicht zu lange in einer Hut zu verharren, sondern immer in Bewegung zu bleiben und die Leger durchzuwechseln, was markant mit einem Sprichwort zusammengefasst wird: Wer sich bewegt, der lebt, wer verweilt, der ist tot.[179]

Neben dem bereits angesprochenen Prinzip des *frequens motus* greift diese Weisheit auch den Rat Liechtenauers wieder auf, dem Gegner die Dinge verworren vor Augen zu machen, ihn also nicht sehen zu lassen, was die eigene Absicht ist. Nicht zuletzt gemahnt diese Stelle auch wieder daran, möglichst den Vorschlag zu gewinnen, somit lieber gleich zu *ruren mit gefechten*, als zunächst in einer Hut zu verharren, wie es der Glossator auch explizit erklärt: Jede Hut kann durch einen beherzten Angriff gebrochen werden, weshalb Liechtenauer auch nicht viel von ihnen halte (gemeint ist hier wohl das Verharren in der Hut) – den Vorschlag zu gewinnen sei allemal ratsamer.[180]

---

177 Beispielsweise fol. 28v, wo *krumphaw* durch *schilhaw* ersetzt wurde oder auch fol. 38v, wo *linke* und *rechte* Seite verwechselt wurde.

178 Vgl. Hɪʟs, Liechtenauers Kunst, S. 106.

179 Nürnberg, GNM, HS 3227a, fol. 32r.: *Doch vor allen sachen / zo sal eyner man io nicht czu lange dorynne legen / Wenn lichtnawer hat eyn soelch sprich / wort / wer do leit der ist tot / Wer sich rueret der lebt noch / Und das get of dy leger das sich eyn man sal liber ruren mit gefechten den das her / der huten wart / mit dem her vorslossen moechte dy schancze.*

180 Ebd., fol. 32r.: *Auch wisse / das man alle leger und hute bricht mit hewen / mit deme / daz man eyme kunlich czuhewt / zo mus io / of varn eyner und sich schutzen / Dorum helt lichtnawer nicht vil von den legern ader huten / zunder her schaft liber das sich eyner besorge vor im mit dem das her den vorslag gewint.*

2.1.5. Die Grundlagen

Zu den eigentlichen Grundlagen des Fechtens, die jeder Fechter lernen muss, noch bevor er sich mit den verschiedenen Hieben und Techniken befassen kann, gehören vor allem Beinarbeit und Körperdynamik, aber auch einfache Angriffe und Paraden. Interessanterweise finden sich weder in HS 3227a noch in den meisten späteren Fechtbüchern Hinweise auf diese elementaren Bestandteile der Fechtlehre. Abgesehen von den in der Vorrede erwähnten Ratschlägen, beispielsweise zu stehen wie auf einer Waage oder stets mit Links zu gehen und mit Rechts zu schlagen, erfahren wir kaum etwas über die Stellung der Beine, die verschiedenen Schritttechniken oder die Bewegungsmuster des Körpers, die mit Sicherheit schon bei Liechtenauer einen wichtigen didaktischen Punkt der Fechtkunst darstellten. Auch die grundlegenden Angriffe und Paraden bleiben in der Überlieferung unerklärt, obgleich sie hier und da Erwähnung finden. So ist zwar immer wieder die Rede von einem sogenannten Oberhau,[181] wie dieser ausgeführt wird, ist dem Text jedoch nicht zu entnehmen.

In der Tat findet sich in der Vorrede des Fechttextes in HS 3227a lediglich eine Art Katalog der Eigenschaften und Techniken, die zum Fechten gehören, die ein guter Fechter also aufweisen beziehungsweise beherrschen muss. Da dieser Katalog in Reimversen verfasst ist, mag es sich um einen Teil der Liechtenauer-Lehre handeln, zumal der betreffende Abschnitt der Handschrift mit *Hie hebt sich an meister lichtenawers kunst des fechtens* überschrieben ist, es besteht aber auch die Möglichkeit, dass die Verse nachträglich vom Verfasser der Handschrift aus einer anderen Quelle übernommen wurden:

> *Czu allem fechten gehoert dy hoelfe gotes von rechte*
> *Gerader leip und gesunder / eyn gancz vertik swert besunder*
> *Vor noch schwach sterke / yndes das wort mete zu merken*
> *hewe stiche snete druecken / leger schuetczen stoesse fuelen zuecken*
> *Winden und hengen / ruecken striche sproenge greiffen rangen*
> *Vissheit und kunheit / Vorsichtikeit list und klugheit*
> *masse Vorborgenheit / vernunft vorbetrachtunge fetikeit*
> *Ubunge und guter mut / motus gelenkheit schrete gut*[182]

Neben den bereits erwähnten Eigenschaften, die ein Fechter aufweisen sollte, fällt hier die Zusammenfassung der Techniken auf, die im Grunde das gesamte Spektrum der Fechtlehre abdecken: Die fünf abstrakten Prinzipien Vor, Nach, Indes, schwach und stark werden genannt, aber auch die konkreten Techniken, die Bestandteil der Fechtlehre sind: Haue, Stiche, Schnitte, das Drücken, die Leger, das Schützen, Stöße, das Fühlen, das Zucken, das Winden, das Hängen, das Rucken, Streiche, Sprünge, das Greifen und zuletzt das Ringen. Liechtenauer präsentiert hier nicht nur einen Ausblick auf die Techniken, die durch seine Lehre im Folgenden erweitert und verfeinert werden, sondern er zählt auch die Grundfertigkeiten auf, die ein Fechter bereits mitbringen muss, will er das Li-

---

181 Vgl. beispielsweise ebd., fol. 23v: *Wen dir eyner czu hewt / mit eym obirhaw.*
182 Ebd., fol. 17r.

echtenauer'sche System richtig erlernen. Offenbar geht der Fechtmeister davon aus, dass jemandem, der seine Kunst erlernen möchte, diese Grundtechniken bereits bekannt sind, denn abseits dieser Aufzählung findet sich keine weitere Erklärung derselben. Es stellt sich demzufolge die Frage, ob diese ‚Grundschule' der Fechtlehre im Liechtenauer'schen System überhaupt unterrichtet wurde, und wenn ja, warum sie über die bloße Erwähnung in diesem Katalog hinaus nicht Einzug in die Überlieferung gefunden hat. Für das Fehlen dieser grundlegenden Kenntnisse in der Überlieferung der Liechtenauer'schen Lehre lassen sich mehrere mögliche Erklärungen anführen, die entweder für sich allein stehend oder in Kombination dafür gesorgt haben können, dass die Texte nur ‚höheres' Wissen vermitteln.

Eine mögliche Erklärung, die sich jedoch allein auf die Überlieferung der Lehre bezieht, ergibt sich so aus der bereits angesprochenen zeitgenössischen Praxis, die Fachtexte durch Kodierung vor unbefugten Zugriffen und Nachahmern zu sichern. Neben der Verschlüsselung durch Fachtermini und Reduzierung des Stoffes auf knappe Merkverse könnte so das Unterschlagen der grundlegenden Lehrinhalte ein weiterer Sicherungsmechanismus gewesen sein, der verhindern sollte, dass ein der Kunst Unkundiger nur mithilfe der schriftlichen oder mündlichen Überlieferung das Handwerk erlernen konnte. Denn nur ein bereits in den basalen Fertigkeiten des Fechtens ausgebildeter Schüler wäre in der Lage gewesen, mit den mündlich tradierten Merkversen oder später der schriftlichen Glossierungen der fortgeschrittenen Schule etwas anfangen zu können. Einem Laien, der weder etwas von der Bewegungsdynamik des Fechtens noch den grundsätzlichen Techniken wie den einfachen Hieben und Paraden verstand, hätten die in der Liechtenauer'schen Lehre beschriebenen Stücke und Techniken in keiner Weise weiter geholfen, ganz im Gegenteil. Hätte sich ein Anfänger ohne fachkundige Anleitung auf die fortgeschrittenen Techniken der Lehre versucht, so hätte ihn dies in einem ernsten Kampf womöglich umso mehr in Gefahr gebracht. Denn ohne die zugrunde liegenden Prinzipien hätten sie nicht wirkungsvoll eingesetzt werden können und den Fechter unter Umständen sogar angreifbar gemacht, wenn sie falsch verwendet wurden. Geht man davon aus, dass die Grundtechniken aus Gründen der Geheimhaltung der Lehre nicht Teil der Merkverse geworden sind und später verschriftlicht wurden, so besteht durchaus die Möglichkeit, dass Liechtenauer und seine Nachfolger sie dennoch gelehrt haben, bevor der Stoff, der später in den Fechtbüchern verschriftlicht wurde, behandelt wurde.

Es ist ebenso vorstellbar, dass zur Zeit der Etablierung von Liechtenauers Kunst das grundlegende Fechten als Allgemeingut betrachtet wurde, das keiner Verschriftlichung bedurfte, dass es also eine Fechtlehre gegeben haben muss, die auf mehr oder weniger die gleiche Art von jedem Lehrer unterrichtet wurde.[183] Gestützt wird diese Annahme von der Tatsache, dass uns heute auch aus dem 15. Jahrhundert trotz einer Fülle von erhaltenen Fechtbüchern keine Abhandlung über die Grundlagen des Fechtens vorliegt. Es erscheint plausibel, dass eine

183 Vgl. dazu Kapitel II.2.3.

allgemein gebräuchliche Fechtlehre, die ohne größere Abwandlungen für jeden erlernbar war, nicht niedergeschrieben werden musste. Liechtenauer tritt in diesem Fall als Innovator in Erscheinung, der mit einem grundlegend anderen Konzept die Kunst des Fechtens weiterentwickelte und diese neue Lehre nur einem bestimmten und begrenzten Rezipientenkreis zugänglich machen wollte. Erst jetzt, da es eine von der Norm abweichende Fechtlehre gab, entstand die Notwendigkeit einer in Merkversen und später prosaisch verschriftlichten Fixierung der Lehre – es sollte nicht die Fechtkunst an sich festgehalten werden, sondern lediglich das Neue, das Liechtenauers System von der herkömmlichen Fechtlehre abhob. In diesem Kontext besteht natürlich zudem die Möglichkeit, dass dieses neue System, eine Art ‚Meisterschule‘, in einer exklusiven Ausbildung erlernt werden konnte. Die Existenz eines solchen Fortbildungskurses, wie es heute vielleicht genannt würde, spräche ebenfalls dafür, dass die Grundtechniken nicht in die Liechtenauer’sche Lehre aufgenommen wurden. Wer zu Liechtenauer kam, der konnte bereits fechten und interessierte sich nur für die ‚Meisterschule‘.

Die Tatsächlichen Gründe für das Fehlen der Grundlagen in der Überlieferung von Liechtenauers Lehre werden wahrscheinlich eine Kombination oben genannter Thesen sein. Liechtenauer wird sich in erster Linie damit befasst haben, seine – vermutlich in den meisten Fällen bereits fortgeschrittenen – Schüler die Innovationen seines Systems zu lehren, weswegen kein Anlass bestand, die Grundtechniken schriftlich oder mnemotechnisch zu fixieren. Zusätzlich diente diese Maßnahme der Einschränkung des Rezipientenkreises auf bereits ausgebildete Fechter, da nur solche einen Nutzen aus der Lehre ziehen konnten, was die unautorisierte Verbreitung selbiger begrenzt haben dürfte.

Für das Verständnis der Liechtenauer’schen Fechtlehre aus heutiger Sicht stellt die Omission der Grundtechniken ein entscheidendes Problem dar, denn zum einen lassen sich somit keine Rückschlüsse über die zu dieser Zeit angewandte Fechtkunst schließen, auf der Liechtenauer mit seinem System aufbaute, zum anderen fehlt jegliche Kenntnis darüber, wie das in späteren Fechtbüchern sogenannte Zufechten vonstatten ging, also die Aufnahme des Kampfes, das Heranarbeiten an den Gegner, bis schließlich eine der Techniken Liechtenauers zum Einsatz gebracht werden konnte. Auch die späteren Fechtmeister verschweigen diesen eigentlich essenziellen Punkt,[184] wodurch sich für die Rekonstruktion eines spätmittelalterlichen Schwertkampfes eine nur schwer ausfüllbare Lücke vom Beginn des Gefechts bis zum ersten Hauptstück ergibt.

Bezüglich der Grundhiebe erfahren wir in HS 3227a lediglich, dass es derer zwei gibt, welche die Basis aller anderen Hiebe darstellen, aber auch den Ursprung des Versetzens bilden:

---

184 Dort wird für gewöhnlich nur die Floskel *wenn du mit dem zuo vechten zuo im kumpst* benutzt, ohne näher auf das Zufechten einzugehen. Vgl. beispielsweise Rom, BANLC, Cod. 44 A 8, fol. 10v. Eine wenn auch knappe Erläuterung findet sich erst bei Joachim Meyer im ausgehenden 16. Jahrhundert. Vgl. S. 215.

> *das ist der oeberhaw / und der underhaw / von beiden seiten / dy sint dy hawpt*
> *hewe und grunt aller ander hewe / wy wol dy selben ursachlich und gruntlich /*
> *auch komen aus dem orte des swertes / der do ist der kern und das czentrum*
> *aller andern stocke / als das wol vor ist geschreben / Und aus den selben hewen*
> *komen dy vier vorsetczen von beiden seiten / mit den man alle hewe und stiche*
> *ader leger sletzt und bricht*[185]

Diese beiden Hiebe, der Oberhau und der Unterhau, können jeweils von beiden
Seiten geschlagen werden. Es ergibt sich in der Summe eine Zahl von vier Hieben
für das Grundgerüst des Fechtens, die sich mit Hilfe der Huten und der Glossierung zu den vier Blößen interpretieren lassen:

> *Hie merke / daz lichtnawer der teilt eyn menschen yn vier teil / recht zam das*
> *her eym von der scheitel / eyn strich vorne gleich neder machte an syn leybe /*
> *bis her neder zwischen syne beyne / und den andern strich by der goertel dy*
> *czwere oeber den / leib / zo werden vier vierteil eyn rechtes und eyn links oeber*
> *der goertel / und alzo auch under der gortel*[186]

Diese Blößen stellen die Trefferzonen des menschlichen Körpers dar, welcher in
vier Teile geteilt wird, jeweils oben und unten sowie links und rechts. Ein rechter
Oberhau würde demnach aus einer der beiden oberen Huten, dem Ochs oder
vom Tag, geschlagen werden und auf die linke obere Blöße des Gegners (aus
dessen Sicht) zielen. Vermutlich handelt es sich hierbei um einen diagonalen
Schlag von rechts oben nach links unten, entsprechend umgekehrt für die drei
anderen Varianten von Ober- und Unterhau.

Um diese vier Hiebe wiederum abwehren zu können, bedient sich der
Fechter der sogenannten vier Versatzungen. Auch diese werden in HS 3227a
nicht näher beschrieben, es wird lediglich erläutert, dass für jede der beiden
Seiten sowie jeweils für unten und oben eine Versatzung existiert, mit der alle
Huten gebrochen und sowohl Hiebe, Stiche und Schnitte abgewehrt werden
können.[187] Zu beachten ist besonders die Formulierung *abeleitest ader abweisest*,
die darauf hinweist, dass es sich bei dieser Form der Versatzung nicht um ein
Blockieren der gegnerischen Klinge handelt, sondern vielmehr um eine Art des
Deflektierens, bei dem die Klinge des Gegners in ihrer Bahn nicht aufgehalten,
sondern umgelenkt wird. Dies kann erreicht werden, indem die gegnerische
Klinge während eines Angriffs mit der eigenen Waffe in einem solchen Winkel
getroffen wird, dass sie ihre Laufbahn genügend verändert, um für den Fechter
keine Gefahr mehr dazustellen. Der Impuls der gegnerischen Waffe wird somit
nicht abgefangen, sondern durch einen Gegenimpuls umgeleitet. Dies ist aus
zwei Gründen wichtig für den Fechter: Zum einen kann ein Hieb des Gegners
ohne viel Kraftaufwand umgelenkt werden, wohingegen ein Blocken der gegnerischen Klinge den kompletten Impuls des Hiebes auffangen müsste – eine auf

---

185 Nürnberg, GNM, HS 3227a, fol. 24r.

186 Ebd., fol. 25r.

187 Ebd., fol. 32v: *Hie merke das vier vorsetczen sint czu beiden seiten czu itlicher seiten eyn obers vnd eyns*
venders vnd dy letczen ader brechen alle huten ader leger vnd wy du von oben ader von vnden eyme hewe
stiche ader snete mit deyme swerte abeleitest ader abweisest das mag wol heissen vorsetczen.

die Dauer schnell ermüdende Vorgehensweise, die besonders bei einem körperlich stärkeren und ausdauernderen Gegner ein Nachteil wäre.[188] Zum anderen wird durch das Deflektieren vermieden, dass es zu einem längeren Klingenkontakt kommt, den der Gegner für sich ausnützen könnte. Die Klinge des
Gegners blockieren wird ein Fechter also idealerweise nur dann, wenn er selbst
an einer Klingenbindung interessiert ist.[189]

Neben den Ober- und Unterhieben verweist Liechtenauer an mehreren
Stellen auch auf die sogenannten Zecken – gemeint sind hierbei vermutlich
schnelle, überraschende Hiebe zum Gegner.[190] Diese müssen nicht unbedingt
viel Schaden anrichten. Das Ziel liegt hier eher in einer Reizung und Verunsi-
cherung des Gegners durch die Tatsache, dass er durch kleine Aktionen getroffen
wird, auf die er nicht reagieren kann. Er bekommt dadurch den subjektiven
Eindruck, im Nachteil zu sein, da er angreifbar erscheint, während er selbst noch
keinen Treffer gelandet hat.

Aus den vier Grundhieben und den zugehörigen Versatzungen resultiert ein
basales System, das man als ‚Grundschule' des Fechtens bezeichnen könnte. Da
die im Folgenden behandelten Techniken Liechtenauers in erster Linie Reaktionen auf diese Grundtechniken sind, ist davon auszugehen, dass im 14. Jahrhundert noch überwiegend nach dieser Grundschule gefochten wurde. Die
Hiebe folgten also einem grundsätzlich einfachen Muster, das für den Laien
schnell erlernbar und effektiv einzusetzen war. Diese vor und neben Liechtenauer existente Lehre wird im späteren Verlauf der Arbeit noch näher untersucht.[191]

2.1.6. Die fünf Hiebe

Den Hauptteil und damit das wichtigste Element von Liechtenauers Fechtkunst
bilden die sogenannten fünf Hiebe, auf denen im Folgenden der Fokus liegt. Es
ist davon auszugehen, dass eben diese speziellen Hiebe das Alleinstellungsmerkmal Liechtenauers gegenüber seinen zeitgenössischen Mitbewerbern war,
sozusagen eine Geheimwaffe gegen die Techniken der gemeinhin gelehrten
Fechtkunst. Aus diesem Grund werden eben jene fünf Hiebe in der späteren

---

188 Vgl. dazu die Bemerkung in Ebd., fol. 22v, dass auch ein körperlich unterlegener Gegner durch
    List obsiegen kann: *dorum get lichtnawer fechten noch recht und worhaftiger kunst dar das eyn swacher
    mit syner kunst und list als schire gesigt mit als eyn starker mit syner sterke / worum were anders kunst.*
189 Vgl. dazu Rom, BANLC, Cod. 44 A 8, fol. 26r: *Merck das ist das du nicht versetzen solt als die
    gemainen vechter thuen wenn die versetzen So halden sy iren ort in die hoch oder auff ein seitten.* An
    dieser Stelle ist das ‚Blocken' eines Schlages mit stehender Klinge gemeint, das es zu vermeiden
    gilt.
190 Nürnberg, GNM, HS 3227a liefert nur die Hinweise *Czu koppe czu leibe dy czecken do nicht vormeide*
    (fol. 18v) sowie die Anweisung, *keyne czecken ader ruren nicht vormeiden,* um den Gegner zu
    keinen Stücken kommen zu lassen (fol. 19v). Vgl. dazu die Auslegung bei Meyer, unten, S. 231 f.
191 Vgl. dazu Kapitel II.2.3.

Tradition mitunter als die „verborgenen Hiebe" bezeichnet.[192] Sie sind zunächst nur einem kleinen Kreis von Fechtmeistern bekannt, die in Liechtenauers Tradition stehen, und obschon der Hinweis auf die Geheimhaltung der fünf Hiebe in HS 3227a noch nicht zu finden ist, zeigt der später hinzugekommene Zusatz *verporgen*, dass Liechtenauer und seinen Nachfolgern daran gelegen war, die Kenntnis dieser speziellen Techniken vor der weiteren Verbreitung zu bewahren. Unterstützt wird diese These durch die fehlende Erwähnung jeglicher Gegenmaßnahmen gegen die verborgenen Hiebe in HS 3227a. Waren diese Techniken lediglich Liechtenauer und einem kleinen Kreis seiner Schüler bekannt, so bestand keine Notwendigkeit, ihre Abwehr zu trainieren.

Im Prinzip lassen sich die fünf Hiebe Liechtenauers allesamt als Variation des bereits beschriebenen Oberhaus ansehen, sie sind also vermutlich jeweils aus einer der beiden oberen Huten zu schlagen. Dies entspricht der Beobachtung, dass Liechtenauers Lehre den Rat enthält, von oben über dem Schwert des Gegners anzubinden, als auch wenn möglich zu den oberen Blößen des Gegners zu schlagen.[193] Die fünf Hiebe tragen die Bezeichnungen *czornhaw* (Zornhau), *krumphaw* (Krumphau), *twerhaw* (Zwerchhau), *schilhaw* (Schielhau) und *scheitelhaw* (Scheitelhau). Es handelt sich bei allen fünf Hieben, mit Ausnahme einer Variante des Krumphaus, um Angriffe in direkter Absicht, das heißt, es sind Hiebe, die den Gegner nach Möglichkeit direkt treffen sollen, ohne dass eine Nachfolgeaktion nötig ist.[194] Diese Tatsache unterscheidet die verborgenen Hiebe somit von den herkömmlichen Grundhieben: Sie können sowohl als direkter Angriff eingesetzt werden, als auch um einen gegnerischen Angriff zu brechen und dabei gleichzeitig den Gegner selbst zu bedrohen.

Die Merkverse Liechtenauers, die diese Techniken beschreiben, geben keine Auskunft über die tatsächliche Ausführung der einzelnen Hiebe, sondern sie sollen an die Prinzipien erinnern, die ihnen zu Grunde liegen, und an die Stücke, die auf den jeweiligen Hieb folgen. Für die nachfolgende Interpretation der Techniken muss daher auf die Glossierung in HS 3227a zurückgegriffen werden, welche die konkrete Ausführung der jeweiligen Hiebe näher beschreibt.

Der Zornhau ist benannt nach der Heftigkeit, mit der dieser ausgeführt wird. Wie im Zorne soll man ihn schlagen, was darauf schließen lässt, dass es sich bei diesem Hieb um einen Oberhau handelt, der mit möglichst viel Kraft ausgeführt

---

192 Vgl. Rom, BANLC, Cod. 44 A 8, fol. 12v: *Merck es sind fünff verporgen häw do vil maister des swertz nichtz von wissen zuo sagen.* In Nürnberg, GNM, HS 3227a hingegen werden die Hiebe lediglich als die *fünff hewe* bezeichnet.

193 Vgl. S. 62.

194 Im modernen Sportfechten wird ein Angriff in zweiter Absicht von dem in direkter Absicht unterschieden. Vgl. dazu Barth, Fechttraining, S. 243: „Angriffe zweiter Absicht werden mit dem Ziel ausgeführt, eine Offensivhandlung des Gegners zu provozieren. Der Gegner wird durch sie zu einem Antwort- oder Gegenangriff herausgefordert, der mit einer geplanten Verteidigungshandlung und einem Antwortangriff, aber auch mit einem Gegenangriff beantwortet werden kann." Diese anachronistische Differenzierung erscheint auch für die Systematisierung der Fechttechniken mit dem Schwert sinnvoll und wird im Verlauf der Arbeit nach dieser Definition verwendet.

wird.[195] Das Prinzip des Hiebs ist, einen gegnerischen Oberhau zu brechen. Ob dabei der Gegner oder dessen Schwert das Ziel des Schlages ist, lässt sich nicht eindeutig bestimmen. Zwei Bemerkungen in der Glosse lassen sich so lesen, dass der Hieb direkt zum Mann geschlagen wird.[196] Dies würde im Vor geschehen, in diesem Fall würde der Schlag dem Oberhau des Gegners zuvorkommen und ihn entweder direkt treffen oder, sollte der Gegner schon geschlagen haben, durch den wuchtigen Angriff seine Klinge so weit auslenken, dass er getroffen wird.

Die Anweisung *so saltu du keyn im weder hawen den zornhaw alzo das dir mit dyme ort vaste keyn im schisset*[197] scheint aber darauf hinzudeuten, dass der Zornhau direkt in die Bindung an die Waffe des Gegners geschlagen werden soll, um ihm daraufhin den Ort ins Gesicht zu stoßen. Der Treffer wird also im Indes gesetzt. Hierbei kommt wieder dem Fühlen am Schwert eine große Bedeutung zu: Ist der Gegner schwach in der Bindung, so kann sein Schwert zur Seite gedrückt werden, um ihm den Ort gegen das Gesicht zu stechen („einzuschießen"). Dieses Vorgehen meint Liechtenauer mit dem Vers *Der dir oberhawet / czornhaw ort deme drewet*[198] – schlägt der Gegner einen Oberhau, so bedroht ihn nach einem Zornhau der eigene Ort. Ist er aber hart gegen das Schwert und setzt der Klinge starken Druck entgegen, so wird dieser durch das sogenannte Abnehmen gegen ihn selbst genutzt: Die eigene Klingen wird an der des Gegners nach oben geführt, bis der Kontakt verloren geht. Der Druck des Gegners auf die Klinge sorgt dafür, dass sein Schwert durch das plötzliche Nachlassen des Gegendrucks erst einmal zur Seite ausgelenkt wird, die eigene Klinge kann dann auf der anderen Seite wieder heruntergeführt werden und den Gegner treffen. Gelingt dies nicht, kann nach Belieben weiter aus der Bindung gefochten werden, sei dies mit Winden, Stichen oder Schlägen zu den Beinen des Gegners.[199] Der Zornhau ist folglich ein Hieb, der versucht, durch Wucht einen Oberhau des Gegners zu brechen und an ihn heran zu kommen. Ist die Bindung erst einmal hergestellt, kann aus dieser weiter gefochten werden.

Der Krumphau ist vermutlich nach der Bewegung der Klinge benannt, die bei diesem Hieb entgegen der normalen Schlagrichtung verläuft (vgl. mhd. *krump*, ‚verdreht'). Es handelt sich um einen Oberhau, der mit einem weiten

---

195 Nürnberg, GNM, HS 3227a, fol. 23r f.: *hie merke und wisse das lichtenawer / eynen oeberhaw slecht von der achsel / heisset der czornhaw / wen eyryitzlichem in syme gryme und czorne zo ist im keyn haw als bereit / als der selbe aberhaw.*

196 Ebd., fol. 23v: *zo ist im keyn haw als bereit als der selbe aberhaw slecht von der achsel czum mane.* Nicht eindeutig ist hier jedoch, ob mit dieser Bemerkung die Laufrichtung des Hiebes gemeint ist, also von der eigenen Schulter zum Gegner, oder ob ‚Mann' hier tatsächlich im Gegensatz zu ‚Waffe' steht. Etwas später folgt die Bemerkung: *Vnd salt nicht czu eyns swerte hawen zonder czu im selber.* Dieser Satz befindet sich aber am Ende des betreffenden Abschnitts und kann sich auch allgemein auf das weitere Vorgehen nach Ausführen des Zornhaus beziehen, das davor erläutert wurde.

197 Ebd., fol. 23v.

198 Ebd.

199 Ebd.: *nym is oben ab / ane vaer / Pis sterker / weder wint / stich / siet her is / nym is neder.*

Ausschreiten zur Seite ausgeführt wird.[200] Die Schlagrichtung verläuft damit nicht wie bei anderen Hieben vom Fechter gesehen geradeaus, sondern seitlich. Der Angriff soll entweder die Hände des Gegners treffen oder, und das ist, was den Krumphau von den anderen Hieben abhebt, mit der Fläche der Klinge auf das Schwert des Gegners geschlagen werden.[201] Es wird also ein weiter Schritt zur Seite getan und dabei das Schwert durch eine Drehung entweder auf die Hände des Gegners oder seine Klinge ‚geworfen', um sie nieder zu drücken (Farb-Abb. 5). Der Krumphau ist damit nach Glosse L1 der einzige Hau, der explizit auf die Klinge des Gegners zielt und nicht direkt auf den Mann. Der Schlag zur Klinge des Gegners kann vermutlich sowohl gegen einen Hieb als auch gegen eine stehende Klinge ausgeführt werden. In beiden Fällen sorgt er zusammen mit dem Ausschreiten zur Seite dafür, dass das gegnerische Schwert keine Bedrohung mehr für eine Folgeaktion darstellt. In erster Linie ist der Krumphau damit eine Vorbereitung für einen weiteren Angriff, er kann jedoch auch direkt auf die Hände des Gegners eingesetzt werden.

Die Anmerkung, dass der Krumphau mit der Fläche der Klinge geschlagen werden soll,[202] also nicht mit einer der Schneiden, verlangt besonders Beachtung. Denn in der späteren Überlieferung der Liechtenauer'schen Lehre wird der Krumphau verschiedentlich in der (heute) sogenannten Daumenlage ausgeführt beschrieben oder abgebildet, auch wenn sich diese Haltung wohl erst gegen Ende des 15. Jahrhunderts vollends durchsetzen konnte.[203] Bei dieser Art, das Schwert zu greifen, wird der Griff um 90 Grad in der Hand gedreht, sodass die Parierstange nicht mehr zum eigenen Arm zeigt, sondern im rechten Winkel zu diesem liegt. Gleichzeitig mit der Drehung wird der Daumen der rechten Hand ausgestreckt, um ihn über die Parierstange auf die Fläche der Klinge zu legen (vgl. Farb-Abb. 13, rechte Seite). Diese Haltung ermöglicht es, das Schwert in bestimmten Winkeln zu drehen, die mit dem üblichen Hammergriff nicht möglich wären. So wird beispielsweise das Zuschlagen mit der Schneide im Krumphau erst richtig ermöglicht, denn ohne diese lässt sich das Schwert mit den Handgelenken nur sehr schwer und ungelenk seitlich auslenken, wie es für den Krumphau erforderlich ist. Dass der Autor des Textes von HS 3227a die Daumenlage nicht erwähnt, dafür aber ausdrücklich darauf hinweist, mit der Fläche zuzuschlagen, könnte darauf hindeuten, dass er diese Technik noch nicht

---

200 Ebd., fol. 25v: *Hie merke vnd wisse das der krumphaw / ist eyn oberhaw der do mit eyme guten ausschrete / krummes dar / get / zam noch eyner seiten / Doruem meynt lichtnawer / der den selben haw wol wil furen / der sal wol beseicz aus schreiten czu der rechten hant / danne her den haw brengt.*

201 Ebd., fol. 25v: *Krump auf / behende / wirf deynen ort auf dy hende* […] *Haw krump czun flechen / den meistern wiltu sie swechen.*

202 Ebd., fol. 25v: *vnd sal czu ienes mit syner flechen hawen.*

203 Vgl. die Abbildung in München, BSB, Cod. Icon. 394a, fol. 11v, auf der deutlich zu sehen ist, dass der Daumen über der Parierstange liegt. In der schriftlichen Auslegung der Liechtenauerschen *zedel* bleibt der Krumphau hingegen zunächst im Hammergriff, obwohl die Daumenlage andernorts, beispielsweise beim Zwerchhau, bereits beschrieben ist, so beispielsweise in Rom, BANLC, Cod. 44 A 8. Dass der Krumphau auch hier schon mit einer zumindest in Ansätzen ausgeführten Daumenlage verwendet wird, ist nicht auszuschließen, obwohl der explizite Hinweis auf diese Haltung beim Zwerchhau dagegen spricht.

kannte oder sie bewusst nicht einsetzte. Im auffälligen Gegensatz zu den späteren Liechtenauer-Glossen wird die Daumenlage in HS 3227a kein einziges Mal erwähnt. Ob Liechtenauer selbst die Daumenlage bereits benutzte, lässt sich nur vermuten, denn in den Merkversen ist lediglich die Rede davon, „zu" der Fläche des Gegners zu schlagen, nicht aber, die eigene für den Schlag zu verwenden.[204]

Der Zwerchhau unterscheidet sich, wie der Name schon erkennen lässt (vgl. mhd. *twer*, ‚quer') von den diagonalen Ober- und Unterhieben durch die Schlagrichtung. Ausgeführt wird er, indem das Gehilz durch das Verschränken der Hände vor dem Kopf so eingedreht wird, dass die Schneiden waagerecht zum Boden liegen (die Flächen der Klinge zeigen also jeweils nach oben beziehungsweise unten).[205] In der Bewegung wird die Schneide somit seitlich (quer) auf den Gegner ‚geworfen', vorzugsweise zum Kopf (Farb-Abb. 6, das Kämpferpaar hinten links, der rechte Fechter führt den Zwerchhau aus – hier ist auch die Daumenlage gut zu erkennen); der Hieb ist von beiden Seiten möglich. Laut dem Glossator von HS 3227a stellt der Zwerchhau den effektivsten, ja den besten Hieb dar, der mit dem Schwert möglich ist. Und in der Tat ist der Zwerchhau nicht nur von beiden Seiten ausführbar, sondern kann auch gegen alle Blößen benutzt werden, sowohl gegen die oberen als auch gegen die unteren. Zusätzlich kann mit ihm angeblich jeder Angriff gebrochen werden, der von oben ausgeführt wird.[206]

Der Autor des Textes geht zwar nicht näher darauf ein, doch ist es leicht vorstellbar, dass die waagerecht liegende Parierstange beim Zwerchhau sehr gut dafür geeignet ist, Schläge von oben zu blocken, da die gegnerische Klinge damit unweigerlich ‚gefangen' wird, der eigene Kopf ist dahinter gut geschützt. Der Zwerchhau ist damit ein sehr flexibler Hieb, der sowohl zum Angriff als auch zum Brechen von Schlägen des Gegners eingesetzt werden kann (sofern diese von oben kommen). Überdies bietet der Hieb zusätzlich den Vorteil, dass er sehr explosiv geschlagen werden kann – durch das Verdrehen der Hände wird die Klinge sehr schnell beschleunigt –, was zu einem Überraschungseffekt führen kann, mit dem der Vorschlag gut zu gewinnen ist. Aber auch nach einer Parade des Gegners ist der Zwerchhau gefährlich, denn er lässt sich nach dem ersten Schlag sehr schnell auf der anderen Seite wiederholen, worauf der Glossator selbst hinweist.[207] Es ergibt sich dadurch eine schnelle Kombination aus zwei Schlägen zu beiden Seiten des Kopfes (wobei der erste Schlag auch lediglich angetäuscht werden kann), auf die nur schwer zu reagieren ist.

---

204 Nürnberg, GNM, HS 3227a, fol. 25v: *Haw krump czun flechen / den meistern wiltu sie swechen.*

205 Ebd., fol. 27v: *dy flechen des swertes / eyne oben ader of / dy ander vnden ader neder kert / vnd dy sneiden / czu den syten / dy twer / eyne / czu der rechten / vnd eyne czu der linken / seiten [...] zo get im io das swert oben / mit dem gehilcze / mit vorworfner / hant / vor deme hewpte.*

206 Ebd.: *Hie merke vnd wisse / das of dem ganczen / swerte / keyn haw / als redlich / zo heftik zo vertik vnd zo gut ist als der twerhaw / Vnd der get dar / zam dy twer / czu beyden seiten mit beiden sneiden / der hindern vnd der voerdern / czu allen blossen / vnden vnde oben / Vnd alles das von dem tage dar kumpt / das sint dy oebern hewe / ader was sost von oben neder gehet / das bricht vnd / weret eyner / mit den twer hewen.*

207 Ebd., fol. 28r: *den vorslag alzo gewinnt mt dem twerhaw her treffe / czu der eynen seyten / her treffe ader vele / zo sal her denne als balde in eyme rawsche immediate an vnderloz / den nochslag gewinnen / mit dem twerhaw czu der andern seiten.*

Ebenso wie beim Krumphau wird auch beim Zwerchhau in HS 3227a keine Daumenlage beschrieben. Im Falle des Zwerchhaus ist dies aber umso bemerkenswerter, da für diesen Hieb die Daumenlage bereits in den frühesten Glossierungen des 15. Jahrhunderts erwähnt und dann konsequent weiter verwendet wird.[208] Gerade beim Zwerchhau ergibt diese Haltung Sinn, denn der unten liegende Daumen, auf dem das Schwert ruht, lässt sich leicht als Drehpunkt einsetzen, um die schnellen Rechts-links-Kombinationen zu ermöglichen, für die der Zwerchhau bestens geeignet ist. Wieder lässt sich nicht ausschließen, dass Liechtenauer hier die Daumenlage vorsah, denn die Verse schweigen sich darüber aus. Der Glossator von HS 3227a erwähnt sie jedenfalls nicht. Dies könnte allerdings auch durch die verwendete Schwertform bedingt sein. Denn durch die Tatsache, dass die rechte Hand in der Daumenlage direkt an der Parierstange ruht, ist sie besonders exponiert, etwa wenn beim Zwerchhau das gegnerische Schwert über dem Kopf abgefangen wird. Leicht kann es hierbei passieren, dass die Hand in solch einer Bindungssituation bei einem ungünstigen Winkel durch die Klinge des Gegners verletzt wird. Dies ist einer der Gründe für die bei späteren Schwertformen und schließlich bei der Fechtfeder verwendeten Parierhilfen. Durch diese Verbreiterung der Klinge über der Parierstange wird die Hand besser geschützt, und die Einnahme der Daumenlage ist ungefährlicher. Das relativ frühe Entstehungsdatum von HS 3227a könnte darauf hindeuten, dass zu diesem Zeitpunkt Schwerter mit einer solchen Parierhilfe noch eher selten eingesetzt wurden, weshalb die Daumenlage noch keine breitere Verwendung fand. Sie setzte sich dann vermutlich erst durch, als die neue Schwertform ihre Anwendung ungefährlicher machte.

Der Schielhau wird wie der Zwerchhau ebenfalls benutzt, um Schläge von oben zu versetzen, hier jedoch mit dem Zusatz Liechtenauers, dass er die Schläge eines Büffels (der Glossator benutzt das Wort Bauer) brechen soll.[209] Es handelt sich also offenbar um eine Technik, speziell um die Hiebe eines ungelernten, vielleicht auch grobschlächtigen Fechters zu kontern. Der Schielhau wird wie ein Oberhau von der rechten Seite geschlagen, im Gegensatz zu diesem wird hier aber mit der kurzen Schneide zugeschlagen, also mit *vorwantem swerte vnd vorworfner hant*, mit verdrehtem Schwert und verkehrten Händen.[210] Durch das Drehen des Schwertes kann der Gegner mit der kurzen Schneide getroffen werden, während der gegnerische Hieb durch die Fläche des eigenen Schwertes abgefangen wird. Besonders in Daumenlage kann das Schwert des Gegners durch den veränderten Winkel bei eingedrehter Waffe gut ausgesperrt und dennoch gleichzeitig ein Treffer gesetzt werden, was bei einem herkömmlichen Hieb mit der langen Schneide so nicht möglich wäre (Farb-Abb. 7, linker Fechter des vorderen Kämpferpaares). Die Benennung des Haus ist nicht eindeutig zu erklären. Es ist möglich, dass sich der Name davon ableitet, dass der Fechter als

---

208 Vgl. Rom, BANLC, Cod. 44 A 8, fol. 19r: *wind dein swert mit dem gehültz für dein haubt / das dein dawmen vnden küm.*
209 Nürnberg, GNM, HS 3227a, fol. 28v: *Und der selbe haw der bricht als das pueffel das ist eyn pawer / mag geslaen / von oben neder als sie phlelen czu tuen.*
210 Ebd.

Finte zur Waffe des Gegners ‚schielen' soll, während er zu dessen Körper schlägt,[211] alternativ kann auch zum Kopf des Gegners geschielt und ein Angriff dorthin vorgetäuscht werden, sobald dieser dann zu einer Parade ansetzt, folgt ein Hieb auf seine Hände.[212] Auch eine Ableitung von mhd. *schelch* beziehungsweise *schilch* käme in Frage, da der Hieb im Gegensatz zu einem normalen Oberhau etwas schief gegen die Waffe des Gegners gesetzt wird.

Der letzte der fünf Hiebe, der Scheitelhau, wird in HS 3227a nicht durch eine Glosse erläutert, hier finden sich zu diesem lediglich die Verse Liechtenauers. Aus ihnen lässt sich nicht viel mehr erfahren, als dass der Scheitelhau dem Gesicht des Gegners gefährlich wird und in seiner Umkehrung der Brust. Eine Technik mit dem Namen ‚Krone' bricht den Scheitelhau.[213] Ein Blick in die spätere Glosse des Cod. 44 A 8 verrät, dass es sich bei dem Scheitelhau um einen mit einem Sprung ausgeführten, senkrechten Hieb von oben auf den Kopf (zum Scheitel) des Gegners handelt, vorzugsweise angewendet gegen die Hut Alber oder eine andere niedrige Hut (Farb-Abb. 8). Wird dieser durch die Krone versetzt, bei der das Schwert aus dem Alber so nach oben geführt wird, dass Ort und Gehilz empor zeigen (und der Scheitelhau von der Parierstange gefangen wird), dann soll das eigene Schwert über das Gehilz des Gegners eingedreht werden, um nach unten zu seiner Brust zu stoßen.[214]

Die fünf Hiebe Liechtenauers stellten damit ein breites Repertoire an Techniken dar, die im Gegensatz zu den Grundhieben sehr anspruchsvoll in der Umsetzung waren. Es kamen hierbei weiterführende physische und taktische Prinzipien zum Einsatz, welche die besonderen technischen und physikalischen Eigenschaften des langen Schwertes als Waffe ausnutzten. Die Wirkung der Hiebe basiert etwa im Fall des Schielhaus auf einer Veränderung des Klingenwinkels, die nur über das Zuschlagen mit der kurzen Schneide erzielt werden kann. Der Krumphau stellt ein Verlassen der Gefechtslinie[215] dar, während der Zwerchhau die herkömmliche Schlagrichtung ändert. Jeder der fünf Hiebe unterscheidet sich damit in mindestens einer Hinsicht von den herkömmlichen Ober- und Unter-

---

211 Vgl. Rom, BANLC, Cod. 44 A 8, fol. 24v: *schil mit dem gesicht zuo dem ort vnd thuoe als dw ym dar zuo hauen wöllest.*

212 Ebd., fol. 24v: *schil ym mit dem gesicht zwo dem haubt vnd thuoe als du in dar auff wöllest sla schlachen vnd schlach in auß dem schilhaw mit dem ort auff sein hend.*

213 Nürnberg, GNM, HS 3227a, fol. 30r: *Der scheitelere / deyn antlitz ist ym gefere / Mit seinem karen / der broste vaste gewaren / Was von ym kuemet / dy crone das abe nymmet.* Die folgenden Leerseiten lassen vermuten, dass eine Glossierung geplant war, jedoch nicht mehr erfolgt ist.

214 Rom, BANLC, Cod. 44 A 8, fol. 25r: *legt er sich denn gegen dir in die huot alber / So setz den lincken fuess vor vnd halt dein swert an deiner rechten achsel Inn der huot / vnd spring zwo Im / vnd haw mit der langen schneid starck von oben nider Im zuo dem kopff / Vor setzt er denn haw das sein ort / vnd das ain gehultz paide übersich stenn das selb haist die kron / So beleib hoch mit den armen / vnd heb mit der lincken hant deinen swertz knopf vber sich / vnd senck im den ort vber sein gehültz zw der prust.*

215 Nach Verständnis moderner Sportfechter „die gedachte Linie, die zwei Fechter verbindet, beginnt an der linken Ferse des einen, geht durch die Achse des rechten Fußes und setzt sich bis zum selben Punkt am Fuß des Gegners fort." (Gaugler, Fechten, S. 18). Auf dieser Linie bewegen sich die Fechter bei herkömmlichen Angriffen vor und zurück, solange keiner von beiden die Linie gezielt verlässt.

hieben und bietet eine bestimmte Möglichkeit, den Gegner zu attackieren oder auf einen Angriff zu reagieren.

Die Umsetzung der fünf Hiebe gestaltet sich dabei als Herausforderung. Denn für eine korrekte Ausführung muss der Fechter nicht nur den Gegner sehr gut einschätzen können. Er muss die eigene Waffe auch vollkommen beherrschen, denn schon eine kleine Veränderung im Klingenwinkel etwa beim Schielhau kann verhindern, dass die gegnerische Klinge richtig ausgesperrt wird. Beim Zwerchhau hingegen sind die eigenen Hände stark gefährdet, wenn der Hieb nicht korrekt ausgeführt wird.

Die fünf Hiebe stellten damit technisch fortgeschrittene Aktionen dar, die bei korrekter Umsetzung ein großes Potenzial entfalten konnten, besonders gegen ungeübte Gegner. Bei falscher Ausführung konnten sie andererseits jedoch sogar zu einer Gefährdung für den Fechter werden. An ihnen zeigte sich also das Können eines Fechters: Waren die fünf Hiebe erst einmal gemeistert, boten sie vielfältige taktische Möglichkeiten. Dies mag auch der Grund sein, warum sie später als die ‚Meisterhiebe‘ bezeichnet wurden, denn erst ein Meister des Schwertes konnte ihr volles Potenzial ausnutzen.

In ihrer Anwendung erscheinen die Hiebe sogar teilweise redundant, denn ihr Einsatzzweck liegt vornehmlich im Kontern des Oberhaus. Auch hier zeigt sich wieder, dass es sich beim Liechtenauer-System vermutlich um eine Art ‚Meisterschule‘ gehandelt haben muss. Denn das Erlernen der fünf Hiebe war sicher ein zeitaufwendiges Unterfangen, das für einen Klienten, der möglichst schnell auf ein Duell vorbereitet werden musste, nicht praktikabel gewesen sein kann. Hier wäre es sinnvoller gewesen, sich etwa auf einen der verborgenen Hiebe zu konzentrieren, der in den meisten Fällen als Konter für die Grundtechniken ausgereicht hätte. Konnte ein Fechter jedoch genügend Zeit investieren, das Liechtenauer-System zu erlernen, so war er in der Lage, mit den fünf Hieben die technischen und physikalischen Möglichkeiten des langen Schwertes vollständig auszunutzen. Darunter fallen die verschiedenen Klingenwinkel, wie etwa beim Schielhau, aber auch besondere Bewegungsdynamiken wie beim Krump- oder Zwerchhau, die Reichweite der Waffe beim Scheitelhau oder die Verwendung beider Schneiden und der Fläche (Krumphau, Zwerchhau). Besonders gegen Gegner, die nur mit den Grundhieben fochten, hatte ein fechter des Liechtenauer-Systems damit gleich mehrere Kontermöglichkeiten. Zusätzlich lieferten die fünf Hiebe dazu noch die Möglichkeit, den Gegner direkt beim Versetzen seines Angriffs zu treffen – etwas, das mit den herkömmlichen Grundhieben nicht möglich war.

2.1.7. Weitere Techniken

Neben den fünf Hieben, auf die sich das Liechtenauer'sche System primär stützt, enthält die Fechtlehre in Nürnberg, GNM, HS 3227a noch weitere Techniken, die in verschiedenen Situationen des Kampfes zum Einsatz kommen können. Obwohl sie nicht explizit in Verbindung zu den fünf Hieben stehen, können sie in bestimmten Fällen durchaus mit diesen kombiniert werden. Die hier beschriebenen Techniken lassen sich gemäß ihrer Funktion im Kampf in drei Gruppen einteilen: Techniken, die als Reaktion auf eine gegnerische Aktion ausgeführt werden – hierunter fallen das Nachreisen, das Absetzen und das Überlaufen –, weiterhin Angriffe in zweiter Absicht, die dann zum Einsatz kommen, wenn ein erster Angriff, beispielsweise mit einem der fünf Hiebe, nicht erfolgreich war – dazu gehören das Durchwechseln und das Zucken –, und schließlich grundlegende Prinzipien für den Kampf Schwert an Schwert, wozu das Händedrücken und das Winden zählen. Die meisten dieser Techniken werden in HS 3227a lediglich durch Liechtenauers Verse repräsentiert, eine Glossierung hat hier nur vereinzelt stattgefunden.[216]

Die erste Gruppe der Techniken beschäftigt sich mit Aktionen, die dem Fechter zur Verfügung stehen, um auf Angriffe des Gegners zu reagieren. Eine Reaktion wird in diesem Fall jedoch nicht aus dem Affekt definiert, das heißt, es wird nicht davon ausgegangen, dass der Fechter die Absicht des Gegners erst erkennt und lediglich auf den Angriff reagiert, wenn dieser seine Aktion bereits gestartet hat. In einem Ernstkampf wären die Zeitfenster viel zu gering, die Reaktionen zu langsam, um die Absicht des Gegners richtig einzuschätzen und die entsprechende Gegenaktion rechtzeitig zu starten. Es ist daher anzunehmen, dass die hier beschriebenen Techniken darauf beruhen, den Gegner zu einer bestimmten Aktion zu verleiten beziehungsweise ihn so gut einschätzen zu können, um zu wissen, auf welche Weise er den Angriff führen wird. Dies wird zwar nicht explizit erwähnt, das zugrunde liegende Prinzip kommt jedoch an mehreren Stellen der Lehre zum Ausdruck – die ‚Konditionierung‘ des Gegners, um abschätzen zu können, wie er reagieren wird, wurde beispielsweise bereits angesprochen,[217] ebenso die Anweisung, sich ein Stück vorzunehmen und dieses dann umzusetzen.[218] Beides spricht dafür, dass der Gegner erst durch Finten und angetäuschte Aktionen zu einem gewissen voraussehbaren Verhaltensmuster verleitet werden soll, auf das der Fechter dann mit einer bereits geplanten Gegenaktion reagieren kann.

Die Technik des Nachreisens ist in diesem Kontext eine taktische Entscheidung, auf einen fehlgeschlagenen Angriff des Gegners zu reagieren. Hier wartet der Fechter, bis die gegnerische Klinge bei einem Angriff (im Regelfall von oben) zu kurz fällt, und ‚reist‘ dieser mit der eigenen Waffe nach, um die durch den Hieb des anderen entstandene Blöße zu nutzen.[219] Da das Zeitfenster, in dem die gegnerische Klinge keine Gefahr für den Fechter darstellt, jedoch sehr kurz ist – der Gegner wird möglicherweise recht schnell erkennen, dass sein Hieb zu kurz war, und das Schwert wieder neu ausrichten – muss der Widersacher antizipa-

216 Die Verse zu jedem Stück sind jeweils auf eine eigene Seite geschrieben, der Leerraum deutet hier wieder auf die nicht umgesetzte Absicht des Verfassers hin, die einzelnen Stücke später mit einer Glosse zu versehen, was den Entwurfscharakter der Handschrift unterstreicht. Für die Interpretation der Techniken wird im Folgenden wieder auf die spätere Glossierung in Rom, BANLC, Cod. 44 A 8 zurückgegriffen.
217 S. 62.
218 S. 66f.
219 Vgl. Rom, BANLC, Cod. 44 A 8, fol. 28r: *Hawt er dir oben lanck ein so wart das er dich mit dem haw nicht erlang / Vnd merck die weil sein swert mit dem haw vndersich gee gegen der erden / So spring zuo mit dem rechten füeß / vnd haw Im oben ein zwo dem kopff / ee wenn er mit dem swert wider auff kumpt.*

torisch zu einem zu kurz fallenden Angriff verleitet werden, dem unmittelbar der eigene Schlag, das Nachreisen, folgt.

Ähnlich verhält es sich beim Überlaufen, das eine Reaktion auf Angriffe von unten darstellt. Hier wird der bereits erläuterte Reichweitenvorteil bei Angriffen gegen die oberen Blößen ausgenutzt: Versucht der Gegner, die eigene untere Blöße anzugreifen, so kann ein von oben geführter Schlag gegen seinen Kopf oder seine Brust ihm durch die höhere Reichweite zuvorkommen oder zumindest dazu führen, seine auffahrende Klinge von oben zu binden, was immer noch einen Vorteil darstellt.[220] Vermutlich geschieht das Überlaufen mit einem gleichzeitigen Zurückziehen des eigenen Körpers, um außer Reichweite der gegnerischen Klinge zu kommen. Der Scheitelhau bietet sich von seiner Funktionsweise für das Überlaufen an, da dieser von oben und mit gestreckten Armen geschlagen wird, was für eine optimale Reichweite sorgt.[221]

Während Nachreisen und Überlaufen jeweils im Nach geschehen – der Gegner besitzt die Initiative und führt seine Aktion zuerst aus – stellt das Absetzen einen Konter im Zeitfenster des Indes dar. Bei dieser Technik wird direkt in die Angriffsvorbereitung des Gegners hinein geschlagen, Hieb oder Stich werden durch die eigene Klinge abgesetzt, wobei zeitgleich ein Treffer erzielt wird.[222] Auch hier ist es wichtig, den Gegner zunächst zu genau der Aktion zu provozieren, die der Fechter mit dem Absetzen kontern möchte.[223]

Die zweite Gruppe der Techniken stellt im Gegensatz zu den gerade beschriebenen Aktionen, die als Reaktion auf den Gegner ausgeführt werden, eine Weiterführung des eigenen Angriffs dar. Sie folgt dem Grundsatz Liechtenauers, den Gegner durch fortwährende Schläge nicht zur Ruhe kommen zu lassen und durch die Fortführung des Angriffs selbst die Initiative zu behalten.

Das Durchwechseln stellt so eine Umgehung der gegnerischen Klinge dar, deren prinzipielle Funktion in dem Vers *Wer auf dich bindet / durchwechsel in schire vindet*[224] zum Ausdruck kommt: Versucht ein Gegner, die eigene Klinge beim Angriff auf eine der Blößen zu binden, wird sie ihm mit dem Durchwechseln entzogen, um gleich darauf eine andere Blöße anzugreifen. Dies geschieht bei-

---

220 Vgl. ebd., fol. 30r: *haut er dir denn vnden zwo den vnderen plössen / das vor setz im nicht sunder haw Im oben starck ein zwo dem kopff / Oder haut er dir zwo mit vnder hawen / So merck ee wenn er mit dem vnderhaw auff kumpt / So scheüß Im den ort oben lanck ein zwo dem gesicht / oder der prust / vnd setz ym oben an so mag er dich vnden nicht erlangen.*

221 Vgl. Farb-Abb. 8.

222 In Liechtenauers Versen (Nürnberg, GNM, HS 3227a, fol. 34r): *Lere abesetczen / hewe stiche künstlichen letczen / Wer auf dich sticht / dyn ort trift vnd seynen bricht.* Vgl. auch Rom, BANLC, Cod. 44 A 8, fol. 30v: *Sticht er dir denn zwo der selbigen plöss / So wind mit dem swert auff dein lincke seitten gegen seinen stich die kurtz schneid an sein swert / vnd setz da mit ab / vnd schreit do mit zuo mit dem rechten füess / vnd stich Im / Inndes zw dem gesicht oder zwo der prust [...] hawt er dir denn ein zuo deiner lincken seitten oben zwo dem kopff / So var auff mit dem swert / vnd wind da mit auff dein lincke seitten gegen seinem haw das gehultz für dein haubt / vnd schreit do mit zwo mit dem rechten füess / vnd stich ym zwo dem gesicht oder der prust.*

223 Dies wird in ebd., fol. 30v explizit erwähnt: Dem Gegner soll in der Hut des *pflug* die linke Seite angeboten werden, um den folgenden Stich dorthin absetzen zu können.

224 Nürnberg, GNM, HS 3227a, fol. 34v.

spielsweise, indem zunächst mit einem Oberhau die linke obere Seite des Gegners angegriffen wird. Pariert der Gegner dies und wehrt den folgenden Stich zum Gesicht ab, wird der eigene Ort unten um die gegnerische Klinge herumgeführt, um auf der anderen Seite zu einer der Blößen zu stechen.[225] Das Durchwechseln geschieht hierbei in zweiter Absicht, das heißt, es wird dann angewandt, wenn der eigentliche Angriff sein Ziel verfehlt hat.[226]

Ebenso verhält es sich mit dem Abnehmen, das bereits beim Zornhau beschrieben wurde und das ebenfalls in diese Technikgruppe fällt. Bei dieser Aktion wird nach der Anbindung die eigene Klinge an der des Gegners nach oben und unverzüglich auf der anderen Seite wieder herunter geführt. Der seitwärts gerichtete Druck des Gegners sorgt dabei dafür, dass sich auf seiner anderen Seite eine Blöße öffnet, die beim Herunterführen der Klinge nun angegriffen werden kann.

Ähnlich wie das Abnehmen der Klinge nutzt das Zucken, die dritte Technik in dieser Gruppe, die Kraft des Gegners gegen ihn selbst. Hat der Fechter einen Hau zum Gegner geschlagen, den dieser mit viel Kraft versetzt, lässt er die Klinge kurz zu sich zurück ,zucken' und auf der anderen Seite der gegnerischen Klinge wieder zustoßen. Durch die Kraft, die der andere beim Parieren auf die Klinge ausübt, wird dessen Schwert beim Verlust des Kontaktes zunächst zur Seite ausgelenkt, wodurch die zurückzuckende Klinge freie Bahn hat.[227]

Alle drei genannten Techniken dieser Gruppe arbeiten mit einer Umgehung der gegnerischen Klinge, wobei dies auf jeweils verschiedenen Bahnen stattfindet: Beim Durchwechseln wird der eigene Ort unten um das Schwert des Gegners herumgeführt, beim Abnehmen darüber, und das Zucken entzieht dem Gegner die eigene Klinge nach hinten. Allen drei Aktionen ist gemein, dass eine (kurze) Loslösung von der Klinge des Gegners stattfindet, um sofort wieder zu einer Blöße zu schlagen oder stechen.

Die dritte und letzte Gruppe schließlich beschäftigt sich mit der Dynamik der Klingenbindung, also im Gegensatz zu den oben beschriebenen Techniken mit der Situation, dass die Klingen nicht gelöst werden, sondern steter Kontakt zur gegnerischen Waffe gehalten wird. Sind beide Schwerter erst einmal zusammengetroffen, so liegt es im Ermessen des Fechters, ob er mit einer Aktion wie dem Abnehmen oder dem Zucken durch das Lösen der Schwerter erneut an-

---

225 Ebd.: *haw eyn öberhaw gleich czu ym / alzo das du dynen ort schüst / ym czu seyner linken seiten öber dem gehilcze [...] wert her dir das / mit deme das her dyn ort abe/weist vnd hin drückt / mit seyme swerte / So la dyn ort sinken von der selben seiten vnder seyme swerte hervem / czu der andern seiten / nicht weit vem / zonder vnden an sym swerte / zo du neste magst / vnd da var ym gar rischlich / öber dem gehilcze yn / mit eyme guten volkomen stiche.*

226 Auch wenn diese Situation nicht konkret beschrieben ist, kann das Durchwechseln sicher auch in direkter Absicht eingesetzt werden, indem zunächst zu einer Blöße des Gegners fintiert wird, um dann zu einer anderen durchzuwechseln.

227 Vgl. Rom, BANLC, Cod. 44 A 8, fol. 32r: *haw ym von der rechten seitten oben starck ein zw dem kopff / vert er denn mit dem swert starck für mit dem haw / vnd wil vor setzen oder haut dir zwo dem swert / So zuck dein swert an dich / ee / wenn er dir an pint / vnd stich Im zwo der anderen seitten.*

greift, sich ganz vom gegnerischen Schwert ablöst oder aber in der Bindung bleibt und in das Winden übergeht:

> *Ist aber das iener an dem swerte bleybt / mit dem als her mit syme weren und schutzen disem im syn swert ist komen / und is sich also vorczogen hat das deser mit im an dem swerte ist bleyben / und nochn nicht den nochslag hat getan / zo sal deser winden / of und mit im alzo an dem swerte stehen.*[228]

Das Winden ist ein wichtiges Konzept in der Liechtenauer'schen Lehre, auf dessen Bedeutung immer wieder hingewiesen wird[229] und das dem Fechter ermöglicht, einen fehlgeschlagenen Angriff fortzusetzen, auch ohne dass er sich von der Klinge des Gegners löst, indem er diese nämlich bindet.[230] Zunächst wird also ein Klingenkontakt hergestellt, sei dies durch das Parieren eines Angriffs wie beispielsweise beim Zornhau oder durch das Versetzen eines Stiches. Bleiben beide nun in der Bindung, muss der Fechter versuchen, durch Winkel und Hebelwirkung sein Schwert in solch eine Position zu bringen, dass er den Gegner durch Hieb oder Stich erreichen kann und seinerseits dabei möglichst geschützt ist.

Hierbei kommt es zum einen wieder auf das Fühlen am Schwert an – ist der Gegner weich am Schwert, so kann seine Klinge weggeschoben und eine Blöße angegriffen werden. Geht er hart gegen die Klinge, soll dem Druck stattgegeben werden; in diesem Fall kann sein Schwert umgangen werden.[231] Zum anderen kommt es auf die Stellung der Klingen und die Winkel zwischen ihnen an. Hier kommt die eingangs bereits beschriebene Aufteilung der Klinge zum Tragen, denn der Fechter muss nach Möglichkeit versuchen, sein Schwert so gegen das des Gegners zu winden, dass die gegnerische Schwäche, also der Teil der Klinge nahe dem Ort, an der eigenen Stärke, also möglichst nahe am Gehilz anbindet. So kann die bestmögliche Hebelwirkung eingesetzt und das Schwert des Gegners am leichtesten kontrolliert werden; dieses Prinzip wird in Glosse L1 auch als das ‚Händedrücken' bezeichnet.[232] Diese Fertigkeit, das geschickte Positionieren der eigenen Klinge im Vergleich zur gegnerischen durch Ausnutzen von Winkel und Hebelkraft, ist die Kunst des Windens. Sie zu beherrschen ist für einen Fechter

---

228 Nürnberg, GNM, HS 3227a, fol. 21v.

229 Beispielsweise ebd., fol. 40r: *Hie merke / das dy winden / sint dy rechte kunst / vnd gruntfeste alles fechten / des swertes / aus den alle ander gefechte vnd stöcke komen / vnd is mag mülich eyn guter fechter /syn / ane dy winden.*

230 Vgl. Ebd., fol. 19: *sint dorvm fvnden vnd irdocht / das eyn fechter / der da gleich czum orte czu hewt ader sticht / nicht wol allemal treffen mak.*

231 Ebd., fol. 37v: *Vnd wen du nü mit im alzo an dem swerte stehst / zo salt du gar eben merken vnd fülen syne geferte / ab sie sint weich aber herte [...] Ist das her ist / weich vnd swach / zo saltu rischlichen vnd künlichen volvaren vnd dar hurten [...] Ist iener aer denne herte vnd stark an deme swerte / vnd meynt dich vaste hin dringen vnd stossen / zo saltu denne weich vnd swach seyn.*

232 Ebd., fol. 36v: *Auch merke vnd wisse / das man mit der vördern sneiden des swertes / vom mittel der selben sneiden / bis czu deme gehilcze / alle hewe ader stiche abewendet [...] Wenne e neher czum gehilcze e sterker vnd e / mechtiger / Vnd e neher/czum orte / und e neher czum orte / e swecher und e krenkher.* Die eigentliche Technik des Händedrückens wird in HS 3227a nicht näher erläutert. Laut späterer Auslegungen handelt es sich dabei um das Wegdrücken der Arme des Gegners mit dem eigenen Schwert.

essenziell, sobald es zum fortgesetzten Klingenkontakt kommt, denn in dieser Situation kann es sehr schnell zu einem entscheidenden Treffer kommen, stehen die Opponenten doch beide in enger Mensur und damit in optimaler Reichweite.

Unter das Winden fallen auch die beiden in Glosse L1 nicht weiter ausgeführten Techniken des Duplierens und des Mutierens. Das Duplieren (‚Verdoppeln') stellt einen zweiten Angriff nach der Versatzung dar. Wurde ein erster Hieb vom Gegner pariert und bleibt dieser hart in der Bindung, so kann durch Verkreuzen der Arme ein weiterer Hieb gegen die gegenüberliegende obere Blöße des Gegners geschlagen werden.[233] Während beim Duplieren also hintereinander zwei Mal die oberen Blößen attackiert werden, wechselt das Ziel beim Mutieren (‚Verwandeln') hingegen von der oberen zur unteren Blöße: Ist der Gegner nach der Anbindung weich im Band, so kann das Schwert nach oben gewunden und durch einen Stich nach unten eine der niederen Blößen angegriffen werden.[234] Vor der Entscheidung, ob nach der Anbindung mutiert oder dupliert werden soll, steht also die Einschätzung, das ‚Fühlen', ob der Gegner hart oder weich gegen die eigene Klinge vorgehen wird.

Die hier und in den Versen und Glossen immer wieder hervorgehobene Wichtigkeit dieses Fühlens am Schwert wird angesichts der Fülle von Möglichkeiten, die dem Fechter beim Kontakt mit dem Gegner zur Verfügung stehen, immer deutlicher. Dennoch erweist sich das Liechtenauersystem hierbei an keiner Stelle als redundant – jede der beschriebenen Techniken erfüllt einen bestimmten Zweck und kommt unter klar gefassten Bedingungen zum Einsatz, sodass der Fechter in jeder möglichen Situation eine passende Aktion abrufen kann. Dies wird am Beispiel der Klingenbindung deutlich. Nach (und teilweise schon vor) dem Anbinden an die gegnerische Klinge, beispielsweise nach einem Zornhau, der pariert wurde, muss der Fechter zum einen die Positionen der eigenen und der gegnerischen Klinge abschätzen können, zum anderen muss er einen Eindruck davon haben, ob der Gegner hart oder weich in der Bindung ist. Je nach Ausgangslage kann er nun eine der weiterführenden Techniken anwenden. Das Zucken beispielsweise lässt sich nur sinnvoll anwenden, wenn die Bindung an der eigenen Schwäche zustande kommt – bei einer Bindung in der Stärke müsste die eigene Klinge zu weit zurückgezogen werden, ein schnelles Zurück und wieder Vor mit dem Ort wäre so kaum möglich. Gleichzeitig kann das Zucken nur funktionieren, wenn der Gegner hart in der Bindung ist und der eigenen Klinge Druck entgegensetzt. Diesem Druck wird beim Zucken stattgegeben, sodass die Klinge des Gegners zu Seite fährt, während der eigene Ort auf der anderen Seiten wieder nach vorne schießt.

---

233 Rom, BANLC, Cod. 44 A 8, fol. 16r: *Merck wenn er dir oben zuo haut von seiner rechten achsal So haw auch von deiner rechten mit ym gleich oben starck ein zuo dem kopff ver setzt er vnd beleibt starck am swert So var Indes auff mit den armen vnd stos mit der lincken hant dein swertz knopff vnder deinen rechten arm vnd slach yn mit der langen schneid pis aus gekreutzten armen hinder seiner swertz klingen auff den kopf.*

234 Ebd., fol. 16r: *Merck wenn dw ym von deiner rechten achsel oben starck ein haust zw dem kopff vor setzt er vnd ist waich am swert So wind auff dein lincke seitten die kurtz schneid an sein swert vnd var wol auff mit den armen vnd var ym mit deiner swertz klingen oben vber sein swert vnd stich ym zu der underen plöss.*

Ähnlich verhält es sich beim Abnehmen der Klinge – auch hier muss der Gegner einen gewissen Druck aufbauen, damit die Technik angewendet werden kann, jedoch ist hier im Gegensatz zum Zucken eine Anbindung an der Stärke wichtig. Eine Bindung in der Schwäche würde bedeuten, dass der gegnerische Ort zu tief liegt und damit eine Bedrohung für den Fechter darstellt, da der Gegner während des Abnehmens jederzeit einen Stich vollführen könnte. An diesem Beispiel wird deutlich, dass jede der Techniken sprichwörtlich auf eine bestimmte Ausgangslage maßgeschneidert ist, in der sie im Gegensatz zu anderen Techniken sinnvoll einsetzbar ist. Auf diese Weise werden alle möglichen Szenarien abgedeckt, die sich dem Fechter beim Kontakt mit dem Gegner eröffnen könnten, gleichgültig ob es sich dabei um die Positionen der Klingen handelt oder die Reaktion des Gegners, also ob dieser hart oder weich auf eine Bindung reagiert.

Zusammenfassend bleibt festzuhalten, dass die hier beschriebenen Techniken der Liechtenauer'schen Lehre dem Fechter ein sinnvolles Repertoire an Möglichkeiten bieten, auf die verschiedenen Situationen eines Kampfes zu reagieren. Mit den fünf Hieben lassen sich Angriffe in direkter Absicht ausführen, die auf mehrere Ausgangssituationen angewandt werden können und im besten Fall das Gefecht bereits mit einem Schlag entscheiden. Gelingt es dem Fechter nicht, mit einem der Hiebe direkt einen Treffer zu setzen, kann er entweder aus der Bindung heraus direkt weitere Stücke wie das Zucken, das Abnehmen oder das Durchwechseln anbringen oder sich durch das Winden in eine bessere Position für einen weiteren Angriff begeben. Möchte oder kann der Fechter nicht selbst die Initiative ergreifen, so bietet das Liechtenauer'sche System ebenfalls mehrere Möglichkeiten, auf die Aktionen des Gegners zu reagieren, wie den Krumphau oder das Absetzen, um im Indes oder im Nach dennoch einen Treffer zu landen oder zumindest einen Vorteil zu erlangen.

Vor allem stellt sich das Fechten mit dem langen Schwert als motorisch und taktisch äußerst anspruchsvoll dar: Nicht nur müssen die Bewegungen der Waffe und des eigenen Körpers miteinander koordiniert und korrekt ausgeführt werden, sondern dem Fechter wird darüber hinaus auch ein hohes Maß an psychologisch-taktischem Geschick abverlangt. Dies findet seinen Ausdruck im Prinzip des ‚Fühlens' bei Liechtenauer, bei dem der Fechter seinen Gegner ununterbrochen einschätzen und seine Bewegungen voraussehen muss, um entsprechend reagieren zu können. Das Bloßfechten stellte also mitnichten ein rohes Aufeinanderschlagen dar, sondern vielmehr eine Art ‚Schach mit Waffen', bei dem Geschicklichkeit und Intuition gewinnbringender waren als bloße Körperkraft.

2.1.8. Das Ringen

Obwohl das Ringen angesichts der Überlieferung einen wichtigen Stellenwert beim Fechten eingenommen zu haben scheint – nahezu allen auf uns gekommenen Texten zum Fechten aus dem Spätmittelalter sind auch Abhandlungen zum Ringen beigefügt, zudem erklärt der Autor von Nürnberg, GNM, HS 3227a, alle Sitte und auch das Fechten komme ursprünglich aus dem Ringen[235] –, ist zu den Ringtechniken im 14. Jahrhundert nur wenig Material vorhanden. In HS 3227a findet sich zwar ein Textabschnitt zu diesem Themenkomplex, der mit lediglich knapp vier Blatt an Text im Gegensatz zu späteren Überlieferungen, beispielsweise der Ringkunst Meister Otts, auffallend kurz erscheint. Jedoch wird das Ringen an sich in der vorausgehenden Fechtlehre, zumindest in der Glossierung, nicht weiter thematisiert. In mehreren Versen Liechtenauers wird auf das Ringen verwiesen, jedoch ohne konkret auf dessen Techniken einzugehen. An diesen Stellen ist nur erkennbar, durch welche Techniken des Fechtens im Verlauf des Kampfes zum Ringkampf übergegangen werden kann.[236] Lediglich auf Blatt 62r finden sich drei paargereimte Verse, die zu Liechtenauers Ringlehre gehören, danach bricht der Text jedoch ab und es folgen drei Leerseiten, auf denen vermutlich später die Ringlehre nachgetragen werden sollte.

Am Ende des Teils der Handschrift, der sich mit dem Fechten beschäftigt, findet sich ein weiteres Textstück zum Ringen, jedoch scheint dies eine Bearbeitung des Verfassers zu sein, die sich nur mittelbar auf die Lehre Liechtenauers stützt. Zwar scheint der Verfasser die Lehre Liechtenauers als Grundlage zu nutzen, er weist aber darauf hin, dass die ursprünglich auf den Meister zurückgehende Lehre auf dessen *zedel* verworren und nur schwer zu durchschauen sei, aus oben genannten Gründen der Geheimhaltung.[237] Anders als bei der Fechtlehre Liechtenauers, bei deren Beschreibung der Verfasser der Handschrift stets respektvoll hinter den Meister zurücktritt und immer wieder auf dessen Urheberschaft hinweist, erwähnt er sich hier selbst und macht die Ringlehre faktisch zu seiner eigenen.[238]

Das Ringen selbst dient im Kontext des Bloßfechtens als Lösung für Situationen, in denen die Fechter sich in sehr enger Mensur gegenüberstehen, und kann als Erweiterung des bewaffneten Kampfes gesehen werden. Sobald einer der Fechter eine taktisch günstige Position erreicht hat, kann er (meist durch Fallenlassen des eigenen Schwertes), in eine Ringkampftechnik überwechseln und den Gegner so kampfunfähig machen – die bessere Beherrschung der Ringlehre vorausgesetzt. Dies geschieht etwa durch eine hohe Anbindung mit dem Schwert: Die Fechter stehen sich dabei sehr nahe und mit über den Kopf erhobenen Armen gegenüber, so dass die untere Körperhälfte einen guten Ansatzpunkt für einen Ringgriff bietet.[239] Gleichfalls kann in einer tieferen Bindung

---

235 Nürnberg, GNM, HS 3227a, fol. 86r: *Vnd wisse das alle höbischeit kompt von deme ringen vnd alle fechten komen ursachlich vnd gruntlich vom ringen.*

236 Vgl. beispielsweise das Durchlaufen (ebd., fol. 35v), das als Vorbereitung zum Ringen benutzt wird.

237 Ebd., fol. 87r: *Merke Ringen in czulawfen mancher wezen vnd geverte / meister lichtnawers / vnd das ist gar swer vnd unbedewtlich / wen das ist sein zete gewest / dorvm das ist nicht yderman vorneme / der is wörde lezen.*

238 So ebd.: *höer was ich lere* und fol. 87v: *Och me was aus dem ersten gen arm das meyn ich hernoch sagen.* Im Gegensatz zur Fechtlehre, in der der Autor die Stücke stets Liechtenauer zuschreibt (vgl. *Dorvm spricht lichtnawer*), tritt er hier selbst als Lehrmeister zutage.

239 Etwa Rom, BANLC, Cod. 44 A 8, fol. 32v: *Merck / wenn er dir ein laufft / vnd vert hoch auff mit den armen / vnd wil dich oben mit sterck vber dringen / So var auch auff mit den armen | vnd halt dein swert*

auch der Arm des Gegners ergriffen werden, etwa um ihm die Waffe zu nehmen oder ihn durch einen Wurf oder Haltegriff kampfunfähig zu machen. Das Fechten stellt damit die taktische Vorbereitung für das Ringen dar, bei welchem schließlich nur noch technische Fertigkeiten vonnöten sind.[240]

Da die technische Seite des Ringkampfes bereits ausführlich von Rainer Welle untersucht wurde und eine erschöpfende Untersuchung der Thematik aufgrund der Materialfülle im Rahmen einer eigenständigen Arbeit erfolgen müsste, werden die Ringtechniken im weiteren Verlauf der Arbeit nur einbezogen, sofern sie für die Analyse der Fechttechniken erforderlich sind.[241]

2.2. Rückblick: Liechtenauer und das ,Towerfechtbuch'

Wie der Verfasser von Nürnberg, GNM, HS 3227a in seiner Vorrede erwähnt, sei Liechtenauer weit umhergereist, um die Kunst des Fechtens zu erlernen. Welche Einflüsse er dabei mitbekommen hat, auf welche andere Kampfkünste er auf seinem Weg gestoßen ist und wie er sie in seine Lehre integrierte, dies alles lässt sich nicht mehr abschließend klären – durch Rekonstruktionsversuche können höchstens Ähnlichkeiten oder Unterschiede zwischen der Liechtenauer-Lehre und anderen Kampfkünsten aufgezeigt werden, diese bleiben jedoch bestenfalls Vermutungen. Eine sichere Aussage lässt sich, ohne die Lebensdaten Liechtenauers zu kennen, ohne ein Itinerar seiner ,Wanderjahre' zu besitzen, nicht tätigen. Weiterhin fehlen auch die zeitgenössischen Zeugnisse anderer Meister, von denen er gelernt haben könnte. Lediglich ein einziges Fechtbuch ist auf uns gekommen, das vor Nürnberg, GNM, HS 3227a zu datieren ist.

Das Manuskript I.33 der Royal Armouries in Leeds, das aufgrund seines früheren Aufbewahrungsortes im Tower of London auch unter dem Namen ,Towerfechtbuch' bekannt ist, wird für gewöhnlich auf die Zeit um 1300 datiert[242] und dürfte damit mindestens 50 Jahre vor der Anfertigung von HS 3227a entstanden sein – vielleicht also noch vor der Geburt Liechtenauers, sicherlich aber, bevor er seine Reisen zum Erlernen des Fechthandwerks unternommen hatte. Damit bietet sich uns zumindest ein Schriftzeugnis, das sich daraufhin untersuchen lässt, woher mögliche Einflüsse der Liechtenau'rschen Lehre gekommen sein könnten. Die Tatsache, dass die Handschrift wie die überwiegende Mehrzahl der späteren Fechtbücher im süddeutschen Raum entstanden ist,[243] das Schwert-und-Buckler-Fechten dort also höchstwahrscheinlich praktiziert und gelehrt wurde, spricht dafür, dass Liechtenauer (und andere Fechtmeister) mit

---

mit der lincken hant pey dem knopff über deinem haubt / vnd lass die klingen vber deinen ruck hinden nider hangen / vnd lauff mit dem haubt durch die armen gegen seiner rechten seitten […].

240 Vgl. WELLE, der Ringkampf, S. 338.

241 Nach WELLE, der Ringkampf liegt inzwischen mit WELLE, Baumanns Fecht- und Ringkampf-handschrift noch eine weitere Arbeit zur mittelalterlichen Ringkunst vor. Vgl. neuerdings auch WELLE, Ringkampf.

242 Vgl. LENG, Fecht- und Ringbücher, S. 124 sowie ANGLO, The Martial Arts, S. 22 und die zugehörige Anmerkung 64 auf Seite 322.

243 LENG, Fecht- und Ringbücher, S. 124 f.

der in MS I.33 beschriebenen Fechtkunst – oder einer Variante davon – zumindest in Berührung gekommen sein könnte, wenn er sie nicht sogar eingehend studiert hat.

Die Handschrift beschäftigt sich ausschließlich mit dem Kampf mit Einhandschwert und Buckler, die vorgestellten Stücke sind durch Zeichnungen illustriert, die wie die späteren Fechtbücher lediglich die Momentaufnahme eines Kämpferpaares darstellen, versehen mit einer lateinischen Anleitung, in die immer wieder deutsche Fachtermini eingestreut sind (Farb-Abb. 9).[244] Obwohl der Kampf mit dem Einhandschwert andere Fertigkeiten verlangt als der Umgang mit dem langen Schwert – insbesondere im Hinblick auf den Buckler, einen kleinen Faustschild, der in erster Linie zum Schutz der Schwerthand benutzt wurde, aber auch zum Blockieren der gegnerischen Klinge und für Schläge eingesetzt werden kann – finden sich doch schnell Ähnlichkeiten zwischen den Kampfesweisen, die in den beiden Handschriften MS I.33 und HS 3227a beschrieben werden.

Didaktisch unterscheiden sich beide Fechtbücher in der Präsentation der Techniken. Während Glosse L1 mit einer recht ausführlichen Vorrede auf die Anforderungen und Prinzipien des Fechtens eingeht und später einzelne Techniken näher beschreibt, stellt der Verfasser von MS I.33 lediglich die Huten seiner Fechtlehre vor und geht dann dazu über, einzelne Stücke, hier „Spiele" genannt, zu beschreiben, die sich damit beschäftigen, eben jene Huten zu kontern.

Schon die Beschreibung der sieben Huten lässt Parallelen zur später in HS 3227a überlieferten Kunst Liechtenauers erkennen. Dies sollte aber nicht überinterpretiert werden, denn in erster Linie handelt es sich bei den Huten, wie auch der Verfasser von MS I.33 bemerkt, um Stellungen, die selbst ein ungeübter Schwertkämpfer zunächst instinktiv einnehmen würde.[245] Die sieben Huten sind jeweils durch eine Zeichnung illustriert, jedoch nicht näher beschrieben, abgesehen von einer Zuordnung zu jeweils einem Körperteil: unter dem Arm, auf den beiden Schultern, dem Kopf, der rechten Seite, der Brust und schließlich ohne Zuordnung der Langort.[246] Vergleicht man diese Huten mit denen der Fechtkunst mit dem langen Schwert, so lassen sich folgende Parallelen erkennen:

Die erste Hut, unter dem (linken) Arm, entspricht von Haltung und Funktion in etwa dem seitlichen Alber in HS 3227a beziehungsweise der linken Nebenhut, wie sie in späteren Fechttraktaten zu finden ist.[247]

---

244 Zur Handschrift und zum Bucklerfechten allgemein vgl. auch Cinato, Development.

245 Im Folgenden wird für die Transkription der Handschrift die kritische Edition von Cinato und Surprenant herangezogen, die eine aufbereitete Abschrift bietet und überdies die an vielen Stellen durch Materialverfall entstandenen Lückenstellen des Textes rekonstruiert: Cinato, Le livre.
Leeds, Royal Armouries, MS I.33, fol. 1r: *Notandum quod generaliter omnes dimicatores, sive omnes homines habentes gladium in manibus, etiam ignorantes artem dimicatoriam utuntur hiis septem custodiis.*

246 Ebd.: *Septem* [unleserlich, vermutlich: custodie] *sunt, sub brach'incipiende Humero dextrali datur altera, terna sinistro. Capiti da quartam, da dextro lateri quintam. Pectori da sextam. Postrema sit tibi* [unleserlich, vermutlich: langort].

247 Vgl. Farb-Abb. 9, rechter Fechter der oberen Zeichnung.

Die zweite und dritte Hut, auf der rechten beziehungsweise linken Schulter, ähnelt stark der erst im 16. Jahrhundert eingeführten Zornhut, die in HS 3227a noch nicht zu finden ist, jedoch handelt es sich bei der Zornhut im Grunde um eine Variation der (seitlichen) Hut vom Tag, bei der das Schwert nicht über die Schulter gehalten, sondern auf dieser abgelegt wird.[248] Es ist durchaus vorstellbar, dass auch Liechtenauer diese Hut bereits kannte und zum Beispiel für den namensgebenden Zornhau benutzte, da sich aus dieser Lage mehr Wucht in den Schlag legen lässt.

Die vierte Hut, dem Kopf zugeordnet, entspricht der klassischen Hut vom Tag, bei der das Schwert über den Kopf gehalten wird.

Die fünfte Hut, auf der rechten Seite, stellt das Gegenstück zur ersten auf der gegenüberliegenden Seite dar, sie ähnelt damit der rechten Nebenhut.

Die sechste Hut, der Brust zugeordnet, findet keine direkte Entsprechung, erinnert aber durch die Ausrichtung des Orts zum Gegner stark an den Ochs.

Die siebte Hut schließlich, der Langort, taucht unter eben jenem Namen auch bei späteren Fechtmeistern auf.[249] Die Bezeichnung ,langer Ort' findet sich auch in HS 3227a, jedoch steht sie hier für die Hut vom Tag, da diese „mit gestreckten Armen" ausgeführt wird.[250] Entsprechend der späteren Verwendung des Begriffs lässt sich feststellen, dass der Langort prinzipiell auf ein Führen des Schwertes mit ausgestreckten Armen verweist, bei dem der Ort ,lang' nach vorne zum Gegner gestreckt wird.[251]

Weiterhin entspricht die Technik des ,Halbschilds', die auf Blatt 2r zu sehen ist, in etwa der des Pfluges, während die Schutzhaltung der sogenannten Krucke auf Blatt 4r stark der späteren Schranckhut ähnelt, die in HS 3227a bereits erwähnt, jedoch nicht näher beschrieben wird, außer dass sie nach dem Absetzen eingenommen wird und der Ort dabei zu Boden zeigt.[252] Die Nomenklatur und die spätere Verwendung lassen jedoch die Ähnlichkeit zu der in I.33 dargestellten Hut erkennen, die mit verschränkten Armen eingenommen wird, der Ort ebenfalls zu Boden gerichtet.

Darüber hinaus liefert das I.33 möglicherweise auch eine Referenz zur Hut des Albers aus der Liechtenauer'schen Lehre, denn an einer Stelle des Manuskripts findet sich der Begriff *albersleiben*, der zwar nicht weiter ausgeführt wird, etymologisch aber mit der späteren Bezeichnung der Hut Alber verwandt sein könnte. Der Verfasser weist darauf hin, dass aus der ersten Hut (unter dem Arm) keine Hiebe geführt werden sollen – etwas, „das sich aus dem *albersleiben* empfiehlt" –, da aus dieser Hut nicht der obere Teil des Gegners erreicht werden kann

---

248 Vgl. die Beschreibung der Zornhut im Kapitel zu Joachim Meyer, S. 220.

249 Etwa Talhoffers „langer Zornort" (Codex Icon. 394a, fol. 3v) und Meyer, Gründtliche Beschreibung des Fechtens, fol. 1.41r.

250 Nürnberg, GNM, HS 3227a, fol 32r: *Dy vierde hute / vom tage / ist der lange ort / wer den wol furet mit gestragtem armen.*

251 Vgl. Farb-Abb. 9, linker Fechter der oberen Zeichnung.

252 Nürnberg, GNM, HS 3227a, fol 32r: *Dy erste hute / pflug is dy / wen eyner den ort vor sich of dy erde leczt ader czu der seiten / noch dem abesetzen / das heyssen anders / dy schranckhute / ader dy pforte.*

und ein Angriff auf die unteren Trefferzonen den eigenen Kopf gefährde.[253] Diese Lesart würde zum Alber als einer tiefen Hut passen

Aber nicht nur die Huten, auch die in den Stücken des I.33 dargestellten und beschriebenen Techniken weisen Ähnlichkeiten zu dem Kampf mit dem langen Schwert Liechtenauers auf. So findet sich hier beispielsweise das *durchtreten*,[254] das nicht nur dem Namen nach an das Durchlaufen beim langen Schwert erinnert. Hierbei wird der Gegner ebenfalls in einer Situation, in der die beiden Schwerter relativ weit oben anbinden, unterlaufen, um sehr nahe an ihn heran zu kommen, möglicherweise um danach in das Ringen beziehungsweise einen Griff oder Wurf überzugehen.

Das Anbinden an das Schwert des Gegners stellt auch in MS I.33 eine wichtige Taktik dar, ebenso wie es beim langen Schwert der Fall ist. Viele der in MS I.33 gezeigten Stücke setzen voraus, dass es zu einem Klingenkontakt kommt, aus dem dann gewunden werden kann, auch wenn das Winden hier begrifflich nur impliziert, der Ausdruck selbst aber nicht genannt wird. Dennoch ist bei Betrachtung der Stücke offensichtlich, wie die Klingendynamik auszusehen hat: Das neunte Stück beispielsweise erläutert, wie die zweite Hut (von der rechten Schulter) gebrochen werden kann. Hierzu wird zunächst der Schlag des Gegners weit oben versetzt, daraufhin wird das Schwert hinunter gewunden (*religando atque subpremendo*), worauf dann weitere Aktionen folgen können.[255] In der Tat legt der Verfasser der Handschrift Wert darauf, dass die Schwerter stets angebunden werden sollten, gänzlich freie Schläge finden sich kaum.[256] Es kommt daher wie schon beim langen Schwert vor allem auf die Erlangung der Initiative an und darauf, den Gegner stets nur reagieren anstatt agieren zu lassen, sodass dieser zu keinen eigenen Aktionen kommt und sich nicht überlegen kann, was er tun will.[257] Entsprechend weist der Verfasser darauf hin, stets dem Gegner (in der Bindung) nachzufolgen, sodass dieser sich nicht vom Gefecht abziehen

---

253 Leeds, Royal Armouries, MS I.33, fol. 2r: *sub brachio non ducat aliquam plagam quod probat de albersleiben, per raciones quia partem superiorem attingere non potest si inferiorem capiti erit perniciosum.* Eine andere Lesart für diesen Begriff, auf die auch Cinato und Surprenant hinweisen (CINATO, Le Livre, S. 16) und bei der das b durch ein k ersetzt wird, lautet alkersleiben. In diesem Falle handelt es sich bei *de alkersleben* („der von Alkersleben") womöglich um einen Hinweis auf einen nicht mehr nachweisbaren Fechtmeister aus dem Thüringischen Dorf Alkersleben, das schon um die Mitte des 13. Jahrhunderts als Alkersleibin urkundliche Erwähnung findet.

254 Leeds, Royal Armouries, MS I.33, fol. 9r.

255 Ebd., fol. 9r (unteres Bild) und 9v. Vergleiche die Wortwahl *subpremendo* (eigentlich: Hinunterdrücken) mit dem Händedrücken in Nürnberg, GNM, HS 3227a. Dieses ‚Wechseln des Schwertes' (*mutare*) findet sich auch an anderen Stellen beispielsweise fol. 3v: *Notandum quod sacerdos mutat gladium hic, quia fuit inferior, nunc vero erit superior.* Das Schwert des Priesters ist erst unten, dann wird es nach oben geführt, ein Beispiel für das klassische Winden von unten nach oben. Farb-Abb. 9 zeigt auf der unteren Zeichnung eine solche Situation des tiefen Anbindens.

256 Vgl. Leeds, Royal Armouries, MS I.33, fol. 5v: *Hic obmisit scolaris quod non ligavit, prossus sacerdos intravit et non inmerito.* Der Schüler unterlässt das Anbinden, woraufhin der Priester „verdient" durchtritt und den Schüler besiegt. Vgl. ebenfalls fol. 4r: *sed statim debet reformare ligaturam propter cautionem.* Sofort soll die Bindung wiederhergestellt werden, wenn sie einmal verloren wurde.

257 So wörtlich ebd., fol. 4r: *tunc non potest adversarius deliberare.*

und neu sammeln kann.[258] Die Prinzipien des *vor, nach* und *indes* werden hier zwar nicht explizit genannt, sie liegen den gezeigten Techniken jedoch genauso zugrunde wie denen des langen Schwertes Liechtenauers. Auch Techniken wie das Durchwechseln finden in verschiedenen Formen Anwendung in MS I.33,[259] selbst das Ringen wird an mehreren Stellen erwähnt, wenn auch nicht weiter ausgeführt.[260]

Es wird also schon durch diesen kurzen Vergleich offenbar, dass das Fechten mit Schwert und Buckler, wie es in MS I.33 beschrieben ist, offensichtliche Ähnlichkeiten mit dem Kampf mit dem langen Schwert Liechtenauers aufweist. Huten und Techniken erinnern stark an die später in MS 3227a beschriebenen, und die Dynamik des Kampfes und der Klingenführung lässt sich ebenso auf das lange Schwert übertragen. Die Feststellung des Verfassers von HS 3227a, Liechtenauer habe die Kunst des Schwertkampfes nicht selbst erdacht, sondern sie auf seinen Reisen erlernt und zu seiner eigenen Lehre gemacht,[261] erscheint durch diese Beobachtung glaubwürdig. Natürlich bedeutet dies nicht, Liechtenauer habe den Verfasser des MS I.33 gekannt oder das Werk selbst gelesen, auch wenn dies möglich wäre. Aber der Handschrift liegen Techniken und Bezeichnungen zugrunde, die zur Zeit ihrer Erstellung sicherlich so oder in ähnlicher Form in weiterem Umlauf waren[262] und mit denen Liechtenauer auf seinen Reisen in Berührung gekommen sein muss, wenn er sie nicht sogar in seiner eigenen Ausbildung vermittelt bekommen haben sollte.[263]

---

258 Vgl. ebd., fol. 4v: *sequens eum* und fol. 7r: *ligatus fugit ad partes laterum, peto sequi.*

259 Beispielsweise fol. 2v, obere Abbildung: *Sacerdos autem tria habet facere videlicet mutuare gladium ut fiat superior.* Nach der Bindung bleibt dem Priester als eines von drei Dingen die Möglichkeit, das Schwert zu „wechseln", um von unten nach oben zu gelangen, ein Durchwechseln im Liechtenauer'schen Sinne.

260 Beispielsweise ebd., fol. 18v, beide Abbildungen.

261 Nürnberg, GNM, HS 3227a, fol. 13v.

262 Zeitgenössische Abbildungen belegen, dass es sich bei den Techniken in Leeds, Royal Armouries, MS I.33 nicht um ein außerhalb der reellen Kampflehre stehendes Werk handelt. Vgl. beispielsweise die Miniatur vor dem Œuvre Johanns von Ringgenberg im ‚Codex Manesse' (Cod. Pal. germ. 848, fol. 190v), die in bemerkenswerter Detailgenauigkeit den in MS I.33 immer wieder dargestellten Schildschlag (vgl. MS I.33, fol. 2v) zeigt. Ebenso die Miniatur zum Sänger von Scharpfenberg (Cod. Pal. germ. 848, fol. 204r), die einen Kämpfer in der zweiten Hut (links) gegenüber einem Kämpfer in der vierten Hut (rechts) zeigt. Da der ‚Codex Manesse' etwa zur selben Zeit wie die Handschrift I.33 entstanden sein wird, dient er als Indiz für die Verbreitung des Bucklerfechtens zu Beginn des 14. Jahrhunderts, wie es in MS I.33 gelehrt wird.

263 Vgl. dazu auch weiterhin die Ähnlichkeiten zwischen dem Fechten mit Schwert und Buckler in Leeds, Royal Armouries, MS I.33 und Dresden, SLUB, Mscr.Dresd.C.487, auf die auch Tobler hinweist: Tobler, Secrets, S. 186–199, besonders S. 187. Die Fechtweise in MS I.33 scheint auch unter den Fechtmeistern des 15. Jahrhunderts bekannt und zumindest teilweise weiterverfolgt worden zu sein im Hinblick auf die Technik, die Schwerthand mit dem Buckler zu schützen. Aber nicht alle Fechtmeister stehen in dieser Tradition, wie die Abbildungen bei Talhoffer zeigen, der den Buckler, anders als in MS I.33 und Mscr.Dresd.C.487, losgelöst von der Schwerthand verwendet. Vgl. beispielsweise die Abbildung Kopenhagen, Det Kongelige Bibliotek, MS Thott 290.2º, fol. 123r, die auf explizite Weise – eine abgetrennte Schwerthand – demonstriert, welche Folgen sich aus dieser Führungsweise ergeben.

Nach dieser Skizzierung der Liechtenauer'schen Lehre und dem kurzen Rückblick auf das Schwert-und-Buckler-Fechten bleibt die Frage, wieso gerade das
System Liechtenauers einen solch beispiellosen Stellenwert in der Geschichte der
Fechtkunst einnehmen konnte. Das Fehlen anderer Fechtlehren aus dem
14. Jahrhundert ist sicherlich mit durch die Überlieferungssituation bedingt – es
mag Zufall sein, dass die einzige aus dieser Zeit auf uns gekommene Handschrift
sich mit der Liechtenauer'schen Lehre beschäftigt.[264] Unbestreitbar ist jedoch,
dass nur das System Liechtenauers einen solch bleibenden Einfluss auf die
Fechtmeister späterer Zeiten ausgeübt hat, dass sein Name über Jahrhunderte
hinweg ehrerbietig weitergetragen wurde und selbst heute noch untrennbar mit
dem Langschwertfechten verknüpft ist. Wie also kam es dazu, was war das
Besondere an diesem neuen System, das seinen Erfinder in die Geschichte der
Fechtkunst eingehen ließ?

Um diese Frage umfassend zu beantworten, muss zunächst ein Bild der
Fechtkunst gezeichnet werden, wie sie zu der Zeit, als Liechtenauer sein neues
System entwickelte, Bestand hatte. Aufgrund der Quellenarmut im 14. Jahrhundert und der Tatsache, dass sich in HS 3227a nur wenige Bemerkungen zu
Techniken außerhalb der Liechtenauerlehre finden, kann eine solche Untersuchung an dieser Stelle noch nicht umfassend geschehen. Im nachfolgenden Kapitel werden zu diesem Zweck Fechttraktate aus dem 15. Jahrhundert ausge-
wertet, die es erlauben, Rückschlüsse auf eine ‚allgemeine' Fechtlehre neben der
Liechtenauer'schen zu ziehen. Im Anschluss daran wird die hier gestellte Frage
nach der Beziehung von Liechtenauers Lehre zu dieser ‚allgemeinen' Lehre
wieder aufgegriffen und mit Hilfe der gewonnenen Erkenntnisse beantwortet.

2.3. Fechtlehren außerhalb der Tradition Liechtenauers

2.3.1. Textgrundlagen

Erstaunlicherweise finden sich unter der Fülle auf uns gekommener Fechtbücher
aus dem Spätmittelalter lediglich einige wenige Werke, die sich dem Bloßfechten
mit dem langen Schwert außerhalb der Tradition Liechtenauers widmen. Die
Handschrift 3227a des Germanischen Nationalmuseums Nürnberg stellt in
diesem Kontext nicht nur aufgrund der Tatsache eine Ausnahme dar, dass sie die
ältesten erhaltenen Texte zum langen Schwert enthält. Auch findet sich dort ein
Abschnitt, den der Verfasser als *der ander meister gefechte* betitelte und der uns
einen seltenen Einblick in die offensichtlich neben dem Liechtenauer-System
existierenden Fechtlehren gewährt.

---

264 Auch wenn es dem „Überlieferungs-Zufall" (vgl. Esch, Zeitalter, S. 39–69) geschuldet sein mag,
dass keine sonstigen Fechttraktate aus dem 14. Jahrhundert auf uns gekommen sind, so ist die
Gewichtung der Liechtenauer-Lehre bei den Überlieferungszeugen sicherlich nicht nur zufällig,
sondern zumindest teilweise Liechtenauers Vorgehen bei der Sicherung seines Vermächtnisses
geschuldet. Vgl. dazu die Ausführungen in Kapitel II.2.4.

Dem unvollständigen Charakter von Handschrift 3227a ist es geschuldet, dass nur zu einem geringen Teil Aussagen über die dort enthaltenen Techniken anderer Meister getroffen werden können. So enthält der kurze Abschnitt lediglich zwei Lehrgedichte sowie einige knappe Prosaerläuterungen. Dennoch findet sich auf den wenigen Seiten ein Fachvokabular, das keine Entsprechung in der Liechtenauer-Lehre hat. Die Betitelung des Abschnitts durch den Verfasser, der dort im Plural von den „anderen Meistern" spricht, weist schon darauf hin, dass es sich hierbei um Techniken handelt, die einem gewissen erweiterten Personenkreis eigen gewesen sein müssen. Und in der Tat finden sich in der Fechtbuchüberlieferung der nächsten Jahrhunderte so auch einige wenige Traktate, die das Fachvokabular der ‚anderen Meister' aus Handschrift 3227a zumindest teilweise wieder aufgreifen, offensichtlich aber nicht in direkter Verbindung zu dieser Abhandlung stehen.

Es handelt sich dabei zum einen um eine Fechtlehre der in der Bayerischen Staatsbibliothek München aufbewahrten Handschrift Cgm 558 aus der Feder Hugo Wittenwilers, welcher sich als Schreiber des Textes zu erkennen gibt – seine Autorschaft ist hingegen nicht gesichert. Weiterhin gehört auch das anonyme, beim Einsturz des Kölner Archives im Jahre 2009 verschollene Fechtbuch mit der Signatur MS Best. 7020 (W.Nr. 150) zu dieser Gruppe. Ebenso schließlich das Fechttraktat in Handschrift Q.566 der Herzogin Anna Amalia Bibliothek Weimar, das sich in einem Codex mit Liedern des Meistersingers Hans Folz findet.

Wie schon beim Codex 3227a zeichnen sich diese drei Traktate durch ihre Abgrenzung von der Liechtenauer-Lehre aus – darüber hinaus heben sie sich aber auch durch ihre Provenienz von dem Großteil der restlichen erhaltenen Fechtbücher ab. Während nahezu alle erhaltenen Fechtbücher aus dem oberdeutschen, genauer dem nordbairischen und südwestdeutschen Sprachraum stammen,[265] weist der Dialekt des in Cgm 558 erhaltenen Fechttextes auf einen südlicheren, schweizerdeutschen Ursprung hin; eine Entstehung im geografischen Umfeld des Toggenburgs in der Schweiz liegt in Anbetracht der ebenfalls im Codex enthaltenen ‚Kleinen Toggenburger Chronik' nahe. MS Best. 7020 (W.Nr. 150) hingegen stammt aus dem ripuarischen Sprachgebiet[266] und dürfte folglich in der Nähe seines letzten Aufenthaltsortes, Köln, entstanden sein, der auch für die allgemeine Bezeichnung der Handschrift als ‚Kölner Fechtbuch' verantwortlich ist. Es ist damit eines von lediglich zwei hier untersuchten Fechtbüchern, die nicht aus dem oberdeutschen Sprachgebiet stammen.[267] Von den drei hier besprochenen Handschriften fällt lediglich Q.566 in eine geogra-

---

265 Vgl. Leng, Fecht- und Ringbücher, S. 4.

266 Zur sprachlichen Verortung vgl. Bauer, Langes Schwert, S. 27–29. Weiterhin und generell zur (Fach-)Sprache der Handschrift Bauer, Von Einhorn.

267 Bei dem anderen handelt es sich um Wolfenbüttel, Herzog August Bibliothek, Cod. Guelf. 78.2 Aug. 2°, eine Handschrift des Gladiatoria-Verbundes, entstanden in Norddeutschland. Vgl. Leng, Fecht- und Ringbücher, S. 32–34.

fische Nähe zu der Vielzahl der anderen überlieferten Fechttraktate – sie dürfte von Hans Folz in Nürnberg angefertigt worden sein.[268] Obschon das ‚Kölner Fechtbuch' vermutlich erst im ersten Drittel des 16. Jahrhunderts entstanden ist,[269] stellt es doch ein wichtiges Indiz bei der Suche nach einer Fechtlehre außerhalb derjenigen Liechtenauers dar, zumal sich dort, wie noch zu zeigen sein wird, nicht wenige Gemeinsamkeiten zu den in Cgm 558 und Q.566 enthaltenen Lehren finden lassen. Auch die Fechtlehren in Cgm 558 und Q.566 sind vergleichsweise spät verfasst worden. Der in Cgm 558 enthaltene Text aus der Hand Hugo Wittenwilers ist zwar mit einer Datierung versehen, jedoch ist das Datum nicht mit letztendlicher Sicherheit entzifferbar – eine mögliche Auflösung wäre das Jahr 1493.[270] Paläografische Merkmale weisen auch unabhängig von dieser Datierung auf eine Entstehungszeit um das letzte Drittel des 15. Jahrhunderts hin. Die Folz'sche Handschrift hingegen dürfte um das Jahr 1480 entstanden sein.[271] Abseits der Tradition Liechtenauers stehen uns folglich neben dem Codex 3227a lediglich drei Handschriften vom Ende des 15. beziehungsweise Anfang des 16. Jahrhunderts zur Verfügung, um Rückschlüsse auf das Bloßfechten zu Fuß mit dem langen Schwert zu ziehen, das neben der Liechtenauerlehre im ausgehenden 14. Jahrhundert existiert haben muss. Die Tatsache, dass aber schon das frühe Fechtbuch in HS 3227a Anknüpfungspunkte an diese hypothetische Fechtlehre aufweist, lässt Folgerungen über die neben Liechtenauers Kunst existierende Fechttradition zu. Im Nachfolgenden wird diese Tradition anhand der in oben genannten drei Handschriften beschriebenen Techniken und unter Zuhilfenahme der ‚Gefechte anderer Meister' in HS 3227a näher untersucht.

2.3.2. Vorreden und Systematiken

Da der Verfasser von Nürnberg, GNM, HS 3227a bereits zur Einleitung der Liechtenauer-Lehre eine ausführliche Vorrede über die Grundlagen des Fechtens lieferte, findet sich bei den ‚Gefechten anderer Meister' keine weitere Einführung dieser Art seinerseits. Interessant ist aber das Gedicht, das als Einleitung dieses Abschnittes dient. In ihm konzentriert sich, in Form der bekannten kurzen, paargereimten Verse, eine aus drei Ratschlägen bestehende Ermahnung an den Fechter: Zum Ersten soll er im Kampf leichten Mutes sein, schlau und ohne

---

268 Auch wenn es sich bei der Handschrift um eine Sammlung der eigenen Lieder von Hans Folz handelt, gibt es keine Hinweise darauf, dass die enthaltene Fechtlehre ebenfalls auf diesen zurückgeht. In Anbetracht des Schriftbildes und der Orthografie scheint es sich eher um eine „in aller Eile angefertigte Abschrift" (HILS, Liechtenauers Kunst, S. 115) zu handeln. Der Schluss liegt nahe, dass es sich lediglich um einen für Folz interessanten Text handelte, den dieser in kompilatorischer Absicht in seine Handschrift mit aufnahm, was zusätzlich durch den Anhang einer stark verstümmelten Fassung des Liechtenauer-Zettels am Ende des Traktats gestützt wird. Eine Autorschaft von Folz ist daher eher unwahrscheinlich, auch im Hinblick auf die Einzigartigkeit des Textes innerhalb seiner Überlieferung.
269 Für eine paläografische Untersuchung zur Entstehungszeit vgl. BAUER, Langes Schwert, S. 18–20.
270 SCHNEIDER, Die deutschen Handschriften, S. 135.
271 Datumsangabe mit dem Jahr 1479 auf fol. 57r. Vgl. auch HILS, Liechtenauers Kunst, S. 115.

Zorn.[272] Zum Zweiten soll er nicht unbesonnen sein – hier bezogen darauf, keinen Kampf zu suchen, der nicht zu gewinnen ist, etwa mit einer Überzahl an Gegnern.[273] Zum Dritten soll er den Kampf ausschließlich aus gerechten Gründen suchen.[274] Diese in ihrer Essenz recht knappen Anweisungen werden unverhältnismäßig lang ausgeführt und ziehen sich über drei Blätter des Codex hin. Die Verse erfüllen aufgrund ihrer Reime zwar theoretisch eine mnemotechnische Funktion. Die Länge des Gedichts und die oft redundanten Passagen, die keine neuen Informationen liefern, deuten aber eher nicht darauf hin, dass es sich hierbei um ein Lehrgedicht für den mündlichen Gebrauch handelt. Über diese knappen philosophischen Grundsätze hinaus liefern die ‚Gefechte anderer Meister' keine weiteren allgemeinen Anweisungen, auch nicht praktischer Natur. Die Begründung hierfür mag wieder darin liegen, dass der Verfasser der Handschrift bereits alle grundlegenden Informationen in der Einleitung des Liechtenauer-Textes verarbeiten konnte.

Auch die Traktate in München, BSB Cgm 558 und dem ‚Kölner Fechtbuch' beschränken ihre Vorrede auf einige wenige Sätze; Weimar, HAAB, Q.566 liefert dagegen keinerlei Einleitung. In der Tat bilden die knappen Anweisungen der ersten beiden Handschriften mit ihren fachlichen Gemeinplätzen lediglich einen obligatorischen, formelhaften Einstieg in die Fechtlehre, bevor die Texte sich dann den tatsächlichen Techniken zuwenden. So betonen beide Texte die Wichtigkeit einer korrekten Körperhaltung und Ausführung der Techniken, wobei sich das ‚Kölner Fechtbuch' hier auf die lapidare Bemerkung *mach gudt bossenn*[275] beschränkt, die der Wittenwiler-Text etwas konkreter wiedergibt: *wart des ersten das du die how wol kuinnist und die tritt.*

Darüber hinaus finden sich dort noch weiterführende Anweisungen zur Körperhaltung: Stets soll der Fechter sich mit dem hinteren Fuß abziehen und immer auf eine Seite gewandt fechten.[276] So kurz diese Ausführung auch sein mag, so vermittelt sie doch einen seltenen Einblick in einen Grundpfeiler der Fechtkunst: die Beinarbeit. Eine korrekte Beinarbeit ist für das Fechten unverzichtbar, was nicht nur für den modernen Fechtsport gilt, sondern in besonderem Maße auch für das Fechten mit dem Schwert, welches durch seine vergleichsweise hohe (bewegte) Masse eine ganz eigene Körperdynamik und einen sicheren Stand erfordert. Entsprechend auffällig ist, dass die Fechthandschriften des 15. Jahrhunderts keinerlei ausführliche Bewegungslehre enthalten. Der zeitgenössische Leser der Fechttraktate muss also bereits über dieses Basiswissen

---

272 Nürnberg, GNM, HS 3227a, fol. 43r: *Der erste rat ist auch gut | wer do ficht mit geringen mut | witzickleich an allen czorn | der fechter wirt selden vorlorn.*

273 Ebd.: *Der ander rat ist das | den wil ich nu sagen vas | das keyn man zo tump / sal seyn | wenne das selbe fechten brenget pyn.*

274 Ebd., fol. 43v: *Den dritten rat wil ich dir geben | den salt nicht doruem lernen fechten | das du eyme czu unrechte | mit dyner kunst woelst oeberlegen.*

275 Köln, Historisches Archiv der Stadt, MS Best. 7020 (W.Nr. 150), fol. 2r. *bossenn* bezeichnet hier wahrscheinlich die Körperhaltung (vgl. nhd. ‚Posen'). Dazu ausführlicher. BAUER, Von Einhorn, S. 261.

276 München, BSB, Cgm 558, fol. 125r: *wart och dz du alweg abzuihist mit dem hinder fuoß und wend dich alweg uff ain siten.*

der Fechtkunst verfügt haben, bevor sich ihm die Techniken der Fechtbücher erschließen konnten – ein Indiz dafür, dass es sich bei den Texten nur um Erinnerungsstützen handelte, nicht um Anleitungen.[277]

So dient gleichermaßen der kurze Satz in Cgm 558 lediglich als Ermahnung an bereits angeeignetes Wissen über die Grundhaltung und Beinarbeit, über die wir heute lediglich Mutmaßungen anstellen können: Die Tatsache, dass es einen ,hinteren' Fuß gibt und der Fechter auf eine Seite gewandt sein soll, legt nahe, dass der Fechtlehre eine L-förmige Fußstellung zugrunde liegt. Der vordere Fuß weist dabei zum Gegner, der hintere Fuß ist um 90 Grad nach außen gedreht. Je nachdem, welcher Fuß vorne ist, entscheidet sich, auf welche Seite der Fechter gewandt ist, auf welcher Seite sich also das Schwert befindet. Steht der linke Fuß vorne, ist der Fechter nach rechts gewandt und umgekehrt. Natürlich ist das Thema Beinarbeit weit komplexer als hier beschrieben, vor allem was die konkreten Bewegungen betrifft, jedoch gemahnt der kurze, fast beiläufige Satz des Wittenwiler-Textes an eben diese Grundsätze der Fechtkunst und erinnerte den (zeitgenössischen) Leser an seine Grundausbildung.

Eine andere, sehr spezielle Anweisung im ,Kölner Fechtbuch' hebt die dort vorgestellte Lehre schon an dieser Stelle deutlich von der Liechtenauer'schen ab: *streck dy arm fry wastu dan fichts*[278] – der Fechter soll seine Stücke stets mit gestreckten Armen ausführen. Explizit wird dies in der Vorrede des Cgm 558 nicht erwähnt, jedoch findet sich hier die Anweisung, die Hände stets aufzuwinden und den Kopf hinter dem Gehilz zu verbergen, wie auch sonst der Körper hinter dem Schwert in Sicherheit zu halten sein soll.[279] Auch wenn hier die gestreckten Arme nicht erwähnt sind, lässt sich leicht erkennen, dass eine Schutzhaltung, wie sie hier beschrieben ist, am ehesten mit ebensolchen umzusetzen ist. Das Schwert mit „gewundenen Händen" und dem Gehilz vor dem Kopf zu führen erinnert stark an die Hut Ochs, wie sie bei Liechtenauer beschrieben wird, in diesem Fall aber vermutlich mit weit nach vorne gelagertem Gehilz (und somit gestreckten Armen), sodass der Kopf hinter diesem Schutz findet. Eventuell ist hier auch eine nach vorne verlagerte Hut vom Tage beschrieben. An späterer Stelle des Traktats findet sich jedoch zudem die konkrete Anweisung, stets mit gestreckten Armen zu fechten, wobei jedoch nicht ersichtlich ist, ob dies für das Fechten allgemein oder nur für die zuvor an dieser Stelle beschriebene Technik gilt.[280]

Was auf den ersten Blick vielleicht als sinnvoller Ratschlag erscheint, denn mit gestreckten Armen wird die eigene Reichweite erhöht und der Gegner generell weiter auf Distanz gehalten, läuft jedoch den grundlegenden Prinzipien des Liechtenauer'schen Systems entgegen. Denn je weiter das Schwert vom Körper weg geführt wird, desto mehr Kraft wird auch benötigt, um es zu führen,

277 Vgl. dazu die Betrachtungen zum didaktischen Wert der Fechtbücher in Kapitel I.2.

278 Köln, Historisches Archiv der Stadt, MS Best. 7020 (W.Nr. 150), fol. 2r.

279 München, BSB, Cgm 558, fol. 125r: *wart das du din hend alweg wol uff wendist mit dem gehuilcz und birg dich allweg hinder das schwert und hab dz hopt zuo dem gehuilcz.*

280 Ebd., fol. 129v: *was du dügist es sig mit schlahen oder mit stechen dz du dz als mit langen armen tügist und mit witten schritten so kan dich kainer gerüren wen du aber mit kürczen armen vechtist so tref dich ainer und da von ist guot mit langen armen vechten und mit witten schritten.*

es zu beschleunigen und abzubremsen. Und diese Kraft schöpft sich in diesem Fall nicht aus dem Körper, sondern aus den Armen, was entgegen Liechtenauers Ansatz steht, den Körper „gleich einer Waage" zu halten. Offenbar war der in der Tradition Liechtenauers stehende Verfasser von HS 3227a auch vertraut mit genau dieser Art des Fechtens, denn er spricht sich mit abschätzigem Ton gegen die Leichmeister[281] aus, die seiner Meinung nach lediglich *was dar get mt gestracken armen vnd mt gestrakten swerte vnd was gar veyntlich vnd stark von allen kreften des leybes dar get* fechten.[282]

An dieser Stelle erschöpft sich die Vorrede in Cgm 558 bereits und der Verfasser beginnt, Stücke aus dem Oberhau zu beschreiben, jedoch ohne diesen selbst näher zu erläutern. Auch in Q.566 findet sich keinerlei Erläuterung zu den jeweiligen Hieben, der Oberhau wird als bekannt vorausgesetzt. Das ‚Kölner Fechtbuch' hingegen liefert zunächst noch eine knappe Systematik der im späteren Verlauf verwendeten Grundhiebe, einschließlich eines stark abstrahierenden Diagramms zur Veranschaulichung der Trefferzonen beziehungsweise Blößen am Körper des Gegners, welches damit auch die einzige Zeichnung im gesamten Fechtbuch darstellt (Abb. 2). Die vier Trefferzonen bestehen aus zwei oberen Blößen jeweils an einer Seite des Kopfes und zwei unteren Blößen unter den beiden Achseln des Gegners.[283]

Abb. 2: Schlagdiagramm nach: Köln, Historisches Archiv der Stadt, MS Best. 7020 (W.Nr. 150), fol. 2v

Die Lehre im ‚Kölner Fechtbuch' basiert demnach auf fünf Hieben, die diese Blößen angreifen: zunächst der Oberhau von der rechten Schulter, der mit der

281 Vgl. Anm.135.
282 Nürnberg, GNM, HS 3227a, fol. 40r.
283 Köln, Historisches Archiv der Stadt, MS Best. 7020 (W.Nr. 150), fol. 3r: *dy vyer bloyß ym swerd vernym also, dy zwo ouer bloyß am haupt dy ander zwo vnderbloyß zo beyden syten vnder deen armen.*

langen Schneide ausgeführt wird und bei dem der linke Fuß vorne steht, danach der Oberhau von der linken Schulter, gleichfalls mit der langen Schneide und dem rechten Fuß vorne. Beide Hiebe werden jeweils durch das Gesicht des Gegners geführt, wie die beiden diagonalen Linien auf dem Schaubild verdeutlichen.[284] Darauf folgt der rechte Mittelhau, bei dem das Schwert auf der rechten Seite gehalten wird, sodass der Knauf zum Gegner und der Ort nach hinten zeigt, worauf ein horizontaler Hieb mit der langen zu der unteren Blöße des Gegners am Oberkörper geführt wird; der linke Mittelhau spiegelt dies auf der anderen Seite.[285] Der letzte der fünf Hiebe wird aus dem sogenannten Wechsel geführt, der nicht näher beschrieben wird.[286] Vermutlich handelt es sich dabei um die Hut, die aus dem linken Mittel- oder Oberhau resultiert: Das Schwert liegt dabei auf der rechten Seite wie vor dem rechten Mittelhau, jedoch ist die kurze Schneide nach vorne gekehrt („gewechselt"), weshalb der fünfte Hieb auch mit dieser Schneide voran, schräg von unten nach oben geführt wird. Die Arme wandern dabei einmal um den eigenen Kopf herum und es folgt ein rechter Oberhau, sodass die Aktion im linken Wechsel endet.[287]

Interessanterweise scheint die Kölner Fechtlehre keinen Unterhau im klassischen Sinne zu kennen, was sich auch in den vier Huten widerspiegelt, die dort aufgeführt sind: Erwähnt werden lediglich die beiden oberen Huten, bei denen das Schwert jeweils auf der Schulter geführt wird, und die beiden unteren Huten, die in etwa dem Pflug bei Liechtenauer entsprechen. Dabei wird jeweils ein Bein vorgestellt und das Schwert mit dem Gehilz auf das andere Bein gelegt, der Ort zeigt zum Gegner.[288] Eine Hut, bei der der Ort zu Boden zeigt und aus der leicht ein Unterhau geführt werden könnte, findet sich hier nicht.

Obwohl die Fechtlehre in Cgm 558 keine eigene Systematik enthält, lässt sich bei ihr ein ähnliches Bild zeichnen, mit der Ausnahme, dass diese Fechtlehre den

---

284 Ebd., fol. 2r: *den ouer hewe van der rechter achselin myt langer snyden vnd mach bossen myt dem lincken voysz des glichen yst auch der linck ouer hewe mach bossen myt dem rechten voysz vnd hawe myt der langen snyden durch ym deen koff.*

285 Ebd.: *lech das swert vff den ruck laysz esz syncken vff dy rechten syten keer den knouff gegen den man vnd den ort hynder vsz so komstu yn den rechten myttel hewe Hewe vur ewech vmbden koff yn den lincken myttel hewe.*

286 Vgl. dazu aber die Abbildung zum *Wechsselhow* bei Hans Talhoffer: München, BSB, Cod. Icon. 394a, fol. 2v: Hier wird eine Hut abgebildet, die vermutlich dem ‚Wechsel' in München, BSB, Cgm 558 entspricht. Generell deutet dies auf einen Folgeschlag mit der kurzen Schneide aus einer der Huten hin, die nach einem Hieb mit der langen Schneide eingenommen beziehungsweise durchlaufen werden. Solch ein Wechselhau kann nach einem Angriff schneller ausgeführt werden als ein normaler Hieb, da nicht zuerst die lange Schneide nach vorne gekehrt werden muss.

287 Köln, Historisches Archiv der Stadt, MS Best. 7020 (W.Nr. 150), fol. 2r f.: *vmb yn den koff yn dy rechte weschel myt der langenn snyden nydder myt der kortzen snyden vff vmb den koff yn den lincken weschell.*

288 Ebd., fol. 3r f.: *Item dy veyr leger vernym al so. lege das swert vff dy rechte aschel vnd setz dyn liff yn wage myt guden bossen des glychen yst auch der lynck ouerleger stell den rechten voyß vur. Das rechte vnder leger vernym also stell den lyncken voyß vur vnd lege das swert myt dem geholtz vff das rechte beyn den ort dem man gegent das gesicht, des glich yst auch der linck vnder leger keer das swert denn ort dem mann gegen das gesicht.*

Unterhau gebraucht und auch eine nicht näher beschriebene Unterhut kennt. Diese Unterhut scheint jedoch derjenigen des ‚Kölner Fechtbuchs' zu entsprechen, da aus dieser oftmals direkt ein Stich ausgeführt wird, wozu der Ort auf den Gegner gerichtet sein muss. Zum anderen gibt es an vielen Stellen die Anweisung, nach einem Schlag oder Stich in diese Unterhut abzuziehen, was ebenfalls darauf hinweist, dass der Ort zum Gegner zeigt, da somit selbst nach dem Angriff eine Bedrohung aufrecht erhalten wird. Der Unterhau hingegen wird hier, wie bei Liechtenauer, von unten geschlagen und trifft den Gegner tiefer als die beiden im ‚Kölner Fechtbuch' beschriebenen Mittelhaue, nämlich an den Beinen oder unten an den Händen beziehungsweise Armen.[289] Einen Mittelhau wie das ‚Kölner Fechtbuch' kennt die Fechtlehre im Cgm 558 dagegen nicht. Dieser Umstand mag wohl auf die persönliche Präferenz der Verfasser der jeweils zugrunde liegenden Fechtlehre zurückgehen. Wo ein Fechtmeister den Mittelhau lehrte, bevorzugte ein anderer den Unterhau. Beides sind Varianten eines im Vergleich zum Oberhau tieferen Hiebes, bei dem die angesetzte Höhe von Fechter zu Fechter variieren kann. Es ist also nicht ungewöhnlich, dass die zeitgenössischen Lehrmeinungen in diesem Punkt voneinander abwichen und manche Fechtmeister dem einen oder dem anderen Hieb den Vorrang gaben.

Komplettiert wird das Grundrepertoire der Fechtlehre in Cgm 558 durch mehrere Varianten des Stiches, die jedoch nicht eindeutig erläutert werden und ohne Vorkenntnis nur schwer zu deuten sind. So ist an verschiedenen Stellen die Rede von einem *krum stich*, *schlechten stich* und einem *wechsel stich*. Alleine die Anzahl der Stich-Varianten deutet darauf hin, dass diese Technik in Cgm 558 eine prominente Rolle spielt. Das ‚Kölner Fechtbuch' hingegen spart den Stich auffälligerweise fast gänzlich aus, lediglich an einer Stelle ist von der Abwehr eines solchen die Rede. Ob dies wieder auf den Fechtmeister zurückzuführen ist, dessen Lehre als Vorlage für den Text im ‚Kölner Fechtbuch' diente und der den Stich möglicherweise als nicht effektiv betrachtete, oder ob die Lehre bewusst auf diese Technik verzichtete, da sie beispielsweise nur für das Übungsfechten gedacht war, bei dem der Stich zu gefährlich gewesen wäre, ist ungewiss. Der (obgleich einmalige) Hinweis auf die Abwehr eines Stichs[290] bietet hierbei keine Lösung.

Handschrift Q.566 schließlich liefert keinerlei Systematik für die nachfolgende Fechtlehre. Die Techniken des ersten Teils des Traktats sind in vierzehn[291] kurze, durchnummerierte Stücke eingeteilt, an die sich noch weitere Techniken in verschiedenen Waffengattungen anschließen (*Merck die 14 stuck mit dem Swert vnd auch mit dem Spicz swert degen vnd schilt vnd gut kemflich ringen mit dem degen*).[292] Die Stücke sind jedoch nicht klar voneinander abgegrenzt, und es

---

289 München, BSB, Cgm 558, fol. 127r: *how ain under how und rom im der bainen oder unden in die arm oder hend oder wo du wellest under den uochsen oder under sim waffen.*

290 Köln, Historisches Archiv der Stadt, MS Best. 7020 (W.Nr. 150), fol. 4v: *so sichstu was der man vff dych dryben will ader stycht her du kanß ym brechenn.*

291 Von den vierzehn Stücken sind zehn eigenständig, darauf folgt das vierzehnte Stück, das in die „vier Abziehen" unterteilt ist.

292 Weimar, HAAB, Q.566, fol. 143r.

scheint sich um eine Mischung aus Anweisungen zum Bloßfechten und Har-
nischfechten zu handeln, die nicht immer eindeutig voneinander zu trennen
sind.[293] Aus technischer Sicht beschränkt sich das Traktat wie auch der Text in
Cgm 558 auf wenige Hiebe, darunter hervorstehend der Oberhau (hier oft in der
Schreibvariante *uberhaw*), ferner bei wenigen Stücken Mittel- und Unterhau.
Auch der Wechselhau (vgl. die Wechselhut in Cgm 558) und ein sogenannter
Kreuzhau finden Erwähnung. Keiner der genannten Hiebe wird jedoch im Laufe
des Traktats näher erläutert. Auffälligerweise erwähnt der Verfasser des Textes
daneben keine der bekannten Huten, lediglich der Langort findet mehrmals
Verwendung, und an einer Stelle wird auf die Eiserne Pforte verwiesen,[294] ansonsten deutet nur die Bezeichnung „Oberort" (*ober ort*)[295] auf eine weitere Hut
hin, die in zwei Stücken als Ausgangsstellung dient.

2.3.3. Die Fechtlehren

Der eigentliche Technikteil der ‚Gefechte anderer Meister' in Nürnberg, GNM,
HS 3227a beginnt mit einem schwer zu deutenden Lehrgedicht, das offenbar die
Fortsetzung der Einleitung darstellt und eine Technik namens ‚Eiserne Pforte'
thematisiert.[296] Auffällig ist hierbei, dass das Gedicht den Kampf gegen mehrere
Gegner gleichzeitig behandelt – ein Kuriosum gegenüber der Liechtenauer-
Lehre, die sich ausschließlich auf die Beschreibung von Zweikämpfen be-
schränkt. Hier handelt es sich jedoch ebenfalls nicht um eine Situation, wie sie im
Zuge einer Schlacht oder eines Scharmützels im Kriegsfalle eintreten könnte,
sondern um eine Begegnung im zivilen Bereich – heute würden wir es wohl
Selbstverteidigungsmaßnahmen nennen. So erläutert das Lehrgedicht zur Eisernen Pforte den Fall, dass der Fechter „mit vier oder sechs [bewaffneten]
Bauern" umringt ist, und gibt Ratschläge, wie dieser Übermacht beizukommen
ist. Die Bezeichnung „Bauer" steht hier aller Wahrscheinlichkeit nach für einen
eher ungeübten, grobschlächtigen Fechter, wie sie andernorts in der Handschrift
ebenso verwendet wird.[297] Interessanterweise lautet der letztendliche Rat an den
Fechter, in solch einer Situation das Heil in der Flucht zu suchen, anstatt den

---

293 Auf fol. 145r beginnt ein mit *Nota zu dem kampff* überschriebener Teil, der sich unzweifelhaft mit
    dem Harnischfechten in den Schranken beschäftigt. Dort werden auch die Waffen Spieß und
    Degen (= Dolch) erwähnt. Erwartungsgemäß fehlen in diesem Teil die Hiebtechniken, es werden
    ausschließlich Stiche mit Schwert und Spieß sowie die Verteidigung dagegen und verschiedene
    Entwaffnungstechniken thematisiert. Auf fol. 146r schließt sich schließlich übergangslos ein
    erneuter kurzer Teil zum Bloßfechten an, bevor das Ringen thematisiert wird.
294 Weimar, HAAB, Q.566, fol. 143v: *das 8 stuck das du jm fr heldest die eiseren pforten.*
295 Ebd., fol. 144r: *das 10 stuck daz get recht auß dem ober haw ort.*
296 Es wird ein intertextueller Bezug zwischen den beiden Gedichten hergestellt, indem mit dem
    Verspaar *Doch als du vor hast vornomen | Wy in der vorrede dar ist komen* auf das vorausgehende
    Stück verwiesen wird (fol. 45r).
297 Vgl. die Erwähnung des Begriffs im Kontext des Schielhaus (fol. 28v): *Und der selbe haw der bricht
    als das pueffel das ist eyn pawer / mag geslaen* oder bei der Erläuterung des Vorschlags (fol. 38v):
    *Wenne mit der selben kunst / ader mit dem vorteil das / kumpt is oft / das eyn pawer ader eyn ungelarter
    eyn guten meistern / slet / mit deme das her den vorslag tuet.*

Kampf auszufechten. Es wird hier indirekt auf die Einleitung verwiesen, bei der schon der Hinweis stand, nur Gefechte zu schlagen, die auch zu gewinnen sind.[298]

Die Technik der Eisernen Pforte selbst wird hierbei nur in Grundzügen beschrieben. Es wird lediglich deutlich, dass es sich dabei um eine Hut handeln muss, bei der der Ort des Schwertes auf den Boden zeigt.[299] Der Hinweis, dass die Pforte hier wie ein Schild wirken soll, lässt vermuten, dass es sich dabei nicht um eine Variante des Albers, wie etwa später bei Hans Talhoffer dargestellt, handelt.[300] Es ist vielmehr anzunehmen, dass das Gehilz hierbei erhoben wird, denn nur so würde das Schwert wie ein Schild vor dem Fechter stehen.[301] Die Eiserne Pforte ähnelt damit der sogenannten Schranckhut, bei welcher der Ort ebenfalls auf die Erde zeigt, hier jedoch seitlich vom Fechter, im Gegensatz zur Pforte, bei welcher das Schwert vor dem Fechter steht.[302]

Im Verlauf des Gedichts zur Eisernen Pforte werden einige Techniken namentlich genannt, die gegen die Überzahl von Gegnern angewandt werden sollen, diese werden aber nicht weiter ausgeführt. Erst in der nachfolgenden Prosaerläuterung folgt zu ausgewählten Techniken eine Erklärung. Einige davon sind bereits aus der Liechtenauer-Lehre bekannt, vermutlich ist dies auch der Grund, weshalb der Verfasser auf eine Erläuterung verzichtete. Dabei handelt es sich um das Durchwechseln, das Absetzen, die Hängen sowie Oberhau und Unterhau. Bei der Erläuterung des Durchwechselns findet ein sogenannter Sturzhau (stoerczhaw) Erwähnung, der jedoch ebenfalls nicht weiter beschrieben wird. Die näher erläuterten Stücke sind mehrheitlich mit sprechenden Namen versehen, welche die jeweilige Funktionsweise veranschaulichen:

Die ‚Natternzunge' (noterczunge) ist laut Verfasser ein Stück, welches aus dem Durchwechseln kommt. Hierbei werden zu beiden Seiten der gegnerischen Klinge Stiche angetäuscht, um den Gegner zu verwirren, bis schließlich ein richtiger Stoß zum Ziel ausgeführt wird. Der Name leitet sich vermutlich von einer immer wieder zuschnappenden Schlange ab.[303]

Die ‚Krauthacke' (krawthacke) leitet ihren Namen vom wiederholten Auf- und Abfahren der Klinge aus der Hut der Eisernen Pforte ab. Es handelt sich

---

298 Nürnberg, GNM, HS 3227a, fol. 45r f.: zo sprink hinlich von in als ich sage wen is ist nicht schade / ader uner czuflien / vier seche ader mer.
299 Ebd., fol. 44v: mit der pforten mache du eyn schilt | den ort of dy erde lege.
300 Vgl. München, BSB, Cod. Icon. 394a, fol. 9v.
301 Vgl. Hierzu die spätere Auslegung der Eisernen Pforte etwa bei Andre Paurenfeindt, Ergrundung, fol. Bv und die Erläuterung dazu im späteren Teil der vorliegenden Arbeit auf S. 185.
302 Nürnberg, GNM, HS 3227a, fol. 48v: Eyn gefechte heisset dy schrankhute / das kumpt / aus dem orte / alzo das du den ort legst of dy erde / czu weler seiten du wilt und stellest dich do mete czum abesetzen / Ader is mag auch genant werden aus der pforten / wen eyner den ort gleich von sich neder stellet of dy erden / und von vorane. Eine spätere Abbildung zur Eisernen Pforte ist auf Farb-Abb. 12 zu sehen.
303 Ebd., fol. 47r: Eyn gefechte heisset dy noterczunge ader aus dem orte und kumpt aus dem durchwechsel / Das eyner / yn dem orte stet und tut sam / her wolle durchwechseln / als vert her im mit dem orte czu beiden seiten / ober deme gehilcze yn / mit drew stichen / also das her reme umbermer drewt mit dem orte und ienen als irre macht das her nicht weis wo im deser czu wil / wen denne deser siet / wo her in am gewisten gehaben mag / do vert her im yn / mit dem orte / mit eyne volkomen stiche / und das mus gar risch dar gehen / das is iener nicht weret.

dabei also um eine schnell aufeinanderfolgende Kombination von gerade Ober-
und Unterhieben, bei denen der Fechter stets jeweils einen Schritt voran schreitet.[304]

Der ‚Werkmeister' (*werkemeister*) wird nicht ausreichend beschrieben, um
diese Technik genau zu verorten. Es handelt sich hierbei vermutlich um einen
Stich aus dem unteren Hängen nach dem Absetzen.[305]

Beim ‚Pfauenschwanz' (*pfobenczagel*) wird der eigene Ort in einer Kreisbewegung um das Schwert des Gegners bewegt, um diesen abzulenken, bis ein
Treffer gesetzt werden kann.[306]

Die ‚drei Hiebe' (*dy drey hewe*) schließlich stellen, wie der Name schon vermuten lässt, eine Kombination aus drei Schlägen dar. Im Gegensatz zur
‚Krauthacke' folgen hier jedoch zwei Unterhaue aufeinander, welche als Vorbereitung für den dritten Hieb dienen, einen Oberhau zum Kopf des Gegners.[307]

Folglich stellen die ‚Gefechte andere Meister' also nicht wie Liechtenauers
fünf Hiebe eigenständige Techniken dar, die für sich alleine angewendet werden
können und ihre Funktion aus der speziellen Ausführung eines einzelnen Hiebs
beziehen. Vielmehr handelt es sich dabei um Kombinationen der Grundschläge
(Oberhau und Unterhau) nach einem jeweiligen besonderen Muster, mit denen
verschiedene taktische Situationen bewältigt werden können.

Auch die in München, BSB, Cgm 558 sowie Weimar, HAAB, Q.566 und dem
‚Kölner Fechtbuch' enthaltenen Fechtlehren präsentieren sich im Gegensatz zur
Liechtenauer'schen Lehre sehr auf das Grundlegende reduziert. Außer den
Grundhieben Oberhau, Unterhau und Mittelhau werden keine weiteren
Grundtechniken eingeführt, die Fechtlehren stützen sich in der Umsetzung ihrer
Stücke auf diese beiden Hiebe und – zumindest im Fall des Cgm 558 – ver-
schiedene Varianten des Stichs. Lediglich Q.566 erwähnt den Kreuz- und
Wechselhau, jedoch nur an einer beziehungsweise zwei Stellen und ohne weitere
Erläuterung. Dazu werden mit wenigen Ausnahmen stets offensive Techniken
beschrieben, bei denen der Fechter im Vor handelt, nur in wenigen Fällen wird
eine defensive Reaktion im Nach als eine Antwort auf eine offensive Aktion des
Gegners geschildert. Für die Analyse der drei Fechttraktate werden im Folgenden zunächst aufgrund evidenter Gemeinsamkeiten zwischen den beiden
Fechtlehren Cgm 558 und das ‚Kölner Fechtbuch' verglichen, gefolgt von einem

---

304 Ebd.: *Eyn gefechte heisset / dy krawthacke / und kumpt aus der eiserynen pforten / mit dem orte von der*
     erden gleich of / czum manne und weder neder / und ist gar stark / wer is recht treibet / mit schreten gleich
     vorne czu / mit itzlichen of varn eynem schret getan.

305 Ebd., fol. 47v: *Eyn gefechte heisset der werkmeister / und kumpt aus dem underhengen / czu der linken*
     seiten / mit ort drewen noch dem abesetczen / Und is mag auch wol aus der pforte genant werden / also es
     sich mit deme orte keyn eyme stellet.

306 Ebd.: *Eyn gefechte heisset der pfobenczagel / und kumpt aus dem orte / und get mit dem orte um eyns*
     swert / aber suest eyme vor dem ogen zam eyn rat / ader czirkel / gleich um / So lange bis das her siet wo
     hern gehaben mag.

307 Ebd., fol. 48r: *Eyn gefechte heisset / dy drey hewe / Und daz ist eyn uenderhaw von der rechten seiten /*
     Und denne eyn underhaw von der rechten seiten / Und denne eyn underhaw von der linken seiten stark of
     an iens swert / mit abesetzen / den dritten haw denne gleich czu der scheitel neder / der do treffe.

Blick auf Q.566, dessen Lehre inhaltlich in einigen Punkten den beiden anderen ähnelt, insgesamt aber einer anderen Systematik zu folgen scheint.

Grundsätzlich lässt sich die Taktik, der die meisten Stücke der Lehren in Cgm 558 und dem ‚Kölner Fechtbuch' folgen, auf einen gemeinsamen Nenner her- unterbrechen: Zunächst erzwingt ein erster Angriff eine Reaktion des Gegners. Dies geschieht in vielen Fällen durch aggressives Anbinden an das Schwert des Gegners (*schlach in sin schwert*) oder durch einen Stich, den der Gegner versetzen muss. Reagiert der Gegner darauf, folgt eine weitere Aktion, sei dies ein Um- schlagen oder ein Abziehen mit nachfolgendem Angriff.

Etwa die Hälfte der Stücke zum Langschwertfechten aus Cgm 558 folgt diesem recht basalen Schema, und so ist schon das erste in dieser Fechtlehre beschriebene Stück in diesem Sinne als programmatisch für die gesamte Fecht- lehre anzusehen:

> *Item how ain starken ober how und schlach in sin schwert und zuk behend uss sinen schwert und mit dem so din schwert us den sinen zuk so zuich mit dem hinder fuoß ab und als bald du us sinem schwert kunst so tritt zuo mit dem hinder fuoß und schlach mit dem tritt*[308]

Das Prinzip hinter dieser Aktion ähnelt dem Abnehmen bei Liechtenauer: Der Gegner wird durch einen ersten Schlag dazu gebracht, zu parieren, worauf ihm das eigene Schwert durch das Abziehen der Klinge entzogen und ein weiteres Mal zugeschlagen wird. Gleiches gilt für das Abziehen mit anschließendem Stich:

> *Item tritt zuo mit ainem engen tritt und schlach in sin schwert mit langen armen und as bald du sins schwercz enpfindest so züch en wenig ab und gang glich uf mit ainem stich wert er dirs so schlach umb oder du wechsel*[309]

Auch der Unterhau wird an späterer Stelle in dieses Schema einbezogen:

> *how ain under how und rom im der bainen oder unden in die arm oder hend oder wo du wellest under den uochsen oder under sim wäffen und wert er dirs oder falst du so how ain starken umb schlag und rür in zum hopt und züch ab*[310]

In der gesamten Abhandlung des CGM 558 findet sich keine Erwähnung eines anderen Hiebes – es finden ausschließlich die Begriffe *schlag* oder *umb schlag* Verwendung. Die Fechtlehre beschreibt folglich ein sehr einfaches System, das dem Fechter lediglich Optionen für die Anwendung der herkömmlichen Hiebe bietet und die Situationen im Kampf beschreibt, in welchen diese anzuwenden sind. Es wird nicht einmal die Unterscheidung der beiden Schneiden des Schwertes getroffen. Entweder wird in allen Fällen mit der langen Schneide

---

308 München, BSB, Cgm 558, fol. 125r.
309 Ebd., fol. 126r. Dieses Stück erinnert an den Zornhau Liechtenauers, mit der Ausnahme, dass hier ausdrücklich direkt zum Schwert des Gegners geschlagen wird.
310 Ebd., fol. 127r.

zugeschlagen, oder der Verfasser der Fechtlehre maß der Unterscheidung keine weitere Bedeutung bei, was bei einem auf die Grundhiebe ausgerichteten System nicht unbedingt ungewöhnlich wäre.

Obwohl das ‚Kölner Fechtbuch' oberflächlich betrachtet weiter in die Tiefe geht als der Text von Cgm 558 und mehrere Stücke namentlich benannt werden, finden sich auch dort fast nur Techniken, die in das oben beschriebene Prinzip von einfachen Grundhieben passen, welche aufeinander folgen. Programmatisch hierfür ist die Technik des sogenannten *flogels*. Obschon das ‚Kölner Fechtbuch' im Gegensatz zu dem Text in Cgm 558 die beiden Schwertschneiden unterscheidet, stellt sich die Technik sehr basal dar:

> *bynde ym ouen mit der kortzen snyden vnd slage ym nach der rechten vnder bloyß mit langer snyden. vnd bald myt der kortzen nach der ouer bloyß vnd hewe durch van dem man yn das lyncke vnder leger*[311]

Im Prinzip wird hier ein Durchwechseln beschrieben, wie es bereits von Liechtenauer bekannt ist: Zunächst wird die eine Blöße attackiert. Wird dieser Hieb versetzt, so folgt ein Hieb zu einer der anderen Blößen und so weiter. Interessant ist an dieser Stelle die Erwähnung der kurzen Schneide, mit der möglicherweise auf eine Art Zwerchhau hingewiesen wird, der von beiden Seiten, mal mit dieser Schneide, mal mit jener erfolgen kann.

Der *flogel* findet auch in anderen Stücken der Fechtlehre Anwendung, was sie derjenigen in Cgm 558 sehr ähnlich erscheinen lässt. Zwar werden weiterhin einige andere Stücke aufgezählt, diese lassen sich jedoch zumeist wie der *flogel* ebenfalls auf das grundlegende Muster reduzieren, das schon in Cgm 558 Anwendung fand. Eine Ausnahme besteht hierbei darin, dass der Verfasser des ‚Kölner Fechtbuchs' an mehreren Stellen implizit davon abrät, direkt mit dem ersten Angriff eine Klingenbindung zu erzielen, wie dies in Cgm 558 oft der Fall ist (*schlach in sin schwert*). Er arbeitet oft mit einer Finte, die eine Blöße des Gegners öffnen soll, was im Gegensatz zur recht direkten Fechtlehre des Cgm 558 den Eindruck einer etwas taktischeren Herangehensweise vermittelt. So wird bei der Technik des *verzocking* („Verzucken") gleich eine ganze Abfolge von Finten beschrieben:

> *do als wulstu ym recht anbinden vnd bynd ym lincks an vnd do als wulstu ym lyncks an bynden vnd bynde ym rechs an vnd hewe dich starck myt der langen snyden van dem man yn den lyncken vnder leger so bist tu nicht bloyß zo vinden*[312]

Das Prinzip bleibt jedoch gewahrt: Ein Angriff folgt auf den nächsten, bis der Gegner durch das stete Reagieren im Nach eine Blöße eröffnet. Andere Techniken wie der ‚Goldene Hau' werden ähnlich umgesetzt:

---

311 Köln, Historisches Archiv der Stadt, MS Best. 7020 (W.Nr. 150), fol. 3v.
312 Ebd., fol. 3v f.

> *do alß wolstu ym rechst an bynden vnd bynd ym lincks an slage ym zween*
> *ader dry slege nach en andern nach siner rechten ouer bloyß so yst der gulden*
> *hewe recht*[313]

Der Unterschied besteht lediglich darin, dass nach der Finte mehrere Schläge von der gleichen Seite kommen. Eine Variation dieser Technik stellt die *krom anbyndung* (Anbindung aus der Krone?) dar: Hier wird das Durchwechseln auf die andere Seite fintiert, und es folgt ein Schlag von der gleichen Seite:

> *do wy du wuls ym recht anbynden vnd byndt ym myt der langen snyden*
> *lincks an vnd zock wy du ym wuls rechs anbynden vnd blyue an der seluer*
> *syten slage yn dy recht ouer bloyß mit der kortzen snyden swyndt nach der*
> *lyncken vnd hewe dich aff myt der gulden hewe des mach er sich nyt frewen*[314]

Diese Technik nutzt ganz offensichtlich das bekannte Prinzip, das der Fechtkunst zugrunde liegt, nämlich einen Schlag auf den anderen folgen zu lassen und dabei die Seiten zu wechseln. Wird dieses Muster absichtlich unterbrochen, kann es den Gegner verwirren, der darauf trainiert ist, einen Schlag von der anderen Seite zu antizipieren.

Neben diesen taktisch anspruchsvolleren Stücken finden sich wie in Cgm 558 auch im ‚Kölner Fechtbuch‘ recht schnörkellose Anweisungen, den Gegner zu überwinden, so die Technik des ‚Schellers‘, die ihren Namen sicherlich davon bezieht, dass die eigene Klinge mehrfach auf die des Gegners geschlagen wird, bis sich eine Blöße auftut.[315] Doch auch das ‚Kölner Fechtbuch‘ kennt neben den Grundhieben keine weiteren Hiebe, alle Aktionen setzen sich, ganz wie im Text des Cgm 558, aus normalen Schlägen zusammen, die in verschiedenen Kombinationen nacheinander ausgeführt werden. Wie bereits erwähnt, unterscheidet der Verfasser des ‚Kölner Fechtbuchs‘ hier zwar zwischen kurzer und langer Schneide – an der Bezeichnung und der Ausführung des Hiebes ändert dies jedoch nichts.

Die bisher beschriebenen Stücke veranschaulichen bereits aufgrund ihres Aufbaus, dass sich die beiden Fechttraktate thematisch sehr nahe stehen. Doch lassen sich nicht nur in der äußeren Form beider Fechtlehren Gemeinsamkeiten finden, sondern auch konkrete inhaltliche Übereinstimmungen. Beide Texte nehmen Bezug auf bestimmte Stücke, die ihnen gemein, in der Liechtenauerlehre jedoch nicht bekannt sind: den ‚Gassenhau‘ und die ‚Triangel‘.

Der Gassenhau wird in Cgm 558 beschrieben als eine Kombination von Hieben (oder Stichen), die jeweils von oben nach unten oder umgekehrt wechseln.[316] Alleine aus der dortigen Beschreibung lässt sich der Zweck dieser Technik nur begrenzt ableiten. Doch suggeriert der Name, dass sich der Fechter mit der

---

313 Ebd., fol. 5v.
314 Ebd., fol. 6v.
315 Ebd., fol. 4v: *schelle eyn mael. Zwei. dry. vidder syme clyngen so machst du yn bloyß vynden.*
316 München, BSB, Cgm 558, fol. 128r: *howt er so stich räschlich uf und how i umb schlag so kunst in den wechsel oder stich und schlach ain um schlag wider nider oder how unden uf vast und schlach vast wider nider.*

raschen Abfolge an weit ausgreifenden Hieben Platz schaffen (eine ‚Gasse schlagen') soll. Unterstützt wird diese Annahme durch die Ausführungen zu dieser Technik im ‚Kölner Fechtbuch'. In dem Teil der Handschrift, die sich mit dem langen Schwert beschäftigt, wird der Gassenhau zwar nur an einer kurzen Stelle erwähnt, die sich mit der Beschreibung der Technik in Cgm 558 deckt. Hier wird ebenfalls erwähnt, dass die Technik aus der Hut der Eisernen Pforte zu schlagen sei.[317] An anderer Stelle, die eigentlich dem Kampf mit dem langen Messer gewidmet ist, findet die Technik jedoch noch einmal Erwähnung: Hier weist der Verfasser darauf hin, dass die Technik auch gegen zwei Gegner wirksam ist, die gleichzeitig angreifen – durch ein wiederholtes Schlagen von einer Seite zur anderen müssen die Gegner zurückweichen, wenn sie vermeiden wollen, getroffen zu werden.[318] Gerade im Hinblick auf den Kampf gegen mehrere Gegner erscheint der Hinweis, sich „eine Gasse zu schlagen" als sinnvoll. Auffallend ist an dieser Stelle die Ähnlichkeit zu der in HS 3227a unter den ‚Gefechten anderer Meister' beschriebenen Technik der Krauthacke, die ebenfalls aus der Eisernen Pforte folgt und ebenfalls zur Abwehr mehrerer Gegner dient.[319] Obgleich hier der Name an das Auf- und Abfahren einer Hacke gemahnt und damit den Ablauf der Technik und nicht ihr Ziel beschreibt, dürften beide Techniken taktisch dasselbe Ziel verfolgen, wenn sie nicht gar identisch sind.

Die sogenannte Triangel hebt sich insofern von den restlichen Stücken in Cgm 558 und dem ‚Kölner Fechtbuch' ab, dass der Fechter durch sie die ansonsten in beiden Fechtlehren recht statische Kampflinie verlässt und den Gegner seitlich zu umgehen versucht. Beide Handschriften beschreiben die Technik grundlegend gleich, auch wenn das ‚Kölner Fechtbuch' deutlich genauere Angaben, insbesondere zu der hier sehr wichtigen Schrittfolge macht. Während in Cgm 558 lediglich erwähnt wird, dass der Fechter durch zwei Schritte in den Rücken des Gegners gelangt,[320] lässt sich die Technik durch die Beschreibung im ‚Kölner Fechtbuch' genauer rekonstruieren: Der Fechter soll einen Schritt mit dem rechten Fuß zur rechten Seite seines Gegners machen und dabei dessen Waffe mit der kurzen Schneide nach oben stoßen. Darauf folgt sofort ein Sprung

---

317 Köln, Historisches Archiv der Stadt, MS Best. 7020 (W.Nr. 150), fol. 4r: *lege dich yn das lynck vnder leger vnd layß den ort synckenn vff dy erde vnd hewe den flogell hewe vnd strych vff vß der rechten syten vur yn schylt vnd vß der lincker syten widder vff yn stortz so komstu vß der ysern porten yn den gassen hewe.*

318 Ebd., fol. 14v: *sychstu eyn ader zween vur dyr staen so hew fry vß der rechtersyten vnd frysch vff vß der lincken als fry van eym ynden andern so moyßen sy wychen ader verdenn geslagen.*

319 Nürnberg, GNM, HS 3227a, fol. 28v f.: *Ein gefechte haisset die krawthacke / vnd kumb auß der eysnen pforten / mit dem orte von der erden gleich auff zum manne / vnd wider nyder / vnd ist gar starck / wer es recht treibt mit schreitten gleich vorne zum mit yetzlichem auff faren ain schrit gethon.* Der Hinweis, dass diese Technik gegen „vier oder sechs Bauern" angewandt werden kann, entstammt der Beschreibung der Eisernen Pforte auf Blatt 28r.

320 München, BSB, Cgm 558, fol. 129r: *how ober und tritt da mit und bis ew etwaz waich und tritt aber da mit vast umb dz du in hinder an dem rogen schlachist in dz hopt oder in den ruggen oder in die bain oder wo du wit.*

mit den linken Fuß hinter den Gegner.[321] Aus dieser Schrittfolge ergibt sich der Name der Technik: Der Fechter schreitet in einer Dreiecksbewegung um seinen Gegner herum, um ihn dann von hinten anzugreifen.

Ein Vergleich der drei Traktate zu HS 3227a zeigt, dass einige Bezeichnungen und *termini technici* sowohl in der Liechtenauerlehre als auch in den drei hier behandelten Fechtbüchern auftauchen. Teils werden diese synonym gebraucht, um eine ähnliche Aktion zu beschreiben, teils handelt es sich um völlig andere Techniken.

So führt die Lehre des Cgm 558 das Nachreisen auf, das nicht näher beschrieben wird. In der Tradition Liechtenauers eine Reaktion auf den gegnerischen Schlag, kann es in Cgm 558 ebenso gedeutet werden. Ein Angriff des Gegners wird zwar nicht explizit erwähnt, kann aber gefolgert werden: Die Stelle *hept dz hopt und den lib hinder sich dz er dich nit in kopf schlach und tritt fast für und how nach rais mit den langen armen*[322] deutet darauf hin, dass zuerst ein Hieb des Gegners durch Zurückziehen von Körper und Kopf zu kurz fallen soll, worauf dann das Nachreisen folgt. Eine weitere Technik beziehungsweise Hut, die sich auch bei Liechtenauer findet, ist die in Cgm 558 erwähnte *kron*, die wiederum nicht erläutert wird. Aus dem Kontext ist lediglich zu erfahren, dass es eine hohe Hut sein muss, in die man durch ein Aufstechen oder nach einem Unterhau gelangt, also Aktionen, die das Schwert in Kopfnähe bringen.[323] Dies passt zu dem Merkvers Liechtenauers zum Scheitelhau *Was von ym* [dem Scheitelhau] *kuemet dy crone das abe nymmet*[324] – von oben kommend, wird der Scheitelhau durch die Krone gebrochen, die damit auch bei Liechtenauer eine hohe Position beschreibt.[325]

Das ‚Kölner Fechtbuch‘ hingegen nennt Techniken wie den *schilder*, der Ähnlichkeiten zum Schielhau Liechtenauers aufweist, obgleich vermutlich nur dem Namen nach. Ob bei Liechtenauer das „Schielen“ zum Gegner wirklich Bestandteil der Technik ist, ist ungeklärt. Im ‚Kölner Fechtbuch‘ wird dies explizit erwähnt, wobei aber offenbar kein besonderer Hieb folgt, sondern das Schielen lediglich als Täuschung des Gegners vor einem normalen Hieb eingesetzt wird.[326]

Weiterhin trägt die Technik des *ocks* einen Namen, der aus der Lehre Liechtenauers bekannt ist. Handelt es sich dort jedoch um eine Hut, beschreibt die

---

321 Köln, Historisches Archiv der Stadt, MS Best. 7020 (W.Nr. 150), fol. 6r: *lech dich in dy rechte weschel vnd schrydt myt dym rechten voyß vff syn rechte syt vnd stoß mit der kortzer snyden ym syn swert vff, vnd springe myt dynem lincken voyß hynder yn so vynstu yn bloyß am kopf.*

322 München, BSB, Cgm 558, fol. 126v.

323 Vgl. beispielsweise ebd., fol. 127r: *gang uf mit dem under how in die kron.*

324 Nürnberg, GNM, HS 3227a, fol. 30r.

325 In Rom, BANLC, Cod. 44 A 8, fol. 25r findet sich ein Bruch gegen die Krone, der darauf schließen lässt, dass bei der Krone selbst das Schwert nach oben vor den Kopf geführt wird, um die gegnerische Klinge mit dem Gehilz zu fangen: *Vert er denn auff mit dem swert vnd stost dir den ort mit dem gehültz vber sich.*

326 Köln, Historisches Archiv der Stadt, MS Best. 7020 (W.Nr. 150), fol. 4v: *schyl lincks vnd slach rechs, vnd schil rechst vnd slach lincks.*

Technik im ‚Kölner Fechtbuch' das Einlegen des Schwertes an der eigenen Brust, um dann stark zum Gegner zu drängen, ihn sprichwörtlich ‚aufs Horn zu nehmen'.[327] Das *sprech vinster* hingegen scheint in etwa bedeutungsgleich zu sein zu demjenigen bei Liechtenauer, auch wenn die Umsetzung verschieden ist. In beiden Fällen handelt es sich um eine Stellung, aus der der Gegner beobachtet (und vermutlich auch verspottet, daher der Name) werden kann.[328] Die Technik des *durch weschell* wird namentlich genannt, jedoch nicht näher ausgeführt, es handelt sich dabei aber offenbar um die Entsprechung zum Durchwechseln, das sowohl bei Liechtenauer als auch bei den ‚Gefechten anderer Meister' in HS 3227a zu finden ist.

Komplettiert werden die Fechtlehren in beiden Fällen durch diverse Stücke, die in das Ringen übergehen, darunter das schon in HS 3227a beschriebene Unterlaufen der gegnerischen Waffe, um direkt an den Mann zu kommen, und einige Stücke, die sich mit dem Entwaffnen des Gegners beschäftigen. Darunter fallen auch solch mitunter merkwürdig anmutende Aktionen wie die in Cgm 558 beschriebene Technik, das eigene Schwert hinter den Gegner in den Boden zu stechen und ihn darüber stolpern zu lassen, die gleich an drei Stellen aufgeführt wird.[329]

Nachdem der Vergleich von Cgm 558 und dem ‚Kölner Fechtbuch' einige offensichtliche Gemeinsamkeiten sowohl inhaltlicher Natur als auch in der Nomenklatur aufgezeigt hat, gilt es nun, diese beiden Fechtlehren derjenigen in Q.566 gegenüberzustellen. Die dort enthaltene Fechtlehre scheint äußerlich kaum Anknüpfungspunkte an die beiden oben untersuchten aufzuweisen. Das Traktat enthält nur wenig Fachvokabular, und dieses beschränkt sich auf die Benennung der einzelnen Hiebe. Die Stücke tragen so keine eigenen Namen wie in den beiden anderen Texten etwa die Triangel oder der Gassenhau. Sie sind lediglich durchnummeriert und werden mit allgemeinem Vokabular erläutert. Eine Verschlüsselung durch Fachtermini findet sich nur selten, dennoch ist der Sinn der einzelnen Techniken aufgrund des Schriftbildes und der kurzgefassten Schreibweise nur schwer zu greifen. Wo der Verfasser Fachtermini verwendet, weisen diese jedoch immer eine größere Nähe zu Cgm 558 und dem ‚Kölner Fechtbuch' auf als zu Texten aus der Liechtenauer-Tradition: So finden sich dort neben Ober-, Mittel- und Unterhau auch die Hut der Eisernen Pforte, weiterhin der Kreuzhau, der Wechselhau, der Langort und der Oberort.[330]

---

327 Ebd., fol. 5r: *sets den knouff an dy brust den ort dem man gegen dem gesycht vnd drynge starck zo ym.*

328 Nürnberg, GNM, HS 3227a, fol. 37v: *daz stehen alzo an deme swerte das heisset lichtnawer eyn sprechvanster* und Köln, Historisches Archiv der Stadt, MS Best. 7020 (W.Nr. 150), fol. 5r: *mach eyn winde vur dem kopf das dyn armen krutzwerß synt so sychstu dar zußen vß was der man dryben will.*

329 Beispielsweise auf fol. 127r: *stich hinder jn in die erd und wirf jn über schwert.*

330 München, BSB, Cgm 558 kennt eine Wechselhut, die möglicherweise in Verbindung mit dem hier genannten Wechselhau steht. Dieser findet hingegen auch bei Talhoffer Verwendung (Codex Icon. 394a, fol. 2v). Der Langort ist bereits aus dem Schwert- und Bucklerfechten in Leeds, Royal Armouries, I.33 bekannt (vgl. S. 92); vgl. weiterhin den ‚langen Zornort' bei Talhoffer (Codex Icon. 394a, fol. 3v). Der Kreuzhau findet sich auch in Cgm 558, bemerkenswerterweise hier jedoch nicht beim langen Schwert, sondern beim *bassler*, einer Art Dolch. Gemeint ist hier ein

Eine inhaltliche Untersuchung des Textes deutet ebenfalls auf eine Verwandtschaft der Texte hin: Auch die Fechtlehre in Q.566 stützt sich stark auf grundlegende Techniken und verwendet in den meisten Fällen lediglich Kombinationen des Oberhaus beziehungsweise Stücke, die sich aus dem Oberhau und einer weiterführenden Aktion ergeben. Programmatisch hierfür sei das erste Stück der Fechtlehre aufgeführt:

> *das erst stuck ist das einer den lincken fuß*
> *fur seczt vnd das swert auff der rechten achzel*
> *halt vnd drit zu mit einen oberhaw vnd thu*
> *allz du in wellest schlaen in das swert vnd zuk*
> *nahet pey dem swert vnd die recht schneid sol*
> *jm kamen auff sein swert vnd im zucken so drit*
> *zu mit dem lincken fus vnd schlag in fur die prust*[331]

Beschrieben wird hier eine Aktion, die dem Zornhau bei Liechtenauer ähnelt: Zunächst wird ein Schlag zur Waffe des Gegners angetäuscht. Will dieser den Hieb parieren, wird das Schwert zurückgezogen (das *zucken* gestaltet sich hier offenbar wie die namensgleiche Technik bei Liechtenauer und in den anderen Traktaten) und abermals zugeschlagen, vermutlich von der anderen Seite – ähnlich dem Abnehmen bei Liechtenauer. Das Stück erinnert auffallend an das erste Stück in Cgm 558:

> *how ain starken ober how und schlach jn sin schwert und zuk behend uss sinen*
> *schwert und mit dem so din schwert us den sinen zuk so zuich mit dem hinder*
> *fuß ab und als bald du us sinen schwert kunst so tritt zu mit dem hinder fuß*
> *und schlach mit dem tritt*[332]

Nach diesem Muster arbeiten alle folgenden Techniken in Q.566. Zunächst wird eine Anbindung durch einen Oberhau (bei Stück 6 wird einmalig auch der Mittelhau als Ausgangssituation erwähnt) auf die Waffe des Gegners hergestellt, aus der dann weiter gearbeitet wird. Diesem Muster folgen die offensiven Stücke 1 bis 7 und 9, die Stücke 8 und 10 hingegen sind defensive Techniken, die genau dieses Muster brechen sollen, wenn es vom Gegner angewendet wird. Ebenso verhält es sich bei drei der vier Abziehen, in die das Stück 14 gegliedert ist: Hier wird dem Gegner jeweils der Langort präsentiert, um ihn dazu zu verleiten, auf die eigene Klinge zu schlagen und eine Anbindung herzustellen. Dies wird aber durch ein Zurückzucken des eigenen Schwertes und/oder des Körpers verhindert.[333]

---

kreuzweises Niederschlagen von oben rechts und links: *stät ainer vor dir und loft dich an und wil dich durch den kopf schlahen so tritt behend in die kron und how von dir ain starken ober how und wider umb hin krücz wis und zúch ab mit dem hinder fuoß* (fol. 131r).

331 Weimar, HAAB, Q.566, fol. 143r.
332 München, BSB, Cgm 558, fol. 125r.
333 Weimar, HAAB, Q.566, fol. 144r: *das erst ab zihen ist das einer stet jn dem langen ort vnd wan einer jn wil schlahen auff dz swert gen der rechten seiten zu zuk den leib […]*.

Wie auch in den beiden anderen Traktaten bestehen die Stücke nur aus einer Verkettung von Grundhieben, es werden keine Spezialtechniken eingeführt, die etwa dem Zwerchhau oder dem Schielhau Liechtenauers ähneln würden, um den gewöhnlichen Oberhau zu brechen. Die Stücke in Q.566 zeigen sich damit ebenfalls sehr basal und erwecken den Eindruck, eher ein Grundgerüst für das grundsätzliche Fechten zu beschreiben als eine kunstvolle Fechtlehre.

2.3.4. Bewertung

Obwohl das ‚Kölner Fechtbuch' erst im 16. Jahrhundert entstanden ist, weist es, wie das vorausgegangene Kapitel gezeigt hat, inhaltlich einige Parallelen zu der in München, BSB, Cgm 558 enthaltenen Fechtlehre auf. Dies macht es wahrscheinlich, dass zumindest dieser Text sich früherer Aufzeichnungen aus dem 15. Jahrhundert oder gar noch früher bediente, die ebenfalls den Verfassern der Texte in Cgm 558 und Weimar, HAAB, Q.566 als Vorlage gedient haben müssen. Hierunter fallen die Eiserne Pforte, der Gassenhau und die Triangel, also Techniken, die sowohl namentlich als auch in der Ausführung in den jeweiligen Abhandlungen weitestgehend identisch sind und nicht der Liechtenauer-Lehre entstammen. Darüber hinaus weist der grundsätzliche Aufbau aller drei hier besprochenen Fechtlehren starke Gemeinsamkeiten auf, was die ausschließliche Verwendung von Standardhieben in verschiedenen Kombinationen untereinander und der Verzicht auf spezialisierte Hiebe betrifft, wie sie in der Liechtenauer-Lehre angewandt wurden.

Im Hinblick auf diese inhaltlichen und formalen Gemeinsamkeiten der Texte ist anzunehmen, dass diese drei Traktate auf ein gemeinsames Kampfsystem zurückreichen – eben jene hypothetische Fechtlehre, die zur Zeit vor Liechtenauer vermutlich das allgemein praktizierte Kampfsystem darstellte. Gestützt wird diese Annahme durch die Tatsache, dass sich in Q.566, Cgm 558 und dem ‚Kölner Fechtbuch' Anleihen an Techniken finden, die schon in Nürnberg, GNM, HS 3227a als ‚Gefechte anderer Meister' benannt werden und damit schon im 14. Jahrhundert in Gebrauch gewesen sein müssen, wenn auch vielleicht in anderer Form oder unter anderem Namen – darunter der Gassenhau, welcher der Krauthacke in HS 3227a ähnelt, sowie Techniken wie das Durchwechseln, das Nachreisen und die Eiserne Pforte, die namentlich in den drei Texten genannt werden. Die Eiserne Pforte, die sich später im ‚Kölner Fechtbuch' und in Q.566 findet und schon in HS 3227a erwähnt, in der Liechtenauerlehre jedoch nicht weiter rezipiert wird, zeigt im Speziellen, dass dieses hypothetische Fechtsystem schon zu Zeiten der Anfertigung von HS 3227a neben der Lehre Liechtenauers in Gebrauch gewesen sein muss.

Von einer systematisierten und in sich abgeschlossenen Fechtlehre zu sprechen, wäre an dieser Stelle zu weit gegriffen und angesichts der doch weitreichenden Unterschiede innerhalb der untersuchten Traktate nicht haltbar. Vielmehr dürfte es sich um eine Sammlung gewisser mit der Zeit kanonisierter Techniken und Fachbegriffe handeln, die unter den Fechtern des 14. und 15. Jahrhunderts frei gebräuchlich waren und je nach Lehrmeister beliebig kombiniert oder verändert werden konnten, wie dies auch die drei hier behan-

delten Texte veranschaulichen. Die Schnittmengen der drei untersuchten Traktate zeigen, dass ihnen zumindest in einigen Punkten ein gemeinsamer Technikkanon zugrunde gelegen haben muss, aus dem der jeweilige Fechtmeister
Teile entnahm, um sie mit eigenem Material zu einer Fechtlehre zu formen. Da
dieser Technikkanon offenbar frei zugänglich und keinem bestimmten Fechtmeister zugeordnet war, wird er nachfolgend als ‚allgemeine' Fechtlehre bezeichnet. Der Befund der Überlieferungen zeigt deutlich, dass das System dieser
‚allgemeinen' Fechtlehre neben derjenigen Liechtenauers die prominenteste –
und vielleicht ausschließliche – Weise des Bloßfechtens mit dem langen Schwert
darstellte, finden sich doch in allen außerhalb der Liechtenauer-Tradition stehenden Textzeugnissen aus dem 15. Jahrhundert vereinzelte Hinweise auf diese,
während keine Lehre erhalten ist, die keinerlei Anknüpfungspunkte an sie (oder
Liechtenauer) aufweisen würde. Die Verwendung spezieller Techniken und
Begriffe wie der Krone, dem Zucken oder Durchwechseln deutet weiter darauf
hin, dass sich auch Liechtenauer für einige grundsätzliche Bestandteiler seiner
Lehre aus diesem allgemeinen Technikkanon bediente. Dies liegt auch nahe,
denn wie der Verfasser von HS 3227a schon bemerkte, dürfte Liechtenauers
Kunst nicht im luftleeren Raum entstanden sein.

Beachtet man weiterhin die Wirkmacht und Überlieferungsdichte der Liechtenauer'schen Tradition, ist es unwahrscheinlich, dass parallel zu seiner Lehre, die
zum Ende des 15. Jahrhunderts hin nahezu jedem Fechtmeister bekannt gewesen
sein muss, noch neue Abhandlungen zum Fechten verfasst worden wären, die
sich nicht zumindest in Grundzügen mit Liechtenauers Werk befassen, ja dieses
nicht einmal erwähnen oder Kontermöglichkeiten gegen diese nachweislich weit
verbreiteten Techniken erläutern.[334] Daher ist anzunehmen, dass es sich bei den

---

334 Anzumerken sei an dieser Stelle, dass beide Texte, sowohl München, BSB, Cgm 558 als auch das
‚Kölner Fechtbuch' an verschiedenen Stellen intertextuelle Bezüge zu Handschriften aus der
Liechtenauer-Tradition aufweisen. Diese erscheinen aber ausnahmslos ohne namentlichen
Bezug zu Liechtenauer und deuten eher darauf hin, dass sich der Autor des jeweiligen Textes
allgemein bekannter Bilder und Wendungen aus der Fechtersprache bedienen wollte, um sein
eigenes Werk in eine ältere Tradition einzubetten. Im Falle des ‚Kölner Fechtbuchs' handelt es
sich hier um Abwandlungen verschiedener Liechtenauer'scher Merkverse zum langen Schwert,
die sich auch in Nürnberg, GNM, HS 3227a finden, darunter die Verse *wastu starck wils dryben das
fecht myt gantzem lebe* und *Item erschrecks du gern keyn fechten nummer enlern* auf fol. 3r sowie das
kurze Lehrgedicht auf fol. 6v (*wer sycht vff eyns ander hewe | der darff syn konst nyt frewen* […]).
Weiterhin findet sich auch im Abschnitt zum Fechten mit dem langen Messer ein Zitat aus der
Liechtenauerlehre: *Item wyltu konst schauwen sych linck geen vnd recht myt hewenn* (fol. 16r). In
Cgm 558 findet sich hingegen ein Versatzstück, das sehr an Liechtenauers Vorrede erinnert: *Iunk
man lern maister ler hab got liber und fuowen/er/* (fol. 129r). Bei diesen Textstellen handelt es sich
vermutlich nicht um direkte Übernahmen aus der Liechtenauerlehre (obschon sie auf diese
zurückzuführen sein mögen), sondern um zu diesem Zeitpunkt bereits im Fechtjargon allgemein gebrauchte geflügelte Worte, derer sich Fechtmeister gerne in ihrem Unterricht bedienten.
Gleiches gilt für die Textstelle *Wer fechten will der sall haben eyn hertz alsz eyn lewe vnd sall al so
scharpf seen alsz eyn Valck vnd sall also behende syn alsz eyn Vogel* (wiederum im ‚Kölner Fechtbuch',
fol. 3r) – die hier angeführte Allegorie, die den Fechter mit den besonderen Eigenschaften
bestimmter Tiere ausstattet, findet sich in ähnlicher Form bereits in einer Handschrift Paulus

im ‚Kölner Fechtbuch', in Q.566 und in Cgm 558 enthaltenen Texten um Überreste einer älteren Tradition handelt, die noch zu Zeiten entstanden ist, als Liechtenauers Lehre nicht ihren späteren Bekanntheitsgrade erlangt hatte. Angesichts der Tatsache, dass sowohl Cgm 558 als auch das ‚Kölner Fechtbuch' außerhalb des Hauptwirkungskreises Liechtenauers im oberdeutschen Sprachgebiet entstanden sind, erscheint es plausibel, dass vielleicht alleine schon aus Mangel an Alternativen auf die zu diesem Zeitpunkt schon veraltete ‚allgemeine' Fechtlehre als Vorlage für die beiden Fechtbücher zurückgegriffen wurde. Es mag durchaus möglich sein, dass sich für beide Schreiber im näheren Umkreis einfach keine Vorlage aus der Tradition Liechtenauers finden ließ, die in die jeweiligen Bücher hätten aufgenommen werden können, weshalb zu der älteren, ‚allgemeinen' Lehre gegriffen wurde.

Ob die drei Texte nun aber die ursprüngliche Form oder schon eine Weiterentwicklung der neben Liechtenauers Lehre angewandten Fechtweise darstellen, kann nicht mit Sicherheit bestimmt werden. Es darf jedoch aufgrund der Gemeinsamkeiten unter den hier untersuchten Fechtlehren als gesichert gelten, dass sie auf eine gemeinsame ältere Tradition zurückgehen, die ihren Anfang schon vor der Zeit der Abfassung von HS 3227a hatte. Die Unterschlagung jeglicher Techniken aus der Lehre Liechtenauers lässt aber darauf schließen, dass die drei Texte eine sehr frühe Form dieser ‚allgemeinen' Lehre beschreiben, die noch keine Berührungspunkte mit dem Liechtenauer'schen Fechtsystem hatte und im Laufe des 15. Jahrhunderts vermutlich langsam außer Gebrauch kam und nur noch für das grundsätzliche Erlernen der Fechtkunst Verwendung fand.[335]

Dies würde auch die Aufnahme solcher Techniken wie der Triangel und der Eisernen Pforte in das spätere Fechtbuch des Andre Paurenfeindt erklären, dessen Hauptwerk sich grundsätzlich auf die Lehre Liechtenauers stützt. Jedoch weist der Fechtmeister in einem Vorwort ausdrücklich darauf hin, dass seine nachfolgenden Aufzeichnungen nicht für die älteren (und damit geübten) Fechter bestimmt seien, sondern für die jüngeren, also diejenigen, welche die Kunst noch erlernen müssen.[336] Die Existenz der Fechttexte Paurenfeindts be-

---

Kals, wo sie auch mit einer entsprechenden Zeichnung versehen ist, einem Fechter mit dem Kopf eines Falken, den Füßen eines Hirschs und einem Löwen anstelle des Herzens: *Ich hab augen als ein falk das man mich nit beschalk | Ich hab hercz als ein leb das ich hin czü streb | Ich hab fües als ein hind das ich hin czü und dar von spring* (München, BSB, Cgm 1507, fol. 6r). Obgleich Paulus Kals Werk keinen Einfluss auf die spätere Überlieferung hatte, scheint diese Form der Allegorie aber unter Fechtern allgemein verbreitet gewesen zu sein. So findet sich eine ähnliche bildliche Darstellung bereits in der 1409 fertig gestellten Handschrift des italienischen Fechtmeisters Fiore dei Liberi, der den Fechter mit den vier Tieren Luchs, Tiger, Löwe und Elefant vergleicht und ihm ihre Eigenschaften zuweist: Vorsicht, Schnelligkeit, Wagemut und Stärke (Pisani Dossi-Handschrift, nach der Edition Novati, Fiori dei Liberi: Flos duellatorum, Blatt 17a).

335 Dass es durchaus auch Bemühungen gab, beide Lehren, die hier beschriebene ‚allgemeine' und die Liechtenauers, zu kombinieren, zeigen die Fechtbücher Hans Talhoffers, auf die in Kapitel II.3.2 näher eingegangen wird.

336 Augsburg, Universitätsbibliothek, Cod.I.6.2.2, fol. 50r: *Kürzlich hab Ich Mir gedachtt iii Cappittell Inn welchen kürzlich begrifen wirdt Ler vnnd Auszug Der Fechttere y Nitt vir die Alltten fechterr*

weist, dass beide Fechtlehren, die hier erschlossene hypothetische sowie die Liechtenauer'sche, durchaus auch gemeinsam rezipiert wurden, was nur logisch erscheint, da eine Abhandlung über das Fechten ohne die wirkmächtigste Fechtlehre Liechtenauers unvollständig und wenig hilfreich wäre. Dies untermauert die These, dass sowohl der Text in Q.566 als auch diejenigen in Cgm 558 und im ‚Kölner Fechtbuch' auf eine Zeit zurückgehen, in der Liechtenauers Kunst noch nicht bekannt oder weit verbreitet war.

2.4. Die zeitgenössische Bedeutung der Liechtenauer'schen Lehre

Wenn nun im Spätmittelalter aber eine höchstwahrscheinlich weitverbreitete Fechtkunst neben der von Johannes Liechtenauer existierte, was waren die Gründe dafür, dass sich – von den sehr wenigen Ausnahmen abgesehen – lediglich seine Kunst großflächig in den Fechtbüchern erhalten hat? Was hob Liechtenauers Art zu fechten von der bis dahin gängigen Fechtweise ab, dass sein System fortan als das einzig wahre angesehen und sein Name ehrerbietig im Großteil der späteren Fachtexte erwähnt wurde?

Die Analyse der Texte in Weimar, HAAB, Q.566 sowie München, BSB, Cgm 558 und dem ‚Kölner Fechtbuch' haben gezeigt, dass die ‚allgemeine' Lehre sich prinzipiell auf die Grundhiebe beschränkt, welche in verschiedener Form angewandt werden. Die dort beschriebenen Stücke setzen sich hauptsächlich aus diesen Grundschlägen zusammen, in den meisten Fällen dem Oberhau und seltener auch dem Unter- oder Mittelhau. Was Liechtenauers System nun von dieser Art zu Fechten abhob, waren seine fünf speziellen Hiebe. Die Untersuchung zu Nürnberg, GNM, HS 3227a hat gezeigt, dass sie offensichtlich genau zu dem Zweck erdacht wurden, die vorherrschenden Techniken der zeitgenössischen Fechter zu brechen und sie damit zu besiegen. Mit seinen fünf Hieben präsentierte Liechtenauer ein System von Techniken, die angewandt werden konnten, um nahezu jeden herkömmlich ausgebildeten Fechter schlagen zu können. Nicht ohne Grund gingen diese Techniken auch als die ‚verborgenen Hiebe' in die spätere Überlieferung ein. Zur Zeit ihrer Erfindung stellten sie quasi eine Geheimwaffe dar, auf die der traditionelle Fechter keine Antwort hatte.[337]

Es ist nicht schwer vorstellbar, dass in der ersten Hälfte des 14. Jahrhunderts, zu einer Zeit, als das zweihändige Fechten noch recht jung war, ein eher konservativer Fechtstil vorherrschend war. Natürlich entwickelt sich eine Kunst wie das Fechten mit der Zeit weiter, unkonventionelle Techniken werden erprobt und für gut oder schlecht befunden, weswegen es nur eine Frage der Zeit gewesen sein kann, dass Techniken ähnlich den fünf Hieben aufgekommen wären. Doch Liechtenauer scheint als Innovator genau dann zur Stelle gewesen zu sein,

---

sunder vir die Jungenn shuellerr. Die Fechtlehre Paurenfeindts wird in Kapitel II.4.1. näher untersucht.

337 Vgl. dazu auch den Hinweis des Verfassers von Nürnberg, GNM, HS 3227a, der die ‚Gefechte anderer Meister' nur „zur Übung und für das Schulfechten" aufführt, da er sie dem Liechtenauer-System offensichtlich für unterlegen hält (fol. 44r).

um diese Weiterentwicklung durchzuführen und sozusagen unter seinem Namen zu patentieren, als es neben ihm noch keine durchsetzungsfähige Bestrebung in diese Richtung gab. Dies erklärt auch die Tatsache, dass HS 3227a keinerlei Erwähnung eines Konters gegen die fünf Hiebe enthält, wie es in späteren Handschriften der Tradition Liechtenauers der Fall ist. Es handelte sich um Techniken, die zu dieser Zeit exklusiv auf einen kleinen Kreis von Fechtern beschränkt waren, nämlich Liechtenauer und seine Schüler. Eine Anleitung zum Bekämpfen dieser Techniken war zunächst nicht erforderlich, da niemand sonst sie verwendete. Es waren die geheimen Tricks eines innovativen Meisters, der seine Schüler lehrte, ‚out of the box' zu denken und damit das gemeinhin praktizierte Fechten zu kontern.

Wie gelang Liechtenauer das? Die Antwort erscheint simpel, doch muss sie im waffengeschichtlichen Zusammenhang gesehen werden: Liechtenauer benutzt bei seinen fünf Hieben weitestgehend Prinzipien, die das zweihändige Schwert von einhändig geführten Waffen, die vor dem langen Schwert die Regel waren, abgrenzen. So werden bei jedem der fünf Hiebe eine oder mehrere Variationen in Handhaltung oder Bewegungsablauf eingeführt, die sie von den herkömmlichen Grundhieben unterscheiden. Wie die Untersuchung von Cgm 558 und dem ‚Kölner Fechtbuch' gezeigt haben, findet sich dort ein recht statisches Fechten, das die Gefechtslinie nur selten verlässt. Wenn dies dennoch passiert, wie im Falle der Triangel, so basiert dies lediglich auf der Fußarbeit – die Schlagrichtung zum Gegner bleibt gewahrt.

Hier setzt Liechtenauer mit seinen verborgenen Hieben an. Der Krumphau wird, dem Namen entsprechend, ‚krumm' zur Gefechtslinie mit einem Schritt zur Seite geschlagen, nicht zum Mann direkt, sondern zu seiner Klinge oder seinen Händen. Gleiches gilt für den Twerchau, bei dem die Linie verlassen und der Gegner seitlich am Kopf geschlagen wird. Der Schielhau hingegen nutzt die biomechanischen Gegebenheiten des zweihändigen Griffs am Schwert, um einen Vorteil vor einem gewöhnlichen Hieb zu bekommen: Durch das Eindrehen der Klinge beim Zuschlagen mit der kurzen anstatt der langen Schneide kann die gegnerische Klinge effizienter ausgesperrt und der Gegner dennoch erreicht werden, da sich das Schwert in dieser Haltung bei gestreckten Armen leichter mit dem Ort nach unten neigen lässt. Der Scheitelhau schließlich nutzt den mechanischen Drehpunkt der eigenen Waffe, um durch ein Hochreißen des Gehilzes den Ort nach unten auf den Kopf des Gegners zu beschleunigen und diesen somit zu überlaufen, was vor allem durch die Länge der Waffe ermöglicht wird. Lediglich der Zornhau scheint bereits bekannte Prinzipien aufzugreifen[338] und stellt offenbar Liechtenauers Versuch dar, diese in seine Systematik einzubinden.

---

338 Vgl. München, BSB, Cgm. 558, in dem öfter die Rede davon ist, in das gegnerische Schwert zu schlagen. Hier lassen sich Ähnlichkeiten zur Lehre Liechtenauers erkennen, beispielsweise wird nach einem solchen Schlag die Klinge abgenommen, um erneut zuzuschlagen (fol. 125r). Weiterhin erwähnt das ‚Kölner Fechtbuch' im Abschnitt über das Messerfechten einen Zornhau (fol. 14r). Einen Hieb „zornig", also mit starker Kraft anzubringen, war offensichtlich bereits eine bekannte Technik, die Liechtenauer in sein System integrierte.

Ebenso mag das Prinzip der stehenden Klinge, wie sie bei Zornhau und Scheitelhau zu finden ist, eine Überraschung für den zeitgenössischen Fechter gewesen sein, der für gewöhnlich durchgezogene Hiebe benutzte. Besonders die Tatsache, dass Liechtenauers fünf Hiebe allesamt aus dem Oberhau abgeleitet sind, führte sicherlich zu Verwirrung unter anderen Fechtern, die aus den bekannten Huten einen ebensolchen Oberhau erwarteten, dann jedoch durch einen Zornhau überrascht wurden, der hart gegen ihre Klinge geschlagen wurde, oder durch einen Zwerchhau, der die Kampflinie verließ und völlig unerwartet seitlich zum Kopf geführt wurde. In Kombination mit der Fokussierung auf das einem Schlag nachfolgende Winden und Fühlen am Schwert, das vermutlich keine komplette Neuerung gewesen, in diesem Umfang aber nicht trainiert worden sein dürfte, bot Liechtenauer damit seinen Schülern mit seinem System sozusagen eine Wunderwaffe gegen die üblichen Fechttechniken.

Bemerkenswert ist an den verborgenen Hieben, dass sie teilweise explizit konzipiert sind, um gegnerische (Grund-)Hiebe zu brechen. So wird der Zornhau gegen einen Oberhau geschlagen, während Schiel- und Twerchhau Hiebe von oben beziehungsweise *vom tag* brechen, also genau die Techniken, auf die sich die erschlossene ,allgemeine' Fechtlehre zum Großteil stützt. Liechtenauers Lehre unterscheidet sich damit konkret von den Texten in Q.566, Cgm 558 und dem ,Kölner Fechtbuch', da sie Wege anbietet, den Gegner durch defensive Aktionen im *indes* oder im *nach* zu schlagen, während in der ,allgemeinen' Lehre lediglich Offensivaktionen beziehungsweise solche beschrieben werden, die offensive Aktionen in einer defensiven Weise nutzen. Die verborgenen Hiebe boten dem Fechter des Liechtenauer-Systems eine Möglichkeit, Versatz und Angriff in einer Aktion zu kombinieren, wofür ein Fechter, der nur die Grundhiebe benutzte, jeweils zwei aufeinanderfolgende Techniken einsetzen musste.

Liechtenauers Lehre muss also als Reaktion auf die allgemein übliche Kampfesweise gesehen werden, bei der durch innovative Konzepte in Bewegung und Hieben Möglichkeiten gefunden wurden, diese zu kontern. Liechtenauer selbst kann damit, genau wie es der Verfasser von HS 3227a darstellt, nicht als Erfinder der Fechtkunst mit dem langen Schwert angesehen werden, auch da er bereits existierende Techniken in seine Lehre inkorporierte. Jedoch fällt ihm der Titel des Innovators zu, der die Prinzipien dieser Waffe soweit verfeinerte und perfektionierte, dass sie nahezu den Höhepunkt ihrer Wirksamkeit erreichen konnte, der selbst in späteren Jahrhunderten nicht mehr überschritten werden sollte. Mit dem langen Schwert ließen sich keine sinnvollen Techniken mehr finden, die nicht schon in Liechtenauers Lehre Anwendung fanden.[339] Obwohl die Techniken Liechtenauers im Laufe der späteren Jahrhunderte durchaus weiterentwickelt und verfeinert wurden, sollte sich an der grundle-

---

339 Vgl. dazu auch den Kommentar des Verfassers von Nürnberg, GNM, HS 3227a, der darauf hinweist, dass keine neue Form der Kunst mehr erfunden werden könnte, die nicht schon in Liechtenauers System enthalten wäre: *als man noch manche leychmeistere vindet dy do sprechen / das sy selber newe kunst vinden und irdenken und meynen das sich dy kunst des fechtens von tage zu tage besser und mere / Aber ich wolde gerne eynen sehn der do / mochte mir eyn gefechte / ader eyne haw irdenken und tuen der do nicht aus lichtnawers kunst gynge* (fol. 14r).

genden Systematik seiner Lehre jedoch nichts mehr ändern, bis das lange
Schwert schließlich von anderen Waffen abgelöst wurde. Allein diese Tatsache
zeigt auf, dass das Fechten mit dem langen Schwert nach Liechtenauers System
bereits an die Grenzen der Möglichkeiten stieß, die diese Waffe bietet.

Eine über das Fechten hinausgehende Leistung Liechtenauers liegt weiterhin
in seiner Systematisierung der Techniken. Durch die Strukturierung der verschiedenen Aktionen und Prinzipien und die Einbettung in ein dediziertes
Fachvokabular, das durch seine *zedel* tradiert werden konnte, eröffnete Liechtenauer erstmals die Möglichkeit für ein Fachpublikum, einen gelehrten Diskurs
über das Thema zu führen. Durch Liechtenauers *zedel* war das Fechten zu einer
Kunst ähnlich dem Handwerk geworden, bei der nun jede Technik in einem
eigenen Fachterminus kodiert war. Nicht nur konnte so ein Austausch über die
einzelnen Techniken stattfinden, die gesamte Fechtlehre war darüber hinaus
auch in Form der *zedel* gespeichert und konnte von Meister zu Meister weiter-
gereicht werden. Dabei traten natürlich Auslegungsvariationen auf, wie im
nächsten Abschnitt der Arbeit noch zu zeigen sein wird. Aber der Kern der
Liechtenauer-Lehre blieb erhalten, da sich jeder nachfolgende Rezipient am
Grundgerüst der *zedel* orientieren konnte.

Liechtenauer schuf also nicht nur eine Fechtkunst, die perfekt auf die verwendete Waffe angepasst war und deren Möglichkeiten voll ausnutzte. Er sorgte
auch dafür, dass diese Lehre von einem Fachpublikum rezipiert und unter
Wahrung ihrer Integrität weiter tradiert werden konnte. So konnte sein System
von Fechttechniken Eingang in das Fachschrifttum finden und eine derart große
Wirkmacht entfalten, dass sein Name bis heute synonym für das Fechten mit
dem langen Schwert verwendet wird. Die nachfolgenden Untersuchungen
werden sich daher nun damit beschäftigen, wie Liechtenauers Kunst im Verlauf
des 15. und 16. Jahrhunderts von den in seiner Tradition stehenden Fechtmeistern aufgegriffen, abgewandelt und angewandt wurde.

3. Die Blütezeit des langen Schwertes im 15. Jahrhundert

In der Geschichte der Fechtkunst mit dem langen Schwert nimmt das 15. Jahrhundert eine besondere Rolle ein, sind doch aus dieser Zeit die meisten Fechtbücher erhalten, die sich mit dieser Waffe beschäftigen. Genau genommen
könnte man von einer wahren Flut an Fechtliteratur sprechen, die in den Jahren
von 1400 bis 1500 überwiegend im oberdeutschen Sprachraum entstanden ist
und sich unter anderem dem Kampf mit dem langen Schwert widmet. Neben der
Tatsache, dass sich eine große Zahl von Fechtmeistern dazu entschloss, eigene
Lehrbücher anzufertigen, sind so, beispielsweise im Falle Hans Talhoffers oder
Paulus Kals, sogar mehrere Werke einzelner Fechter überliefert. Dies erlaubt,
nicht nur die Entwicklung der Fechtkunst zwischen den einzelnen Meistern und
deren Beziehungen untereinander zu erforschen, sondern sogar Entwicklungen
innerhalb der Lehre eines bestimmten Meisters im Laufe der Jahre zu untersuchen.

Die große Überlieferungsdichte der Fechtliteratur im 15. Jahrhundert lässt darauf schließen, dass das Erlernen der Fechtkunst generell und des langen Schwertes im Besonderen zu dieser Zeit eine durchaus beliebte Beschäftigung darstellte, sowohl im bürgerlichen als auch im adligen Umfeld. Überdies stellt dieser Zeitraum für die technische Entwicklung der Kunst einen wichtigen Schritt dar, denn es lässt sich beobachten, wie die Lehre Liechtenauers von verschiedenen Fechtmeistern aufgegriffen und weiterentwickelt beziehungs-weise verfeinert, ja sogar auf andere Waffengattungen übertragen wurde. Doch leider führt die hohe Zahl an überlieferten Werken auch zu einem wahren Di-ckicht an Abhängigkeitsverhältnissen unter den einzelnen Fechtbüchern und ihren Verfassern, was das Einordnen und Bewerten verschiedener Abhandlun-gen behindert oder in manchen Fällen gar unmöglich macht. Erschwerend kommt hinzu, dass viele der Fechttraktate aus dieser Zeit nur unzureichend datierbar sind, was großen Interpretationsspielraum eröffnet – bei der Unter-suchung einer Handschrift ist es im Hinblick auf die Entwicklungsgeschichte der Fechtkunst eine nicht zu unterschätzende Information, ob besagtes Werk aus der ersten Hälfte des 15. Jahrhunderts stammt oder eher um das Jahr 1500 angelegt wurde, wie es beispielsweise bei dem Text Sigmund Ringecks der Fall ist, der erst vor Kurzem neu datiert wurde.[340]

Angesichts der großen Fülle an erhaltenen deutschsprachigen Fechtbüchern aus den Jahren 1400 bis 1500 ist es umso erstaunlicher, dass mit wenigen Aus-nahmen alle diese Werke eine mehr oder weniger enge Verbindung zur Fecht-kunst Johannes Liechtenauers aufweisen. In der überwiegenden Zahl der Fechttexte zum langen Schwert ist eine hochachtungsvolle Widmung des Ver-fassers an Meister Liechtenauer gegeben, aber selbst diejenigen Autoren, die nicht direkten und namentlichen Bezug auf den Meister nehmen, verwenden Teile seiner *zedel*, sei es in direkter oder leicht abgewandelter Form. Bei einer Untersuchung der Techniken, die in den verschiedenen Fechtbüchern beschrie-ben werden, wird unzweifelhaft klar, dass es sich immer um Abwandlungen von Liechtenauers Lehre handelt, selbst wenn dieser nicht als Urheber erwähnt wird. Nur wenige Traktate scheinen abseits der Liechtenauer'schen Tradition ent-standen zu sein – die wichtigsten davon wurden im vorhergehenden Kapitel bereits untersucht.

Die Überlieferung spaltet sich sowohl in der äußeren Form als auch inhaltlich in mehrere verschiedene Stränge auf, die teilweise ganze Verbünde von mit-einander in Verbindung stehenden Werken, aber auch einzelne, für sich allein stehende Fechtbücher hervorgebracht haben. Der äußeren Form nach lassen sich die Traktate in drei Kategorien einteilen: (1) Überlieferung durch ausschließlich

---

340 Wierschin datiert die Handschrift Dresden, SLUB, Mscr.Dresd.C.487 auf die erste Hälfte des 15. Jahrhunderts, möglicherweise sogar auf das Ende des 14. (WIERSCHIN, Liechtenauers Kunst, S. 83), Hils hingegen (auch aufgrund eines fehlerhaften Abhängigkeitsverhältnisses zu Peter von Danzig) datiert sie auf die Jahre zwischen 1438 und 1452 (HILS, Liechtenauers Kunst, S. 56). Neuere Untersuchungen der Wasserzeichen legen jedoch ein Entstehungsdatum zum Anfang des 16. Jahrhunderts nahe (http://www.manuscripta-mediaevalia.de/dokumente/html/obj31600186; 01.09.2017).

schriftliche Werke, (2) Überlieferung (fast) ausschließlich durch Illustration und (3) Überlieferung durch eine Mischform der beiden vorigen Typen, die relativ ausführliche Texte mit bildlicher Darstellung verbindet.

Aus der Fülle der aus dem 15. Jahrhundert erhaltenen Fechtbücher wurde für die vorliegende Untersuchung ein Korpus von Handschriften ausgewählt, das die verschiedenen Entwicklungsschritte der Fechtkunst mit dem langen Schwert im Laufe dieses Jahrhunderts veranschaulicht. Die Werke lassen sich zu drei verschiedenen Gruppen beziehungsweise Überlieferungssträngen zusammenfassen, anhand derer sich auch die Gliederung des Kapitels ergibt. Auswahlkriterium für die drei Gruppen ist ihre Nähe zur Überlieferung Liechtenauers:

1. Die erste Gruppe bildet eine anonyme Glossierung der Liechtenauerlehre, die sich das erste Mal in Rom, BANLC, Codex 44 A 8 in der Mitte des 15. Jahrhunderts findet und fortan in einer Vielzahl von Fechtbüchern bis zum Ende des 16. Jahrhunderts kopiert und verarbeitet wurde. Diese zunächst rein schriftliche Auslegung von Liechtenauers *zedel* besaß offenbar den größten Einfluss auf die Überlieferung der Fechtlehre nach Liechtenauer. Zudem stellt sie die mit Abstand ausführlichste und vollständigste Bearbeitung von Liechtenauers Versen dar, weshalb sie für die Untersuchung der Kampfkunst mit dem langen Schwert eine wichtige Rolle einnimmt und daher den Beginn dieses Kapitels und die Grundlage der Auslegung von Liechtenauers Fechtkunst bildet, anhand derer die anderen Überlieferungsstränge im weiteren Verlauf der Arbeit eingeordnet werden.
Neben dieser anonymen Glosse existiert eine weitere Bearbeitung der Liechtenauerverse aus dem 15. Jahrhundert, die dem Fechtmeister Sigmund Ringeck zugeschrieben wird, beginnend mit der Glossierung der Lehre Liechtenauers in Dresden, SLUB, Mscr.Dresd.C.487, welche sich in einer Reihe von Fechtbüchern des 16. Jahrhunderts fortsetzt. Obschon die Handschrift ebenfalls erst zu Beginn des 16. Jahrhunderts angefertigt wurde, legen die Lebensdaten des Verfassers nahe, dass seine Glossierung der Liechtenauerlehre bereits in der zweiten Hälfte des 15. Jahrhunderts entstanden und daher für das vorliegende Kapitel von Bedeutung ist. Form und Inhalt dieser Bearbeitung zeigen eine enge Verbindung zu der anonymen Liechtenauerglosse des Codex 44 A 8 – die beiden Auslegungen der Lehre unterscheiden sich nur in spezifischen Details, weshalb beide Überlieferungsstränge fortfolgend zusammengefasst werden.

2. Die zweite untersuchte Gruppe besteht aus den Handschriften, welche die Fechtlehre Hans Talhoffers überliefern. Talhoffer bildet unter den Fechtmeistern des 15. Jahrhunderts einen Sonderfall, zum einen da von ihm gleich mehrere Werke unterschiedlicher Wirkungsperioden erhalten sind, die Einblick in die Entwicklung seiner Fechtlehre liefern, zum anderen ist Talhoffer zunächst der Liechtenauerlehre verhaftet, entwickelt seine eigene Lehre aber in späteren Werken von dieser weg – er stellt also sozusagen ein Mittel zwischen den ersten beiden hier behandelten Gruppen dar.

3. Die dritte Gruppe schließlich umfasst Fechttraktate, die in keine der ersten beiden Gruppen einzuordnen sind und die sich in erwähnenswerter Weise

von der Liechtenauer-Tradition abheben oder Veränderungen des etablierten Technikkatalogs aufweisen.[341]

Das Ende des Kapitels bildet ein kurzer Exkurs zu einer anderen Waffengattung:
Das lange Messer Johannes Lecküchners bietet einen interessanten Einblick in
die Rezeptionsgeschichte der Liechtenauer'schen Lehre, ist hier doch der Versuch zu erkennen, die ihr zugrunde liegenden Prinzipien auf eine andere Waffe
zu übertragen. Anhand der Messerfechtlehre Lecküchners lassen sich somit
durch Vergleich der beiden Waffen Erkenntnisse über die technischen Eigen-
heiten des langen Schwertes gewinnen.

3.1. ‚Peter von Danzig' und Sigmund Ringeck

3.1.1. Textgrundlagen

Die erste auf uns gekommene Handschrift, die nach Nürnberg, GNM, HS 3227a
eine Glosse der Liechtenauerlehre enthält, ist der Codex 44 A 8,[342] der heute in der
Biblioteca dell'Accademia Nazionale dei Lincei e Corsiniana, Rom aufbewahrt
wird und auf das Jahr 1452 datiert.[343] In der älteren Forschung wird diese
Handschrift noch der Urheberschaft des Fechtmeisters Peter von Danzig zugeschrieben,[344] jedoch stammt von diesem lediglich die kurze Glosse zum
Kampffechten, welche die Handschrift abschließt. Da mit Ausnahme der Glossierung zu Liechtenauers Fechtlehre alle weiteren Texte der Handschrift ebenfalls mit einer Autorennennung versehen sind, ist davon auszugehen, dass es sich
bei der Liechtenauerglosse um die Übernahme einer bereits anonym vorlie-

---

341 Erwähnung finden hierbei lediglich die Trakate und Fragmente, aus welchen sich verwendbare
    Informationen über das Bloßfechten im langen Schwert gewinnen lassen. Nicht berücksichtigt
    wurden dabei etwa Handschriften wie der Codex 5278 der Österreichischen Nationalbibliothek
    Wien, welcher einige wenige vereinzelte Abbildungen zum Bloßfechten im langen Schwert
    enthält (beginnend mit fol. 196r bis fol. 201r). LENG, Fecht- und Ringbücher, S. 135 (die der
    Handschrift auf die Zeit von 1420–30 datiert) weist diese als Bearbeitung des Stoffs von Fiore dei
    Liberi aus. Es handelt sich dabei fast ausschließlich um Halbschwert- und Ringtechniken am
    Schwert, trotz der ungewappneten Darstellung der Kämpfer vermutlich in Vorbereitung auf den
    Kampf im Harnisch. Gleiches gilt für die Abbildungen in Wien, Österreichische Nationalbi-
    bliothek, Cod. 10799, einer Handschrift aus dem Jahr 1623 (fol. 1r), bei der es sich vermutlich um
    eine Bearbeitung des Stoffes handelt, der auch vorgenanntem Codex 5278 zugrunde lag. Die
    Ähnlichkeiten im Bildmaterial sind auffällig, teilweise wurden die abgebildeten Techniken di-
    rekt übernommen (etwa die vier Figuren auf fol. 32r–35r, die denjenigen von Cod. 5278, fol. 200r
    exakt entsprechen).
342 Handschriftenbeschreibungen bei LENG, Fecht- und Ringbücher, S. 127–129 und HILS, Liechte-
    nauers Kunst, S. 110–112.
343 Datierung nach dem Datumseintrag in der Handschrift selbst auf Blatt 113v.
344 So bei Wierschin, der aufgrund fehlender Segensformeln davon ausgeht, dass Peter von Danzig
    der einzige noch lebende Fechtmeister sei, der in der Handschrift erwähnt wird, und daher
    darauf schließt, dass es sich bei ihm um den Kompilator derselben handelt (WIERSCHIN, Liech-
    tenauers Kunst, S. 35).

genden Überlieferung handelt. Der *terminus ante quem* für die Niederschrift
dieser Glosse liegt also, im Hinblick auf das Entstehungsdatum von Codex 44 A
8, in der ersten Hälfte des 15. Jahrhunderts.

Die Tatsache, dass der Verfasser der Handschrift dem Glossator offensichtlich keinen Namen zuordnen konnte, macht es wahrscheinlich, dass sie bereits
einige Zeit zuvor entstand – möglicherweise noch zu Lebzeiten Liechtenauers
selbst, wobei eine Beteiligung Liechtenauers an der Glossierung seiner Lehre
aber unwahrscheinlich ist. Schon im Einleitungstext der Glosse heißt es *Dar vmb
hat er* [Liechtenauer] *sy lassen schreiben mit verporgen vnd verdachten worten das sy
yeder man nicht vernemen vnd versten sol*[345] – dem Meister war es offensichtlich
wichtig, dass seine Lehre nur in den verschlüsselten Versen überliefert würde.
Wäre die Auslegung seiner *zedel* unter seiner eigenen Mitwirkung entstanden,
hätte dies sicherlich Erwähnung im Text gefunden.

Sowohl in der Forschungsliteratur als auch im allgemeinen Sprachgebrauch
unter heutigen Fechtsportlern wird die Handschrift noch überwiegend als der
‚Danzig-Codex‘ bezeichnet.[346] Da diese Zuordnung aber höchst zweifelhaft ist,
wird die dort enthaltene Bearbeitung der Liechtenauer-Lehre in Abgrenzung zur
ebenfalls anonymen Glosse in HS 3227a im Folgenden Verlauf der Arbeit als
Glosse L2 oder L2-Bearbeitung bezeichnet.

Jene Bearbeitung der Liechtenauerlehre erfreute sich nach ihrer Entstehung
offensichtlich sowohl großer Beliebtheit als auch großer Verbreitung, denn es
sind überraschend viele Kopien und Sammlungen des Textes auf uns gekommen.[347] Obgleich sich die Überlieferung dieser Glosse bis zum Ende des
16. Jahrhunderts erstreckt, ist die Integrität des Textes bemerkenswert gut erhalten geblieben. So weisen die Handschriften, in welche die L2-Glosse aufgenommen wurde, zwar eine starke Schwankung bei der Zahl der jeweils über-
nommenen Textstücke auf, der Inhalt, also die Beschreibung der einzelnen Stücke, variiert jedoch kaum, und wenn, dann zumeist nur in sprachlicher Form. Die
Beschreibung der einzelnen Techniken bleibt im Laufe der Überlieferung weitestgehend unverändert. Bei der Anfertigung der Handschriften stand also offensichtlich der kompilatorische Aspekt im Vordergrund, eine inhaltliche Bearbeitung des Textes hat nur an wenigen Stellen stattgefunden.

Lediglich zu Beginn der Überlieferung scheint sich das Material in zwei
Stränge aufgespalten zu haben. Neben der in Codex 44 A 8 enthaltenen Urfas-
sung (fortfolgend Glosse L2a) taucht im Verlauf der 1450er Jahre mit der Bearbeitung in Augsburg, Universitätsbibliothek, Cod.I.6.4.3 eine Version der Glosse

---

345 Rom, BANLC, Cod. 44 A 8, fol. 9v.

346 So etwa in der Edition der Handschrift durch Dirk Hagedorn, der sich des Problems durchaus
     bewusst war, sich aber dennoch dafür entschied, die Edition unter dem Titel ‚Peter von Danzig‘
     zu veröffentlichen. Hagedorn, Peter von Danzig, S. XII.

347 Versatzstücke der Glossierung finden sich außer in Rom, BANLC, Cod. 44 A 8 noch in den
     Handschriften Augsburg, Universitätsbibliothek, Cod.I.6.4.3; Wien, Kunsthistorisches Museum,
     KK 5126; Salzburg, Universitätsbibliothek, M I 29; Krakau, Biblioteka Jagiellońska, MS. Berol.
     Germ. Quart. 2020; München, BSB, Cod. Icon. 393; Augsburg, Stadtarchiv, Reichsstadt, Schätze,
     Nr. 82; in den Fechtbüchern Paulus Hector Mairs; Rostock, Universitätsbibliothek, Mss. var. 82
     und München, BSB, Cgm 3712.

(fortfolgend Glosse L2b) auf, die einige wenige geringfügige Änderungen und Erweiterungen am Ursprungstext vornimmt. Die Eingriffe des Verfassers sind oft nur äußerlicher Natur, so wechselt beispielsweise beim Zwerchhau die darstellende Perspektive, aus *So spring mit dem rechten füess gegen ym wol auff sein lincke seitten*[348] wird *so spring mit dem rechten fusse gegen Im wol auf dein rechte seitten*[349] – die Aussage bleibt trotz des Perspektivenwechsels erhalten, der Fechter weiß immer noch, welche Seite gemeint ist. Auch bei der Hut Ochs lässt sich eine Veränderung in der Wortwahl der Beschreibung feststellen, hier weist der Verfasser im Gegensatz zu Fassung L2a an, dass das Schwert so neben dem Kopf gehalten werden soll, dass die *kurtz sneide gegen dir stee* (für den rechten Ochs, bei der linken Version die lange Schneide).[350] Hiermit wird klar auf die Daumenlage verwiesen, denn im linken Ochs kann das Schwert nur in dieser Haltung so weit gedreht werden, dass die lange Schneide zum Fechter zeigt. Fassung L2a hingegen weist die Daumenlage durch die Anweisung *das dein dawmen vnder dem swert sey*[351] aus.

An anderen Stellen zeigen sich hingegen auch Veränderungen am Inhalt des Textes, etwa bei einem Stück zum Scheitelhau, das die Hut Alber brechen soll: Aus *So setz den lincken fuess vor vnd halt dein swert an deiner rechten achsel Inn der huot*[352] wird *So setz den lincken fus für vnd halt dein swert mit aufgereckten armen hoch über dein haubt In der hut vom tag*[353], also eine bewusste Veränderung in der Haltung des Schwertes von der niedrigen rechten Hut vom Tag in die hohe Hut vom Tag über dem Kopf. Weiterhin wurden vereinzelt erklärende Erweiterungen hinzugefügt, um die Umsetzung der Stücke klarer zu machen, so etwa beim Absetzen: Zur Anweisung der L2a-Fassung *wind mit deinem swert auf dein lincke seitten gegen seinem stiche die kurtzen schneiden an sein swert vnd setz damit abe* wird das erläuternde *das dein ort gegen Im pleib steen* hinzugefügt, welches die ursprüngliche Fassung nicht aufweist.[354] Fassung L2b der Glosse zeigt sich insgesamt als etwas detaillierter im Vergleich zu Fassung L2a, außerdem enthält sie je nach Werk eine höhere Zahl von Stücken; dies gilt vor allem für Handschrift Salzburg, Universitätsbibliothek, M I 29, welche Fassung L2b überliefert und vermutlich die höchste Anzahl an Stücken der Glosse aufweist.

Neben den beiden Versionen der Glosse L2 der Liechtenauerlehre existiert für das 15. Jahrhundert noch ein weiterer Überlieferungsstrang, der große Ähnlichkeit zu selbiger aufweist. Nicht annähernd so oft überliefert wie die Texte von Glosse L2, erlangte die Bearbeitung der Liechtenauer'schen Verse durch den Fechtmeister Sigmund Ringeck dennoch ebenfalls vergleichsweise weite Verbreitung, sodass nennenswerte Teile davon immerhin in vier heute bekannten

---

348 Rom, BANLC, Cod. 44 A 8, fol. 21r.
349 Augsburg, Universitätsbibliothek, Cod.I.6.4.3, fol. 18v.
350 Augsburg, Universitätsbibliothek, Cod.I.6.4.3, fol. 28r.
351 Rom, BANLC, Cod. 44 A 8, fol. 25v.
352 Ebd., fol. 25r.
353 Augsburg, Universitätsbibliothek, Cod.I.6.4.3, fol. 27r.
354 Ebd., fol. 37v f. Vgl. Rom, BANLC, Cod. 44 A 8, fol. 30v.

Handschriften zu finden sind.[355] Die vier Handschriften stammen ausnahmslos aus dem 16. Jahrhundert, so auch die zunächst fälschlich auf die Mitte des 15. Jahrhunderts datierte erste Handschrift, die Ringecks Fechtlehre überliefert, Mscr.Dresd.C.487 der Dresdner Staats- und Universitätsbibliothek.[356] Dennoch lässt sich Ringecks Bearbeitung der Liechtenauerverse auf das 15. Jahrhundert datieren, möglicherweise sogar ans Ende des 14. Jahrhunderts. Denn obwohl die Lebensdaten Ringecks weitestgehend im Dunkeln liegen, weisen einige Indizien darauf hin, dass sein Werk nicht später als zur zweiten Hälfte des 15. Jahrhunderts entstanden sein kann.

Als vorläufiger *terminus ante quem* dient ein Eintrag in Paulus Kals Liste der sogenannten Gesellschaft Liechtenauers[357] der den Meister zur Zeit der Entstehung der Handschrift zwischen 1459 und 1479[358] als Mitglied ausweist, sofern es sich hier um denselben *Maister sigmund amring* handelt.[359] Ob Ringeck zum Zeitpunkt der Anfertigung dieser Liste noch am Leben war, ist ungewiss, da sich dort keine Hinweise auf bereits verstorbene Meister finden. Aus Ringecks Werk selbst geht lediglich hervor, dass er als Schirmmeister in den Diensten eines Albrecht, Pfalzgrafen bei Rhein und Herzog von Bayern stand. Um welchen Albrecht es sich hierbei handelt, ist bis dato ungeklärt. In Frage käme hierfür Albrecht I., der den Titel Herzog von Bayern von 1353 bis zu seinem Tod im Jahr 1404 trug. Obwohl auch Albrecht II. in Betracht käme, ist dies eher unwahrscheinlich, da dieser lediglich Statthalter des Titels war (1387–1397). Albrecht III. hingegen, der von 1438 bis 1460 den Titel Herzog von Bayern-München trug, ist ein wahrscheinlicherer Kandidat als Ringecks Dienstherr. Albrecht IV. schließlich, der von 1465 bis 1508 regierte, dürfte im Hinblick auf Ringecks vermuteten Tod vor 1470 eher ausscheiden.[360]

Die Wahl engt sich somit auf Albrecht I. und Albrecht III. ein. Hätte Ringeck unter Albrecht I. gedient, wäre es vorstellbar, dass er Meister Liechtenauer noch

---

355 Dresden, SLUB, Mscr.Dresd.C.487; Glasgow Museums, MS E.1939.65.341; Rostock, Universitätsbibliothek Mss. var. 82; Augsburg, Universitätsbibliothek, Cod.I.6.2.5. Versatzstücke der Ringeck-Glosse finden sich darüber hinaus in Augsburg, Stadtarchiv, Reichsstadt, Schätze, Nr. 82, fol. 13r–14v und in Salzburg, Universitätsbibliothek, M I 29 an verschiedenen Stellen als Ergänzung zur dort enthaltenen Glosse L2b. Nach der Datierung auf 1491 (fol. 158r) handelt es sich dabei um die älteste Überlieferung von Ringecks Werk.

356 Zur Datierung von Dresden, SLUB, Mscr.Dresd.C.487 siehe Anmerkung 340. Handschriftenbeschreibung bei Hils, Liechtenauers Kunst, S. 54–57. Datierung von Glasgow, Glasgow Museums, MS E.1939.65.341 (1508) bei Leng, Fecht- und Ringbücher, S. 9. Rostock, Universitätsbibliothek, Mss. var. 82 ist laut Datumsangabe auf fol. 123r vor 1570 entstanden. Der Ringeck-Text in Augsburg, Universitätsbibliothek, Cod.I.6.2.5 ist laut fol. 21r um 1539 entstanden.

357 Paulus Kal liefert hier eine Liste mit insgesamt 18 Namen (ihn selbst eingeschlossen) von Fechtmeistern, die in der Tradition Liechtenauers standen, vermutlich um seine eigene Stellung als Schüler des dort genannten Meister Stettner hervorzuheben, der ein „Meister der Meister" gewesen sei. Außer der Nennung der Namen liefert die Liste keine weiteren Informationen zu den Meistern, über viele von ihnen ist außerhalb der Aufzählung bei Kal nichts bekannt.

358 Leng, Fecht- und Ringbücher, S. 68. Tobler, In Service of the Duke, S. 5 engt das Entstehungsdatum der Handschrift auf die Zeit um 1470 ein.

359 München, BSB, Cgm 1507, fol. 2r.

360 Vgl. zu den Lebensdaten Ringecks auch Tobler, In Saint George's Name, S. 5–10.

persönlich gekannt oder gar unter ihm das Handwerk gelernt hätte. Seine Bearbeitung der Verse Liechtenauers würde damit in die unmittelbare Nähe der ursprünglichen Lehre treten und zeitlich in etwa mit der Entstehung von Nürnberg, GNM, HS 3227a zusammenfallen. Hätte Ringeck hingegen im Dienste Albrechts III. gestanden, fiele die Entstehung seines Werkes definitiv in die Zeit nach Liechtenauers Tod. Somit wäre es wahrscheinlicher, dass Ringeck eine bereits existierende Vorlage zur Anfertigung seiner Glossen zu Liechtenauers Versen verwendet hat und seine Auslegung der *zedel* keine von Grund auf eigenständige Leistung ist.

In diesem Kontext ist besonders interessant, dass Ringecks Werk eine sehr hohe Ähnlichkeit zur L2-Glosse aufweist, die eine unabhängige Entstehung der beiden Texte ausschließen lässt; in der Tat sind beide Bearbeitungen der Lehre nahezu inhaltsgleich und unterscheiden sich meist nur in Details. In der Forschungsgeschichte sind daher auch mehrere Versuche erkennbar, die beiden Texte in ein Abhängigkeitsverhältnis zu stellen. Hils stellte so die Behauptung auf, der Text von Glosse L2a sei eine Kopie der Ringeck-Lehre, die der Verfasser von Cod. 44 A 8 (bei Hils noch Peter von Danzig selbst) für seine eigene Arbeit ausgegeben habe.[361] Rainer Welle hingegen widerlegte diese These mit einer ausführlichen Untersuchung der Abhängigkeitsverhältnisse beider Handschriften (wenn auch nur im Hinblick auf die in den Traktaten enthaltenen Ringtechniken) und kam zu dem Schluss, dass Ringecks Text erst nach der L2-Version entstanden sein könne und eine verstümmelte Kopie derselben darstelle.[362]

Die Folgerung, dass die L2-Fassung keine Kopie der Ringeck-Fassung darstellt, ist aus mehrerlei Sicht schlüssig. Denn zum einen beantwortet dies die Frage, warum der Verfasser von Codex 44 A 8 alle Urheber der einzelnen Textstücke nennen sollte außer Ringeck, was an sich schon ungewöhnlich wäre, wenn ihm doch der Text Ringecks vorgelegen hätte. Zum anderen weist der Text von Glosse L2 aber auch einen weitaus höheren Detailgrad auf, wenn es um die Beschreibung der einzelnen Techniken geht – der Glossator von L2 beschreibt so beispielsweise nicht nur die herkömmliche Variante der Hiebe und Huten von der rechten Seite, sondern liefert auch jeweils die Beschreibung der Technik von der linken Seite aus, während Ringeck in den meisten Fällen lediglich die Variante von der rechten Seite aus beschreibt und nur darauf hinweist, dass die Technik ebenso von der anderen Seite möglich ist.[363] Weiterhin liefert Fassung L2 auch eine höhere Zahl an Anwendungsmöglichkeiten für die einzelnen Techniken, während sich die Ringeck-Fassung zumeist auf wenige Anwendungen beschränkt. Auch die auf das Nötigste verkürzte Sprache des Ringeck-Textes deutet darauf hin, dass es sich eher um eine zusammengefasste Kopie als um das

---

361 HILS, Liechtenauers Kunst, S. 154 f.
362 WELLE, Der Ringkampf, S. 50–66.
363 So beispielsweise bei der Technik des Mutierens. Unterschieden wird zwischen den beiden Varianten in Rom, BANLC, Cod. 44 A 8, fol. 16v: *Merck wenn dw ym von deiner rechten achsel oben starck ein haust* […] und *Merck wenn du ym von deiner lincken seitten oben ein haust* […], während Dresden, SLUB, fol. 24v lediglich lapidar erwähnt […] *dz tryb zuo bayden sytten.*

Original handelt, aus dem die L2-Fassung vermeintlich kopiert wurde. Denn sollte hier von Ringeck kopiert worden sein, so wäre die Kopie weitaus vollständiger als das Original, was zu bezweifeln sein darf.

Obwohl Welle diese Punkte alle ausführlich behandelt, unterliegt er leider dem Zwang, ein Abhängigkeitsverhältnis zwischen Ringeck und dem Text von Glosse L2 herstellen zu müssen, was im Hinblick auf einen Textvergleich weder zwingend notwendig noch besonders sinnvoll erscheint. Die andere Möglichkeit, dass die Verfasser beider Texte jeweils auf eine heute nicht mehr erhaltene Fassung der Liechtenauerlehre zurückgriffen, darf nicht von der Hand gewiesen werden. Ein solcher Archetyp der Glosse L2 wäre damit auf den Zeitraum zwischen etwa 1390 (Anfertigung von HS 3227a) und 1452 (Anfertigung von Cod. 44 A 8) zu datieren. Die in den nächsten Kapiteln erfolgenden Untersuchungen legen den Schluss nahe, dass Glosse L2 zeitlich erst nach Glosse L1 entstanden sein kann, ein Entstehungszeitraum zu Beginn des 15. Jahrhunderts wäre damit am wahrscheinlichsten.

Unabhängig davon, welche der Theorien stimmt, lässt sich zusammenfassend feststellen, dass der Text der L2-Fassung die älteste erhaltene Bearbeitung der Liechtenauerlehre nach HS 3227a darstellt. Ob die Glossierung der Stücke auf den Verfasser der Handschrift 44 A 8 selbst zurückgeht oder eine Kopie beziehungsweise Bearbeitung einer heute nicht mehr erhaltenen Fassung darstellt, lässt sich nicht feststellen. Die Ringeck-Fassung der Liechtenauerlehre muss zeitgleich oder einige Zeit nach Glosse L2 angefertigt worden sein und bediente sich entweder ihrer als Vorlage oder griff auf denselben, heute verlorenen Urtext zurück. Beide Fassungen stehen also in derselben Tradition und verarbeiten dasselbe Technikmaterial, weshalb sie im nachfolgenden Abschnitt zu einer Einheit zusammengefasst werden. Obschon die Textgrundlage für beide Fassungen dieselbe ist, finden sich hier wie dort immer wieder einzelne Stellen, in denen der Verfasser des jeweiligen Textes eigene Varianten von verschiedenen Techniken beschreibt. Im Folgenden wird auf diese Stellen gesondert hingewiesen, wenn es darum geht, die Ausführung der einzelnen Techniken zu beschreiben.

Nachfolgend wird nun die Interpretation der Verse Liechtenauers nach der im 15. Jahrhundert wichtigsten anonymen Glossierung untersucht, die Vorlage sowohl für Glosse L2 als auch für die Fassung Ringecks war, mit besonderem Augenmerk auf die Entwicklung, die diese seit der in Kapitel II.2.1 beschriebenen Auslegung in HS 3227a erfahren hat. In beiden Fällen wird jeweils die älteste Handschrift, welche die jeweilige Auslegung enthält, als Leithandschrift verwendet, da diese in beiden Fällen auch die vollständigste Fassung darstellt und somit auch als am ursprungsnächsten gelten darf. Im Falle Ringecks ist dies Dresden, SLUB, Mscr.Dresd.C.487, im Falle der L2-Fassung der Codex Rom, BANLC, 44 A 8. Nur in Fällen abweichender Texte in anderen Handschriften werden diese direkt zitiert.

3.1.2. Vorreden und taktische Grundlagen

Während die Vorrede des Verfassers von Glosse L1 noch eine Vielzahl von allgemeinen Ratschlägen für den Fechtkampf beinhaltet, welche über die Verse Liechtenauers hinausgehen, sei dies zur Haltung des Schwertes oder zur mentalen Herangehensweise an einen Kampf, so springt der Verfasser der anonymen Glosse L2 des 15. Jahrhunderts in seiner weitaus kürzeren Einführung buchstäblich *media in res* – die Bearbeitung der Liechtenauer'schen Verse beginnt hier gleich mit den konkreten taktischen Anweisungen der „allgemeinen Lehre des langen Schwertes".

Schon in der ersten Erörterung, die Liechtenauers Vers *wiltu kunst schauen Sich linck gen vnd recht mit hauen*[364] betrifft, unterscheidet sich die Auslegung deutlich von derjenigen in Glosse L1. Wo der Vers dort noch als taktische Anweisung ausgelegt wird, den Gegner erst mit mehreren angetäuschten Hieben abzuschätzen, um dann schließlich den finalen Schlag zu führen, wird der Merkvers in der anonymen Glosse L2 rein auf den Bewegungsablauf bezogen: Der Fechter soll stets dem Hieb mit einem Schritt nachfolgen. Steht er mit dem linken Fuß vorne, hat das Schwert also an der rechten Seite und schlägt auch von dieser, so soll der rechte Fuß dem Hieb nachfolgen und umgekehrt.[365] Die Logik hinter dieser Anweisung ist einfach: Folgt der Fechter dem Schlag mit einem Schritt nach, so erhöht sich automatisch seine Reichweite, denn die entsprechende Schulter wird mit dem Hieb ebenfalls nach vorne gebracht. Zudem lässt sich somit die Körperdrehung einsetzen, um das Schwert zu beschleunigen und dem Hieb mehr Wucht und Dynamik zu verleihen. Es darf angenommen werden, dass auch der Verfasser von Glosse L1 diese Körperdynamik kannte, denn ein statisches Fechten ohne vollen Körpereinsatz ist wenig effektiv und sicherlich nicht mit Liechtenauers Lehre in Einklang zu bringen.

Die weitere Erläuterung zu den Versen Liechtenauers zeigt, dass sowohl der Verfasser von Glosse L2 als auch der Glossator von HS 3227a im Grunde die gleichen Inhalte übermitteln wollen, diese jedoch jeweils verschiedenen Versen zuordnen. So findet sich auch in Glosse L2 die Anweisung, die Initiative zu ergreifen und nicht auf die Aktionen des Gegners zu reagieren (wörtlich: ihnen „nach zu gehen"), was hier aber als Auslegung des Verses *wer nach get hawen der darff sich kunst wenig fräwen*[366] zu finden ist, während dieser in Glosse L1 noch so ausgelegt wird, dass der Fechter dem Hieb nicht durch gerade Schritte nachfolgen soll, sondern seitlich versetzt. Offensichtlich sind sich beide Glossatoren hier über die korrekte Bedeutung der Verse nicht sicher, sie kennen jedoch die

---

364 Rom, BANLC, Cod. 44 A 8, fol. 10r.

365 Ebd., fol. 10r f.: *wenn dw mit dem lincken fues vor stest vnd haust vor deiner rechten seitten volgstu dann dem haw nicht nach mit deinem zuotrit deins rechten fuess So ist der haw valsch vnd vngerecht wenn dein rechte seitt die pleibt da hinden dar vmb wirt der haw zuo kurtz vnd mag seinen rechten gangk zuo der anderen seiten vor dem lincken fuess vndersich nicht gehaben Oder Stestu mit dem rechten fuess vor vnd haust von der lincken seytten volgstu denn mit dem lincken fuess dem haw auch nicht nach So ist der haw aber valsch.*

366 Rom, BANLC, Cod. 44 A 8, fol. 10v.

zugrunde liegende Fechtlehre und versuchen, diese den Versen zuzuordnen. Gleiches lässt sich in der unterschiedlichen Anordnung der Verse in den beiden Strängen der L2- und der Ringeck-Glossen beobachten, die inhaltlich größtenteils übereinstimmen, die jeweiligen Erläuterungen aber anderen Versen zuordnen.[367] Hier hat offensichtlich eine Rückprojektion der Fechtlehre auf die Liechtenauer-Verse stattgefunden, welche immer noch achtungsvoll mitgetragen und zitiert wurden, für die Lehre als solche jedoch keine Rolle mehr spielten. Sie dienten nur noch als Referenzpunkte für die eigene Auslegung des jeweiligen Fechtmeisters, nicht mehr jedoch zur Übermittlung ihres ursprünglichen Inhalts.

Obwohl der Grundlagenteil von Glosse L2 auch weitaus kürzer ist als diejenige in HS 3227a, so findet sich hier dennoch ein interessanter Abschnitt, der in der älteren Handschrift nicht enthalten ist. Es handelt sich um die Auslegung des Liechtenauer-Verses *Vicht nicht oben linck so du recht pist*,[368] der in Glosse L1 nicht weiter erklärt ist. Interessant ist die Auslegung dieses Verses deshalb, weil sie aufzeigt, dass offensichtlich schon die spätmittelalterlichen Fechtmeister erkannt hatten, dass es für einen Linkshänder besser ist, von seiner natürlichen Seite aus zu fechten, als auf Rechtshändigkeit umzulernen. Ob dies bereits auf die Liechtenauer'sche Lehre zutrifft, lässt sich nicht sagen – die betreffenden Verse lassen sich auch auf andere Weise auslegen.[369] Der Text der Glosse jedoch zeigt eindeutig auf, dass der Verfasser zwischen Links- und Rechtshändern unterscheidet: *Merck das ist ein ler vnd trift an zwo person Einem gerechten vnd einem lincken*. Folgerichtig wird dem Rechtshänder nahegelegt, den ersten Hieb von seiner starken – der rechten – Seite aus zu führen, da ein Angriff von links zu schwach ausfallen und die nötige Stärke fehlen würde, dem Gegner zu begegnen, wenn dieser stark gegen den Hieb gehen würde. Das Gleiche gelte wiederum für den Linkshänder, der ebenso eher von links fechten sollte.[370]

Obschon diese Anweisung auf den ersten Blick dem in Glosse L1 enthaltenen Rat widerspricht, den Gegner zuerst von rechts mit Hieben einzudecken, um den finalen Angriff dann von links zu führen, muss man bei der Interpretation dieser Stelle in Cod. 44 A 8 vorsichtig sein. Gemeint kann hier nicht sein, generell und ausschließlich von der einen Seite zu fechten. Die Betonung liegt viel eher auf dem Zusatz *haw von der rechten so magstu wol starck wider gehalten vnd am swert arbaitten was dw wild* – nur wenn der Fechter eine Bindung anstrebt und nach dem Hau weiterarbeiten möchte, so ist es für ihn wichtig, von der präferierten Seite zu

---

367 Vgl. ebd., fol. 10v und Dresden, SLUB, Mscr.Dresd.C.487, fol. 13r, hier werden die Liechtenauer-Verse jeweils in einen anderen Kontext gesetzt.

368 Rom, BANLC, Cod. 44 A 8, fol. 11r.

369 Interessanterweise findet sich in Nürnberg, GNM, HS 3227a, fol. 18v an dieser Stelle noch ein weiterer Vers in der Liechtenauer-*zedel*, der in späteren Handschriften nicht erscheint und auf den Vers *Und ob du link pist ym rechten sere hinkest* folgt: *Auch so vicht io liber von oben linklichen nider*. Beide Verse zusammengenommen können darauf hinweisen, dass Liechtenauer einem Linkshänder empfiehlt, von links zu fechten, da er rechts schwächer ist.

370 Rom, BANLC, Cod. 44 A 8, fol. 11r f.: *wenn du mit dem zuo vechten zu ym kumpst pistu denn gerecht so haw mit namen den ersten haw nicht von der lincken seytten wenn er ist swach vnd magst da mit nicht wider gehalden wenn er mit dir starck ein haut* [...] *Des geleichen pistu linck So haw auch den ersten haw nicht von der rechten seitten.*

schlagen, da er nur so seine volle Kraft gegen den Gegner einsetzen kann. Generell sind Hiebe und Aktionen von der anderen Seite jedoch nicht ausgeschlossen, gerade auch deshalb, da sie den Gegner meist in eine unvorteilhafte Lage bringen, wie weiter oben bereits ausgeführt wurde.

Ein besonderes Augenmerk wird im ansonsten eher knappen allgemeinen Teil der Lehre auf die Prinzipien des *vor*, *nach* und *indes* sowie die *swech* und *sterck* des Schwertes gelegt, die nicht nur eine relativ ausführliche Erklärung finden, sondern in ihrer Wichtigkeit noch einmal explizit betont werden: Sie muss der Fechter *vor allen sachen recht [...] vernemen vnd ver sten*.[371] Die grundlegende Auslegung der drei Zeitfenster unterscheidet sich hierbei nicht von derjenigen in Glosse L1: Das *vor* bezeichnet die Angriffe aus der Initiative heraus, die dem Gegner zuvorkommen und ihm keine Zeit lassen, selbst einen Angriff zu führen, wodurch er in die Defensive gedrängt wird und parieren muss. Das *nach* hingegen beinhaltet die *prüch wider alle stuck*, also die Gegenmaßnahmen gegen Aktionen des Gegners, während das *indes* die Arbeit in der Versatzung bezeichnet.[372]

Anders verhält es sich hingegen mit den anderen beiden Prinzipien – die Begriffe *swech* und *sterck* werden in Glosse L2 auf die tatsächlichen Teile der Schwertklinge bezogen, die Schwäche und die Stärke, nicht aber auf das ,Fühlen' am Schwert, wie es in Glosse L1 der Fall ist. Das Fühlen findet sich auch in Glosse L2, hier jedoch unter den Begriffen *waich* und *hert*. Es könnte sich zwar eine Verbindung über die Tatsache ziehen lassen, dass ein Fechter, der hart in der Bindung arbeitet, eher die Stärke der Klinge verwenden würde, wodurch die Begriffe *hart* und *sterck* beziehungsweise *waich* und *swech* als Synonyme angesehen werden könnten.[373] Obschon die Begriffe jeweils in Verbindung zueinander stehen – wer hart in der Bindung ist, wird eher über die Stärke der Klinge arbeiten – scheint hier bei den Verfassern der beiden Glossen letztlich jedoch wieder eine Unstimmigkeit bei der Interpretation der Liechtenauer-Verse vorzuliegen, die damit gelöst wird, dass beide ihre jeweils eigene Meinung auf die Verse rückprojizieren.

Eine weitere Begebenheit, welche Glosse L2 von L1 unterscheidet, ist der Begriff des sogenannten Zufechten (*zuo vechten*), der hier erstmals verwendet wird und auch später in der weiteren Überlieferung der Liechtenauer-Kunst immer wieder zu finden ist. Während in HS 3227a die Stücke der Fechtlehre noch ohne weiteren Kontext präsentiert werden – sie erscheinen als Handlungsanweisungen entweder für sich allein stehend als Initiation einer eigenen Aktion oder als Reaktion auf eine Aktion des Gegners –, ist eine große Anzahl der Stücke in Glosse L2 mit der Einleitung „wenn du im Zufechten zu ihm kommst" oder einer Variation derselben versehen. Wie auch die Beinarbeit, so scheint das Zufechten ein so geläufiger Terminus für die zeitgenössischen Fechter gewesen zu

---

371 Ebd., fol. 11v.
372 Ebd., fol. 12r.
373 Vgl. Nürnberg, GNM, HS 3227a, fol. 20v: Schon der Autor scheint sich hier selbt nicht ganz sicher zu sein, ob und wenn ja wie die Begriffe voneinander zu trennen sind, weshalb er sie immer wieder synonym gebraucht.

sein, dass für eine Erklärung in den Fechtbüchern keine Notwendigkeit bestand. Somit liefert die Glosse ebenfalls keine konkrete Erläuterung darüber, was den Akt des Zufechtens genau konstituiert, weshalb die Bedeutung des Begriffs aus seiner Verwendung innerhalb der Fechtlehre abgeleitet werden muss.

Beim Zufechten handelt es sich somit offenbar um die Initiierung des eigentlichen Kampfgeschehens, also der Vorbereitung auf das erste richtige Stück, das einer der beiden Kämpfer ausführt. Dazu gehört vor allem die Überbrückung der Distanz zum Gegner, um in Reichweite für eine Aktion zu gelangen. Dies muss jedoch nicht mit der Absicht eines eigenen Angriffs im Vor geschehen. Das Zufechten kann gleichzeitig dazu genutzt werden, den Gegner zu einer Aktion zu verleiten und in zweiter Absicht anzugreifen, wie es beispielsweise beim Krumphau beschrieben wird. Hier offenbart der Fechter im Zufechten gezielt eine Blöße, um den Kontrahenten zu einem Angriff zu provozieren, welcher wiederum mit dem Krumphau beantwortet wird.[374] Generell ist das Zufechten in Abgrenzung zum eigentlichen Kampfgeschehen zu sehen: Was vor dem ersten ernsthaft ausgeführten Stück geschieht, bleibt weitestgehend konsequenzenlos und muss daher nicht mit ganzer Energie ausgeführt werden. Erst wenn der Gegner mit dem Zufechten erreicht wurde, soll der Fechter seine volle Kraft in die Hiebe und sonstige Aktionen legen – erst ab diesem Zeitpunkt wird es für ihn ernst.[375] Das Zufechten stellt demnach die erste Phase des Kampfes, die Einleitung dar.[376] Einen festgelegten Ablauf kann das Zufechten nicht aufweisen. Von einem bloßen Zuschreiten auf den Gegner über ein Wechseln durch verschiedene Huten bis hin zum Abwarten darauf, dass der Gegner von sich aus die Distanz überwindet, gehören alle Aktionen zum Zufechten, die das eigentliche Gefecht vorbereiten.

3.1.3. Die Fechtlehre

Auch Glosse L2 stellt die fünf ‚verborgenen Hiebe' als zentralen Punkt der Fechtlehre Liechtenauers heraus. Anders als in Glosse L1 bemüht sich der Verfasser des Textes jedoch zusätzlich um eine weitere Systematisierung des Liechtenauer-Kataloges, und so stellt er dem Abschnitt, der sich mit der Beschreibung der Fechtkunst beschäftigt, eine Auflistung der enthaltenen Techniken voran, quasi ein Inhaltsverzeichnis oder auch einen Lehrplan, der insgesamt siebzehn Einträge umfasst. Die besondere Bedeutung der ‚verborgenen Hiebe' wird dadurch unterstrichen, dass sie gesondert von den anderen Techniken am Anfang der Auflistung stehen. Während die Einträge in der Ringeck-Fassung

---

374 Rom, BANLC, Cod. 44 A 8, fol. 17r: *wenn dw mit dem zuo vechten zwo ym kumpst So ste mit dem lincken fuess vor vnd halt dein swert mit dem ort neben deiner rechten seitten auff der erden das die lang schneid oben se y vnd gib dich plöß mit der lincken seitten haut er dir denn zwo der plöss So spring aus dem haw gegen ym mit dem rechten fuess wol auff dein rechte seitten vnd slach yn mit gkräutzten henden aus der langen schneid mit dem ort auff sein hend.*

375 Ebd., fol. 11r: *Merck das ist wenn du mit dem zu vechten zu Im kumpst was du den vechten wild das treib mit gantzer sterck des leibs.*

376 Vgl. dazu auch Meyer, Gründtliche Beschreibung des Fechtens, fol. XXVv, der den Kampf in drei Phasen einteilt: Das „Zufechten", das „Mittel" (bzw. die *Handtarbeit*) und das „Abziehen".

fortlaufend nummeriert sind, wird in Glosse L2 die Wichtigkeit der fünf Hiebe noch einmal dadurch hervorgehoben, dass sie einzeln aufgezählt werden, worauf die restlichen Techniken eine zweite Nummerierung von eins bis zwölf erhalten. Abgesehen von dieser weiteren Unterteilung sind die Aufzählungen in beiden Handschriften identisch.[377]

Die siebzehn Stücke sind demnach:
1. Der Zornhau
2. Der Krumphau
3. Der Zwerchhau
4. Der Schielhau
5. Der Scheitelhau
6. Die vier Huten
7. Die vier Versatzungen
8. Das Nachreisen
9. Das Überlaufen
10. Das Absetzen
11. Das Durchwechseln
12. Das Zucken
13. Das Durchlaufen
14. Das Abschneiden
15. Das Händedrücken
16. Die Hängen
17. Das Winden

Auffällig an dieser Aufzählung ist, dass sich die erwähnten Techniken allesamt in der Liechtenauerlehre wiederfinden lassen. Sofern sie nicht in der Glossierung des Verfassers der Fechtlehre von HS 3227a enthalten sind, dann doch in den dortigen Versen Liechtenauers. Die anonyme Glosse der L2- und Ringeck-Handschriften hält sich also, was das Repertoire an Technikgut anbelangt, ebenso wie der Glossator von HS 3227a sehr nah an die ursprüngliche Lehre. Eigene Techniken der Verfasser finden keinen Eingang in die Glossen, zumindest nicht unter neuem Namen, wie dies bei späteren Fechtbüchern der Fall ist. Diese Tatsache spricht ebenfalls dafür, dass die Glossen zum einen in geringem zeitlichen Abstand zueinander und zum anderen nicht lange nach Lebzeiten Liechtenauers entstanden sein dürften – die Lehre wird hier noch größtenteils unverfälscht und originalgetreu wiedergeben und ausgelegt.

Aus diesem Grund unterscheiden sich die Auslegungen der Liechtenauer-Lehre in Glosse L2 auch nur in Detailaspekten von derjenigen in HS 3227a. Generell ist zu bemerken, dass die jeweiligen Techniken anhand einer höheren Anzahl von Stücken praktisch beschrieben werden. Weiterhin liefert Glosse L2 teils sogar recht umfangreiche Anweisung zur Beinarbeit bei den einzelnen Techniken –

---

377 Dresden, SLUB, Mscr.Dresd.C.487, fol. 18r f. und Rom, BANLC, Cod. 44 A 8, fol. 12v f.

wobei auch hier jedoch keine allgemeine Schrittlehre enthalten ist –, die in Glosse
L1 nahezu vollständig ausgeklammert wird. Entsprechend bietet Glosse L2,
besonders die in Cod. 44 A 8 enthaltene Fassung L2a, in Umfang und Detail-
reichtum eine weitaus vollständigere Beschreibung der Techniken als die an
einen frühen Entwurf gemahnende Glossierung von HS 3227a, welche hingegen
über eine ausführlichere Vorrede verfügt.

Die vier Huten *ochs, alber, pflug* und *vom tag* dürften in ihrer Ausführung
identisch sein mit den aus Glosse L1 bekannten Stellungen, sie sind aber ein-
deutiger beschrieben und lassen sich aus dem Text folgendermaßen interpretieren:

Der Ochs wird eingenommen, indem ein Fuß nach vorne gestellt und das
Schwert auf der jeweils anderen Seite mit dem Gehilz vor dem Gesicht gehalten
wird, der Ort „hängt" zum Gesicht des Gegners. Erwähnenswert ist, dass sich in
der Beschreibung der Hut die L2- und die Ringeck-Fassung unterscheiden. Denn
die L2-Fassung erwähnt, dass der „Daumen unter dem Schwert" liegen müsse.
Gemeint ist hier sicherlich die Daumenlage, die Waffe ist also so zu halten, dass
die Flächen der Klinge nach oben beziehungsweise unten weisen und das
Schwert praktisch auf dem ausgestreckten Daumen aufliegt.[378] Die Ringeck-
Fassung hingegen erwähnt den Daumen nicht.[379] Da es sich bei der Schwerthaltung in der Hut des Ochs vor allem um eine Präferenz des Fechters handelt – je
nachdem, welches Stück aus der Hut gefochten werden soll, bietet sich eine
andere Handhaltung an – beschreibt Ringeck hier vermutlich die Hut mit normaler Schwerthaltung. Denkbar ist zwar auch, dass die wesentlich kürzere
Ringeck-Fassung dieses Detail lediglich ausgelassen hat – angesichts der Erwähnung der Daumenlage bei späteren Techniken wie dem Zwerchhau[380] erscheint dies aber unwahrscheinlich.

Die Unterscheidung der beiden Huten Pflug und Alber gestaltet sich hier, im
Gegensatz zu der Beschreibung in HS 3227a, ohne Probleme. Beim Pflug wird
das Schwert mit dem Gehilz entweder an der rechten oder linken Hüfte gehalten,
der Ort zeigt zum Gegner, während er beim Alber nach unten zu Boden gerichtet
ist. Die kurze Schneide zeigt in beiden Fällen nach oben.[381] Wie bereits im entsprechenden Kapitel ausgeführt, handelt es sich hier vermutlich nicht um eine
Abänderung oder Weiterentwicklung der Huten, sondern lediglich um einen
Fehler in ihrer Beschreibung in HS 3227a.

Die Hut vom Tag schließlich beschreibt ebenso wie in Glosse L1 eine Stellung, bei der das Schwert an der Schulter oder über dem Kopf gehalten wird, der

---

378 Rom, BANLC, Cod. 44 A 8, fol. 25v: *Stee mit dem lincken fuess vor vnd halt dein swert neben deiner*
     rechten seittñ mit dem gehültz vor dem haubt das dein dawmen vnder dem swert sey vnd heng ym den ort
     gegen dem gesicht.
379 Dresden, SLUB, Mscr.Dresd.C.487, fol. 34r.
380 Vgl. Ebd., fol. 27v.
381 Rom, BANLC, Cod. 44 A 8, fol. 25v f.: *Merck die ander huott haist der phlueg da schick dich also mit*
     Stee mit dem lincken fuess vor vnd halt dein swert mit gekrautzten henden mit dem knopff vnder sich
     neben deiner rechten seitten zuo der hüff das die kurtz schneid oben se y vnd der ort im stee gegen dem
     gesicht [...] Merck die huott haist alber do schick dich also mit Stee mit dem rechten füess vor vnd halt dein
     swert mit gerackten armen für dir mit dem ort auff der erd das die kurtz schneid oben gewänt sey.

Ort zeigt dabei nach oben.[382] Auffällig ist bei dieser letzten Hut ebenso wie beim Alber, dass sie, anders als die Huten Ochs und Pflug, nur von jeweils einer Seite beschrieben werden, obwohl sie theoretisch auf beiden Seiten eingenommen werden könnten. Die beiden beschriebenen Seiten (beim Alber die linke, bei vom Tag die rechte) stellen jedoch die für einen Rechtshänder anatomisch ‚natürlicheren‘ Haltungen dar. Bei der Hut vom tag auf der linken Seite wird das Schwert zwangsläufig so eingedreht, dass die kurze Schneide zum Gegner zeigt, wodurch bei einem Hieb von dieser Seite aus das Schwert erst gedreht werden muss, um die lange Schneide nach vorne zu bringen. Gleichfalls wird die linke (hintere) Hand beim Alber auf der rechten Seite vergleichsweise stark angewinkelt, weshalb die Hut auf der linken Seite leichter einzunehmen ist. Beide Punkte sind vernachlässigbar und verhindern nicht das Fechten aus diesen Huten, vielmehr scheint hier offensichtlich wieder die individuelle Vorliebe des Verfassers durch, der den beiden beschriebenen Varianten der Huten den Vorzug gibt.

Der Aspekt, in dem sich Glosse L2 grundlegend von derjenigen in HS 3227a unterscheidet, ist die Anführung von Gegentechniken zu den verborgenen Hieben Liechtenauers. In dieser Hinsicht kann hierbei erstmals von einer Weiterentwicklung der Liechtenauer'schen Fechtkunst gesprochen werden, denn offenbar waren die verborgenen Hiebe zur Entstehungszeit dieser Glosse schon einem weiteren Personenkreis bekannt, sodass zumindest in einigen Fällen die Notwendigkeit gesehen wurde, eine entsprechende Gegenmaßnahme gegen sie und ihre weiterführenden Techniken in die Lehre mit aufzunehmen. Bemerkenswerterweise unterscheiden sich die beiden Versionen der L2- und der Ringeck-Glossen in diesem Punkt sichtlich.

So liefert Cod. 44 A 8 gleich ein komplettes Repertoire an Brüchen gegen den Zwerchhau, welche aufeinander abfolgend jeweils Aktion und Gegenaktion schildern.[383] Didaktisch ist dieser Abschnitt so aufgebaut, dass zunächst der Bruch gegen den Zwerchhau beschrieben wird, darauf folgend der Bruch gegen den Bruch, und letztlich wiederum der Bruch gegen diesen: Der Zwerchhau wird gebrochen, indem der Fechter mit der eigenen Klinge auf die Arme des Gegners fallen soll, während dieser den Hau durchführt. Diese Aktion wiederum kann durch das Duplieren gebrochen werden. Schließlich folgt die Beschreibung des Bruchs gegen das Duplieren. Diese Ausführungen beziehen sich sicherlich nicht auf eine konkrete Kampfsituation, denn ein dermaßen komplexer Bewegungsablauf aus Aktionen und Reaktionen wäre zu gefährlich, da mit jeder direkt aufeinanderfolgenden Aktion das Risiko für den Fechter steigt, selbst getroffen

---

382 Ebd., fol. 26r: *Merck die huott haist vom tag Do schick dich also mit Stee mit dem lincken fueß vor vnd halt dein swert an deiner rechten achsel oder mit auff gerackten armen hoch über dem haubt vnd stee also in der huot.*

383 Rom, BANLC, Cod. 44 A 8, fol. 19r–20r. Der allgemeine Bruch gegen den Zwerchhau (fol. 19r f.): *Merck wenn dw gegen ym stest in der huot vom tag So haw ym künlich oben ein zuo dem kopff springt er denn aus dem haw vnd maint er wöll vor kumen mit dem twer haw vnd slecht dir do mit zwo deiner lincken seitten zwo dein kopff So val ym mit der langen schneid auff das swert Slecht er denn mit der twer aber vmb dir zuo der anderen seitten So küm dw Indes vor auch mit der twer vorne für vnder seinem swert im an den hals So slecht er sich selber mit deinem swert.* Vgl. dazu auch das detaillierte Schema zum Zwerchhau in Cod. 44 A 8 bei ŻABIŃSKI, Legendo Discimus, S. 170–173.

zu werden. Sie stellen vielmehr einen Katalog an möglichen Situationen dar, die bei der Anwendung des Zwerchhaus auftreten können. Der Abschnitt zeigt jedoch zweifelsfrei, dass im Entstehungszeitraum von Glosse L2 bereits ein umfangreiches Wissen über den Zwerchhau in den Kreisen erfahrener Fechter zirkuliert sein muss, ansonsten hätte die Notwendigkeit nicht bestanden, in solcher Ausführlichkeit auf die Technik und ihre vielfältigen Brüche einzugehen.

Die Ringeck-Fassung hingegen liefert keinerlei Brüche gegen den Zwerchhau, dafür findet sich hier eine ausführliche Beschreibung zum Bruch gegen den Krumphau, welche wiederum in Glosse L2 fehlt.[384] Der Hinweis *So tuo alß ob du mitt dem krumphawe an sin schwert wöllest binden*[385] zeigt einmal mehr, dass der Verfasser der Glosse die Kenntnis des verborgenen Hiebes auch beim Gegner voraussetzt, denn wenn dieser zu einer Reaktion auf den Krumphau verleitet werden soll, um ihn daraufhin mit einer anderen Aktion zu täuschen, muss ihm der Hau zunächst bekannt sein. Auch ein Bruch gegen das Abnehmen, das in der Liechtenauer-Lehre traditionell aus dem Zornhau heraus erfolgt, wird bei Ringeck beschrieben[386] und verdeutlicht, dass das Technikgut Liechtenauers für die Zeitgenossen des Verfassers bereits wohlbekannt gewesen sein muss. Durch die Präsentation von Gegenaktionen zu den verborgenen Hieben Liechtenauers stellen sich Glosse L2 und die Ringeck-Bearbeitung demnach als technische Weiterentwicklung zu Glosse L1 dar, in welcher sich noch keinerlei Hinweise auf Brüche gegen die Liechtenauer-Techniken finden.

Ebenfalls als qualitative Weiterentwicklung lässt sich die Uminterpretation der vier Versatzungen bezeichnen. Wo diese in HS 3227a noch für sich selbst stehen und als bloße Maßnahmen zur Abwehr gegnerischer Hiebe fungieren,[387] werden sie in Glosse L2 vieren der fünf verborgenen Hiebe zugeordnet:[388]

- Der Krumphau bricht die Hut Ochs
- Der Zwerchhau bricht die Hut vom Tag
- Der Schielhau bricht die Hut Pflug
- Der Scheitelhau bricht die Hut Alber

Ausdrücklich weist der Verfasser der Glosse darauf hin, dass zu den vier Versatzungen kein Versetzen gehört (*Och gehort kain vor setzen dar zwo nicht*). Dieser nur scheinbare Widerspruch lässt den Versuch erkennen, eine effektivere Verteidigung zu schaffen. Die in Glosse L1 beschriebenen Versatzungen, die rein

---

384 Dresden, SLUB, Mscr.Dresd.C.487, fol. 26v f.
385 Ebd., fol. 26r.
386 Ebd., fol. 20v: *Mörck wenn du mitt ainem starck am schwert bindest Ruckt er dan sein schwert übersich oben abe von dinem schwert vnd hawet dir zuo der anderen sytten am schwert wider eyn zuo dem kopffe So bind starck mitt der langen schnyden Im oben eyn zuo dem kopffe.*
387 Vgl. S. 74.
388 Rom, BANLC, Cod. 44 A 8, fol. 26r f.: *Merck du hast vor gehört was da sind die vier huotten So soltu nu auch wissen die vier vorsetzen die die selbigen vier hütten prechen Och gehort kain vor setzen dar zwo nicht Wenn es sind vier häw die sy prechen / Merck der erst haw ist der krumphaw der pricht die huot die do haist der ochs / Merck Der ander haw das ist der twer haw der pricht die huot vom tag / Merck Der dritt haw das ist der schilär der pricht die huot die da haist der phlueg / Merck Der vierd haw das ist der schaitlär der pricht die huot die da haist alber.*

defensiver Natur sind, um eine Aktion des Gegners abzuwehren, werden zugunsten der verborgenen Hiebe fallen gelassen, die bei jeder Abwehraktion auch gleichzeitig die Möglichkeit eines eigenen Angriffs bieten. Beachtet werden muss allerdings die Tatsache, dass auch HS 3227a die verborgenen Hiebe als Reaktionen auf Aktionen des Gegners kennt. Hier existieren diese noch neben den Versatzungen. Der Verfasser der Glosse L2 verändert also nicht die technischen Aspekte der Hiebe. Vielmehr ist dieser Unterschied zu Glosse L1 taktischer Natur, denn die Verwendung der verborgenen Hiebe als ausschließliche Versatzungen führt zu einem offensiveren Vorgehen, bei dem ein direkter Treffer das Ziel ist, nicht erst in zweiter Absicht als weitere Aktion nach einer Versatzung. In anderen Worten: Der Verfasser von Glosse L2 lässt das bloße Versetzen zugunsten einer offensiven Verteidigung außen vor. Diese taktische Färbung der Glosse lässt sich auch an anderer Stelle erkennen, wenn der Verfasser schreibt:

> *wenn dw versetzen wild So ver setz mit deinem haw oder mit deinem stich vnd*
> *suech Indes mit dem ort die nächst plöß So mag dich kain maister an seinen*
> *schaden geschlachen*[389]

Hier ist deutlich zu erkennen, dass es dem Glossator um eine möglichst effektive Art des Fechtens geht, in der selbst das Verteidigen zum Angriff genutzt wird. Obgleich die Grundzüge dieses Gedankens bereits in HS 3227a aufgegriffen wurden, so ist in Glosse L2 doch eine Bemühung zu erkennen, dies noch weiter zu forcieren, die Techniken zu ‚streamlinen‘, um an dieser Stelle eine moderne Begrifflichkeit zu verwenden – durch Verwendung der verborgenen Hiebe sowohl als Defensiv- als auch als Offensivmaßnahme kommt der Fechter mit einem kleineren Repertoire an Techniken aus und kann diese universeller einsetzen.

Die Bearbeitung der Glosse durch Sigmund Ringeck weist neben dem Liechtenauer-Material auch noch einen Zusatz auf, in dem neben weiteren Stücken (etwa zum Absetzen und zum Zwerchhau) offenbar Techniken aus der ‚allgemeinen Lehre‘ verarbeitet werden. Ringeck weist zu Beginn des Abschnitts explizit darauf hin, dass der folgende Teil nicht zu Liechtenauers *zedel* gehört (*Wie wol sy in der zedel nicht benampt sin*).[390] Erläutert wird dort die Technik des sogenannten Streichens (*streychen*), das aus der sogenannten Nebenhut (*nebenhuot*) zu führen sei. Die Nebenhut wird nicht näher beschrieben, außer dass es sich dabei um eine seitliche Hut handelt.[391] Da aus ihr aber beim Streichen das Schwert mit der kurzen Schneide voran von unten gegen einen Hieb von oben geführt werden soll, ist anzunehmen, dass es sich um eine Hut ähnlich dem Alber handelt, bei der das Schwert aber auf der Seite des Fechters ruht (daher der Begriff Nebenhut), der Ort zeigt zu Boden, die kurze Schneide zum Gegner. Das Streichen selbst scheint lediglich eine Bezeichnung für das Auffahren mit der

---

389 Rom, BANLC, Cod. 44 A 8, fol. 26v.
390 Dresden, SLUB, Mscr.Dresd.C.487, fol. 49r.
391 Ebd.: *wann du ligst In der nebenhuot vff diner lincken sytten.*

kurzen Schneide voran zu sein, meist zur Waffe des Gegners, aber auch direkt zum Mann.[392]

Auch die bereits aus der ‚allgemeinen' Lehre bekannte Schranckhut wird bei Ringeck erwähnt und beschrieben: Wie bei der Nebenhut liegt der Ort dabei seitlich auf der Erde, hierbei wird aber die lange Schneide nach oben gekehrt.[393] Sie entspricht damit der Auslegung in Nürnberg, GNM, HS 3227a.

Glosse L2 unterscheidet sich folglich aus technischer Sicht nur in wenigen Punkten von Glosse L1, was in erster Linie auf die zeitliche Nähe ihrer Abfassung zurückzuführen sein dürfte. Insgesamt erscheint die Fechtkunst Liechtenauers in der Bearbeitung von Glosse L2 in einigen Details effizienter, größere Neuerungen wurden in ihr jedoch nicht verarbeitet, abgesehen von ersten Bestrebungen, Brüche gegen die verborgenen Hiebe in den Kanon der Techniken aufzunehmen. Davon abgesehen bildet Glosse L2 die Liechtenauer-Lehre jedoch sehr ähnlich derjenigen in HS 3227a ab. Zum ersten Mal liegt mit den L2- und Ringeck-Fassungen nun jedoch eine vollständige Auslegung der Lehre vor, die in ihrer Tradierung über die nächsten 200 Jahre eine bemerkenswerte Integrität aufweist. Bis ins 16. Jahrhundert wurden die Texte der L2- und Ringeck-Glossen stets kopiert und als Anleitungen verwendet. Größere Veränderungen der Lehre lassen sich hingegen erst in späteren Fechttraktaten finden, so beispielsweise in den Werken Hans Talhoffers, die im folgenden Abschnitt thematisiert werden. Dennoch existieren bereits hier erste Bestrebungen, die Liechtenauer-Lehre mit dem allgemeinen Technikfundus zu kombinieren, wie sich an Ringecks Nachtrag zu seiner Auslegung der *zedel* Liechtenauers zeigt.

3.2. Hans Talhoffer

3.2.1. Textgrundlagen

Der im 15. Jahrhundert lebende und wirkende Fechtmeister Hans Talhoffer[394] liefert uns den besonderen Fall eines Fechtbuchverfassers, dessen Wirken sich anhand mehrerer Werke nachverfolgen lässt, welche zu verschiedenen Zeitpunkten im Laufe seiner Karriere angefertigt wurden. Es sind derzeit vierzehn Handschriften bekannt,[395] welche die Fechtlehre Hans Talhoffers überliefern.

---

392 Ebd.: *So streych Von vnden vff vast in sin schwert mitt der kurczen schniden.* Vgl. dazu auch den ‚Wechsel' im ‚Kölner Fechtbuch', dazu oben, S. 101.

393 Ebd., fol. 51v: *So stand mitt dem lincken fuoß für vnd leg dz schwert mitt dem ort vff die erde zuo diner rechten sytten vnd dz die lang schnid oben sy vnd von der lincken sytten die kurcz schnid vnden / vnd der fuoß vor stee.*

394 Weitere Schreibweisen sind unter anderem Dalhover, Talhofer, Thalhofer oder Talhöffer. Vgl. dazu HILS, Liechtenauers Kunst, S. 161.

395 Hils führt zwölf der Handschriften auf (HILS, Die Handschriften, S. 98), ebenso BODEMER, Das Fechtbuch, S. 139. Leng hingegen nur neun (LENG, Fecht- und Ringbücher, S. 35). Die Diskrepanz bezieht sich jedoch nur auf die später verfassten Kopien. Bei den von Leng vernachlässigten Handschriften handelt es sich um München, BSB, Cod. Icon. 395, Göttingen, Staats- und Uni-

Vier von diesen Handschriften können als Archetypen betrachtet werden, die bereits zu Lebzeiten Talhoffers angefertigt und sowohl zu dieser Zeit als auch in den nachfolgenden Jahrhunderten mehrfach kopiert wurden. Sie decken einen Zeitraum von etwa Mitte der 1440er Jahre bis 1467 ab und liefern damit einen Einblick in knapp zwanzig Jahre Wirkgeschichte des Fechters. Im Gegensatz zu anderen Fechtmeistern seiner Zeit, deren Werk uns heute meist nur aus einer einzigen Handschrift überliefert ist oder bestenfalls in späteren Abschriften wiederverarbeitet wurde, lässt sich an Talhoffers vergleichsweise umfangreichen Œuvre untersuchen, ob und inwieweit die Lehre im Laufe seiner Karriere einer Veränderung unterworfen war.

Über Hans Talhoffer als historische Person ist nur wenig bekannt. Daten zu seinem Leben können nur ungefähr aus seinen Handschriften erschlossen werden, und auch urkundliche Belege zum Leben des Fechtmeisters sind rar gesät. Der Zeitraum zwischen der Abfassung seiner ersten (von 1443/48) und letzten Handschrift (von 1467) beträgt ungefähr 20 Jahre. Aufgrund eines urkundlichen Belegs, der Talhoffer als Schuldner der Fechtvereinigung der Marxbrüder ausweist, wird anzunehmen sein, dass er mindestens bis 1482 gelebt haben dürfte.[396] Zur Mitte der 1430er Jahre lassen sich verschiedene urkundliche Nennungen des Namens Hans Talhoffer finden, die sich möglicherweise dem hier behandelten Fechtmeister zuordnen lassen.[397] Rechnet man zu diesen Daten die Jugend- und Lehrjahre hinzu, dürfte der Fechtmeister zirka 60 bis 70 Jahre alt geworden sein. Für einen Mann dieser Zeit und zudem im nicht selten tödlichen Gewerbe Talhoffers war dies sicherlich ein stattliches Alter.

Zum Herkunftsort des Fechtmeisters lassen sich ebenfalls nur Indizien aus den Handschriften ableiten. Eine philologische Untersuchung der Fechtbücher kann höchstens die Mundarten der beteiligten Schreiber verorten, nicht jedoch die des Meisters selbst. Sinnvoller erscheint es daher, durch Lokalisierung der Auftraggeber Talhoffers seinen möglichen Wirkungskreis einzugrenzen. Bei ihnen handelte es sich vorwiegend um Schwaben und Alemannen,[398] weswegen es wahrscheinlich ist, dass Talhoffer aus diesem Gebiet stammt oder dort zu-

---

versitätsbibliothek, Philos. 61 und Wolfenbüttel, Herzog August Bibliothek, Cod. Guelf. 125.16 Extrav. (Wolfenbüttel), bei Hils als TK 1, 2 und 3 geführt. Überdies sind inzwischen noch zwei weitere Handschriften einzubeziehen, nämlich MS 26.236 (eine Kopie von Gotha, UB Erfurt, Chart. A 558 in den Beständen des Metropolitan Museum of Art, New York) und 2° Ms. iurid. 29 der Universitätsbibliothek Kassel, die ebenfalls Teile aus Chart. A 558 und darüber hinaus aus Cod.icon. 394a enthält. Eine ausführliche Untersuchung der sechs vermutlich zu Lebzeiten Talhoffers angefertigten Fechtbücher findet sich seit Kurzem bei ISRAEL, Die Fechtbücher Hans Talhofers.

396 HILS, Liechtenauers Kunst, S. 174 f.

397 Das Datum 1435 als Erstnennung Talhoffers ist fest in die neuere Forschungsgeschichte aufgenommen worden, vgl. BODEMER, Fechtbuch, S. 140, die sich auf KEIL, Gundolf: Artikel Talhofer, Hans, in: VL (Bd. 9), Sp. 593 bezieht. Schon Hils zufolge ist der urkundliche Beleg aber nicht mit Sicherheit Talhoffer zuzuordnen (HILS, Liechtenauers Kunst, S. 174, Anm. 181). Eine weitere Nennung des Namens Hans Talhoffer findet sich in einer Rechtssache aus dem Jahr 1434 (Staatsarchiv Nürnberg Reichsstadt Nürnberg, Losungamt, 7-farbiges Alphabet, Urkunden 873 und 874).

398 HILS, Liechtenauers Kunst, S. 176.

mindest einen Großteil seiner Schaffenszeit verbrachte. Wie Hils darlegt, ist es ebenso anzunehmen, dass er sich – wohl zu Beginn seiner Laufbahn – auch in Franken aufgehalten hat. Dies lässt sich an seiner umfassenden Kenntnis des fränkischen Kampfrechts erkennen, die sich beispielsweise in den Abbildungen von Gotha, UB Erfurt, Chart. A 558 widerspiegelt. Auf diesen ist der gerichtliche Zweikampf mit Stechschild und Kolben dargestellt, wie er nach eben jenem Recht Anwendung fand.

Talhoffers erste Handschrift, die in der Universitäts- und Forschungsbibliothek Erfurt/Gotha aufbewahrte Chart. A 558[399] (im Folgenden als T1 bezeichnet), stammt aus den 1440er Jahren[400] und befand sich vermutlich zumindest für eine gewisse Zeit im Besitz Talhoffers selbst, wie ein später überdeckter Besitzeintrag nahelegt.[401] Hils äußert darüber hinaus die Vermutung, dass Talhoffer gar selbst als Schreiber und/oder Zeichner mit verantwortlich für das Werk zeichnet,[402] das ihm zu Beginn seiner Karriere als Vademecum diente und ihm so nicht nur als Erinnerungsstütze zur Verfügung stand, sondern auch als Hilfsmittel, um seine Schüler zu unterrichten.[403] Neben mehreren Bildfolgen zum Bloß- und Harnischfechten zu Fuß und beritten mit verschiedenen Waffen sowie der Abhaltung verschiedener Kampfgerichte (deren Darstellung unterbrochen wird von Abbildungen mit Szenen aus dem sozialen Umfeld von Fechtmeister und Schüler) enthält der Codex auch die gereimte Fechtlehre Liechtenauers und die Ringlehre des Meister Ott, welche durch einen Bildkatalog zum Ringen ergänzt wird. Darüber hinaus finden sich in der Handschrift die Namenmantik von Hans Hartlieb und ein Bildkatalog zur Kriegstechnik. Die Vielzahl der hier kompilierten Texte spricht für eine Sammlungstätigkeit Talhoffers, der offenbar daran interessiert war, für seinen Berufsstand (unmittelbar und mittelbar) wichtige Abhandlungen in niedergeschriebener Form verfügbar zu haben – ob für den Eigengebrauch, zur Unterrichtung seiner Klienten oder als Werbemittel zum Ausweis der eigenen Kunstfertigkeit bei potentiellen Auftraggebern.

Bei der zweiten Handschrift, dem MS XIX.17–3[404] (nachfolgend als T2 bezeichnet) im Privatbesitz der Familie Königsegg-Aulendorf, handelt es sich aller Wahrscheinlichkeit nach um eine Auftragsarbeit Talhoffers für den Junker Leutold von Königsegg, weshalb die Handschrift gemeinhin auch als ‚Königsegger Codex‘ bekannt ist. Sie dürfte in der Mitte des 15. Jahrhunderts entstan-

---

399 Handschriftenbeschreibungen bei Leng, Fecht- und Ringbücher, S. 42–47 und Hils, Liechtenauers Kunst, S. 62–65.

400 Die Handschrift enthält zwei Datumsangaben, einmal das Jahr 1443 sowie den Zusatz zu Liechtenauers *zedel: Anno domini xlviii jar.* Vermutlich dokumentieren die beiden Angaben einen längeren Entstehungsprozess der Handschrift von 1443 bis 1448, was auch durch Wasserzeichenbefunde gestützt wird. Vgl. dazu den Abschnitt ‚Geschichte‘ in: Eisermann, Katalog.

401 Fol. 1r: *Das buoch ist maister Hanssen Talh*[…] (der Rest des Namens ist inzwischen nicht mehr lesbar).

402 Hils, Die Handschriften, S. 33.

403 Hils, Liechtenauers Kunst, S. 65.

404 Handschriftenbeschreibungen bei Leng, Fecht- und Ringbücher, S. 51–54 und Hils, Liechtenauers Kunst, 70–74.

den sein, vermutlich zwischen den Jahren 1446 (der ersten urkundlichen Erwähnung Leutolds) und 1459 (der Abfassung von Talhoffers nächster Handschrift).[405] Die Anfertigung des Fechtbuches selbst erfolgte offenbar im Rahmen
der Ausbildung zu einem (außer-)gerichtlichen Zweikampf,[406] den Leutold
auszufechten hatte, und beschäftigt sich, soweit es das lange Schwert betrifft,
ausschließlich mit dem gerüsteten Zweikampf. Neben einigen allgemeinen
Abbildungen zum Harnischfechten mit dem langen Schwert und den darauf
folgenden Bildsequenzen im Kontext des Duells enthält die Handschrift weiterhin Bildkataloge zum Ringen, zum Kampf mit dem Dolch und dem Speer
sowie zum berittenen Zweikampf. Über den Grund für Leutolds Duell lassen
sich nur Mutmaßungen anstellen. Eine mögliche Ursache könnten Grenzstrei-
tigkeiten gewesen sein, welche die Zollproblematik um die von den Königseg-
gern erworbene und als Grenzmark dienende Burg Marstetten betrafen.[407] Der
Gegner Leutolds im dargestellten Kampfgericht lässt sich jedoch weder durch
namentliche Nennung noch über ein Wappen identifizieren, und auch über die
Identität Leutolds gibt nur ein Spruchband auf fol. 23r Aufschluss, ansonsten
sind die beiden Kontrahenten in den Darstellungen nicht voneinander zu unterscheiden. Die teilweise vertretene These, die Bildfolge zum Harnischfechten in
den Schranken bilde das tatsächliche Duell Leutolds ab, ist angesichts des
Bildmaterials und der knappen Beitexte nicht haltbar.[408]

Die dritte archetypische Handschrift Talhoffers, MS Thott 290.2⁰[409] (aufbewahrt in der Königlichen Bibliothek zu Kopenhagen; nachfolgend als T3 bezeichnet) befand sich wie T1 ebenfalls zumindest zeitweise im Besitz des
Fechtmeisters, der ausweislich eines Eintrages überdies selbst Modell für die
Zeichnungen des 1459 angefertigten Werkes stand.[410] Wie auch T1 stellt die

---

405 Hils, Liechtenauers Kunst, S. 72 f.
406 Die Kontrahenten verwenden Rüstungen, ein Kampf nach den Landrechten ist damit ausgeschlossen. Es handelt sich entweder um einen außergerichtlichen Kampf oder eine nach adligem
Fehderecht modifizierte Form des Ordals.
407 Königsegg-Aulendorf, Der Königsegger Codex (Bd. 2: Kommentar), S. 13.
408 Dies zeigt sich daran, dass einige der dargestellten Techniken durchaus das Potential haben,
einen Kampf zu entscheiden. Die gezeigten Halbschwerttechniken der Blätter 15v und 16r
beispielsweise kommen im Normalfall erst dann zur Anwendung, wenn der Angriff bereits
erfolgreich war, die Deckung des Gegners also unterlaufen werden konnte. Aus der Position, die
die Kämpfer in den Abbildungen einnehmen, würde man normalerweise einen Übergang in das
Ringen erwarten, da es bei solch einer engen Klingenbindung nur schwer möglich ist, sich
wieder vom Gegner zu lösen. Erst am Ende des Bildkatalogs kommt es aber zum Ringkampf,
weshalb anzunehmen ist, dass die zuvor dargestellten Szenen keinen konsekutiven Verlauf
zeigen, sondern beliebig austauschbare Momentaufnahmen, die für sich genommen jeweils in
der abschließenden letalen Szene enden können. Diese Vermutung wird unterstützt durch die
Tatsache, dass Talhoffer das Bildmaterial in anderen Fechtbüchern wiederverwertete. Es handelt
sich also aller Wahrscheinlichkeit nach um idealisierte Szenen, um den Harnischkampf zu
veranschaulichen. Vgl. dazu auch Burkart, Die Aufzeichnung des Nicht-Sagbaren, S. 283.
409 Handschriftenbeschreibungen bei Leng, Fecht- und Ringbücher, S. 47–51 und Hils, Liechtenauers Kunst, 74–79.
410 Fol. 103v: *Item Daz buoch ist Maister Hannsen Talhoferß und der ist selber gestanden mit sinem lybe biß
Daz man daz buoch nach Im gemalet hat und Daz ist gemalet worden uff pfingsten In Dem Jar nach der
gepurt Unsers lieben Herrn Christi Tusent vierhundert und darnach in dem Nün und fünfftzugosten Jar.*

Kopenhagener Handschrift mehr als nur ein Fechttraktat dar; vielmehr handelt es sich auch bei diesem Werk um eine Kompilation verschiedenster Texte, die Talhoffer offenbar wichtig oder interessant genug fand, um sie in seinem Nachschlagewerk zu sammeln und zur Ausbildung seiner Schüler parat zu haben beziehungsweise um seine eigenen Kenntnisse bei etwaigen Auftraggebern damit illustrieren zu können.[411] So enthält der Codex neben dem eigentlichen Fechtbuch einen Katalog mit einzelnen Abbildungen von Jagd- und Kriegsszenen und technischem Gerät, einen Auszug aus Konrad Kyesers ,Bellifortis', eine Planetenlehre sowie medizinische, mathematische und sprachwissenschaftliche Traktate. Das Fechtbuch selbst ist äußerst umfangreich und stellt eine Sammlung verschiedenster Text- und Bildkataloge dar. Einer gereimten Bearbeitung von Liechtenauers Versen durch Talhoffer folgen eine Abhandlung über die juristischen Hintergründe und allgemeine Bemerkungen zum gerichtlichen Zweikampf. Die Bildkataloge schließlich behandeln eine Vielzahl von Waffengattungen und Zweikampfsituationen, darunter das Ringen, der Kampf Mann gegen Frau, der Kampf zwischen ungleichen Waffen, mit Dolch, Schwert und Buckler, dem langen Schwert, dem Stechschild etc., gerüstet und ungerüstet, zu Fuß oder zu Pferde. Obwohl die Abbildungen durch ihre jeweils nur knappen Beischriften kaum Auskunft über die tatsächlichen dargestellten Techniken geben, liefert die Fülle an gezeigten Situationen und Waffen einen beeindruckenden Überblick über Talhoffers Portfolio, was sicherlich das Hauptanliegen des Fechtmeisters bei der Anfertigung der Handschrift war.

Die letzte erhaltene Handschrift Talhoffers schließlich, der in der Bayerischen Staatsbibliothek München aufbewahrte Codex Icon. 394a[412] (nachfolgend T4), weicht in ihrem Aufbau und der Gestaltung merklich von Talhoffers früheren Werken ab. Es handelt sich um eine reine Bilderhandschrift, dem Wappen auf Blatt 16r folgend vermutlich eine Auftragsarbeit für den Grafen Eberhard V. im Bart von Württemberg, die außer den knappen Beischriften, welche schon aus Talhoffers früheren Traktaten bekannt sind, keinerlei Texte enthält. Der Inhalt des Fechtbuches beschränkt sich so auf mehrere Bildkataloge zum Kampf mit verschiedenen Waffen: langes Schwert (gerüstet und bloß), Luzerner Hammer, Stechschild nach fränkischem und schwäbischem Recht, Dolch, Ringen, langes Messer, Schwert und Buckler, Kampf Mann gegen Frau und Kampf zu Pferde. Bemerkenswert ist die Tatsache, dass im Gegensatz zu Talhoffers anderen Traktaten, in denen das gerüstete Fechten die prominente Rolle einnimmt, hier der weitaus größte Bildkatalog auf das Bloßfechten mit dem langen Schwert entfällt. Des Weiteren fehlen, abgesehen von einer Abbildung, die Talhoffer selbst mit einem Spruchband zeigt, und zwei Illustrationen zum Einmarsch in den Kampfring, jegliche narrativen Elemente. Das Bildgut erschöpft sich ausschließlich in der kontextlosen Abbildung zweier sich gegenüberstehender Kämpfer in verschiedenen Gefechtssituationen, es existieren keine Hinweise auf einen konkreten Anlass für ein Duell oder sonstige memoriale Komponenten. Im

---

411 Vgl. ISRAEL, Die Fechtbücher Hans Talhofers, S. 131 f.
412 Handschriftenbeschreibungen bei LENG, Fecht- und Ringbücher, S. 54–56 und HILS, Liechtenauers Kunst, S. 95–97.

Gegensatz zu T1 und T3, die zumindest zeitweise als Vademecum Talhoffers dienten, und T2, das eine bestimmte memoriale Funktion für den Auftraggeber erfüllen sollte, bietet T4 damit das Bild eines eher nüchternen Fechttraktats, dessen Nutzen rein in der Veranschaulichung der einzelnen Fechttechniken, vermutlich als Erinnerungsstütze, liegt.[413]

3.2.2. Die Fechtlehre

Auch im Falle von Talhoffers Fechtbüchern gilt es wieder darauf hinzuweisen, dass eine tatsächliche Rekonstruktion seiner Fechtlehre aus bereits genannten Gründen nicht das Ziel dieser Arbeit sein kann. Dennoch lassen sich die vier Archetypen zum einen daraufhin untersuchen, ob die darin präsentierten Techniken Besonderheiten in der Form aufweisen, dass man von einer eigenständigen Fechtlehre Talhoffers sprechen kann, zum anderen kann durch einen Vergleich der vier Traktate untereinander untersucht werden, ob es Anzeichen dafür gibt, dass sich die Techniken im Lauf der langen Berufstätigkeit Talhoffers verändert haben.

Handschrift T1 zeigt ohne Zweifel, dass Hans Talhoffer schon früh in die Tradition Liechtenauers einzuordnen ist. Ob er selbst noch zum persönlichen Schülerkreis des Meisters zählte, lässt sich nicht mehr feststellen, aufgrund der anzunehmenden Lebensdaten ist dies aber unwahrscheinlich. Dennoch beruft sich Talhoffer in der ersten von ihm überlieferten Handschrift ehrerbietungsvoll auf Liechtenauer und dessen Lehre und scheint zumindest am Anfang seiner Karriere fest in ihr verwurzelt zu sein. So findet sich in T1 eine im Gegensatz zu Nürnberg, GNM, HS 3227a stark verkürzte und an vielen Stellen sinnentstellte Kopie der Liechtenauer-Verse zum Bloßfechten mit dem langen Schwert. Überschrieben ist diese mit der geläufigen Formel *Hye hebt sich an meister liechtenawers chunst deß lengen swerts*[414], die auf den Ursprung der nachfolgenden Lehre bei der Autorität des alten Meisters verweist. Da sich T1 im Besitz Talhoffers selbst befand und vermutlich als Nachschlagewerk und Hilfsmaterial für den eigenen Unterricht diente, kann angenommen werden, dass der Fechtmeister zu diesem Zeitpunkt nach Liechtenauers Lehre focht und die Verse als Gedächtnisstütze und für den Unterricht in sein Vademecum mit aufnahm. Eine Bearbeitung der Verse durch Talhoffer hat in T1 ebenso wenig stattgefunden wie eine Kommentierung, was darauf schließen lässt, dass er zum Zeitpunkt der Anfertigung der Handschrift noch weitestgehend an die ursprüngliche Liechtenauer-Lehre anknüpfte und über keinen ausformulierten eigenen Technikkatalog verfügte, den er in seine Handschrift hätte aufnehmen können.

Handschrift T2 liefert keine nennenswerten Hinweise auf Talhoffers Fechtlehre im ungerüsteten Kampf – das Traktat enthält lediglich Abbildungen zum

---

413 Vgl. BURKART, Body Techniques, S. 122: „They [Talhoffers Fechtbücher] served – just as Liechtenauer's encrypted verses for the initiates of his system – as mnemonic anchors to recapitulate the already learned lessons."

414 Gotha, UB Erfurt, Chart. A 558, fol. 18r.

Harnischfechten und einen Bildkatalog, in dem ein Zweikampf in voller Rüstung dargestellt ist. Da die Handschrift höchstwahrscheinlich zum Zwecke der Memoria für Leutold von Königsegg angefertigt wurde, der als Adliger vorwiegend, wenn nicht ausschließlich Duelle im Harnisch zu absolvieren hatte, ist es nicht weiter verwunderlich, dass das Bloßfechten bei der Anfertigung des Werkes nicht weiter thematisiert wurde. Interessant sind die zahlreichen Abbildungen in T2 dennoch, zeigen sie doch auf, inwieweit sich der Kampf im Harnisch vom ungerüsteten Zweikampf unterscheidet.

Von den filigranen Techniken, die in Liechtenauers Versen und damit auch in T1 überliefert sind, ist in den Zeichnungen des ‚Königsegger Codex' nichts mehr zu erkennen. Vielmehr wird dort fast ausschließlich der Kampf im Halbschwert thematisiert, bei dem der Fechter nur noch eine Hand am Schwertgriff behält und mit der anderen in die eigene Klinge greift. Die Handhabung des Schwertes ähnelt in diesem Fall eher der eines Kampfstabes oder eines kurzen Speeres. Auf diese Weise kann sich der Fechter eine bessere Hebelwirkung zunutze machen und kraftvoller zustoßen, um mit der Schwertspitze die Schwachpunkte in der gegnerischen Rüstung zu durchdringen.[415] Gleichzeitig dient das Schwert als Nahkampfwaffe, um den Gegner zu Fall zu bringen, oder auch als Hiebwaffe, mit der der Gegner durch kinetische Energie verletzt oder bewusstlos geschlagen werden soll.[416] Im Vergleich zum ungerüsteten Kampf zeigt sich das Harnischfechten also eher als eine um eine Waffe erweiterte Form des Ringens, bei der das Schwert in erster Linie dazu genutzt wird, den Gegner zu Boden zu werfen, um ihn dort im Nahkampf zu besiegen, als ihn damit direkt mit Hieben oder Stichen zu verletzen.[417] Da der Harnisch den Träger vor Schnitten und vielen Stichverletzungen schützt, bleiben hierbei die meisten Techniken des ungerüsteten Langschwertfechtens ohne Wirkung. Dennoch sind auch hier einige Prinzipien zu erkennen, die ebenfalls im Bloßfechten Verwendung finden, in erster Linie natürlich beim Ringen am Schwert.[418]

Handschrift T3 lässt in Talhoffers Werk erstmals das Bestreben des Fechtmeisters erkennen, sich – zumindest augenscheinlich – von der Liechtenauer'schen Lehre zu lösen und ein eigenständiges Fechtsystem zu verschriftlichen. So ist dem Traktat anstatt der zu erwartenden Verse Liechtenauers ein anderes Lehrgedicht vorangestellt:[419]

---

415 Vgl. beispielsweise fol. 16v: Hier versucht der Kämpfer auf der linken Seite, seinem Kontrahenten das Schwert durch das Helmvisier zu stoßen.

416 Vgl. beispielsweise fol. 16r, der Schwertgriff und das Gehilz werden benutzt, um den Gegner am Hals zu ‚reißen'. Fol. 8v zeigt die Vorbereitung zum sogenannten Mordhau, bei dem der Fechter das Schwert mit beiden Händen an der Klinge fasst, um den Gegner durch einen kräftigen Hieb mit der Parierstange oder dem Knauf zu treffen.

417 Nicht verwunderlich ist in diesem Kontext, dass auch andere Fechtmeister sich bei der Glossierung der Liechtenauer'schen Verse zum ‚Kampffechten' (also zum Harnischfechten) in erster Linie dem Ringen widmen. Vgl. die anonyme Glosse in Rom, BANLC, Cod. 44 A 8 (fol. 53r–72r), in der fast ausschließlich das gerüstete Ringen thematisiert wird.

418 Vgl. beispielsweise Rom, BANLC, Cod. 44 A 8, fol. 33v, hier wird eine ähnliche Wurftechnik beschrieben, wie sie in T2, fol. 14r dargestellt ist.

419 Kopenhagen, Det Kongelige Bibliotek, MS Thott 290.2°, fol. 1r f.

Zorn ort Der brust zu bort
zu baiden siten vber schiessen
Wecker wil stan
triben strichen wil gan
In Der rosen Im rädlin
zuck Die treffen git guote sinn
Krump how dem muel zu
Im eyn flechten hab nit ruo
Im krieg so machstu griffen
ochß pflug Darinn du nit wyche
Mit dem Reiß ort schertz
Im schrack ort hab ain hertz
Im ysen ort verwend
ain biffler tue fälen biß behend
E komen nach reissen ist der sitt
Schnellen vber louffen und den schnit
Daz ist ain gemaine lere
Daran Dich kere
Daz tund die wysen
Die kunst kunden brysen
Wiltu Dich kunst fräwen
So lern Die toplirten höwe
wer nach gaut slechten höwen
Der mag sich kunst wenig fröwen
Auch so sind vier leger
Die soltu mercken eben
tuo Dar In nit starck vallen
oder er laut darüber schallen
wa man Dir anbind wil
So wind die kurtzen schnid für

Diese Sammlung von Versen greift zwar immer wieder Begriffe aus der Lehre Liechtenauers auf,[420] und einige Versatzstücke sind sogar komplett von dort übernommen (*wer nach gaut slechten höwen / Der mag sich kunst wenig fröwen*), jedoch finden sich hier auch Techniken, die in den Versen Liechtenauers überhaupt nicht erscheinen. Das Bild der Rose etwa (*In Der rosen Im rädlin*) findet sich erst in späteren Fechttraktaten des 16. Jahrhunderts wieder,[421] *schrack ort* und *ysen ort* erinnern wiederum stark an die Schranckhut beziehungsweise die Eiserne Pforte, die in Nürnberg, GNM, HS 3227a unter den ‚Gefechten anderer Meister' aufgeführt sind. Der Begriff *wecker* hingegen taucht in anderen Fechtlehren sogar ausschließlich in Zusammenhang mit dem langen Messer auf und bezeichnet hier eine Technik, die dem Krumphau mit dem langen Schwert äh-

---

420 Darunter die Huten Ochs und Pflug, die „vier Leger", Zornort und Krumphau, das Nachreisen und Duplieren.
421 So bei Andre Paurnfeindt, Joachim Meyer und Paulus Hector Mair.

nelt.[422] Das Lehrgedicht erweckt aufgrund dieser Tatsache insgesamt den Eindruck, eine Vermischung verschiedener Quellen zu sein. Darunter nicht nur die Liechtenauer-Lehre, sondern auch die in Kapitel II.2.3. beschriebene ,allgemeine' Lehre sowie Begriffe und/oder Techniken, die zu zu diesem Zeitpunkt sonst nur mündlich tradiert wurden oder heute nicht mehr in schriftlicher Form erhalten sind und erst zu einem späteren Zeitpunkt in diverse Traktate übernommen wurden.

Ob Talhoffer selbst der Urheber des Gedichts ist, lässt sich nicht überprüfen. Dafür spricht jedoch die Tatsache, dass die Verse außer in T3 in keinem weiteren erhaltenen Werk überliefert sind, lediglich die 1491 von dem Magister Hans von Speyer angefertigte Kompilation von diversen älteren Fechttraktaten enthält einige wenige Auszüge aus dem Gedicht, das an dieser Stelle darüber hinaus um mehrere Verse ergänzt wird.[423] Es ist durchaus denkbar, dass das vermeintliche Talhoffer-Gedicht seinen Weg in die Sammlung des Magisters gefunden hat; ebenso denkbar ist jedoch, dass auch Talhoffer das Gedicht lediglich als Fremdwerk in seine Handschrift aufnahm. Interessant ist die Aufnahme in T3 aber in jedem Fall, denn sie deutet auf ein Interesse des Fechtmeisters an außerhalb der Liechtenauer-Lehre stehenden Fechttraditionen hin, das so in seinem früheren Werk noch nicht zu finden ist.

Talhoffer scheint (spätestens) zur Zeit der Entstehung von T3 quasi über den ,Liechtenauer'schen Tellerrand' hinwegzuschauen, möglicherweise mit dem Ziel, eine eigene Fechtlehre zu entwickeln, die verschiedene Stile inkorporiert, und diese unter eigenem Namen zu lehren. Diese Annahme wird unterstützt durch die Tatsache, dass die auf das Gedicht nachfolgenden Verse der Liechtenauer-Lehre nicht wie sonst üblich mit einer Ehrbezeugung an den älteren Meister überschrieben sind (so noch in T1: *Hye hebt sich an meister liechtenawers chunst deß lengen swerts*), sondern von Talhoffer ganz selbstbewusst als seine eigene Kunst dargestellt werden: *Hie lert der talhofer ain gemaine ler in dem langen Schwert*.[424] Der Name Liechtenauer wird bezeichnenderweise in dem kompletten Traktat kein einziges Mal erwähnt – ebenso wie auch schon in T2, der Talhoffer ein Gedicht über die Tugenden des Fechters voranstellt, das mit Liechtenauers Einleitung *Jung man nu lern got liebhabn vnd frawen eren* [...][425] beginnt und von Talhoffer ergänzt wird, jedoch ohne den Namen Liechtenauers zu nennen. Ganz im Gegenteil, am Ende des Lehrgedichts weist Talhoffer noch einmal explizit auf seine (angemaßte) Urheberschaft hin: [so] *spricht hannß talhofer*.[426] Besonders in Anbetracht des Vergleichs zu T1, da Talhoffer noch ehrerbietig auf den alten Meister verweist, kann dies kein Zufall sein. Vielmehr spricht diese Tatsache für

---

422 Vgl. Johannes Lecküchner: München, BSB, Cgm 582, fol. 14v.
423 Salzburg, Universitätsbibliothek, M I 29, fol. 3r.
424 Kopenhagen, Det Kongelige Bibliotek, MS Thott 290.2º, fol. 2r.
425 Ebd., fol. 1r.
426 Ebd., fol. 5v. Dieser Satz mag sich auch auf die folgende Formel *got lauß unnß aller schwer* beziehen, dennoch steht außer Frage, dass Talhoffer mit der nochmaligen Erwähnung seines Namens seinen Anspruch auf die Fechtlehre zementieren will: Es ist Talhoffer, der hier Gott bittet, uns die Mühsal zu ersparen, nicht Liechtenauer.

eine Emanzipation des Fechters, dessen Name spätestens zu diesem Zeitpunkt mit Sicherheit als etablierte ‚Marke‘ galt und ihm auch ohne den Verweis auf Liechtenauer Tür und Tor bei den adligen Fechtschülern öffnen konnte.

Übrigens mag genau diese offensichtliche Abkehr von der Tradition Liechtenauers auch der Grund dafür sein, weshalb Fechtmeister Paulus Kal Talhoffer nicht in seine vormals bereits erwähnte ‚Gesellschaft Liechtenauers‘ aufgenommen hat. In der Forschung wurde ob Talhoffers Fehlen in der Liste der Gesellschaft lange gemutmaßt, ob es zwischen Kal und Talhoffer möglicherweise ein Zerwürfnis oder gar eine Art „Plagiatsaffäre“ gab[427] – mögliche Streitigkeiten außen vor gelassen, scheint ein logischer Grund hierfür eben genau die Tatsache zu sein, dass Talhoffer sich selbst nicht mehr als Teil der Liechtenauer-Tradition sah und dies auch öffentlich kundtat. Wenn schon Talhoffer selbst darauf verzichtete, sich in die Tradition Liechtenauers zu stellen, erscheint es nur logisch, dass Kal ihn nicht in die Liste der Fechtmeister aufnahm, welche sich dessen Lehre verschrieben hatten. Ob Talhoffer aufgrund seines ‚Alleinganges‘ den Unmut seiner Zunft auf sich zog, muss jedoch auch weiterhin rein spekulativ bleiben.

Abgesehen von wenigen Zusätzen und Veränderungen zu den Versen Liechtenauers, die höchstwahrscheinlich auf Talhoffers Urheberschaft zurückgehen, da sie sich in keiner anderen überlieferten Version der Lehre wiederfinden, liefert T3 zum Bloßfechten lediglich eine mehr oder weniger vollständige, unkommentierte Fassung der Liechtenauer-Verse. Die wenigen Änderungen Talhoffers lassen vermuten, dass das Lehrgedicht tatsächlich als solches in Gebrauch war, um die Techniken zu verinnerlichen, ansonsten hätte kein Anlass bestanden, es um eigene Verse zu ergänzen – dass es sich bei den Zusätzen nicht um Überreste einer nicht mehr überlieferten Vorlage Talhoffers handelt, wird weiterhin aus der Tatsache ersichtlich, dass diese auch in der Abschrift der Verse in T1 nicht vorhanden sind, Talhoffer muss also eine Vorlage ohne diese Zusätze besessen haben. In der Tat sind die wenigen Änderungen, die sich beispielsweise im Vergleich zur Abschrift der Verse in Rom, BANLC, Cod. 44 A 8 oder auch in T1 ergeben, bei genauerer Betrachtung nicht nur auf Ungenauigkeiten oder Improvisationen des Schreibers zurückzuführen, wie es im Rahmen der handschriftlichen Überlieferung bei anderen Traktaten immer wieder der Fall ist. Obgleich das Gedicht (wie alle erhaltenen Versionen) an vielen Stellen sinnentstellende Schreib- und Übertragungsfehler aufweist, scheint Talhoffer hier dennoch mehrfach gezielte Eingriffe vorgenommen zu haben, um den Text seinen Bedürfnissen anzupassen. Talhoffer darf ohne Zweifel unterstellt werden, dass er die Verse Liechtenauers sehr gut kannte – er nutzte sie nicht nur in der Ausbildung, sondern besaß auch eine Vorlage, nach der er T1 anfertigen ließ. Spätestens zu diesem Zeitpunkt muss er die Verse also in ihrer ursprünglichen Form gekannt haben. Dass er zur Zeit der Anfertigung von T3 keine Kopie der *zedel* mehr besessen oder die Verse so weit vergessen haben sollte, dass er sie solcherart verändert aufschreiben ließ, ist sehr unwahrscheinlich.

---

427 Hils, Liechtenauers Kunst, S. 179–181.

Dagegen spricht zusätzlich die interne Stringenz der Neufassung in T3: An vielen Stellen werden die Verse zwar inhaltlich verändert, ergeben aber dennoch weiterhin (beziehungsweise überhaupt erst) Sinn. Dies lässt sich exemplarisch am Krumphau verdeutlichen, der in T1 noch folgendermaßen beschrieben wird: *chrump auff behendt / wirff den ort auff dy hent* (fol. 19r). In T3 wird daraus: *Werff krum uff sin hende / Slach den ort nach sinr lende* (fol. 3r). Der Grundsatz des Krumphaus bleibt also erhalten: Der Schlag zielt zunächst wie gehabt auf die Hände des Gegners, jedoch folgt diesem nach der neuen Fassung nun ein weiterer Hieb in die Lendenregion des Gegners. Eine Gegenüberstellung der beiden Texte zum Krumphau verdeutlicht, dass es zwar an vielen Stellen zu kleineren Änderungen gekommen ist, die Sinnhaftigkeit aber erhalten bleibt:

	T1:	T2:
1	*chrump auff behendt*	*Werff krum uff sin hende*
	wirff den ort auff dy hent	*Slach den ort nach sinr lende*
	chrump wer wol seczet	*und darby wol versetz*
	mit schriten vil hew leczet	*Mit schaitler vil höw letst*
5	*haw chrump czu Im slahenn*	*how uff sin fleche*
	den meistern wiltu sy swechen	*so tuostu in schwechen*
	wenn eß gliczet oben	*wenn eß knilt obnen*
	stant ab das wil ich loben	*So nym ab Daz wil ich loben*
	chrump ficht kurcz haw	*und wer krum zu dir how*
10	*durch wechßel da mit schaw*	*Durch wechsel du in schow*
	chrump wer dich Irt	*wil er Dich Irren*
	der edel kriegk In vor wirt	*Der krieg in verfieret*
	das er nicht weiß vor war	*Daz er nit nympt war*
	wue er ist aneuar	*wa er ist ungefar*

Im Gegensatz zu den anderen erhaltenen Werken, die uns die Verse Liechtenauers überliefern, gehen die Änderungen hier weit über bloße Fehler des Schreibers bei der Niederschrift beziehungsweise beim Kopieren des Textes hinaus. Vielmehr ergibt sich das Bild einer bewussten Redaktion der Verse, bei der teilweise sogar die in der früheren Version bereits verlorene Sinnhaftigkeit wiederhergestellt wurde. Aus den ursprünglichen *schriten* wird der Scheitelhau als Antwort auf gegnerische Hiebe (Zeile 4) und nach einer hohen Anbindung folgt nun das Abnehmen anstatt des Zurückziehens (Zeile 8).

Bei der Beschreibung der vier Blößen dreht sich die Bedeutung der Verse bei Talhoffer sogar gänzlich um: Wo es bei Liechtenauer noch heißt „Vier Blößen wisse zu treffen, so schlägst du gewiß, ohne jede Gefahr und ohne Zweifel, was dein Gegner auch unternehme",[428] ermahnt Talhoffer im Gegensatz dazu, nicht ungestüm zuzuschlagen und genau zu beobachten, was der Gegner tut: *nit slach*

---

428 Gotha, UB Erfurt, Cod. MS. Chart. A 558, fol. 19r: *Vier ploß wiß / czu remen so schlegstu gewiß / an alle val / an czweiuel wie er gepar.*

ungefar / lug eben wie er gebar[429]. Dazu passt die Umschreibung des Verses zu den vier Versatzungen: *pleib dar auff ler wiltu enden*[430] wird so zu *blyb stan und besicht den man*[431], ebenfalls wieder eine Aufforderung, besonnen vorzugehen und den Gegner genau einzuschätzen. Für bloße Übertragungsfehler des Schreibers von T3 sind diese Änderungen deutlich zu sinnhaft und in sich zu schlüssig, sie lassen vielmehr Talhoffers leitende Hand bei der Niederschrift der Verse erkennen.

Ob diese redaktionellen Eingriffe von Talhoffer absichtlich vorgenommen wurden, oder ob dieser die Verse im Laufe seiner Karriere unwissentlich zunehmend falsch erinnerte und stellenweise neu reimte, lässt sich nicht feststellen. Wohl aber die Tatsache, dass Talhoffer zur Zeit der Anfertigung von T3 eine eigene Version der Liechtenauer-Verse benutzte, die zwar zum Großteil mit diesen identisch ist, jedoch an einigen Stellen bewusste formale, aber auch inhaltliche Änderungen aufweist. Besonders deutlich wird dies auch an anderer Stelle, wenn er die beiden Verse *und erschrick ab kainen man / stand und sich in ernstlich an* (fol. 3r) einfügt: Der Mut, den ein Mann im Angesicht seines Gegners haben soll, ist ein Leitthema Talhoffers, das an dieser Stelle sicher nicht zufällig auftaucht.[432]

Leider ist Talhoffers Version der Verse wie der ursprünglichen Fassung Liechtenauers gemein, dass sie ohne Kontext keine brauchbaren Rückschlüsse über die tatsächliche Fechtlehre zulassen und bestenfalls als Erinnerungsstütze für bereits erlerntes Wissen dienen können. Dennoch lohnt sich ein Blick auf die Abwandlung der Stelle *funf hew leren von der rechten hant wider dye were*, wie sie noch in T1 zu finden ist: Aus dieser wird in T3 *Der höw sind fünff und haissent fünff focal Die lern recht und merks fürwär*. Talhoffer unterrichtete also nicht nur Liechtenauers Techniken in seinem eigenen Namen. Er schuf darüber hinaus auch eine Mnemotechnik, welche die fünf verborgenen Hiebe Liechtenauers offenbar leichter erinner- und abrufbar machen sollte, indem er sie den fünf Vokalen zuordnete. Wie genau diese Zuordnung funktionierte, ist aus dem kurzen Lehrgedicht leider nicht ersichtlich, da diese Stelle die einzige ist, in der von den fünf Vokalen die Rede ist. Denkbar ist, dass jedem der fünf Hiebe – die auch in T3 noch ihre ursprünglichen Namen nach Liechtenauer tragen – ein Vokal passend zur jeweiligen Lautung zugeordnet wurde: Schaitler, Zwerch, Schieler, Zornhau und Krumphau. In Anbetracht der Tatsache jedoch, dass weder die grafische Wiedergabe der Namen in den Handschriften stringent ist (der Zwerchhau taucht in T3 beispielsweise auch als *zwierh* auf), noch wirklich Rückschlüsse von der Schreibung auf die tatsächliche Aussprache gezogen werden können, bleibt dies eine Mutmaßung. Fest steht jedoch, dass Talhoffer daran interessiert war, die Liechtenauer'sche Lehre nach seinem eigenen Prinzip und unter dem eigenen Namen weiterzugeben, wozu er auch eigene Lernhilfen benutzte, um sie in seinen Lehrplan einzuarbeiten.

---

429 Kopenhagen, Det Kongelige Bibliotek, MS Thott 290.2º, fol. 3r.
430 Gotha, UB Erfurt, Cod. MS. Chart. A 558, fol. 19v.
431 Kopenhagen, Det Kongelige Bibliotek, MS Thott 290.2º, fol. 4r.
432 Vgl. Königseggwald, Gräfliches Schloss, MS XIX.17–3, fol. 1v: *Nun hab ain manß muot / gen dem der dir vnrechtt tuot* […] *vnd stand vast als der ber / das du nit schliffest hin vnd her.*

Zur Zeit der Anfertigung von T4, Talhoffers letzter auf uns gekommener Handschrift, erweckt der Fechtmeister nach außen hin nun gänzlich den Eindruck, von Liechtenauers Lehre abgerückt zu sein und sein eigenes System perfektioniert zu haben. T4 scheint insofern die logische Weiterentwicklung zu T3 zu sein, in der die eigenen Merkverse Talhoffers teilweise zeichnerisch dargestellt wurden; man könnte also von einer illustrierten Fassung der Talhofferschen Fechtlehre sprechen.[433] Von Talhoffers Fokussierung auf die fünf Hiebe Liechtenauers ist in diesem Fechtbuch nichts mehr zu erkennen. Stattdessen stellt er ein System vor, das auf vier Grundhieben basiert, die gleich zu Beginn der Handschrift präsentiert werden: Oberhau, Unterhau, Sturzhau und Wechselhau.[434] Obschon einige der abgebildeten Techniken immer noch aus der Anwendung der Liechtenauer'schen Hiebe resultieren können – beispielsweise lässt die Technik des Zornorts[435] vermuten, dass zunächst eine Anbindung durch den Zornhau erreicht und das Schwert dann nach oben gewunden wurde –, konzentriert sich Talhoffer bei den meisten Abbildungen fast gänzlich auf die vier bei ihm genannten ‚neuen' Hiebe. Auch findet sich hier eine Abbildung zur „Eisernen Pforte" (*Iszny Portt* oder *yszni port*),[436] die vermutlich wieder die in T3 erwähnte Technik des Eisernen Orts aufgreift und bei Liechtenauer nicht erwähnt wird.

Nur vereinzelt scheinen noch die fünf verborgenen Hiebe Liechtenauers durch: Auf zwei Blättern wird die grundlegende Ausführung des Krumphaus gezeigt,[437] während der Schielhau lediglich an einer Stelle thematisiert wird.[438] Der Zwerchhau wird namentlich nicht erwähnt, Talhoffer zeigt jedoch an zwei Stellen den bei ihm so genannten „verschränkten Ort" (*das geschrenckt ortt*), welcher dem Zwerch entsprechen dürfte.[439] Der Scheitelhau ist hingegen überhaupt nicht zu finden, was umso erstaunlicher ist, da Talhoffer sich in den in T4 dargestellten Techniken stark darauf zu konzentrieren scheint, ein hohes Sprechfenster zu erzwingen. So zeigen nahezu alle Abbildungen, in der eine Klingenanbindung zustande kommt, ein Sprechfenster auf Gesichts- oder Überkopfhöhe. Im Vergleich zu Liechtenauer, der neben dem *oeberhengen* ausdrücklich auf ein *underhengen* verweist,[440] ist dies bemerkenswert. Selbst die beiden unteren Blößen, die auf einer der Tafeln gezeigt und genannt werden, befinden sich bei Talhoffer nicht am Unterkörper, sondern vielmehr unter den

---

433 Vgl. beispielsweise die Abbildung mit dem (vermutlich) von Talhoffer stammenden Vers in T4 (München, BSB, Cod. Icon. 394a), fol. 3r: „*Zorn ortt Im dröw*" mit T3 (Kopenhagen, Det Kongelige Bibliotek, MS Thott 290.2º), fol. 1r: „*Zorn ort der brust zu bort*".

434 München, BSB, Cod. Icon. 394a, fol. 2r und 2v: *Oberhow, Vnderhow, Sturtzhow, Wechsselhow*.

435 Ebd., fol. 3r.

436 Ebd., fol. 9v.

437 Ebd., fol. 11r: *Krum vff behend* und fol. 11v: *Hie ist die krum volbracht* (gezeigt ist das durch den Krumphau aus dem Weg beförderte Schwert des Gegners und der Schlag zur oberen Blöße, der auf den Krumphau folgt).

438 Ebd., fol. 19v: *Vsz dem schilher geuallen In das gewauppet ort*.

439 Ebd., fol. 3v und fol. 10v. Beide Abbildungen zeigen den Zwerch in seiner üblichen Funktion, die darin besteht, Hiebe von Oben abzuwehren, einmal den Zornhau, einmal den Oberhau.

440 Nürnberg, GNM, HS 3227a, fol. 37r.

Achseln.[441] Was Talhoffer durch dieses Fechten in der oberen Körperhälfte bezweckte, kann unter psychologischen Aspekten erklärt werden. Es ist anzunehmen, dass diese Fechtweise den Gegner unter Druck setzen soll, da sich der eigene Ort stets vor dessen Gesicht befindet und damit eine fortwährende Bedrohungssituation schafft. Im Gegenzug vermittelt das erhobene eigene Gehilz dem Fechter ein Gefühl der Sicherheit, da sich der Kopf in dieser Auslage recht gut schützen lässt. Talhoffer setzt damit den schon in Glosse L1 aufgeführten Ratschlag um, wenn möglich die oberen Blößen anzugreifen.[442]

Bemerkenswert ist die Aufteilung der Bildkataloge in T4: Bis Blatt 35r sind die beiden sich gegenüberstehenden Fechter ungerüstet und ohne definierten Hintergrund abgebildet, ab Blatt 35v folgt eine Bilderserie mit im Harnisch gerüsteten Kontrahenten im Kampfring. Obwohl diese Aufteilung suggeriert, dass der erste Teil der Handschrift dem Bloßfechten gewidmet ist, worauf die ungerüsteten Kämpfer schließen lassen, wird bei genauerer Betrachtung jedoch offenbar, dass es innerhalb dieses ersten Bildkatalogs einen gewissermaßen fließenden Übergang zum Harnischfechten gibt. Denn wo Techniken wie das „Geißeln" (Das gayszlen)[443], ein einhändiger Hieb zu einer unteren Blöße des Gegners, eindeutig auf den ungerüsteten Kampf verweisen – ein solcher Hieb, ebenso wie viele der dargestellten Schnitte und Stiche, hätte auf einen gerüsteten Gegner praktisch keinen Effekt – zeigen die Abbildungen ab Blatt 14v zunehmend Techniken, die eher dem Harnischfechten zuzuordnen sind. Der Übergang ist nicht klar zu erkennen, da manche der folgenden Aktionen auch im Bloßfechten angewendet werden könnten,[444] aber spätestens mit Blatt 21r, da beide Kämpfer fortlaufend nur noch im Halbschwert stehen, ist der Wechsel zum gerüsteten Kampf klar vollzogen.[445] Obgleich die Kontrahenten weiterhin ohne Rüstung abgebildet sind, zeigen Techniken wie das wiederholte Greifen nach dem Schwert des Gegners[446] oder das Einfangen der gegnerischen Klinge unter der eigenen Achsel (!)[447] eine Unbekümmertheit vor der Waffe, die nur mit einer entsprechenden Rüstung plausibel ist. Der eben genannte Griff zum Schwert, bei dem beide Kontrahenten jeweils an der Klinge des Gegners ziehen, taucht in nahezu identischer Form bereits im Bildkatalog zum Harnischfechten in T2 auf,[448] ebenso der später abgebildete Stich in den Panzerhandschuh (Ain hefften In Hentschuch[449]; in T2: Das füren by dem hentschoch[450]), der Mordschlag[451] und andere Techniken, die sich zweifelsfrei dem gerüsteten Kampf zuordnen lassen. Auch

---

441 Ebd., fol. 8v.
442 Vgl. oben, S. 62.
443 München, BSB, Cod. Icon. 394a, fol. 6v.
444 Beispielsweise ebd., fol. 15r und fol. 19r.
445 Vgl. dazu auch Talhoffers Bezeichnung für die Haltung im kurzen Schwert, die er „gerüsteter Ort" oder „gerüstetes Einfallen" nennt (ebd., fol. 14v, 15v, 19r und 19v).
446 Ebd., fol. 26r: Hie hand sie die swert begriffen. Fol. 27r: Schwert wechszlen.
447 Ebd., fol. 14v.
448 Königseggwald, Gräfliches Schloss, MS XIX.17–3, fol. 17r.
449 München, BSB, Cod. Icon. 394a, fol. 23v.
450 Königseggwald, Gräfliches Schloss, MS XIX.17–3, fol. 15r.
451 München, BSB, Cod. Icon. 394a, fol. 18r, vgl. T2, fol. 8v.

das Ringen, das wie bereits erwähnt ein wichtiger Bestandteil des Harnisch-
fechtens ist, wird erst in diesem späteren Teil der Handschrift thematisiert.

Die Vermischung der beiden Kampfstile lässt sich durch den Verwendungszweck des Werkes erklären. Im Gegensatz zu Handschrift T2, die vermutlich als Erinnerung an ein tatsächlich stattgefundenes Duell dienen sollte,
erweckt T4 eher den Eindruck, ein ,ganzheitliches' Fechtbuch darstellen zu
wollen, das einen nicht zweckgebundenen Überblick über alle gängigen
Kampfarten liefern soll. Unterstützt wird diese Annahme durch die Tatsache,
dass die ansonsten bei Talhoffer üblichen narrativen Szenen wie das Gebet des
Kämpfers vor und/oder nach dem Kampf oder die Einbettung des Verlierers in
den Sarg gänzlich fehlen. Obschon der Abschnitt zum gerüsteten Fechten in den
Schranken Bildszenen wie das Betreten des Kampfareals (Blatt 35v) und das
Gegenübersitzen der Kontrahenten (Blatt 36r) enthält, scheinen diese den Ablauf
eines Duells allgemein abzubilden und nicht auf einen konkreten Anlass zu
verweisen. In der Tat entfallen lediglich sechs Abbildungen des Langschwert-
Abschnitts auf die Darstellung von gerüsteten Kämpfern, davon zwei wie erwähnt nur in narrativer Funktion. Es ist daher anzunehmen, dass diese Zeichnungen nur der Auflockerung des Bildkatalogs dienen sollten oder zu einem
bestimmten Anlass, vielleicht einem Trainingskampf in voller Rüstung, angefertigt wurden.

Eine Vermischung der beiden Kampfarten ist vermutlich nicht intendiert,
vielmehr wird für den Auftraggeber der Handschrift, Graf Eberhard, eine umfassende Sammlung an Kampftechniken angestrebt worden sein. Eine Anstellung Talhoffers durch Eberhard, vielleicht auch bewusst im Hinblick auf seine
ein Jahr nach Anfertigung der Handschrift erfolgende Pilgerfahrt nach Jerusa-
lem, ist durchaus wahrscheinlich. Wenn Eberhard eine Ausbildung durch
Talhoffer genossen haben sollte, wäre damit zu rechnen, dass er die einzelnen
Techniken auch ohne eine grafische Unterscheidung zwischen gerüstetem und
ungerüstetem Fechten zuordnen konnte. Eine aufwendigere Darstellung der
Kämpfer in Rüstung war somit didaktisch nicht notwendig, vielmehr ist eine
einfache Trainingssituation ohne Harnisch abgebildet, die zwischen Talhoffer
und dem Grafen täglich stattgefunden haben und vermutlich auch in diesem
Kontext entstanden sein dürfte.[452]

3.2.3. Beurteilung

Obwohl sich aus den Handschriften kein exaktes Bild einer Fechtlehre ableiten
lässt, liefert die Untersuchung der vier Traktate doch einige Erkenntnisse über
Talhoffers Lehrtätigkeit. Zu Anfang seiner Karriere muss der Fechtmeister noch
recht stark in der Tradition Liechtenauers verwurzelt gewesen sein. T1 enthält so
die entsprechenden Merkverse ohne größere Abweichungen von anderen

---

452 Die Vermischung von gerüsteten und ungerüsteten Kämpfern in ein und derselben Kampfart ist
     bei Talhoffer keine Seltenheit. Vgl. die Darstellung zum gerüsteten Zweikampf in Kopenhagen,
     Det Kongelige Bibliotek, MS Thott 290.2º (fol. 84v–94r), bei der mitten im Kampf, sogar innerhalb
     einer einzigen Zeichnung, die Fechter plötzlich ohne Rüstung dargestellt werden.

Überlieferungen und vor allem unter ausdrücklicher Berufung auf den ehrwürdigen Vorgänger. Im Laufe der nächsten etwa zwanzig Jahre seiner Karriere ging Talhoffer dann schrittweise dazu über, die Lehre Liechtenauers unter seinem eigenen Namen zu vermarkten und sie um selbst verfasste Zusätze zu erweitern.

Während das Lehrgedicht in T3 noch erkennbar auf den Versen Liechtenauers basiert, sodass ein erfahrener Fechter die Herkunft des Textes jederzeit erkannt haben musste, findet sich dort bereits eine nicht übersehbare redaktionelle Anpassung durch Talhoffer an die eigenen Bedürfnisse. Nicht nur übernahm Talhoffer dazu der Liechtenauer-Überlieferung ferne Textstücke und Techniken, er schrieb das vorhandene Material darüber hinaus auch in gewissem Rahmen um. Es entsteht somit der Eindruck einer Fechtlehre, die noch stark auf derjenigen Liechtenauers basiert, jedoch durch jegliches Wissen modifiziert wurde, das Talhoffer von anderen Lehren und aus seinem eigenen Fundus sinnvoll erschien.

In T4 schließlich sind kaum noch Einflüsse Liechtenauers zu erkennen. Auch dort findet sich keine direkte Widmung an den alten Meister, und die Techniken dürften nur noch für erfahrene Fechter auf Liechtenauers Lehre zurückzuführen sein. Denn wo sie nicht durch Talhoffers eigenen Stil ersetzt wurden, benannte dieser sie bis auf wenige Ausnahmen um. So finden sich in diesem Traktat lediglich lose Anleihen an Liechtenauer, und es kann mit einiger Sicherheit gesagt werden, dass Talhoffer die dort festgehaltene Fechtlehre selbstbewusst als die eigene präsentiert und vermarktet haben wird – in Anbetracht der ungewöhnlichen Beliebtheit, die seine Traktate zu und nach seiner Lebenszeit auszeichnete, offensichtlich mit Erfolg.

Die Beobachtung, dass Talhoffer ein Meister der Vermarktung seiner Fechtkunst war, deckt sich auch mit anderen Indizien, die sich aus den erhaltenen Werken über den Charakter des Fechtmeisters gewinnen lassen: So lässt sich schon mit seiner ersten Handschrift erkennen, dass Talhoffer offensichtlich ein Mann vieler Interessen und bestrebt war, alle Arten von Wissen, aber besonders das in Verbindung zu seiner Profession, zu sammeln und mit Sicherheit auch als Verkaufsargument bei Gesprächen mit potentiellen Schülern und Auftraggebern zu nutzen. Talhoffer bot seinen Klienten somit nicht nur seine Dienste als Fechtmeister an, sondern in Form einer, wie Thomas Stangier es formuliert, „ganzheitlichen"[453] Ausbildung. Diese umfasste neben der Vermittlung der rein praktischen und handwerklichen Fähigkeiten des Fechtens auch eine ganze Reihe weiterer Dienstleistungen: So konnte Talhoffer seinen Schützlingen nicht nur etwa eine Ernährungsberatung angedeihen lassen,[454] sondern sie in seiner Rolle als Mentor vor, während und nach dem Kampf sowohl mental als auch

---

453 STANGIER, Zweikampfrealität, S. 78.
454 Aus der Vorrede zu Königseggwald, Gräfliches Schloss, MS XIX.17–3, (fol. 1r): *Es sol auch der Junckher [...] essen ain schnytte santj Johans brott vnd sich arbaitten zwuo stund in der ler vnd nit vil faists dings essen Vnd nach mittag aber zwuo stund Vnd zenacht so er schlauffen wil gaun so sol er essen ain Ruggj schnytte brot vß ainem kaltten wasser das macht Im guotten autem vnd wit vmb das hertz.*

spirituell unterstützen.[455] Des Weiteren konnte er sein vielfältiges Wissen über Kriegsgerät, Belagerungstechnik und andere Erfindungen bis hin zum Schießpulver bei einem Auftraggeber anpreisen. Sogar wahrsagerische Fertigkeiten machte er sich zu eigen, um seinem Schutzbefohlenen den bestmöglichen Ausgang eines Duells garantieren zu können, wie die Aufnahme einer Namenmantik zur Vorhersage des besten Kampftages in sein Vademecum zeigt.[456]

Betrachtet man neben diesem umfangreichen Repertoire die Selbstdarstellung Talhoffers, der sich stets mit einem unstrittig großen Selbstbewusstsein abbilden lässt, sei dies durch sein eigenes Wappen,[457] hoch zu Ross dem adligen Schützling gleich[458] oder – heute würde man sagen großprotzig – beim Zurschaustellen seiner Körperkraft, wenn er eine eiserne Kette zerreißt,[459] so entsteht der Eindruck einer schillernden Persönlichkeit, die sich selbst gut zu präsentieren und zu verkaufen wusste.[460] Vor diesem Hintergrund verwundert es nicht, dass Talhoffer sehr daran gelegen sein musste, möglichen Kunden nicht nur die Lehre Liechtenauers anbieten zu können – das vermochte schließlich jeder andere Fechtmeister auch –, sondern ein ganz eigenes Programm vorweisen zu können, das exklusiv bei ihm gelernt werden konnte. Die weiter oben beschriebene Aneignung und Modifikation der Liechtenauer-Lehre durch Talhoffer erschließt sich damit nicht lediglich durch die konkreten text- und bildlichen Überlieferungen, sondern auch vor dem Hintergrund seiner Karriere. Talhoffer zeichnet sich im Gegensatz zu seinen Zeitgenossen also nicht nur durch die unvergleichlich breite Überlieferung aus, sondern auch durch die Tatsache, dass er als einziger Fechtmeister seiner Zeit eine noch heute spürbare Berühmtheit durch eine eigene (obschon auf Liechtenauers System fußende) Fechtlehre erlangen konnte.

---

455 So zeigen Talhoffers Bildkataloge etwa immer wieder Duellszenen, bei denen der Fechtmeister seinen Schützling zum Gebet vor und nach dem Kampf begleitet (Gotha, UB erfurt, Cod. MS. Chart. A 558, fol. 35v, 37v; Königseggwald, Gräfliches Schloss, MS XIX.17–3, 23r). T1 liefert darüber hinaus mehrere Alltagsszenen aus der Vorbereitungszeit auf ein Duell, die ein enges Schüler-Lehrer-Verhältnis nahelegen: Talhoffer geht mit seinem Klienten auf die Jagd (fol. 30v), leistet ihm beim Essen Gesellschaft (fol. 31v) und sogar beim Baden (fol. 32v). Weiterhin dürfte Talhoffer in seiner Funktion als Fechtmeister auch eine besondere Rolle beim Kampf selbst gespielt haben, möglicherweise als Sekundant, der Acht gab, dass innerhalb der Schranken alles mit rechten Dingen vor sich ging, und seinem Schützling mentale Unterstützung und/oder mündliche Anweisungen lieferte (als Grieswart, von mhd. *griez* ‚Sand' oder als *warner* beziehungsweise *lusner*, vgl. dazu NEUMANN, Der gerichtliche Zweikampf, S. 91.).
456 Gotha, UB Erfurt, Cod. MS. Chart. A 558, fol. 7r–17r enthält eine Fassung von Johannes Hartliebs Namenmantik, mithilfe derer der Name eines Fechters mit einem Datum verrechnet werden und eine entsprechende Prognose erhalten werden konnte (*An dem ersten ist zu mercken, das alle künst des gesigs ist an dem tag, der einem ytlichem namen zügehort*).
457 Kopenhagen, Det Kongelige Bibliotek, MS Thott 290.2º, fol. 102r.
458 Königseggwald, Gräfliches Schloss, MS XIX.17–3, fol. 61r.
459 Kopenhagen, Det Kongelige Bibliotek, MS Thott 290.2º, fol. 11v.
460 Dazu auch ISRAEL, Die Fechtbücher Hans Talhofers, S. 97, der Talhoffer eine hohe Reputation bescheinigt und feststellt, dass dieser es schaffte, „aus der gesellschaftlichen Marginalisierung herauszutreten, die lange Zeit die aus der Tradition der unehrlichen Spielleute gekommenen Kämpfen und Fechtlehrer charakterisierte".

3.3. Andere Meister und Traktate

3.3.1. Paulus Kal

In der Fechtbuchüberlieferung des 15. Jahrhunderts sticht der Fechtmeister Paulus Kal aus verschiedenen Gründen hervor. Im Gegensatz zu vielen seiner zeitgenössischen Berufsgenossen ist er als historische Person in mehreren Dokumenten greifbar, weshalb sich sein Lebenslauf zumindest in groben Zügen nachverfolgen lässt.[461] Als wichtigste Station dürfte hier sicherlich die Anstellung bei dem Wittelsbacher Herzog Ludwig IX. von Bayern-Landshut ab dem Jahr 1450 zu nennen sein, für den Kal als Schirmmeister tätig war. Im Rahmen dieser Tätigkeit war Kal offenbar nicht nur für die wehrtechnische Ausbildung zuständig, sondern unterstützte den Herzog auch bei Kriegszügen und der Beschaffung von Waffen, Ausrüstung und Soldaten, etwa Büchsenschützen für den Einsatz im Krieg gegen Markgraf Albrecht von Brandenburg.[462] Nach dem Tode Ludwigs wechselte Kal 1480 auf Lebenszeit in die Dienste Erzherzog Sigmunds von Österreich. Die letzte archivalische Nennung datiert auf das Jahr 1485. Rechnet man zu der Zeitspanne von 1450–1485 noch etwa zwanzig Jugend- und Lehrjahre hinzu, ergeben sich für Paulus Kal in etwa die gleichen Lebensdaten wie für Hans Talhoffer.

Dass sich beide Fechtmeister gekannt und in einem wie auch immer gearteten beruflichen Verhältnis zueinander gestanden haben müssen, steht in der Forschung schon seit geraumer Zeit außer Frage und wird bei der Betrachtung beider Œuvres evident. Die Abbildungen der Handschriften Kals und Talhoffers weisen einen zu hohen Ähnlichkeitsfaktor auf, um nicht voneinander beeinflusst worden zu sein. Hans-Peter Hils schreibt Kal gar eine mutwillige Plagiierung des Werks Talhoffers zu, angeblich aus Neid auf dessen Erfolg.[463] Auch wenn sich diese Behauptung weder be- noch widerlegen lässt,[464] hat Hils zumindest in dem Punkt recht, dass Talhoffer der aus historischer Rücksicht bei Weitem erfolgreichere Meister gewesen sein muss, wie sich aus der Rezeptions- und Überlieferungsgeschichte ablesen lässt: Während Talhoffers Werk vielfach kopiert wurde, scheinen die Handschriften Kals von wenigen Versatzstücken abgesehen nicht weiter rezipiert worden zu sein. Besonders im Hinblick auf die ihm exklusive allegorische Figur des Fechters oder die Liste der ‚Gesellschaft Liechtenauers' verwundert dies, dürften diese doch sicherlich weitere Verbreitung gefunden haben, wäre Kals Werk bekannter gewesen.[465]

---

461 Die Rekonstruktion der Lebensdaten ist Rainer Welle zu verdanken, siehe WELLE, Der Ring-kampf, S. 243–255.

462 Ebd., S. 246 f., vgl. weiterhin TOBLER, In Service of the Duke, S. 4 f.

463 HILS, Liechtenauers Kunst, S. 179 f. Schon Rainer Welle relativiert diese Auffassung, vgl. WELLE, Der Ringkampf, S. 242, besonders Anmerkung 419.

464 Auch BODEMER, Das Fechtbuch, S. 152 (besonders Anmerkung 412) kommt hier trotz ausführlicher bildkünstlerischer Untersuchung zu keinem Ergebnis.

465 Vgl. LENG, Fecht- und Ringbücher, S. 64 f.

Mit drei vermutlich auf seine direkte Urheberschaft zurückgehenden Handschriften steht Paulus Kal in seiner Verfassertätigkeit seinem Konkurrenten Talhoffer nur unwesentlich nach.[466] Im Gegensatz zu diesem zeichnen sich Kals Werke aber durch eine auffällige inhaltliche Stringenz aus. Wie bei den späteren Talhoffer-Handschriften handelt es sich bei Kals Traktaten ebenfalls um den Typus der Bildhandschrift: Bologna, Biblioteca Universitaria di Bologna, Ms. 1825 enthält abgesehen von der Widmung, der ‚Liechtenauer-Gesellschaft‘ und einem nach zwei Blatt abbrechenden Fragment der Liechtenauer-Lehre keinerlei Text. Gotha, UB Erfurt, Cod. MS. Chart. B 1021 ist völlig textlos, selbst die allegorische Fechterfigur bleibt trotz vorhandener Spruchbänder unkommentiert. Die Handschrift München, BSB, Cgm 1507 weist neben Widmungstext und der ‚Liechtenauer-Gesellschaft‘ lediglich kurze Kommentierungen und Beischriften zu einzelnen Abbildungen auf.

Da keine der Handschriften eine schriftliche Fassung von Kals Fechtlehre oder eine Glossierung der Lehre Liechtenauers durch ihn enthält, lassen sich höchstens Vermutungen darüber anstellen, inwieweit er sich technisch von seinen zeitgenössischen Berufsgenossen unterschied. Nach eigener Angabe war Kal Schüler des Fechtmeisters Stettner, von welchem jedoch keine eigene Lehre erhalten ist und über den sich auch sonst keine biografischen Hinweise finden lassen.[467] Möglicherweise war Stettner ein direkter Schüler Liechtenauers, jedenfalls nahm Kal ihn in seine Liste der ‚Gesellschaft Liechtenauers‘ auf.

Paulus Kal selbst scheint tief verankert in der Tradition Liechtenauers gewesen zu sein. In der Tat stellt sein Werk den ersten Versuch dar, die Lehre des alten Meisters zumindest in Auszügen systematisch bildlich darzustellen und zu überliefern. So erläutert Kal die Verse Liechtenauers nicht durch eigene schriftliche Anmerkungen, sondern greift aus dem jeweiligen Bewegungsablauf zu einzelnen Stücken eine Position für die Abbildung heraus (im Regelfall die Endposition) und fügt dieser den passenden Merkvers hinzu. Der mnemotechnischen Funktion der Verse wird somit eine visuelle Komponente hinzugefügt, um die ansonsten oft abstrakten Anweisungen leichter erinner- und abrufbar zu machen. Anders als Talhoffer, der nur vereinzelte Techniken des alten Meisters in den eigenen Kanon übernahm, stellt Kals Werk eine überraschend unverfälschte,

---

466 Es handelt sich um folgende Handschriften: Bologna, Biblioteca Universitaria di Bologna, Ms. 1825 (2. Hälfte 15. Jahrhundert, vgl. Leng, Fecht- und Ringbücher, S. 65 f.), Gotha, UB Erfurt, Cod. MS. Chart. B 1021 (2. Hälfte 15. Jahrhundert, vgl. Leng, Fecht- und Ringbücher, S. 67 f.) und München, BSB, Cgm 1507 (2. Hälfte 15. Jahrhundert, vgl. Leng, Fecht- und Ringbücher, S. 68–70). Eine weitere Handschrift, Wien, Kunsthistorisches Museum, KK 5126 (evtl. Ende des 15. Jahrhunderts, vgl. Leng, Fecht- und Ringbücher, S. 70–73) scheint eine spätere Abschrift von Cgm 1507 zu sein. Ob Paulus Kal der Auftraggeber war, lässt sich nicht feststellen. Da die Handschrift evtl. erst nach dem Tod Ludwigs IX. angefertigt wurde und im Gegensatz zu früheren Werken auch fremde Texte enthält, darunter auch eine Fassung der Liechtenauer-Glosse L2, handelt es sich vermutlich um eine nicht von ihm autorisierte Kompilation am kurpfälzischen Hof. Cgm 1507 dürfte aufgrund der Vollständigkeit und der Qualität der Zeichnungen die Endfassung von Kals Werk darstellen.

467 München, BSB, Cgm 1507, fol. 2r: *Der edel vnd fest stettner der am maisten der maister aller schüller gewessen ist vnd ich maister pauls kal pin sein schuler gewessen.*

wenn auch bei Weitem nicht komplette Überlieferung Liechtenauers dar. Neben Abbildungen zu den vier Huten[468] bietet sein Traktat so bildliche Erläuterungen zum Zornhau mit anschließenden Stücken,[469] der Arbeit im oberen Band mit den vier Blößen[470], dem Nachreisen[471] und Durchwechseln[472], dem Krumphau[473], dem Schnappen[474] und Reißen[475], den beiden Schnitten[476], dem Sprechfenster[477] sowie mehreren Abbildungen zum Ringen am Schwert[478].

Das Fehlen eigener Stücke Kals zum langen Schwert ist ein bemerkenswerter Umstand. Kal scheint sich bewusst in die Tradition der ausschließlich erläuternden Handschriften zu stellen, indem er sein Werk mit der dort üblichen Formel überschreibt, auch wenn er zusätzlich zu dem Namen Liechtenauers auf dessen ‚Gesellschaft‘ hinweist und sich selbst damit zwar nicht auf eine Stufe mit dem alten Meister, aber dennoch in eine enge Beziehung zu ihm stellt: *Hye hebt sich an die kunst die liechtenawer mit seiner geselschafft gemacht und gepraücht hat in aller ritterliche wer das im got genädig sey.*[479] Aufgrund dieses ausdrücklichen Anliegens, die Kunst Liechtenauers wiederzugeben, kann die in Kals Handschriften überlieferte Fechtkunst nicht ohne Weiteres als seine eigene bezeichnet werden – ob Kal Zeit seines Lebens fest nach dem Liechtenauer-System focht oder lediglich darauf verzichtete, eigene Stücke in sein Fechtbuch zu übernehmen, lässt sich nur mutmaßen.

Dennoch handelt es sich bei dem Werk nicht um den ausschließlichen Versuch, die Lehre des alten Meisters zu überliefern, wie die Aufnahme der anderen Waffengattungen zeigt, welche nicht zum Liechtenauer-Kanon gehören, darunter das lange Messer und Schwert und Buckler. In diesen Abschnitten seines Fechtbuches wird die Innovationskraft Kals deutlich, der die dort gezeigten Stücke mit weitaus ausführlicheren Beischriften erläutert, als dies beim langen Schwert der Fall ist. Die einzelnen Techniken sind teilweise sogar in ihrer kompletten Ausführung beschrieben, der Text dient folglich nicht mehr dazu, das Abgebildete zu beschreiben, sondern genau umgekehrt. Es ist unverkennbar, dass Kal hier seine eigene Interpretation der Stücke liefert oder zumindest die seiner eigenen Lehrmeister. Weshalb er also darauf verzichtete, dies auch beim

---

468   München, BSB, Cgm 1507, fol. 58r: *Die erste hute haist der ochse | Die annder hute haisst der pflueg.* Fol. 58v: *Die dritte hute haisst der Alber | Die vierde haisst vom tage.* Vgl. dazu auch Farb-Abb. 3 und 4 im Tafelteil.

469   Ebd., fol. 59r: *zorn hauwe ort yme dratt.* Fol. 59v: *Nym oben abe one fare.* Fol. 60r: *Wynde stich.* Fol. 60v: *Sicht Er es nimbs nider.*

470   Ebd., fol. 61r: *oben duplir.* Fol. 61v: *Niden mutier.* Fol. 62r: *Vier blosse wisze zu remen.* Fol. 62v: *So slegsti gewisse anefare.* Fol. 63r: *Vber arbait lere.*

471   Ebd., fol. 65v: *Nachreysen zwyfacht.*

472   Ebd., fol. 66r: *Durchwechsel lere von baiden seytten.*

473   Ebd., fol. 66v: *krumpf auf Behende werf den ort auf die hennde.*

474   Ebd., fol. 68r: *Schnappe Ime zu baiden seytten.*

475   Ebd., fol. 68v: *Risze Ine an der klingen.*

476   Ebd., fol. 69v: *der vnderschniet.* Fol. 70r: *der oberschniet.*

477   Ebd., fol. 70v: *Sprechfinster machstand frylich besiech sein sach.*

478   Ebd., fol. 64r–65r: Die vier Hüftringen am Schwert. Fol. 67r: *Nimb den Elnbogen in die wage Schryt in den tag bis nit zulas.* Fol. 67v: *vbergriff Jn das gebende vnd ryssze.*

479   Ebd., fol. 2r.

langen Schwert zu tun, bleibt ein Rätsel. Aufgrund von Kals evidenter geistiger Nähe zu Liechtenauer darf aber zu vermuten sein, dass er, anders als sein Berufsgenosse Talhoffer, auch in späteren Jahren stolz nach dem System des alten Meisters focht und Innovation auf diesem Gebiet wohl als unnötig betrachtete. Bei einem bezüglich seiner Handschriften so produktiven Fechtmeister wie Kal hätte sich ansonsten sicherlich ein Indiz darüber erhalten, wenn er sich merklich von der Liechtenauer-Lehre abgekehrt hätte. Dass Kal niemals eine eigene *zedel* anfertigte, mag ein Grund dafür gewesen sein, dass sein Werk nicht weiter rezipiert wurde.

3.3.2. Nicolaus

Eine interessante Bearbeitung des Liechtenauer-Zettels findet sich im Überlieferungsverbund der Handschriften des Fechters Jörg Wilhalm.[480] Zusammen mit dessen Werk ist in mehreren Handschriften ein Text überliefert, der vermutlich nicht auf seine eigene Autorschaft zurückgeht. Diese Bearbeitung der Liechtenauer-Verse findet sich in den Fechtbüchern Augsburg, Universitätsbibliothek, Cod.I.6.2.2 sowie München, BSB, Cgm 3711 und Glasgow, Glasgow Museums, E.1939.65.354.

Obwohl der Text vielfach Jörg Wilhalm zugeschrieben wurde, sprechen verschiedene Indizien dafür, dass es sich dabei um eine selbständige Bearbeitung handelt, die Wilhalm im Laufe seiner Tätigkeit in sein Werk übernommen hatte. Von Wilhalm ist zu Beginn der 1520er Jahre eine Handschrift (Augsburg, Universitätsbibliothek, Cod.I.6.2.3) überliefert, welche vermutlich eine um erläuternde Beischriften ergänzte Ausarbeitung eines früheren, textlosen Konzepts (Augsburg, Universitätsbibliothek Cod.I.6.4.5) darstellt.[481] Eine weitere, spätere Fassung des Materials (Augsburg, Universitätsbibliothek Cod.I.6.2.2) wurde schließlich um den Liechtenauer-Zettel und eine Glosse zu demselben erweitert. Da letzterer Codex eine Zusammenstellung zweier unterschiedlicher Handschriften darstellt und die Glosse des Liechtenauer-Zettels mit dem Fechtbuch Jörg Wilhalms eine der beiden Einheiten bildet, wurde die Bearbeitung automatisch Wilhalm zugeschrieben.[482] Dies wurde unterstützt durch die auf den Text folgende Formel Wilhalms, mit der er sich vermeintlich als Verfasser zu erkennen gibt.[483] Auch in Cgm 3711 endet der Text mit Wilhalms Formel,[484] in der Glasgower Handschrift E.1939.65.354 jedoch findet sich am Ende des betreffenden Abschnitts ein kurzer Verweis, der auf die Autorschaft eines gewissen

---

480 Bei Jörg Wilhalm handelt es sich um einen Fechtmeister des 16. Jahrhunderts, von dem für das Bloßfechten mit dem langen Schwert lediglich eine größtenteils unbearbeitete Illustration der Liechtenauer-Verse überliefert ist, weshalb ihm in dieser Arbeit kein eigenes Kapitel gewidmet wurde.

481 Vgl. LENG, Fecht- und Ringbücher, S. 77.

482 Ebd., S. 79.

483 Augsburg, Universitätsbibliothek, Cod.I.6.2.2, fol. 49r: *Hie endet sich Jörg wilhalms hutters kunst zu augspurg etc des schwerts.*

484 München, BSB, Cgm 3711, fol. 51v: *Hie endett Jörg Wilhalms hutters kunst zu augspurg des langen schwertt 1523.*

Nicolaus hindeutet, welcher die Bearbeitung im Jahre 1489 verfasst habe.[485] Eine inhaltliche Untersuchung des Traktats zeigt hingegen, dass es sich lediglich um eine Abschrift von Glosse L2b zum Liechtenauer-Zettel handelt. Die Beschreibungen der einzelnen Stücke weichen daher auch stark von denjenigen ab, die Wilhalm seinen Illustrationen zur Seite stellt. Es gibt nur wenige Übereinstimmungen zwischen dem Text der Glosse und den Abbildungen und Beischriften aus dem jeweils ersten Teil der Handschriften. Selbst wenn Wilhalm die Notwendigkeit gesehen hätte, neben seiner illustrierten Erläuterung des Liechtenauer-Zettels (die ohnehin schon über eine eigene, wenn auch sehr knappe Glossierung verfügt) noch eine weitere, rein schriftliche Glosse anzufertigen, müsste man davon ausgehen, dass diese sich mit dem vorausgehenden Bildmaterial decken würde. Ob oben genannter Nicolaus tatsächlich der Verfasser der Glosse ist, bleibt hingegen offen. Von ihm sind jedenfalls keine weiteren Textzeugen oder sonstige bibliografische Daten bekannt. Der große zeitliche Abstand zwischen Abfassung von Glosse L2 und dem Eintrag 1489 in E.1939.65.354 schließt eine Urheberschaft Nicolaus' an diesen Teilen des Textes mit großer Wahrscheinlichkeit aus.

Bei der enthaltenen Abschrift von Glosse L2 handelt es sich lediglich um ein Fragment, bei dem einige Stücke der vollständigen Glosse fehlen, darunter auch die beiden Liechtenauer-Hiebe Krumphau und Zwerchhau. Als Einleitung des Textes wird, wie bei Traktaten Liechtenauer-Tradition üblich, dennoch zunächst ein kurzer Katalog des nachfolgenden Inhalts präsentiert, der auch die nicht vorhandenen Hiebe enthält:

> *Oberhaw zornhaw zornortt der krieg haw die vier blöss krumphaw zwerch-*
> *haw ochs vnd pflug schilcher haw schaitler haw die vier leger die vier ver-*
> *setzen das nachraisen vberlauffen absetzen abschneiden zwai henge das*
> *sprechfenster die kron die stuckh des langen schwertz Johannes liechtnauers*[486]

Obwohl sich die Stücke (mit Ausnahme des nicht näher erläuterten *krieg hau* = Krieghau)[487] allesamt auch im Portfolio Liechtenauers wiederfinden und sich der Verfasser namentlich explizit auf den alten Meister beruft, zeigt der nächste Teil des Textes einen auffälligen Unterschied zu Liechtenauers Zettel. So werden bei Nicolaus aus den fünf verborgenen Hieben die *Siben maistrerhaw*:

> *Der zornhaw*
> *der krumphaw*
> *der halbhaw*
> *der kreutzhaw*
> *der zwerchwechsel haw*

---

485   Glasgow, Glasgow Museums, E.1939.65.354, fol. 189r: *Deo gratia amen Nicolaus thun im 1489 iare.*

486   Augsburg, Universitätsbibliothek, Cod.I.6.2.2, fol. 44r.

487   Eine Technik dieses Namens findet sich lediglich bei Jobst von Württemberg wieder, der sie in eine nicht weiter erläuterbare Verbindung zum Krumphau setzt. Interessanterweise ist der kurze Text Jobsts von Württemberg stets zusammen mit demjenigen Nicolaus' überliefert, so in den Handschriften Glasgow, Glasgow Museums, E.1939.65.354 und München, BSB, Cgm 3712. Ob es eine Verbindung zwischen den beiden Meistern gab, lässt sich jedoch nicht feststellen.

der schaitelhaw
der kronhaw

Hier treffen die Techniken Liechtenauers auf verschiedene fremde Hiebe, die zumindest dem Namen nach teilweise in anderen Fechtlehren zu finden sind: Zornhau, Krumphau, Zwerchhau (sofern dieser mit *zwerchwechsel haw* gemeint ist) und Scheitelhau sind von Liechtenauer bekannt. Der Halbhau findet sich in der Glosse L2 in Rom, BANLC, Cod. 44 A 8 als anderer Name für den Verkehrer[488] sowie bei Hans Lecküchner als Name eines Stückes für das lange Messer[489]. Der Kreuzhau wurde im Kapitel über die ‚allgemeine' Fechtlehre bereits behandelt.[490] Der Kronhau schließlich findet sich erst in späteren Quellen des 16. Jahrhunderts wieder, namentlich bei Joachim Meyer und Andre Paurenfeindt, es handelt sich dabei um einen Hieb mit der kurzen Schneide nieder aus der Hut der Krone.[491]

Da alle überlieferten Handschriften mit dieser Fechtlehre aus dem Augsburger Raum stammen, könnte es sich hierbei um die Niederschrift eines dort verorteten Fechtmeisters handeln. Die Bezeichnung ‚Meisterhau' findet sich auch in einer Augsburger Handschrift, welche die Ordnung der Fechtvereinigung der Marxbrüder zu Frankfurt aus dem ausgehenden 15. Jahrhundert enthält. Dort ist die Rede von „sechs Meisterhauen", die ein Fechter beherrschen muss, um die Meisterprüfung bestehen zu können.[492] Mit Aufkommen der Fechtergesellschaften zum Ende des 15. Jahrhunderts scheint sich somit ein Kanon von verschiedenen ‚Meistertechniken' etabliert zu haben, anhand derer die Eignung eines Fechters abgeprüft werden konnte. Das hier behandelte Traktat stellt demnach möglicherweise ein Konzept für eine innerhalb der Fechtergesellschaften gebräuchliche Fechtlehre dar, die zur Ausbildung angehender Meister genutzt wurde.

---

488 Rom, BANLC, Cod. 44 A 8, fol. 22r: *Merck den ver kerer haissent dir vechter den halbt haw.*
489 München, BSB, Cgm 582, fol. 46r: *merck wenn seyn vnterhew oder halphew gegen dir gen.*
490 Vgl. Anmerkung 330.
491 Andre Paurenfeindt, Ergrundung, fol. A4r: *Kron. Trit vnd schlach von oben mit deiner langen schneidt durch / auf sein linck or / den anderen trit vnd schlach mit kurczer schneid oben nider des rechten ors / den dritten straich hindersich mit der langen schneidt.*
     Joachim Meyer, Gründtliche Beschreibung des Fechtens, fol. 1.14r: *DIser helt sich also / wann du im Pflug stehest / oder sonsten durch ein Leger (von welchem im vorgehenden Capitel gesagt ist) von Vnden auff zuofechtest / vnnd dein widerpart von Oben auff dich Hauwet / so fahre mit vberzwerchem kreutz vbersich / fang ihme seinen streich in der lufft auff dein schilt oder kreutzstang / vnd als bald es glitschet / stoß den Knopff behendt vbersich / vnd schlag ihn mit der halben schneiden hinder seiner klingen auff den Kopff / so hastu den Kronhauw recht volbracht.*
492 Augsburg, Universitätsbibliothek, Cod.I.6.2.5, fol. 15r: *Er nit zu maister zugelassen werden So lanng bis Er solch stuckh [...] Brobiert hat [...] Zum Ersten Soll jn der haubtman versuchen jn dem schwert vnnd jn der 5 verborgne hawe [...] Zum anndern soll er auch Brobiert werden jn den Sechs maister hawen.* Die Frankfurter Ordnung ist auf fol. 7r auf das Jahr 1491 datiert. Zum Begriff ‚Meisterhau' vgl. auch die Untersuchung zu Joachim Meyers Technikkatalog in Kapitel II.4.3.2.

3.3.3. Martin Sieber

Mit Martin Sieber tritt zum Ende des 15. Jahrhunderts ein weiterer Fechtmeister hervor, von welchem uns eine eigene Fechtlehre überliefert ist. Sein Werk findet sich zunächst in der von Hans von Speyer angefertigten Handschrift M I 29 (Universitätsbibliothek Salzburg) aus dem Jahr 1491[493] und in den späteren Handschriften MS E.1939.65.341 (Glasgow Museums, 1508[494]) und Mss. var. 82 (Universitätsbibliothek Rostock, vor 1570[495]). Über Sieber selbst ist außerhalb dieser überlieferten Handschriften nichts bekannt. Nach eigenen Angaben stammen die von ihm niedergeschriebenen Stücke aus einer Vielzahl von Ländern: Ungarn, Böhmen, Italien, Frankreich, England, Alamannia, Russland, Preußen, Griechenland, Holland, Brabant und Schwaben und basieren auf den Lehren vieler verschiedener Meister.[496] Ähnlich wie Johannes Liechtenauer mag Martin Sieber so vielleicht ein fahrender Fechtmeister gewesen sein, der seine Kunst auf seinen Reisen von vielen verschiedenen Meistern erlernt hat. Auch wenn Sieber Liechtenauer nicht explizit erwähnt, gibt es doch einige Verbindungen zwischen den beiden Fechtern, und Sieber scheint seine Lehre größtenteils auf der Liechtenauers aufgebaut zu haben. Sein „neuer Zettel" (*nüwe zettell*) enthält so nach eigener Aussage Stücke, die nach anderer Auslegung gefochten werden als die des „ersten Zettels des Buchs" (*nicht also als in der ersten zettell des puchs Sunder eyer ander vß legüng*) – es ist anzunehmen, dass der Text aus einer anderen Handschrift kopiert wurde, welche noch eine andere *zedel*, vermutlich die Liechtenauers, vorangestellt hatte.

Siebers Fechtlehre setzt sich aus sechs „Gängen" (*geng*) zusammen, denen eine kurze Vorrede vorausgeht. Die gesamte Lehre inklusive der Vorrede ist in Reimpaarversen nach dem Muster der Liechtenauer-Lehre abgefasst. Konzeptuell ähneln Siebers Gänge den ‚Spielen', die sich in Leeds, Royal Armouries, MS I.33 zum Fechten mit Schwert und Buckler finden: Auch Sieber beschreibt bei jedem Gang eine Abfolge von Aktionen, jedoch lassen sich diese allein durch die Verse nicht auf konkrete Gefechtssituationen übertragen, da keinerlei Reaktionen des Gegners erwähnt werden. Es handelt sich zunächst also wie bei den Liechtenauer-Versen auch lediglich um mnemotechnische Hilfsmittel, um Grundregeln des Fechtens zu memorieren und abseits des Trainings abrufbar zu machen, indem die Fachbegriffe der Fechtlehre aufgezählt und miteinander in Beziehung gesetzt werden. Ob jemals eine prosaische Erläuterung von Siebers Lehre existierte, ist unbekannt. Es ist aber davon auszugehen, dass dem Gedicht ursprünglich noch eine Auslegung der *zedel* beigefügt war, die später verloren

---

493 Datiert auf fol. 158r.
494 Datiert auf fol. 22r.
495 Datumsangabe bei einem Besitzeintrag Joachim Meyers auf fol. 123r, die Handschrift selbst ist vermutlich früher entstanden.
496 Salzburg, Universitätsbibliothek, M I 29, fol. 1r: *vil manges gutten meinsters list auß Vngern Behem Ytalia auß Franckrich Engellant vnd almania auß rewßen Prewßen Gretia Hollant Profant vnd Sweuia.*

ging.[497] Die Aufnahme der ‚Sechs Gänge‘ in Joachim Meyers Werk im späten 16. Jahrhundert könnte darauf hindeuten, dass dieser über eine glossierte Fassung verfügte und sie in seiner Fechtlehre verarbeitete, nachzuweisen ist dies jedoch nicht.

Die ‚Sechs Gänge‘ nach Handschrift M I 29, fol. 1r–2v:

Der erst gangck
Snell dy swech züm rechten
Durch wind im vechtenn
Den schneller do mit mach
Zu beyden sitenn zwiffach
Seins schilt starck verwindt
Den bogenn stos schlag geswinde
In aller arbeit vmb tritt
Den rechtenn bogenn stos mitt

Der ander ganck
Krümb in dy sterck
Durch wind mit merck
Wind vberlaüff
verwoppen ortt vnd knouff
Stich im zu dem gesichtt
Des crutz arbeitt mit vichtt
Des verfurtenn knouffs das soltu gedenckenn
auff din haubt machstu yn krenckenn
In aller arbeitt vmb tritt
dz egeuertt mach mitt

Der tritt ganck
Schil wz von tag kümpt
durch zwirch gein nit krümpt
dar in schaulb sin sach
den halb schiller mit mach
nyms ab gar behende
droe den haulb wider in
den schiltt ym starck verdring
mit vberlouff in bezwing
in der sterck siner klingenn
In aller arbeitt vmb tritt
dz egeuertt mach mitt

---

497 So heißt es in der Vorrede: *Vnd in der zittell ist der ochß vnd der pflug vnd scheyttell haulb nicht also als in der ersten zettell des puchs Sunder eyer ander vß legüng,* was neben dem anderen nicht mehr überlieferten Zettel auf eine Prosa-Erklärung hinweist. Der Pflug etwa findet im Gedicht keine Erwähnung, was diese These stützt.

Der virdt ganck
Den ochßenn durch stos
Mitt zwienn schrittenn groß
Windt vnd wider windt
Den scheitteller haulb mach geschwindt
windt den treffer bald schlag
in den buch vnd vff den nack
In aller arbeitt vmb tritt
daß egeuertt mach mitt

Der funfft ganck
Dürch stich den langenn ortt
Zuck wider stich denn mortt
Den plintt haulb laß prellenn
So magtu gen wol wellenn
Heng wider also baldt
Hinder tritt wider schnall
Vff denn kopff in den buch
So machstu auß im ein rechtenn gauch
In aller arbeitt vmb tritt
Das egeuertt mach mitt

Der sechst ganck
Vom tag lang durch var
Mit verwindenn dich bewar
Durch zwuerch ym gar baldt
Den plyntt haulb wider schnall
Den ortt haulb in sein brust
Nach allem deim verlust
In aller arbeitt vmb tritt
Daß egeuertt mach mitt

Siebers Lehre lehnt sich nicht nur formal durch die Verwendung der Reim-paarverse stark an diejenige Liechtenauers an, sondern auch inhaltlich bestehen auffallende Ähnlichkeiten. In seinen Versen verarbeitet Sieber alle verborgenen Hiebe Liechtenauers mit Ausnahme des Zornhaus, und auch andere Techniken wie das Abnehmen, das Winden, das Zucken oder Überlaufen werden erwähnt, ebenso der Schneller, bei dem es sich vermutlich um eine andere Bezeichnung für die Liechtenauer'schen Zecken handelt.[498] Mit der Hut vom Tag und dem Ochs werden darüber hinaus auch bekannte Huten aufgegriffen. Siebers Gedicht er-hält damit den Charakter einer Bearbeitung der Liechtenauer-Lehre mit dem Ziel, die Techniken aus dieser zu eigenen Stücken zusammenzufügen, wobei daneben anderes Material Verwendung findet wie etwa der *plyntt haulb*, bei dem

---

498 Vgl. die Verwendung später bei Joachim Meyer. Siehe dazu unten, S. 231 f.

es sich möglicherweise um den später bei Joachim Meyer wieder auftauchenden Blendhau handelt.

Vor allem die Grundsätze des Fechtens scheinen hier im Vordergrund zu stehen, so wird auch das Liechtenauer'sche Prinzip des Bewegens mit jedem ausgeführten Hieb in dem jede Strophe abschließenden Vers *In aller arbeitt vmb tritt* eindrücklich verarbeitet. Da die Verse insgesamt eher fechttechnische Allgemeinplätze enthalten, scheint es sich bei den ‚Gängen‘ eher um in sich abgeschlossene Lehreinheiten für Grundlagen des Kampfes zu handeln denn um tatsächlich anwendbare Stücke für das Gefecht, also um sechs Lektionen, deren Kenntnis für die Beherrschung von Siebers Lehre notwendig war.

Über die eigentliche praktische Anwendung der Fechtlehre Siebers lassen sich aufgrund der auf die Verse reduzierten Überlieferungsform nur wenige Aussagen treffen. Einige Indizien weisen aber darauf hin, dass es sich bei den ‚Sechs Gängen‘ um eine frühe Form des Schulfechtens handelt, wie es später auch bei Paurenfeindt und Meyer zu finden ist. Besonders zu Meyers Fechtlehre weist der Text einige auffällige Beziehungen auf: Nicht nur wird der später ausschließlich dort verarbeitete Blendhau erwähnt. Die Anweisung *laß prellenn* deutet darüber hinaus auch auf die Verwendung flexibler Fechtfedern hin, was zusätzlich durch die mehrmalige Erwähnung des Schildes (also der Vergrößerung des Ricassos, die sich besonders bei den späteren Fechtfedern des 16. Jahrhunderts findet) gestützt wird. Joachim Meyer war nachweislich im Besitz einer Kopie der ‚Sechs Gänge‘, die er in seine frühe Handschrift mit aufnahm und der er vermutlich verschiedene Techniken für seine eigene Lehre entnahm. Dass ausgerechnet Meyer die ansonsten kaum rezipierte Lehre Siebers für sein Traktat verwendete, lässt darauf schließen, dass sie ihm für sein Anwendungsgebiet – das nicht auf den ernsten Zweikampf bedachte Schulfechten – als zweckmäßig erschien. Dies untermauert die These, dass es sich bei Siebers Lehre um eine frühe Ausprägung dieses Schulfechtens handelte.

3.3.4. Die Fechtlehre in ‚Baumanns Fecht- und Ringkampfhandschrift‘

Eine weitere offenbar eigenständige Fechtlehre zum langen Schwert findet sich in dem inzwischen als Baumanns Fecht- und Ringkampfhandschrift bezeichneten Cod.I.6.4.2 der Universitätsbibliothek Augsburg.[499] Genaue Angaben zum Entstehungskontext der aus zwei Teilen zusammengesetzten Handschrift lassen sich nicht rekonstruieren. Jedoch gibt es mehrere Hinweise darauf, dass der erste Teil, welcher sich mit dem Bloßfechten mit dem langen Schwert und darüber hinaus mit dem langen Messer und dem Dolch beschäftigt, auf den Zeitraum zwischen 1465 und 1470 zu datieren ist, während der dialektale Befund auf einen

---

499 Die Handschrift war und ist in Forschung und allgemeinem Sprachgebrauch auch bekannt als ‚Codex Wallerstein‘. Da diese Bezeichnung sehr ungenau ist (es existieren noch einige andere Codices der ehemaligen Wallerstein'schen Bibliothek, auf die dieser Name ebenfalls zutreffen würde), folgt die vorliegende Arbeit dem gut begründeten Vorschlag Rainer Welles (siehe Angabe in der folgenden Anmerkung, dort S. 11 f.), den Codex aufgrund des ersten Besitzeintrags als ‚Baumanns Fecht- und Ringkampfhandschrift‘ zu bezeichnen.

Entstehungsraum im (mittel-)bairischen Sprachgebiet hinweist.[500] Die enthaltene Fechtlehre muss daher schon vor/um die Mitte des 15. Jahrhunderts in Gebrauch gewesen sein, wurde aber zeitgenössisch offenbar nicht weiter rezipiert. Erst zu Beginn des 16. Jahrhunderts finden sich wieder Hinweise auf eine Rezeption, da die Lehre Eingang in Albrecht Dürers Fecht- und Ringbuch (Wien, Albertina, Graphische Sammlung, HS 26–232; angefertigt 1512) genommen hatte. Rainer Welle geht davon aus, dass Baumanns Fecht- und Ringkampfhandschrift als direkte Vorlage Dürers für sein Werk diente.[501] In den Jahren 1552/53 schließlich ließ Paul Hector Mair ein Fechtbuch nach einer (nicht mehr erhaltenen) Vorlage des 1549 verstorbenen Nürnberger Fechtmeisters Anthonius Rast anfertigen, das die Lehre wieder aufgreift (Augsburg, Stadtarchiv, Reichsstadt Schätze, Nr. 82).[502] Teile davon fanden somit später auch Eingang in Mairs Fechtbuch. Angesichts dieser Rezeptionsgeschichte handelte es sich bei der enthaltenen Fechtlehre vermutlich um eine lokal begrenzte Tradition mit Schwerpunkt um den Raum Nürnberg und eventuell Augsburg.

Das Traktat zum langen Schwert besteht aus 25 einzelnen Stücken sowie einer kurzen einleitenden Erläuterung der Fechtstellung, die alle jeweils mit einer (wenig detaillierten)[503] Zeichnung versehen sind. Text und Bild stehen hierbei in einer erkennbaren Verbindung bei Anfertigung der Handschrift, wie die mehrmals verwendete referentielle Wendung *als hie gemalt stet* belegt, ebenso die Tatsache, dass innerhalb der Stücke Bezug darauf genommen wird, dass einzelne Abbildungen dem Text falsch zugeordnet sind (fol. 9r und 10v).

Die Lehre selbst scheint keine direkte Verbindung zu der Liechtenauers oder anderer bekannter Meister aufzuweisen. In der Tat wird im kompletten Traktat weder Bezug auf etablierte Techniken genommen, noch werden neue Fachbegriffe eingeführt. Lediglich die ‚fünf Wörter' (Vor, Nach, Indes/Fühlen, hart und weich), welche in enger Verbindung zur Liechtenauer-Lehre stehen, werden thematisiert, ebenso die beiden Prinzipien Länge und Maß, die sich auch in einem der Liechtenauer-Verse wiederfinden.[504] Anders als etwa die Auslegung in Glosse L1, bei der Länge und Maß als abstrakte taktische Konzepte begriffen werden, bezeichnen sie hier jedoch die konkrete physische Haltung des Fechters:

---

500 Die Angaben folgen der jüngsten und ausführlichen kodikologischen Untersuchung im Rahmen der Edierung der Handschrift durch Rainer Welle, der die bisherigen, nur unzureichend gesicherten Daten mit seiner Publikation neu bewertet und wissenschaftlich nachvollziehbar macht: WELLE, Baumanns Fecht- und Ringkampfhandschrift. Zur Datierung und Verortung vgl. besonders Band 1, S. 20–107.

501 WELLE, Baumanns Fecht- und Ringkampfhandschrift, S. 12.

502 Vorwort Mairs in Augsburg, Stadtarchiv, Reichsstadt, Schätze, Nr. 82, fol. 2r.

503 Zur zweifelhaften Qualität der Zeichnungen vgl. WELLE, Baumanns Fecht- und Ringkampfhandschrift, S. 70–77.

504 Zu den ‚fünf Wörtern':Nürnberg, GNM, HS 3227a, fol. 20r: *Auch merke und wisse / mit deme als her spricht / vor noch dy zwey dink etc do / nent her dy fuenff woerter / vor noch swach stark Indes / an den selben woertern leit alle kunst / meister lichtnawers.* Zu Länge und Maß vgl. ebd., fol. 18r: *Dorauf dich zosse alle ding haben lenge unde mosse.* Eine andere Version des Verses ist in mehreren anderen Handschriften überliefert, hier wird ‚Ding' durch ‚Kunst' ersetzt. Beispielhaft dafür Rom, BANLC, Cod. 44 A 8, fol. 3v: *Alle kunst haben leng vnd masse.*

Länge steht in diesem Kontext für eine Stellung, in der sich der Fechter tatsächlich lang macht, während Maß eine tiefe Positur meint.[505] Auch hier zeigt sich erneut das Defizit der auf knappe Verse reduzierten Tradierung: Selbst wenn die äußerliche Form des zugrunde liegenden Verses gewahrt bleibt (in diesem Fall zumindest die sinngebenden Schlüsselwörter), so finden sich doch immer wieder divergierende inhaltliche Auslegungen.

Die Prinzipien der ‚fünf Wörter‘ werden hingegen nicht näher ausgeführt, sie werden lediglich anhand eines Beispielstückes veranschaulicht. Da die sieben Begriffe kein Bestandteil des eigentlichen Textblocks, sondern mittig und teilweise sehr gedrängt über diesen gesetzt sind, scheint es sich eher um Nachträge zu handeln, die später noch den jeweiligen Stücken zur Verdeutlichung zugeordnet wurden. So werden die Begriffe selbst innerhalb der Stücke nicht weiter thematisiert oder nochmals erwähnt. Möglich wäre, dass die allgemein geläufigen sieben Begriffe der Liechtenauer-Lehre im Nachhinein noch beigefügt wurden, um die zugrunde liegenden Prinzipien der Stücke weiter zu veranschaulichen. Alle weiteren Stücke stehen hingegen ohne Überschrift.

Insgesamt scheint es sich bei dem Traktat weniger um eine Fechtlehre im eigentlichen Sinne zu handeln als um eine lose Sammlung von Stücken. Weder Hiebe noch Huten werden thematisiert, nicht einmal die grundsätzlichen Techniken wie Ober- oder Unterhau finden Erwähnung. Ohne Ausnahme arbeiten alle Stücke mit zuvor erfolgter Klingenbindung, freie Hiebe werden nahezu komplett ausgeklammert. Lediglich ein Schlag zum Ellbogen wird mehrfach erwähnt, jedoch auch hier nur als Ausgangssituation für eine darauffolgende Anbindung (fol. 7v–8v; 10r). In der Tat basieren 18 der 25 Stücke darauf, dass gleich zu Beginn eine Bindung entweder durch den Fechter oder seinen Gegner hergestellt wurde (*so du ainen an pinczt an das swert* oder *so dir ainer in das swert pint*). Zwar resultieren viele der Stücke in Ringgriffen oder Halbschwerttechniken, weshalb gefolgert werden könnte, es handele sich um Übungskämpfe mit stumpfen Waffen, doch sprechen mehrere der beschriebenen Aktionen eindeutig gegen einen solchen Befund. Gleich mehrfach werden Schläge mit dem Knauf ins Gesicht des Gegners erwähnt, dazu zwei Techniken, die den Arm des Gegners brechen sollen, an einer Stelle gar ein Stich zum Gemächt.[506] Es handelt sich bei den beschriebenen Kampfsituationen also eindeutig um ein ernstes Gefecht mit der Absicht, den Gegner zu verwunden oder gar zu töten. Was das Traktat wieder ein wenig in die Nähe der Liechtenauer-Tradition rückt, ist die starke Konzentration auf Techniken aus der Bindung heraus. Immer wieder findet sich die Anweisung, dem Gegner das Schwert ins Gesicht zu winden, oder

---

505 Augsburg, Universitätsbibliothek, Cod.I.6.4.2, fol. 3r: *Dy leng das ist dastu hinter deinem swert stest und reckst dich dy maß ist dastu nider stest als hie gemalt stet und mach dich klain mit dem leib so pistu groß im swert.*

506 Ebd., fol. 11v: [...] *gee mit dem knopf über sein klingen und stoß in gegen dem maul.* Fol. 13r: [...] *scheub mit deiner tencken mit dem creucz sein swert an weg und stoß in mit dem knopf in das maul.* Fol. 8v: [...] *leg im das swert an den hals als hie gemalt stet so prichstu im den arm ab und sneist im den hals ab.* Fol. 9r: [...] *wint in herfür als hie gemalt stet so prichstu im den arm ab.* Fol. 11r: [...] *stich über sein swert in zu seinen hoden.*

der Bruch gegen eben dieses. Wo ein Winden nicht möglich oder sinnvoll ist, wird auf andere Weise versucht, das Schwert des Gegners zu kontrollieren, sei es durch Griff an die gegnerische Waffe (fol. 10r; 11v) oder durch Einsatz des eigenen Körpers, um den Gegner zu arretieren (fol. 6r; 7v; 8v 9v).

Zusammenfassend stellt das Traktat zum langen Schwert in Baumanns Fecht- und Ringkampfhandschrift eine Sammlung einzelner Stücke dar, die sich vor allem auf den engen Nahkampf (*krieg*) beziehen und dem Fechter verschiedene Lösungen für Situationen präsentieren, die sich aus einer Klingenbindung mit dem Gegner ergeben. Das Zufechten wird an keiner Stelle weiter ausgeführt. Ziel der Techniken scheint zu sein, möglichst schnell in eine Klingenbindung zu kommen. Von dort ab wird mit auffällig offensiven Aktionen weitergearbeitet, die stets das Ziel haben, den Gegner schnell und stark zu bedrängen und zu überrumpeln, sei dies über das Winden der Waffe zu einer Blöße oder das Aufschließen zum Ringen oder für Schlägen mit dem Knauf, wobei mitunter sehr brutale Techniken Verwendung finden. Das (gesicherte) Abziehen vom Gegner wird hingegen nicht behandelt, was dem kurzen Stückekatalog einen sehr offensiven Charakter verleiht.

3.4. Exkurs: Das lange Messer Johannes Lecküchners

Die Bedeutung und allgemeine Beliebtheit, derer sich Liechtenauers Kunst im Verlauf des 15. Jahrhunderts erfreute, wird ironischerweise besonders an einer Waffe offensichtlich, die in Liechtenauers Fechtlehre überhaupt nicht bedacht wurde. Obschon die Vielzahl an Traktaten zum Fechten mit dem langen Schwert alleine eine deutliche Sprache über die Popularität der Liechtenauer'schen Lehre spricht, belegt die Messerfechtlehre Johannes Lecküchners darüber hinaus, dass es offensichtlich sogar Versuche gab, die Bekanntheit und – vermutlich – auch die unabsprechbare und bewiesene Effektivität dieser Lehre auf andere Waffengattungen zu übertragen.

Johannes Lecküchner, der interessanterweise einer geistlichen Laufbahn folgte, schrieb sich im Jahre 1478, nachdem er bereits die priesterliche Weihe empfangen hatte, bei der Universität Heidelberg ein.[507] Zwei Jahre später übernahm er das Amt des Pfarrers in Herzogenaurach, wo er wiederum zwei Jahre später verstarb.[508] Lecküchner fertigte zwei heute noch erhaltene Handschriften an: den in der Universitätsbibliothek Heidelberg aufbewahrten Cpg 430[509] und den Cgm 582[510] der Bayerischen Staatsbibliothek München. Alle Anzeichen

---

507 Die Ordinarien des Bistums Bamberg von 1436 bis 1470, S. 244, Nr. 840; Die Matrikel der Universität Heidelberg, Seite 357.

508 Lecküchner wurde am 15. März 1480 auf die Pfarrei Herzogenaurach präsentiert und verstarb dort am 31. Dezember 1482: Die Matrikel der Geistlichkeit des Bistums Bamberg 1400–1556, S. 254, Nr. 3879.

509 Handschriftenbeschreibung bei Hɪʟs, Liechtenauers Kunst, S. 68–70.

510 Handschriftenbeschreibung bei Lᴇɴɢ, Fecht- und Ringbücher, S. 74–76 und Hɪʟs, Liechtenauers Kunst, S. 90–92. Die Handschrift wurde kürzlich erst aufgearbeitet und übersetzt: Fᴏʀɢᴇɴɢ, The Art of Swordmanship.

sprechen dafür, dass Cpg 430 als erster Entwurf des späteren Cgm 582 diente. Handschrift Cgm 582 datiert nach einem Eintrag des Verfassers auf das Jahr 1482, wobei das Material, das in dem Werk zu finden ist, auf eine Vorlage aus dem Jahr 1478 zurückgehe.[511] Dem Jahr also, in dem Lecküchner nach Heidelberg kam – da die Handschrift dem Kurfürsten Philipp von der Pfalz gewidmet ist, ist anzunehmen, dass sie als Gastgeschenk für seine Zeit in Heidelberg dienen sollte. Der Entwurfscharakter von Cpg 430 wird im direkten Vergleich zu Cgm 582 sofort deutlich: In letzteres Werk wurden nahezu alle Textbausteine der ursprünglichen Fassung übernommen, wobei an manchen Stellen korrigierende Eingriffe zu beobachten sind. Darüber hinaus weist die Münchner Handschrift ein um viele Stücke erweitertes Programm auf und ist fast durchgehend bebildert, während die Heidelberger Fassung eine reine Texthandschrift darstellt (Farb-Abb. 10 zeigt die Münchner Fassung).

Das Interessante an Lecküchners Werk nun ist die Waffe, mit der es sich beschäftigt: Bei dem langen Messer Lecküchners handelt es sich um eine etwa achtzig bis einhundert Zentimeter lange, fast ausschließlich einhändig geführte Waffe, die oftmals im rechten Winkel zur Parierstange einen Handschutz, den sogenannten Rüstdorn oder Rüst-/Wehrnagel aufwies. Wie die Bezeichnung ‚Messer' vermuten lässt, war die Waffe im Gegensatz zum Schwert nur einseitig scharf geschliffen. Insgesamt mutet das lange Messer aufgrund seiner oft einfachen und schmucklosen Beschaffenheit als eine Waffe an, die weniger Symbolkraft ausstrahlt als das Schwert und daher in der Gegenwart eher mit dem Bauer- und Bürgertum in Verbindung gebracht wird. Dies geschieht nicht zuletzt auch aufgrund der Tatsache, dass ein Messer ob seiner einschneidigen Klinge nominell eher den Werkzeugen zuzuordnen ist als den Waffen und daher vermeintlich auch nicht unter die verschiedenen Artikel der Landfrieden und Stadtrechte fiel, die im Verlauf des (Hoch-)Mittelalters den niederen sozialen Ständen das Tragen von Waffen untersagten.[512] Dass das Schwert zur Mitte des 15. Jahrhunderts hin jedoch ein alltäglicher Anblick unter der städtischen Bevölkerung war, hat zuletzt Christian Jaser herausgearbeitet.[513]

Warum das lange Messer sich im aufstrebenden Bürgertum starker Beliebtheit erfreute, ist vermutlich eher auf ganz materielle Weise zu erklären: Mit seiner einfachen Konstruktion und der nur einseitig geschliffenen Klinge war das Messer im Vergleich zum Schwert günstiger in der Anschaffung und Instandhaltung. Da es in erster Linie als Hiebwaffe konzipiert ist, ließ es sich auch leichter als Werkzeug benutzen, ermöglichte aufgrund der geringeren Länge (im Vergleich zum langen Schwert) ein bequemeres Tragen und war vergleichsweise einfach und intuitiv zu handhaben. Dass das lange Messer dennoch keine Waffe des ‚einfachen Mannes' war, belegt nicht zuletzt Lecküchners Fechtbuch, in dessen Widmungsrede er Kurfürst Philipp die Fechtkunst mit eben diesem

---

511 München, BSB, Cgm 582, fol. 216v: *Composita est materia illa per domine Johanne Lecküchner tunc tempore plebanus jn Hertzogaurach Anno domini M°CCCC° septuagesimo octauo sed iste librum Scriptum est et completus Anno 8° secundo jn vigilia sancti Sebastiani.*
512 Vgl. dazu beispielsweise die Auflistung bei EPPERLEIN, Bäuerliches Leben, S. 170 f.
513 JASER, Der Bürger, hier besonders S. 211 f.

langen Messer anpreist.[514] Mit Sicherheit hätte Lecküchner dem Kurfürsten kein Traktat über eine Waffe gewidmet, wenn diese als bäuerlich gegolten hätte. Ganz im Gegenteil, die Widmung lässt darauf schließen, dass Philipp selbst bereits bewandert war im Umgang mit dem langen Messer.[515]

Die Messerfechtkunst an sich existierte schon lange bevor Lecküchner sich mit der Materie beschäftigte. Schon in Nürnberg, GNM, HS 3227a findet sich ein kurzer Abschnitt zum Fechten mit dem langen Messer, in dem der Verfasser gar behauptet, das Schwert sei aus dem Messer entwickelt worden und daher seien die Prinzipien beider Waffen die gleichen.[516] Auch bei Hans Talhoffer und Paulus Kal finden sich Abbildungen zum Messerfechten.[517] Johannes Lecküchner scheint jedoch der erste Verfasser eines Fechtbuches gewesen zu sein, der das Fechten mit dem langen Messer ausführlich thematisierte und diesem sogar ein eigenständiges Traktat widmete.[518]

Obschon dies für sich schon als Alleinstellungsmerkmal Lecküchners gelten kann, ist das wirklich Interessante an seinem Traktat die Form und die inhaltliche Behandlung des Stoffs. Denn jedem zeitgenössischen Kenner der Liechtenauer-Lehre muss beim Anblick (oder beim Klang) von Lecküchners Arbeit sofort eine starke Ähnlichkeit zu dieser aufgefallen sein. So bezeichnet Lecküchner sein Traktat nicht nur ebenfalls als *zedel*, auch der didaktische Aufbau der Lehre und ihre äußere Form erinnern stark an die Fechtbücher in der Tradition Liechtenauers wie die Nürnberger Handschrift 3227a oder Rom, BANLC, Codex 44 A 8 – die Form also, in der Liechtenauers Lehre in der zweiten Hälfte des 15. Jahrhunderts die weiteste Verbreitung gefunden haben dürfte und die Lecküchner sicher als Vorlage für seine Arbeit diente.[519] Wie auch dort verwendet Lecküchner ebenfalls die Form eines Lehrgedichts mit Paarreim, dessen Verse jeweils durch ausführliche Glossierung unterbrochen sind, um seine Inhalte zu vermitteln. Die Hinwendung zur Liechtenauer'schen Tradition wird hier umso deutlicher, da diese Form der Wissensvermittlung über die Zeit erst entstanden, somit als Notwendigkeit der Auslegung von Liechtenauers Versen gewachsen war. Wo

---

514 München, BSB, Cgm 582, fol.115r–116v.

515 Dass die Ausbildung am langen Messer durchaus auch zur höfischen Erziehung zählte, zeigt auch die Abbildung im ‚Weißkunig' Kaiser Maximilians I., die den jungen Kaiser bei den Fechtübungen zeigt. Während er mit dem langen Schwert trainiert, liegen zu Füßen der Fechter andere Übungswaffen, darunter auch lange Messer: Der Weiß Kunig, Figur 37.

516 Nürnberg, GNM, HS 3227a, fol. 82r f.: *Wer do mit dem langen messer wil fechten lernen / wen aus dem langen messer / ist / das swert genomen vnd funden / Der sal von ersten / merken vnd wissen das daz fundament vnd dy principia / dy do gehoren czum swerte / dy gehoren auch czum messer.*

517 München, BSB, Cod. icon. 394a, fol. 113r–116v und Cgm 1507, fol. 71v–74v. Auch diese beiden Fundstellen weisen darauf hin, dass das lange Messer auch in sozial höher gestellten Schichten Benutzung fand, sind doch beide Handschriften an adlige Personen adressiert.

518 Zumindest sind keine weiteren Textzeugen bekannt, die auf einen früheren Verfasser schließen lassen könnten. Lecküchner erklärt überdies: *Das ist herr hannsen Lecküchner von Nurenberg künst vnd zedel ym messer dy er selbs gemacht vnd geticht hatt* (München, BSB, Cgm 582, fol. 1r).

519 Ein Textvergleich zeigt, dass Lecküchner vermutlich Zugang zu einer vollständigeren Fassung der Liechtenauer-Verse hatte, als diese in Rom, BANLC, Cod. 44 A 8 oder Dresden, SLUB, Mscr.Dresd.C.487 vorliegt, da er intertextuell auf dort nicht zu findende Reime und Vokabular verweist. Vergleiche dazu beispielsweise die unten aufgeführte Vorrede.

frühere Fechtmeister sich gezwungen sahen, die bereits vorhandenen Verse durch eigene Anmerkungen zu erläutern, wählte Lecküchner dieses Lehrverfahren nicht aus Notwendigkeit, sondern um sich bewusst in die Tradition des ehrwürdigen Fechtmeisters und der Traktate zu stellen, die seine Lehre behandeln.[520]

So beginnt Lecküchner seinen Text mit einer Vorrede, die genau wie bei Liechtenauer zunächst auf einer Meta-Ebene die allgemeinen Aspekte des Fechtens in den Vordergrund stellt:

> *Ob dw wilt achten*
> *Messer vechten betrachten*
> *So leren ding das dich zirtt*
> *Zu schimpff ze ernest hofirt*
> *Do mit du erschreckest*
> *Vnd dy meyster künstenlich erbeckest*[521]

Auffällig ist vor allem die Verwendung des Vokabulars: Der komplette Paarreim ziert/hofiert ist wörtlich von Liechtenauer übernommen[522] (*Kunst dy dich czyret vnd in krigen sere hofiret*), ebenso der Reim achten/betrachten (*So magstu achten vnd mit gutem mute betrachten*). Auch die beiden Antonyme Schimpf und Ernst sind eine direkte Übernahme (*Czu ernst ader czu schimpf habe frölichen mut mit limpf*), sodass sich der in der Kunst bewanderte Fechter ohne Frage an Liechtenauer erinnert fühlte, wenn er diese Worte vernahm.

Neben diesen formellen Aspekten erscheinen aber insbesondere die inhaltlichen Parallelen zur Lehre Liechtenauers als sehr interessant, die sich mit der eigentlichen Fechtkunst befassen. Diese sollen hier auszugsweise untersucht werden – eine komplette Analyse und Gegenüberstellung der Lehre Lecküchners mit derjenigen Liechtenauers würde den Rahmen dieser Untersuchung sprengen.

Schon zu Anfang seines Traktats verweist Lecküchner so auf die in dieser Arbeit bereits ausführlich behandelten Prinzipien des Vor, Nach und Indes sowie der Schwäche und der Stärke:

> *Yndes vor vnd nach dy wortt*
> *Seyn aller kunst eyn hortt*
> *Swech vnd sterck prüff weyslich*
> *So dw wildt vechten künstenlich*[523]

Wie auch Liechtenauer und die Fechtmeister, die dessen Lehre auslegten, legt Lecküchner großes Gewicht auf diese Begriffe beziehungsweise die Grundsätze, die sich dahinter verbergen. Sie konstituieren einen wichtigen Teil seiner eigenen

---

520 Vgl. dazu Müller, Hans Lecküchners Messerfechtlehre, S. 374–380.
521 München, BSB, Cgm 582, fol. 1r.
522 Nürnberg, GNM, HS 3227a, fol. 18r; die folgenden Zitate ebenso.
523 München, BSB, Cgm 582, fol. 1v.

Lehre und dürfen nicht unterschätzt werden, weshalb er sie noch vor jeglicher praktischer Anweisung nennt.[524]

Im Gegensatz zu Liechtenauers fünf verborgenen Hieben präsentiert Lecküchner ein System, das auf sechs Hieben basiert, die in ihrer Umsetzung aber trotz anderer Namen den Techniken Liechtenauers bis auf einen zusätzlichen Hieb entsprechen. Auch die Merkverse orientieren sich hierbei stark an denen Liechtenauers beziehungsweise werden nahezu unverändert übernommen, wobei nur der Name der jeweiligen Technik ausgetauscht wird. Bei den sechs Hieben handelt es sich um Folgende:

Der Zornhau (*zorenhaw*) entspricht dem gleichnamigen Hau bei Liechtenauer: *Was auf dich wirt gericht Zorenhaw ortt das gar pricht* (vgl. *Der dir oberhawet czornhaw ort deme drewet*)[525]. Ein Hieb, der wie Liechtenauers Zornhau kräftig (*zörniklich*) gegen einen Schlag des Gegners von oben gesetzt wird; ein Stich beziehungsweise das Einwinden der Klinge danach folgt ebenso wie beim langen Schwert.[526]

Der Wecker (*wecker*) entspricht dem Krumphau: *Weck auff behendt Ortt zu gesicht wendt* (vgl. *Krump auf behende wirf deynen ort auf dy hende*)[527]. Das Messer des Gegners wird (hier aber im Gegensatz zum langen Schwert mit der rechten, also der langen Schneide) aus dem Weg geschlagen, worauf der Ort zum Gesicht des Kontrahenten gewunden wird.[528]

Der Entrüsthau (*entrusthaw*) entspricht dem Zwerchhau: *Der entrüst nymbt waß on oben dar kümpt* (vgl. *Twere benymmet was von dem tage dar kuemmet*)[529]. Er wird wie der Zwerchhau in der Daumenlage geschlagen, um die Waffe über das Handgelenk einzudrehen und den Gegner seitlich zu treffen.[530]

Der Zwinger (*zwinger*) entspricht dem Schielhau: *Der zwinger eyn pricht Waß püffel haüt oder sticht* (vgl. *Schiler in bricht was pueffel nue slet ader sticht*)[531]. Er wird

524 Ebd., Lecküchner betont die Wichtigkeit: *wann dar auß kumbt aller grundt aller der kunst des vechtens vnd wenn dw dy ding recht vernymbst vnd verstest […] So magstu woll eyn gutter meyster des messers sein.*
525 Nürnberg, GNM, HS 3227a, fol. 23r.
526 München, BSB, Cgm 582, fol. 3v: *wenn er von der rechten seitten oben zu dem kopff schlecht so haw von deiner rechten seitten So haw von deiner rechten seitten [sic] auch von oben mit ym zörniklich gleich an all versatzung oben ein Indes laß den ortt fuer ein schiessen ym zu dem gesicht oder prust vnd wendt Indes dein messer gegen dem seinen […].*
527 Nürnberg, GNM, HS 3227a, fol. 25r.
528 München, BSB, Cgm 582, fol. 14v: *wenn dw mit dem zuuechten zu dem man kumbst stet er denne gegen dir vnd helt sein messer für den kopff In der hutt des stiren auff seiner lincken seitten so setz den lincken fuß fur vnd hab dein messer auff deiner rechten achsel oder In der schranck wey dem rechten pein vnd spring mit dem rechten fuß woll auff dein rechte seitten vnd schlag In mit der rechten schneyden wol auff sein messer Indes windt Im den ort In das gesicht.*
529 Nürnberg, GNM, HS 3227a, fol. 27r.
530 München, BSB, Cgm 582, fol. 25r: *tritt er denn zu dir vnd drött dir zu schlagen so soltu vor kummen vnd spring mit dem fuß woll auf dein rechte seitten vnd Im sprung wendt dein messer mit dem gehultz fur dem haubt das der dawm vnden stee vnd schlag Im zu mit der stumpffen schneyden zu seiner lincken seytten zu der obren zinnen.*
531 Nürnberg, GNM, HS 3227a, fol. 28v.

mit der kurzen Schneide gegen einen Hieb von oben geschlagen, um den Gegner dabei am Kopf zu treffen.[532]

Der Geferhau (*gefer haw*) entspricht dem Scheitelhau: *Der gefer mit seyner art Des antlitz vnd der prust wart* (vgl. *Der scheitelere deyn antlitz ist ym gefere Mit seinem karen der broste vaste gewaren*)[533]. Er wird mit gestrecktem Arm über die Waffe des Gegners geschlagen, um ihn oben am Kopf oder der Brust zu treffen.[534]

Der Winker (*wincker*) schließlich besitzt keine Entsprechung bei Liechtenauer. Es handelt sich vermutlich um eine Neuschöpfung Lecküchners (*vnd ist eyn newer haw*), die wohl am ehesten mit dem Sturzhau beim langen Schwert vergleichbar ist: Es handelt sich um einen Hieb von oben, ähnlich dem Geferhau mit gestrecktem Arm. Pariert der Gegner, wird die Klinge eingedreht und mit der kurzen Schneide zum Kopf des Kontrahenten geschlagen.[535]

Abgesehen von den grundsätzlichen Hieben hält sich Lecküchner auch in den übrigen technischen und taktischen Aspekten des Fechtens nahezu vollständig an die Vorlage Liechtenauers. Genau wie in der in Kapitel II.3.1. untersuchten anonymen Glosse L2 liefert er zu Beginn seines Traktats eine Auflistung der im weiteren Verlauf besprochenen Techniken. Diese Liste umfasst siebzehn Einträge und ist für die ersten zwölf davon auffallend kongruent zu der aus Glosse L2, sowohl was die Benennung angeht als auch in ihrer Reihenfolge, wie eine Gegenüberstellung verdeutlicht:

Cod. 44 A 8, fol. 13r:	Cgm 582, fol. 2v f.:
Das erst das sein die vier huotten	*Das erst seyn dy vyer leger*
Das ander die vier vorsetzen	*das ander stuck heysset das versetzen*
dritt die nachreisen	*Das dritt seyn dy nachreysen*
das vierd überlauffen	*das viert sein dy vberlauffen*
Das funft die absetzen	*Das funft seyn dy absetzen*
das sechst ist das durch wechselen	*das sechst sein dy durch vechselen*
das sibent ist das zucken	*das sybent heyst das zucken*
Das acht das durch lauffen	*Das acht sein dy durchlauffen*
das newnt das ab schneiden	*das newndt sein dy abschnidt*
Das zehent ist das hent drucken	*das zehendt heyst dy hendt drücken*
Das ainlifft das sind die hengen	*das eylfft sein dy ablauffen*
das tzwelifft das sind die winden	*das zwelfft sein dy pnemen*
	das dreyzehent das sein dy durchgen
	das virzehent heyst der pogen

532 München, BSB, Cgm 582, fol. 28v: *haut er denn von oben zu dem haubt so verbendt deyn messer vnd haw gegen seynen haw eyn mit der stumpffen schneyden lanck außgestrackten arme oben vber seyn messer Im zu dem gesicht.*

533 Nürnberg, GNM, HS 3227a, fol. 30r.

534 München, BSB, Cgm 582, fol. 29r: *spring zu Im mit dem rechten fuß vnd haw mit der langen schneyden oben eyn vnd pleyb mit dem arme hoch vnd senck Im den ortt vntersich zu seynem gesicht oder prust.*

535 München, BSB, Cgm 582, fol. 30r: *So haw von deyner rechten achsel mit stracktem arme zu Im lanck eyn mit der langen schneyden vnd Im haw so windt gegen seynem messer vnd schlag In auff das haubt mit der kurzen schneyden.*

Cod. 44 A 8, fol. 13r:	Cgm 582, fol. 2v f.:
	das funftzehent heyst das messer nemen *das sechzehndt sein dy hengen* *das sibzehendt sein dy winden*

Die fünf Stücke, die sich nicht in der Auflistung von Glosse L2 finden, sind: das Ablaufen, das Benehmen, das Durchgehen, der Bogen und das Messernehmen. Beim Ablaufen handelt es sich vermutlich um eine Technik, um die Klingenbindung zu lösen, indem das Messer hin- und hergeschwungen wird, ähnlich wie es die Frauen am Webstuhl machen, *wan sy das garnn ab haspelen.*[536] Bei Liechtenauer wäre diese Technik sicher stark verbunden mit dem ‚Fühlen', da beobachtet werden muss, ob und wie der Gegner der eigenen Klinge folgt.

Das Benehmen (wohl von mhd. *benemen:* ‚wegnehmen', ‚entziehen') bezeichnet das Wegdrücken der gegnerischen Waffe mit dem eigenen Gehilz nach Zustandekommen einer Klingenbindung.[537]

Das Durchgehen scheint eine Variante des Durchwechselns zu sein, wie es schon bei Liechtenauer bekannt ist. Lecküchner weist auch darauf hin, dass die Technik sowohl mit dem Messer als auch mit dem Schwert ausführbar ist: *das durchgen ist sere gutt Im messer vnd Im svertt.*[538] Zunächst wird ein Hieb zur linken Seite des Gegners geschlagen. Wird dieser versetzt, so wird die eigene Klinge unter der gegnerischen herumgeführt, um die andere Seite anzugreifen.[539]

Der Bogen bezeichnet eine Ausgangsstellung ähnliche dem hängenden Ort, bei der das Messer wie der Bogen einer Fidel gehalten wird. Sie wird als defensive Stellung verwendet, um den Gegner zu einem Angriff auf die eigene Blöße zu verleiten.[540]

Das Messernehmen schließlich beschreibt, wie der Name vermuten lässt, mehrere Techniken, um den Gegner zu entwaffnen. Auch wenn diese in der Auflistung der Schwerttechniken nicht namentlich genannt sind, sind sie doch

---

536 München, BSB, Cgm 582, fol. 117v: *wiltu denn ablauffen mit dem messer so soltu da mit bayffen47 als dy frawen wan sy das garnn ab haspelen von payden seytten vnd thu geleych als dw nyder wollest setzen mit dem messer vnd laß das messer von payden seytten abgen dach.* Das Wort *bayffen* kommt vermutlich von mhd. *weifen* und bedeutet so viel wie ‚schwingen'. Vgl. dazu die Schreibung *wayffen* in Heidelberg, Universitätsbibliothek, Cpg 430, fol. 58r.

537 München, BSB, Cgm 582, fol. 118v: *so Ir also ligt gegen Eyn ander vnd also seyt Im pandt so far mit dem kreutz auff seyn lincke seytten an seyn messer vnd scheub mit deynem messer seyn messer auff seyn rechte seytten.*

538 Ebd., fol. 126v.

539 Ebd.: *So thu Im also haw von deyner rechten achsel gerad Eyn oberhaw zu Im Eyn auff seyn lincke seytten Indes Ee dw Triffest mit dem haw So windt dy stumpff schneyd gegen seynem messer vnd senck den ortt nyder vnd gee zwischen Im vnd dir auff seyn rechte seytten vnd schlag Im zu dem kopff.*

540 Ebd., fol. 128v f.: *den pogen mach also hallt deyn messer auf deyner lincken seytten oberthalb des knys das der ortt gegen dem man stee So er denne auff dich pindt von seyner rechten seytten auff deyn lincke seytten so peug mit deynem messer fur deynem leyb auff deyn lincke seytten das der ortt eyn wenig gesenckt sey vnd der dawmen vntten stee vnd dy stumpff schneyd gegen dir stee Indes so seyn messer auff das seyn klitzt so schreytt auff seyn lincke seytten wol auß dem haw mit eynem zwiuachen tritt vnd haw Im durch seyn hawptt seyner lincken seytten.*

fest in der Liechtenauer-Lehre verwurzelt. Sie fallen in der anonymen Glosse L2 unter den Abschnitt zum Ringen am Schwert.[541]

Auch die von Lecküchner beschriebenen Huten beziehungsweise Leger finden sich schon bei Liechtenauer: die Bastei (*pastey*), welche dem Alber, der Lug ins Land (*luginslandt*), welcher der Hut vom Tag, der Stier (*stir*), der (auch namentlich) dem Ochs, und der Eber (*eber*), der dem Pflug entspricht. Selbst die Halbschwerttechniken Liechtenauers werden teilweise auf das lange Messer übertragen, immer wieder finden sich Anweisungen, in die eigene Messerklinge zu greifen, und sogar der Mordhau ist zu sehen.[542]

Eine Bewertung der Messerfechtlehre Lecküchners hinsichtlich ihrer Effektivität und Anwendbarkeit kann heute nur noch aus moderner Sicht geschehen und würde wenige Anhaltspunkte über ihren zeitgenössischen Stellenwert liefern. Ohne das Wissen über die Hintergründe, warum und mit welchem Erfahrungs- und Kenntnisstand Lecküchner seine Lehre verfasste, lässt sich lediglich darüber spekulieren, inwiefern die Übertragung der Liechtenauer-Lehre auf das lange Messer Erfolg hatte – oder überhaupt Erfolg haben sollte. Ob tatsächlich im Ernstfall nach diesem System gefochten werden sollte, oder ob Lecküchner in der Übertragung des Fechtsystems nur eine theoretische Übung, ein Gedankenspiel sah, lässt sich nicht eindeutig feststellen.[543] Naturgemäß treffen viele Prinzipien des bewaffneten Nahkampfes auf beide Waffen zu, das lange Schwert und das Messer. Dass dies schon den Fechtern des 14. Jahrhunderts bekannt war, zeigt ein Eintrag in der kurzen Abhandlung zum Messerfechten der HS 3227a, in dem der Verfasser verdeutlicht, dass sowohl Schwert als auch Messer auf die gleichen Grundsätze zurückgehen.[544]

Doch obwohl etwa das Winden, Techniken wie das Durchwechseln oder Abnehmen und die Prinzipien der drei Zeitfenster Vor, Nach und Indes auf beide Waffen (beziehungsweise was dies anbelangt auf eine Vielzahl von Waffen) anwendbar sind, erscheint die Übertragung von anderen Stücken wie den verborgenen Hieben aus heutiger Sicht doch zumindest in manchen Fällen pro-

---

541 Vgl. Rom, BANLC, Cod. 44 A 8, fol. 33v ff.: *Hie merck ein swert nemen* [...] *Aber ein swert nehmen* etc.

542 Das Halbschwert wird bei Lecküchner „gewappnete Hand" (*gewappende hant*) bezeichnet (vgl. den gewappneten Ort bei Talhoffer). Diese resultiert aus anderen Techniken wie dem Überlaufen, vgl. beispielsweise München, BSB, Cgm 582, fol. 46r ff. Zum Mordhau siehe die Abbildung auf fol. 47r.

543 Das Traktat scheint in der Tat eine Mischung aus Anweisungen für den Ernst- und für den Schaukampf zu beinhalten. Enthalten sind Stücke, die als Notwehr bei einem bewaffneten Angriff dienlich sind (München, BSB, Cgm 582, fol. 136r: *Hye lernt der meyster Eyn stuck das do heysset Eyn notstuck vnd gett zu so du keyn were hast vnd wirst vberloffen vnd kanst an schaden nicht entflyhen*). Es finden sich aber auch in das Traktat eingestreut Stücke, die ausdrücklich für das Schaufechten oder eine nicht ernst gemeinte Konfrontation gedacht sind, in denen *schimpflich* gefochten wird. So etwa ein Stück, bei dem der Gegner durch einen Schlag auf den Hintern beschämt wird (München, BSB, Cgm 582, fol. 183r) oder gar eine Anweisung, wie der Gegner beim Schaufechten in einen Sack gesteckt werden kann (ebd., fol. 92r).

544 Nürnberg, GNM, HS 3227a, fol. 82r: *Wer do mit dem langen messer wil fechten lernen / wen aus dem langen messer / ist / das swert genomen vnd funden / Der sal von ersten / merken vnd wissen das daz fundament vnd dy principia / dy do gehoren czum swerte / dy gehoren auch czum messer.*

blematisch. Denn das lange Schwert weist im Gegensatz zu anderen zeitgenössischen Waffen vorwiegend zwei Distinktionsmerkmale auf: seine Länge und die beidhändige Führung. Fällt nur eines dieser Merkmale weg, ergeben sich bereits Probleme bei der Umsetzung verschiedener Techniken. Da das lange Messer aber sowohl einhändig geführt wird, als auch kürzer ist, kann durchaus hinterfragt werden, ob Stücke wie der Zwerchhau sinnvoll auf diese Waffe übertragen werden können.

In diesem konkreten Fall beispielsweise fehlt dem langen Messer zum einen die Reichweite des langen Schwerts, um den Gegner direkt mit der Aussperrung seines Hiebes zu treffen, zum anderen mangelt es bei der Ausführung des Hiebes mit nur einer Hand an der nötigen Stabilität, um die Klinge des Gegners sicher auszusperren; ein einhändiger Zwerchhau kann leichter vom Gegner gekontert werden. Auch das Konzept des Zornhaus lässt sich nicht ohne Weiteres übertragen, denn wo das lange Schwert eine relativ sichere Kontrolle der gegnerischen Waffe zulässt, sobald die eigene Stärke auf deren Schwäche trifft, sind die Handlungsspielräume beim langen Messer geringer, da es durch die kürzere Klingenlänge leichter für den Kontrahenten ist, dieses Ungleichgewicht auszugleichen und eine Anbindung an der eigenen Stärke herzustellen.

Auffällig ist überdies die Tatsache, dass Lecküchner nur an wenigen Stellen Gebrauch von der linken, also der freien Hand macht. Da das Messer konstruktionsbedingt eher für den Hieb als für den Stich oder die Klingenbindung geeignet ist, würde man vermuten, in erster Linie Stücke vorzufinden, bei denen einem Hieb die Absicherung durch die linke Hand folgt, zum Beispiel durch das Ergreifen des Gegners an Arm oder Waffe. Schon in HS 3227a findet sich so der Hinweis, dass der Fechter alle Gliedmaßen zu seinem Vorteil einsetzen soll und die linke Hand dazu dient, die rechte (waffentragende) Hand des Gegners zu kontrollieren.[545] Lecküchner hingegen geht einen anderen Weg und setzt oft auf die vom langen Schwert bekannten Bindungen und Stiche – an einer Stelle findet sich gar ein Art Ausfall, wie er beim Fechten mit späteren Stichwaffen wie dem Rapier gebräuchlich wird.[546]

Da dem Messer insgesamt konstruktionsbedingt andere Dynamiken, Winkel und Kraftvektoren zugrunde liegen als dem langen Schwert, lässt sich aus diesen Gründen vermuten, dass zumindest an manchen Stellen die Effektivität der beschriebenen Stücke hintanstehen musste, wenn es darum ging, Liechtenauers Prinzipien auf diese Waffe zu übertragen. Dafür spricht zudem die Beobachtung, dass Lecküchner den ohnehin schon umfangreichen Stückekatalog noch um eine Vielzahl eigener Techniken erweiterte. In Anbetracht der Tatsache, dass für den Ernstfall praktizierte Kampfkunst generell dem Weg der Einfachheit folgt und

---

545 Nürnberg, GNM, HS 3227a, fol. 82v: *als sal och keynerleye dink noch gelid am menschen syn / daz do / feyer vnd ruge* [...] *Auch wisse das dy rechte hant der linken veynt sal syn / vnd dy linke der rechten / vnd dy eyne hant sal hin setczen vnd abeweisen / vnd dy ander sal schaden tuen.*

546 München, BSB, Cgm 582, fol. 35r: *far mit langen gestracktem ortt Im Indes zu seym gesicht vnd vall mit dem hindresten fuß woll hinauß.* Auch wenn hier ein Ausfall ,nach hinten' mit dem Fuß beschrieben ist, erinnert die Technik doch stark an das spätere Fechten mit Stichwaffen.

Effizienz vor Vielfalt stellt,[547] dürften viele der dort beschriebenen Stücke oh-nehin nur eingeschränkten Nutzen im Ernstkampf besessen haben.[548] Dennoch deuten die über das Liechtenauer'sche Material hinausgehenden Zusätze Leck-üchners darauf hin, dass er selbst in der Kunst des Messerfechtens bewandert war oder zumindest Zugang zu Quellen hatte, die dies waren. Auch die Re-zeptionsgeschichte seiner Messerfechtlehre lässt darauf schließen, dass eine zeitgenössische und spätere Beschäftigung mit seinem Werk stattgefunden haben muss, auch wenn diese Verbreitung möglicherweise eher dem Umfang seines Werkes als seiner praktischen Umsetzbarkeit geschuldet sein könnte. Denn kein anderes erhaltenes Fechtbuch beschäftigt sich derart detailliert und ausschließlich mit einer einzigen Waffe, wie dies bei Lecküchner der Fall ist. Sein Werk dürfte damit alleine aufgrund dieser Tatsache schon große Aufmerksam-keit auf sich gezogen haben.[549]

Wie auch immer Lecküchners Fechtlehre im Kontext des Messerfechtens zu bewerten ist, obiger Vergleich hat zweifelsfrei gezeigt, dass der Verfasser seine Arbeit mit wenigen Ausnahmen auf Liechtenauers Fechtsystem gründete. Und dies gilt nicht nur inhaltlich, indem er die Techniken des ehrwürdigen Meisters auf das lange Messer übertrug, sondern auch was den Aufbau und sogar die Sprache seines Traktats anbelangt. An diesem Beispiel zeigt sich deutlich der Einfluss Liechtenauers auf die Fechtkultur des 15. Jahrhunderts, und offen-sichtlich nicht nur im Bereich des langen Schwertes. Liechtenauers Name und seine Fechtlehre müssen zu diesem Zeitpunkt eine nicht mehr wegzudenkende Größe im Kreis der Fechter gewesen sein – heute würden wir sagen, der Name Liechtenauer hatte sich als Marke etabliert. Wie schon Hans Talhoffer machte sich auch Lecküchner den Wert dieser Marke zunutze, um sein eigenes Produkt, die eigene Fechtlehre besser zu positionieren und bekannt zu machen, was ihm in Anbetracht der Überlieferungsgeschichte eindeutig gelungen ist.

Anders als bei Talhoffer, der Liechtenauers Lehre ganz selbstverständlich mit seinem eigenen Namen überschrieb und damit zumindest den Versuch beging, dessen Kanonisierung im Verbund zur Lehre des alten Meisters zu bewirken,

---

547 Vgl. Bartsch, Historisches Messerfechten, S. 69.

548 Um den Ernstkampf geht es Lecküchner offenbar in der Vielzahl der Fälle. Er nennt zwar auch Stücke, die nur für das Schul- oder Schaufechten nützlich sind, vermerkt diese Tatsache aber ausdrücklich an der jeweiligen Stelle. Vgl. Heidelberg, Universitätsbibliothek, Cpg 430, fol. 15r: *wiltü yn nicht hart wünden so schlag yn auff den armen ist aber daß auff eyner vechtschullz so schlag yn yn den pawch auff seyner lincken seytten grob und pewrisch daß erß wol enpfindt.*

549 Auszüge aus Lecküchners Werk sind so unter anderem überliefert in Salzburg, Universitätsbi-bliothek, M I 29 (fol. 46r–117r) aus dem Jahr 1491 und Wien, Kunsthistorisches Museum, KK 5126 (fol. 18v–43v), ebenfalls vom Ende des 15. Jahrhunderts. In letzterer Handschrift werden le-diglich Teile der Merkverse Lecküchners überliefert, versehen mit einer eigenen Illustration. Der Verfasser schreibt den Text Peter Falkner zu: *Hie enndet Maister Peter Falkners kunst Mitt dem Messer* (fol. 43r). Auch in Glasgow, Glasgow Museums, MS E.1939.65.341 (fol. 111r–144v) aus dem Jahr 1533 findet sich Lecküchners Arbeit, jedoch ist sie auch hier einem anderen Urheber zugeschrieben, nämlich Johannes Liechtenauer (fol. 111r: *Hie hebt sich an maister hannsen liech-tenauers Khunst des messer vechtens*). Interessanterweise scheint sich die weitere Überlieferung des Werks Lecküchners auf seine Heidelberger Handschrift oder eine nicht mehr erhaltene Zwi-schenstufe zu stützen, nicht jedoch auf die endgültige Fassung der Münchner Handschrift.

war Lecküchners Motivation vermutlich eine andere. Jeffrey Forgeng bemerkt richtig, dass Lecküchners Arbeit weniger den Versuch einer bloßen Kopie darstellt, sondern vielmehr bewusst das didaktische Konzept der bereits etablierten Fechtbuchtradition aufgreift, um den Zeitgenossen eine neue Systematik in gewohntem Gewand präsentieren zu können.[550] Obschon der Name Liechtenauers in diesem Zusammenhang niemals genannt wird, muss Lecküchner klar gewesen sein, dass jeder fachkundige Rezipient die Verbindung zu diesem ziehen konnte, eine Nennung war vermutlich gar nicht nötig. Für Lecküchner als schriftgelehrten und studierten Geistlichen wäre es vorstellbar leicht gewesen, die intertextuellen Spuren zu Liechtenauer zu verwischen, aber er entschied sich bewusst dagegen und stellte seine Arbeit damit unzweifelhaft in die Tradition des alten Meisters.

Dass die Verbindung zu Liechtenauer den Zeitgenossen Lecküchners (oder zumindest der unmittelbar folgenden Generation) evident war, verdeutlicht überdies eine kurze Abhandlung in der Handschrift des Magisters Hans von Speyer: Dort findet sich der Text eines Magisters Andreas, welcher die jeweils gleichen Techniken mit beiden Waffen kurz erläutert, einmal „im Schwert", einmal „im Messer". Der Textteil wird vervollständigt durch eine schematische Gegenüberstellung der Fachbegriffe Liechtenauers und Lecküchners für die Huten und die Hiebe.[551]

4. Das 16. Jahrhundert: Der Niedergang der Kunst

Nachdem das gesamte 15. Jahrhundert hindurch eine starke Begeisterung für das lange Schwert als Duellwaffe geherrscht hatte, begann die Beliebtheit dieser Waffe im 16. Jahrhundert erkennbar zu sinken. Das Fechten mit dem langen Schwert stieß offensichtlich auch nach 1500 noch auf Interesse, wie die Aufnahme verschiedener Traktate in die Fechtbücher des 16. Jahrhunderts belegt. Doch handelt es sich bei diesen in der Vielzahl der Fälle um die Kopien älterer Werke des letzten Jahrhunderts, darunter die Texte und Bildkataloge Talhoffers und verschiedene der Glossen zu Liechtenauers *zedel*. Es ist also zu beobachten, dass für die meisten Handschriften und frühen Drucke eher ein kompilatorischer Aspekt im Vordergrund gestanden hatte als die tatsächliche Beschäftigung mit der Waffengattung langes Schwert. Wenn ein Traktat über das lange Schwert in ein Werk aufgenommen wurde, dann meist nur noch aus historischem Interesse; eine aktive Auseinandersetzung mit der Waffe und den zugehörigen Kampftechniken fand nur noch in Ausnahmefällen statt.

Zu erklären ist dieser Befund in erster Linie durch die Entwicklungen in der Waffentechnik des ausgehenden 15. und frühen 16. Jahrhunderts, welche sowohl einen militärischen als auch zivilen Hintergrund haben. Nachdem durch den Siegeszug der Feuerwaffe die Notwendigkeit von schweren Ganzkörperrüs-

---

550 Forgeng, The Art of Swordsmanship, S. xi.
551 Salzburg, Universitätsbibliothek, M I 29, fol. 5r–7r. Die Gegenüberstellung findet sich auf Blatt 7r.

tungen immer weiter abnahm, mussten sich auch die Nahkampfwaffen entsprechend weiterentwickeln. Schwere, panzerbrechende Klingen hatten auf den
Schlachtfeldern des frühen 16. Jahrhunderts keinen Platz mehr und wurden
durch leichtere und filigranere Waffen ersetzt. So taucht um 1500 mit dem Rapier
(Farb-Abb. 11) eine einhändig geführte Klingenwaffe auf, die ihren Ursprung im
italienischen Seitschwert (*Spada da Lato*) besaß. Wo das Seitschwert noch stark auf
das Hiebfechten ausgelegt war, entwickelte sich das Rapier immer mehr zu einer
für den Stoß optimierten Waffe weiter, dem gelehrten Diskurs seiner Zeit folgend, dass der Stich dem Hieb als Angriffstechnik überlegen sei und ein öko-
nomischeres, kraft- und bewegungssparenderes Fechten ermögliche.[552] Die
Übergänge sind wie immer in der Entwicklung neuer Waffentypen fließend. Das
frühe Rapier war durchaus ebenfalls noch als Hiebwaffe zu verwenden, im
Verlauf des 16. Jahrhunderts wurde seiner Klinge aber immer dünner und filigraner, der Hieb trat damit immer weiter hinter dem Stich zurück. Besonders im
aufstrebenden Bürgertum wurde das Rapier zu einer beliebten Seitwehr, und die
aufwendigen Verzierungen erhaltener Waffen bezeugen seine Funktion als
modisches Accessoire dieser Zeit.[553] Entsprechend stieg gleichzeitig die Nach-
frage in den Fechtschulen, den Umgang mit dieser Waffe zu erlernen – das
Rapier, der Degen und verwandte einhändig geführte Waffen waren die Werk-
zeuge der zivilen Duelle des 16. Jahrhunderts. So wurden in der Zeit nach 1500
immer mehr Traktate angefertigt, die sich mit dieser Art des Fechtens ausein-
andersetzten. War beim Fechten mit dem langen Schwert noch die deutsche
Schule vorherrschend, so verlagerte sich nun der Schwerpunkt auf die roma-
nischsprachigen Länder, allen voran Italien. Von dort sind uns Fechtbücher von
Meistern wie Angelo Viggiani dal Montone[554] oder Giovanni dall'Agocchie[555]
erhalten, die sich mit dem Seitschwert beziehungsweise Rapier beschäftigen,
ferner solche Werke wie das *Trattato di Scientia d'Arme* von Camillo Aggrippa,
welcher das Fechten mit dieser Waffe auf einer zu dieser Zeit neuartigen
Grundlage auf Mathematik und Geometrie beschrieb.[556] Aber auch im
deutschsprachigen Raum erschienen immer mehr Abhandlungen zu dieser
Waffengattung.

---

552 Vgl. dazu vor allem ANGLO, The Martial Arts, S. 102–112. Einen Überblick über die Entwicklung
     von Schwert zu Rapier liefert HOFFMEYER, From Medieval Sword.
553 Zum Schwert als zivile Seitenwehr vgl. NORMAN, The Rapier and Small-Sword, S. 29–31 sowie die
     darauf folgenden Ausführungen zur Verzierung des Rapiers. Ebenso HOFFMEYER, From Medieval
     Sword, S. 70–76. Die Funktion des Rapiers als Modeaccessoire veranschaulicht ein durch den
     Kunsthändler Johann Klockher verlegter Kupferstich aus dem Jahr 1628 mit dem Titel ,Wie sick
     een Munsiur alla mode Kleeden soll' (Wolfenbüttel, Herzog-August-Bibliothek, Flugblatt mit
     der Signatur IE 160): Jede der sechs zur Illustration der gängigen Mode dargestellten Personen
     trägt ein Rapier an der Seite.
554 Angelo Viggiani Dal Montone da Bologna: Lo schermo, Venedig 1575.
555 Giovanni dall'Agocchie: Dell'Arte di Scrima Libri Tre, Venedig 1572.
556 Und damit schließlich den Grundstein legte zu einer „Verwissenschaftlichung" der Fechtkünste,
     wie sie in den anderen *artes* bereits lange konstituierendes Merkmal war. Vgl. HAAGE, Zur Ver-
     ortung, S. 20.

Das im Vergleich schon fast träge und unpraktische Langschwert geriet damit als Duellwaffe immer mehr in den Hintergrund, und es erschien offensichtlich nur noch wenigen Fechtmeistern lohnenswert, eigene Abhandlungen zu dieser Waffe zu verfassen.[557] Vor diesem Hintergrund treten nun auch lediglich wenige Fechter und ihre Werke aus der Fechtbuchüberlieferung des 16. Jahrhunderts hervor, auf die eigenständige Traktate zurückzuführen sind, welche sich mit dem langen Schwert beschäftigen und sich kritisch mit dieser Waffe und der zugehörigen Fechtkunst auseinandersetzen. Drei dieser Fechter, für die sich eine eigene Lehre zum langen Schwert belegen lässt, sollen in diesem Kapitel im Vergleich mit den etablierten Fechtlehren des 15. Jahrhunderts untersucht werden: Andre Paurenfeindt, Paulus Hector Mair und Joachim Meyer. Das Hauptaugenmerk wird dabei auf der Frage liegen, ob und wenn ja inwiefern sich die Lehren des 16. Jahrhunderts von denen früherer Fechtmeister unterscheiden und wie diese Entwicklungen zu bewerten sind.

4.1. Andre Paurenfeindt

Mit Andre Paurenfeindt begegnet uns ein Fechtmeister des ausgehenden 15. und beginnenden 16. Jahrhunderts, der sich in seinem Druck *Ergrundung Ritterlicher kunst der Fechterey* aus dem Jahr 1516 ausgiebig mit dem langen Schwert und weiterhin mit dem langen Messer sowie den Stangenwaffen beschäftigt. Von Paurenfeindt selbst ist als Person nur wenig bekannt, lediglich die einleitende Widmung seines Fechtbuches lässt einige Hinweise auf seine biografischen Daten erschließen. So bezeichnet er sich dort selbst als *Freyfechter czu Vienn in Osterreich* und Leibwächter (*trabandt*) des Kardinals Matthäus von St. Angelo (gemeint ist hier vermutlich Matthäus Lang von Wellenburg, 1468/69–1540).[558] Sein 1516 veröffentlichtes Werk, das gleichzeitig das älteste bekannte gedruckte Fechtbuch darstellt, ist heute zwar nur noch in einem Exemplar erhalten, scheint in der Zeit nach seiner Veröffentlichung aber durchaus breit rezipiert worden zu sein. So finden sich Auszüge aus Paurenfeindts Traktat nicht nur in späteren Handschriften wieder,[559] es wurde knapp zwanzig Jahre nach seiner Veröffentlichung darüber hinaus auch durch den Verleger Guillame Vorsterman in eine Varietät des Französischen übertragen und unter dem Titel *La noble science des ioueurs despee* neu aufgelegt.[560] Besonders auch seine zwölf gereimten Regeln wurden in mehreren späteren Textsammlungen weiter tradiert.[561]

---

557 Zur Entwicklung der Waffentechnik vgl. vor allem nach wie vor BOEHEIM, Handbuch der Waffenkunde, S. 281–291. Zum Rapier: NORMAN, The Rapier and Small-Sword, hier besonders das Einführungskapitel, S. 13–49.

558 Andre Paurenfeindt, Ergrundung, fol. Av. Die Transkriptionen aus diesem Text beziehen sich auf die in den Glasgow Museums aufbewahrte Ausgabe des Drucks mit der Signatur E.1939.65.357.

559 Darunter Krakau, Biblioteka Jagiellońska, MS. Berol. Germ. Quart. 2020 und das *Liber Quodlibetarius* MS.B 200 der Universitätsbibliothek Erlangen-Nürnberg.

560 Andre Paurenfeindt: La noble science des ioueurs despee, Antwerpen 1538.

Paurenfeindts Werk sticht aus der übrigen Fechtbuchüberlieferung hervor, da er der erste Fechtmeister war, der seine Lehre dediziert *nit fur die alten fechter sunder fur die iungen schueler* verfasste. Auch wenn viele der bis zu diesem Zeitpunkt verfassten Fechtlehren Allgemeinplätze und generelle Anweisungen für den Fechter beinhalten, so richteten sich diese doch immer an einen fortgeschrittenen Rezipientenkreis und dienten lediglich als Erinnerung und Ermahnung für den geübten Fechter, die Grundkenntnisse und -prinzipien nicht zu vernachlässigen. Dennoch war sich auch Paurenfeindt im Klaren, dass eine geschriebene Anleitung keine praktische Unterweisung ersetzen kann, weshalb er einschränkte, dass seine zwölf Regeln, die er zu diesem Zweck ersonnen hatte, nur als Hilfsmittel zu einer ordentlichen Ausbildung bei einem approbierten Fechtmeister oder Freifechter dienen mochten.[562] Auch im Hinblick auf den tatsächlichen Lehrgehalt seines Fechtbuches scheint der angepriesene Nutzen für Fechtschüler eher vermarktungstechnischer denn didaktischer Natur gewesen zu sein, liefert das Traktat doch nur wenig basales Wissen und setzt zu viele Prinzipien und Fachvokabular als gegeben voraus, als dass ein noch unbewanderter Schüler daraus großen Vorteil hätte ziehen könnte.

Selbst ohne namentliche Erwähnung Liechtenauers durch Paurenfeindt[563] ist doch unzweifelhaft, dass er sich im Großteil seines Traktats auf dessen Lehre bezieht. Schon in seinen zwölf Regeln finden sich Versatzstücke der Liechtenauer-Verse wieder, ebenso im Hauptteil des Traktats, in dem die Verse (teils unter Umbenennung der jeweiligen Techniken) durch Glossen erläutert und durch eigenes Material Paurenfeindts ergänzt werden. Aber Paurenfeindt bezieht an verschiedenen Stellen zusätzlich Teile der ,allgemeinen' Lehre in sein Werk mit ein, um ein weitgehend eigenständiges System zu entwickeln. Der Text des Traktats wird jeweils auf den Versoseiten durch ganzseitige, textlose Holzschnitte illustriert, die zwar inhaltlich zu den beschriebenen Techniken auf der jeweils rechten Seite gehören, diesen aber durch die fehlende Beischrift nicht immer zweifelsfrei zuzuordnen sind, wenn mehr als nur ein Stück auf der Seite erläutert ist.

---

561 So in der Fecht- und Ringlehre des Hans Czynner (1538; heute aufbewahrt in der Universitätsbibliothek Graz unter der Signatur Ms 963) und in Christian Egenolphs Druck *Der Altenn Fechter anfengliche Kunst*. Eine unvollständige Sammlung findet sich auch im oben bereits erwähnten *Liber Quodlibetarius*. Paurenfeindt wird jedoch in keinem der Fälle als Autor erwähnt.

562 Andre Paurenfeindt, Ergrundung, fol. Av: *hab ich kurzlich ersucht zwelff regel aus welchen dir entspringen mag pfortail subtilet vnd pehendikait So du von ainem maister schwercz oder von ainem vermerten freifechter lernest.* Interessanterweise schränkt Paurenfeindt hier noch verächtlich ein, dass die Ausbildung nur *nit von den winckel fechteren* geschehen soll, denn dies wäre *als wan ain plinter den anderen furt vnd fallen ped in graben.* Bei diesen Winkelfechtern handelt es sich wohl um Fechter, die ohne den offiziellen Meistertitel das Handwerk ,unter der Hand' (mhd. *winkel:* abseits gelegener, verborgener Raum) lehren. Vgl. auch die sogenannten Winkelschulen und Winkeldruckereien des späten Mittelalters.

563 Stattdessen spricht Paurenfeindt von der „alten Art" (*nach der alten art*) zu fechten und bezieht sich in seinen Ausführungen auf die „Alten" (*als die alten wellen*). In diesem Kontext ist in den meisten Fällen Liechtenauers *zedel* gemeint.

Die Illustrationen zeigen als eingesetzte Waffe eine eher unübliche Form der Fechtfeder mit für diesen Waffentyp ungewöhnlich breiter Klinge, die sich kaum bis gar nicht zur Spitze verjüngt und in einer stark abgerundeten Spitze ausläuft (Farb-Abb. 12). Die Parierhilfe ist als Verbreiterung über der Parierstange auf fast allen Abbildungen deutlich zu erkennen, auch wenn hier noch die später typische hakenförmige Ausformung oft nur im Ansatz zu erahnen ist – dies mag aber der generell recht detailarmen Darstellung der Illustrationen geschuldet sein. Paurenfeindt bezeichnet die Waffe selbst als langes Schwert, welches auch als Schlachtschwert, Reitschwert oder *triecker* genutzt werden könne, und weist explizit auf die beidhändige Führung hin.[564] Die Erwähnung dieser Schwerttypen deutet darauf hin, dass Paurenfeindt die dem langen Schwert zugrunde liegenden Prinzipien auch auf diese für übertragbar und damit im militärischen Bereich einsetzbar hielt.

4.1.1. Zwölf Fechtregeln

Die zwölf in Paarreimen abgefassten Fechtregeln, mit denen Paurenfeindt seine Abhandlung beginnt, stellen eine Mischung aus von ihm selbst verfassten Merkversen und denen Liechtenauers – zumeist aus dessen ‚allgemeiner Lehre des (langen) Schwertes' – dar, die kurze, allgemeine Anweisungen und Ratschläge für den Fechter beinhalten.[565] Die beiden ersten Regeln behandeln dabei die korrekte physische Haltung des Fechters:

Die erst
Welcher fusz forne stet sei pogen
Der hinder gstrakt czirt den leib oben

Die Ander
Hoch gfochten mit gstracktmem leib
Gwaltig possen ausz der leng treib

Die schon aus Abbildungen in Fechtbüchern des 15. Jahrhunderts bekannte Fechthaltung inklusive der Fußstellung wird hier erstmals in Worte gefasst: Der Fechter soll eine Stellung einnehmen, bei der das vordere Bein angewinkelt und das hintere durchgestreckt ist. Hierdurch senkt sich der Körperschwerpunkt, was einen stabileren Stand des Fechters zur Folge hat. Durch Verlagerung des Gewichts auf das hintere Bein kann zudem schnell Bewegungsenergie für einen Schritt oder Sprung nach vorne oder zurück freigesetzt werden. Der Oberkörper bleibt dabei stets aufrecht, um *hoch* zu fechten. Die Bevorzugung der oberen Blößen aus taktischer Sicht findet sich bereits in Glosse L1,[566] während die

---

564 Andre Paurenfeindt, Ergrundung, fol. A3r: *wie man phfortayl prauchen sol im langen schwerdt welchs gnuczt wirt mit payden henden / als sthlachtschwerdt / reydtschwerdt triecker vnd ander vil mer.* Die Bezeichnung *triecker* ist unklar, es handelt sich dabei offensichtlich um einen Schwerttypus, dieser findet aber außerhalb des Traktats keine weitere Erwähnung.

565 Andre Paurenfeindt, Ergrundung, fol. A2r.

566 Vgl. Seite 62.

kraftvollen Bewegungen (*Gwaltig possen*), die *ausz der leng* heraus getrieben werden sollen, wohl daran erinnern sollen, eine ausreichende Distanz zum Gegner zu wahren und ein gutes Mensurgefühl zu entwickeln.

Die nächsten beiden Regeln behandeln den Bewegungsablauf beim Angriff:

Die Drit
Straich vnd trit mit einander
Vnd secz dein fusz widerainander

Die Virt
Wer trit nach hewen
Der darff sich kunst nit frewen

Das Prinzip, den Hieben nicht nachzufolgen, sondern diese zeitgleich mit den Schritten durchzuführen, findet sich bereits bei Liechtenauer (*Wer noch get hewen der darf sich kunst kleyne frewen*)[567]. Die Anweisung, die Füße *widerainander* zu halten, bezieht sich vermutlich auf den Abstand zwischen diesen: Um den in Regel 1 und 2 beschriebenen sicheren Stand zu gewährleisten, müssen die Füße des Fechters auseinander stehen. Ein Zusammenführen der Füße verlagert den Schwerpunkt des Körpers nach oben, was besonders bei der Klingenbindung ein Nachteil sein kann, da so weniger Druck auf den Gegner ausgeübt und der Fechter selbst leichter aus der Balance gebracht werden kann.

Die nachfolgenden Regeln 5–10 sind teilweise wörtliche, teilweise modifizierte Übernahmen aus dem Liechtenauer-Zettel. Die Reimpaare bleiben in der Regel erhalten, nur einzelne Wörter wurden vertauscht, jedoch ergeben die Verse auch nach der Abänderung immer einen Sinn, weshalb es sich hier um bewusste Eingriffe handeln muss:

Die Funft
Merck was die flech ist
Ficht nit linck so du recht pist

ist eine Variation von *Höer was do slecht ist / ficht nicht oben link zo du recht pist*,[568] bei der die Anweisung, sich der Fläche der Schwertklinge bewusst zu sein, hinzugefügt wurde. Wie bei der Analyse von Paurenfeindts Traktat im Folgenden noch gezeigt wird, nutzt er die Fläche für verschiedene Aktionen, darunter auch das Parieren. Möglich ist auch eine Erinnerung des Fechters daran, stets zu überprüfen, ob er mit der Schneide oder der Fläche trifft, da viele Techniken ihre Wirkung verfehlen, wenn Sie mit der Fläche anstatt der Klinge ausgeführt werden, darunter zum Beispiel die Schnitte und Zecken. Die Anweisung, stets von der eigenen starken Seite zu fechten, ist gerade für unerfahrenere Fechter angebracht.

Die Sechst

---

567 Nürnberg, GNM, HS 3227a, fol. 18v.
568 Ebd.

Such schwech vnd sterk
Indesz das wort eben merk

ist eine Variation von *Swach vnde sterke / Indes das wort mete merke.*[569] Die bereits bei Liechtenauer bekannten Prinzipien von Schwäche/Stärke sowie des Indes.

Die Sibendt
Prieff waich oder herdt
Nach raysen sey dein gfert

ist eine Variation der Verse zum Nachreisen *Vnd prüff dy ferte / ab sye sint weich ader herte.*[570]

Die Acht
Streich for vnd nach
Eynlauffen sey dir nit gach

ist am ehesten eine Variation der Verse zum Zornhau *Indes vnd vor noch / ane hurt deme krige sey nicht goch.*[571] Beide Varianten sind im Grunde inhaltsgleich: Bei Liechtenauer bezeichnet der Begriff „Krieg" den Nahkampf, meist nachdem eine Klingenbindung zustande gekommen ist. Paurenfeindts „Einlaufen" hingegen bezeichnet die Überwindung der Distanz zum Gegner, um in eine sehr enge Mensur zu kommen, gewöhnlich zum Ringen.[572] Die Anweisung, die drei Zeitfenster Vor, Nach und Indes zu nutzen (auch wenn Letzteres bei Paurenfeindt nicht genannt wird) und nicht allzu schnell in die enge Mensur zu wechseln, ist also beiden Textstellen gemein.

Die Neundt
Ficht nahendt beym leyb
Die czeckrur nit vermeidt

ist eine Variation von: *Czu koppe czu leibe / dy czecken do nicht vormeide.*[573] Paurenfeindt verzichtet hier auf die ohnehin redundante Bezeichnung der Trefferzonen (Kopf und Leib = kompletter Körper) und weist den Fechter stattdessen an, nahe am Leib zu arbeiten. Gemeint ist hier vermutlich, dem Gegner eine möglichst geringe Trefferfläche zu bieten und gleichzeitig nicht mit weit ausholenden Bewegungen zu fechten, was schon der Verfasser von Glosse L1 als zu vermeiden erklärt.[574] Der Hinweis auf die Zecken als schnelle, provozierende Angriffe ist der gleiche wie bei Liechtenauer.

Die X
Trit nahendt in pundt

---

569 Nürnberg, GNM, HS 3227a, fol. 18v.
570 Ebd., fol. 33r.
571 Ebd., fol. 23r.
572 Vgl. Talhoffer in München, BSB, Cod. Icon. 394a, fol. 7v: *Mit dem fryen ortt Inlouffen vnd Tretten In den buch.*
573 Nürnberg, GNM, HS 3227a, fol. 18v.
574 Vgl. Seite 100.

Anderst du wirst verwundt

ist eine Variation der Verse zum Zucken: *Trit nue in buende das czuecken gibt gute fuende.*[575] Die Aussage Paurenfeindts ist eindeutig: Kommt es zu einer Klingen-bindung, so muss der Fechter nahe genug an den Gegner herankommen, um in der eigenen Klingenstärke arbeiten zu können. Stehen beide Kontrahenten zu weit auseinander, sodass die Bindung in der Schwäche der Klinge(n) erfolgt, kann kein ausreichender Druck aufgebaut werden.

Die XI
Vor der handt haist die lang schneidt
Selten ein versaczung auf der kurczen leid

ist wieder eine eigene Schöpfung Paurenfeindts. Hier steht die knappe Erklä-rung, dass die lange Schneide diejenige ist, die „vor der Hand" liegt, also auf der Fingerseite des Schwertgriffes, gefolgt von der Bemerkung, dass nur selten mit der kurzen Schneide pariert wird, was sich mit den Anweisungen anderer Meister zu diesem Thema deckt.[576]

Die XII
Erschrickstu gerne
Kain fechten lerne

schließlich stammt wieder aus dem Liechtenauer-Fundus (*Irschrikstu gerne / keyn fechten nymmer lerne*) beziehungsweise ist eine schon im 15. Jahrhundert geläu-fige Redewendung.[577] Insbesondere für unerfahrene Fechter erscheint dieser Hinweis als sinnvoll, da diese noch lernen müssen, ihre Aktionen nicht zögerlich durchzuführen und sich nicht vor dem Klingenkontakt zu fürchten.

Die zwölf Regeln Paurenfeindts lauten also zusammengefasst:

1. Stehe mit dem vorderen Bein angewinkelt, das hintere gestreckt.
2. Ficht mit aufrechtem Körper nach den oberen Blößen und achte auf die Mensur.
3. Bewege dich zeitgleich mit dem Hieb, achte auf einen breiten Stand.
4. Tritt nicht erst nach dem Hieb.
5. Sei dir der Fläche des Schwertes bewusst und ficht stets von deiner starken Seite.
6. Denke an die Prinzipien Schwach und Stark sowie an das Indes.
7. Lerne das Fühlen, also ob dein Gegner hart oder weich in der Bindung ist, und nutze das Nachreisen.
8. Nutze die Zeitfenster des Vor und Nach und vermeide, zu schnell in die enge Mensur zu kommen.

---

575 Nürnberg, GNM, HS 3227a, fol. 35r.
576 Vgl. Nürnberg, GNM, HS 3227a, fol. 32v: *Vnd als her mt der voerdern sneiden alle hewe vnd stiche abewendt als ist es mt den vorsetzen.*
577 Ebd., fol. 18v. Vgl. dazu auch Anmerkung 334.

9. Ficht nicht weit ausholend, und versuche den Gegner durch Zecken zu provozieren.
10. Kommt eine Bindung zustande, verkürze die Distanz zum Gegner, um in der eigenen Stärke arbeiten zu können.
11. Merke, welches die lange Schneide ist, und pariere mit dieser.
12. Sei im Kampf nicht schreckhaft/zögerlich/ängstlich.

Insgesamt erscheinen Paurenfeindts Regeln damit als eine stark komprimierte und selektierte Version der Vorrede von Glosse L1: Sie enthalten trotz ihrer Kürze eine bemerkenswert breite Sammlung an grundlegenden Anweisungen für das Fechten, von der korrekten Körperhaltung über die Prinzipien der Zeitfenster und des Fühlens bis hin zur mentalen Konditionierung. Dennoch weisen Paurenfeindts Regeln aus didaktischer Sicht kaum über die Vorreden früherer Fechttraktate hinaus, was den Nutzen für junge Schüler anbelangt. Obwohl er explizit ein noch unerfahrenes Publikum anspricht, bieten seine Lernhilfen im Vergleich zu Liechtenauers *zedel* kaum Mehrwert im Hinblick auf das Erlernen der Fechtkunst, weshalb sein diesbezüglicher Kommentar wohl eher vermarktungstechnische Gründe besessen haben dürfte. Vor dem Hintergrund, dass Paurenfeindt einer der ersten, wenn nicht der erste Fechter seiner Zeit war, der seine Lehre in gedruckter Form anbieten konnte, erscheint diese Strategie als nachvollziehbar – indem junge, unerfahrene Fechter angesprochen wurden, verbreiterte sich der Käuferkreis der Schrift natürlich beträchtlich, denn gerade diese hatten sicherlich gesteigertes Interesse an Lehrmaterial zur Unterstützung ihrer Ausbildung an der Waffe.

4.1.2. Die Fechtlehre

Paurenfeindts Fechtlehre gründet sich zu weiten Teilen auf das Liechtenauer-System, das aber in einigen Punkten stark verändert und ergänzt wurde. Didaktisch ist das Traktat dergestalt aufgebaut, dass zunächst eine Hut (bei Paurenfeindt Leger genannt) vorgestellt wird, auf die jeweils die zugehörigen Stücke inklusive Brüche gegen eben diese Stücke folgen, welche aus jenem Leger angewendet werden können. Die in diesen Stücken verwendeten Techniken werden jedoch nur durch die jeweiligen Verse des Lichtenauer-Zettels und gegebenenfalls die zugehörige Abbildung erläutert, nicht durch einen Prosatext wie die Stücke selbst.

Paurenfeindt verwendet ein grundlegendes System aus vier Legern – Hochort, Hangetort, Eiserne Pforte und Pflug –, das laut Verfasser außer in der Benennung demjenigen Liechtenauers entspricht:

Vier gleger allain / haldt vnd fleuch die gmain / ochs / pflhug / alber / von tag sey dir nit vnmer (nach der alten art) aber nach vnsser rabischen neyen art hab

wir ander nam wie wol ain pedeuttung ist / hochort / hangendtort / eysen-
parten / phflug / die manigfeltig seind[578]

Bei einem Vergleich der Beschreibungen zu den einzelnen Legern zeigt sich aber,
dass Paurenfeindt hier mitunter vom Liechtenauer-System abweicht. Der erste
Leger, der Hochort, entspricht so ausdrücklich dem Ochs (*Das erst gleger wirdt
genant hochort oder ochs als die alten wellen*)[579], wird jedoch nicht weiter erläutert.
Der Begriff scheint aber im weiteren Verlauf des Traktats zusätzlich (oder sogar
nur) für die Hut vom Tag verwendet zu werden. Auch die Abbildungen (Blatt
A2v und A3v), die freilich nicht eindeutig den Huten zuzuordnen sind, zeigen so
eine Form der Hut vom Tag, bei der der Ort nicht auf den Gegner, sondern nach
oben beziehungsweise schräg hinten gerichtet ist – was sich auch mit der Bezeichnung Hochort decken würde. Generell scheint Paurenfeindt den Begriff
Hochort für jede obere Hut zu verwenden.

Der zweite Leger (die Reihenfolge ist im Traktat vertauscht, hier folgt der
dritte Leger auf den ersten), der Hangetort, bezeichnet eine Hut ähnlich dem
klassischen Ochs, bei der das Gehilz vor den Kopf gehoben wird, der Ort zeigt
dabei schräg nach unten, während die Fläche der Klinge zum Gegner gewendet
ist. Diese Hut soll alle Hiebe abwehren, die von Oben (*von dach*) geschlagen
werden, vermutlich durch ein Abgleitenlassen der gegnerischen Klinge auf der
eigenen Fläche.[580]

Der dritte Leger, die Eiserne Pforte, entspricht laut Paurenfeindt dem Zwerch
(*DAS drit gleger wirt gnandt die eyssrne porten oder die twir nach den alten*),[581] jedoch
zeigt die zugehörige Abbildung (Blatt Bv; vgl. Farb-Abb. 12, linker Fechter) eher
eine Art Schranckhut, bei der die Klinge fast senkrecht zu Boden zeigt. Vermutlich stellt diese Hut also Paurenfeindts Ausgangsstellung dar, aus der der
Zwerchhau geschlagen werden soll. Gleichwohl die Eiserne Pforte in älteren
Texten verschiedenen Stellungen zugeordnet wird, handelt es sich dabei doch
zumeist um Variationen des Albers oder der Schranckhut, weshalb Paurenfeindts Auslegung nicht ungewöhnlich ist.[582] In der Tat gab es offensichtlich
auch unter den zeitgenössischen Fechtmeistern Unstimmigkeiten über die Unterscheidung zwischen Schranckhut und Eiserner Pforte. Paulus Hector Mair
verwendet später dieselbe Hut unter dem Namen Schranckhut, während Joachim Meyer gar darauf hinweist, dass beide Begriffe oft (jedoch fälschlich) syn-

---

578 Andre Paurenfeindt, Ergrundung, fol. B4r.
579 Ebd., fol. A3r.
580 Andre Paurenfeindt, Ergrundung, fol. B3r: *Hangendort legert den rechten fues for als in der figur ist
    mit der flech vnter das angesicht tretten kurcz vnd hoch verseczt was straich von dach gschlagen wirdt /
    kurcz ab lassen lauffen vnd lang nach treten mit dem straich.*
581 Ebd., fol. B2r.
582 Vgl. den Text zum Pflug in Nürnberg, GNM, HS 3227a, fol. 32r: *Dy erste hute / pflug is / dy / wen
    eyner den ort vor sich of dy erde legt ader czu der seiten noch dem abesetzen / das heyssen ander / dy
    schranckhute / ader dy pforte* sowie die Beschreibung bei den ‚Gefechten anderer Meister' in ebd.,
    fol. 28r: *Setz vor wellen fuß du wild / Mit der pforten mach dir ein schild / Dein ort auff die erd lege.*
    Weiterhin die Abbildung zur Eisernen Pforte bei Talhoffer in München, BSB, Cod. Icon. 394a,
    fol. 9v.

onym gebraucht werden. Auch bei ihm findet sich diese Hut, hier jedoch ebenfalls unter dem Namen Schranckhut.[583]

Der vierte Leger schließlich, der Pflug, wird von Paurenfeindt nicht näher beschrieben oder durch eine Abbildung illustriert. Jedoch deutet die Anwendung im späteren Verlauf des Traktats darauf hin, dass es sich in der Tat um die ältere Hut gleichen Namens handelt.[584] Tatsächlich verwendet Paurenfeindt damit Varianten der vier Huten im Liechtenauer-System, auch wenn diese teils verändert beziehungsweise angepasst wurden: Sein Ochs entspricht der Hut vom Tag, der Hangetort dem Ochs, die Eiserne Pforte dem Alber, und der Pflug behält seinen Namen.

Weiterhin ordnet Paurenfeindt dreien der Leger jeweils einen der verborgenen Hiebe Liechtenauers zu, indem er der Überschrift mit dem Namen des Legers die jeweiligen Verse aus dem Zettel Liechtenauers folgen lässt: So wird dem Hochort der Zornhau beigestellt, der Eisernen Pforte der Zwerchhau und dem Hangetort der Krumphau. Diese drei verborgenen Hiebe werden im Folgenden über den Inhalt der Verse hinaus nicht weiter erläutert, ihre Zuordnung zu den Legern legt aber nahe, dass sie aus diesen heraus gefochten werden sollen. Paurenfeindt weicht damit von den anderen Liechtenauer-Interpretationen ab, welche die verborgenen Hiebe in erster Linie aus einer oberen Hut, meist der (rechten) Hut vom Tag, schlagen. Die anderen beiden Liechtenauer-Hiebe, der Scheitelhau und der Schielhau, werden beide jeweils nur durch die kontextlose Wiedergabe der jeweiligen Verse präsentiert und weder durch Prosatext noch durch ihnen zugeordnete Stücke näher erläutert. Obwohl Paurenfeindt offensichtlich das Liechtenauer-System der fünf Hiebe in sein Werk übernommen hat, scheint er ihm keine weitere Beachtung zu schenken, denn die Hiebe werden im weiteren Verlauf nicht mehr thematisiert. Erst am Ende des Traktats folgen vereinzelte Stücke zum Zwerchhau und Zornhau, jedoch handelt es sich dabei um eine Übernahme der Ringeck-Glosse, nicht um Paurenfeindts eigenes Material.[585]

Paurenfeindts Stückekatalog beinhaltet neben den verborgenen Hieben noch den Großteil des restlichen Lichtenauer-Zettels: den Fehler, die vier Versatzungen, das Überlaufen, das Absetzen, das Durchlaufen, das Durchwechseln, das

---

583　Bei Joachim Meyer findet sich die Erklärung, dass es bei den beiden Huten durchaus zu Verwechslung komme, es aber einen Unterschied zwischen ihnen gebe. Die bei Paurenfeindt und Mair beschriebene Hut wäre damit in der Tat die Schranckhut: *WAs die recht Eysenport ist [...] ist jetz im grund die Schranckhuot / vnd wirt von den vnerfarnen als die von der Eisenport keinen bericht haben dafür gebraucht. [...] Die Schranckhut aber ist / wann du dein Schwerdt mit geschrenckten henden vor dir mit dem ort auff der erden heltest / wie in volgender Figur deren Buchstaben das F. ist / augenscheinlich zuersehen* (Joachim Meyer, Gründtliche Beschreibung des Fechtens, fol. 1.8r).

584　Vgl. den Text zum Absetzen (Andre Paurenfeindt, Ergrundung, fol. Er): *Wan du mit ainem fichst / vnd nahend czu ym kumst / so kum in den phlug / vnd treib mit den behendlich mit wenden von ainer seiten czu der andern / vnd dasz dein ort alweg vor dir pleib.* Der stets auf den Gegner gerichtete Ort erinnert stark an den traditionellen Pflug.

585　Der Text ab ebd., fol. D4r bis einschließlich fol. E3r ist eine Kopie der über die Liechtenauer-Glosse hinausgehenden Stücke Ringecks wie auch in Dresden, SLUB, Mscr.Dresd.C.487, dort fol. 49r bis 54r.

Nachreisen, das Abschneiden, das Zucken, das Sprechfenster, die vier Hängen, das Händedrücken sowie die Ringtechniken des Werfens und Schwertnehmens. Die Beschreibung dieser Techniken erschöpft sich jeweils ebenfalls lediglich in der Wiedergabe der zugehörigen Liechtenauer-Verse, weshalb anzunehmen ist, dass Paurenfeindt die Kenntnis des Liechtenauer-Zettels beim Leser voraussetzt und deshalb nicht näher auf dessen Material eingeht – ein weiterer Punkt, welcher der einleitenden Aussage zuwiderläuft, bei diesem Fechtbuch handele es sich um ein Werk für unerfahrene Fechter. Stattdessen widmet Paurenfeindt den Großteil seiner Prosa-Ausführungen einer Reihe von Techniken, die nicht zum Liechtenauer-Kanon gehören und eventuell auf seine eigene Urheberschaft zurückgehen. Zu jedem dieser Stücke liefert Paurenfeindt zusätzlich den entsprechenden Bruch, um die Technik zu kontern, sollte sie gegen einen selbst verwendet werden.

Die erste dieser Techniken ist der sogenannte Flügel (*flvgel*; *flugel*), eine Kombination aus drei Hieben: Der erste Hieb wird aus einer oberen Hut zum Kopf des Gegners geschlagen, darauf folgt ein zweiter Hieb von unten, mit dem der Fechter gleichzeitig zur Seite neben seinen Kontrahenten treten soll, worauf ein dritter Angriff von hinten zu dessen Kopf folgt.[586] Diese Technik erinnert von ihrer Beschreibung stark an die Triangel, die in München, BSB, Cgm 558 und dem ‚Kölner Fechtbuch‘ erläutert wird.[587] Auch hier findet sich der für das Schwertfechten ungewöhnliche Fall, dass die Kampflinie verlassen wird, um den Gegner zu umgehen und von hinten anzugreifen. Das Stück gleichen Namens im ‚Kölner Fechtbuch‘ hingegen kommt ohne eine Umgehungsaktion aus.[588] Beide Techniken leiten ihren Namen aber vermutlich von der Bewegung des Schwertes ab, die beim Auf- und Niederfahren einem schlagenden Flügel gleichen mag.

Eine Variante des Flügels scheint die Technik der Krone (*kron*) zu sein. Auch hier folgen drei Hiebe aufeinander, in diesem Fall aber alle von einer oberen Hut aus geschlagen (vgl. die hohe Hut Krone bei Liechtenauer), wobei sich die zuschlagenden Schneiden abwechseln: zunächst die lange zur linken Kopfseite des Gegners, dann die kurze zur rechten Kopfseite und schließlich wieder die lange mit einem Hieb von hinten.[589] Die Verwendung der kurzen Schneide beim zweiten Angriff lässt darauf schließen, dass hier ein dem Liechtenauer'schen Schielhau ähnlicher Hieb in Daumenlage ausgeführt werden soll, anders wäre die Schlagfolge nur schwer vorstellbar. Da der dritte Hieb den Gegner wieder von hinten treffen soll, ist eine ähnliche Bewegungsfolge wie beim Flügel zu

---

586 Andre Paurenfeindt, Ergrundung, fol. A3r: *Flugel nym aus der obren hut oder hochort den ersten stra ych von dach zu dem lincken or / den anderen von vnden mit dem trit deiner lincken seytten / den dritten straych hindersych auf den kopff.*

587 Vgl. oben, S. 109.

588 Vgl. Köln, Historisches Archiv der Stadt, MS Best. 7020 (W.Nr. 150), fol. 3v: *Item eyn stuck heyst der flogel bynde ym ouen mit der kortzen snyden vnd slage ym nach der rechten vnder bloyß mit langer snyden. vnd bald myt der kortzen nach der ouer bloyß vnd hewe durch van dem man yn das lyncke vnder leger.*

589 Andre Paurenfeindt, Ergrundung, fol. A4r: *Trit vnd schlach von oben mit deiner langen schneidt durch / auf sein linck or / den anderen trit vnd sclach mit kurczer schneid oben nider des rechten ors / den dritten straich hindersich mit der langen schneidt.*

vermuten, selbst ohne explizite Erwähnung. Die Krone ähnelt damit der Triangel der ‚allgemeinen' Fechtlehre aus Cgm 558 und dem ‚Kölner Fechtbuch'.

Eine Technik namens Triangel findet sich aber auch bei Paurenfeindt. Die Ähnlichkeit zur Schrittfolge in Cgm 558 und dem ‚Kölner Fechtbuch' ergibt sich nur implizit aus der Beschreibung. Obgleich kein Dreiecksschritt erwähnt wird, so ist doch an zwei Stellen von Paurenfeindts Traktat die Rede von einem Schritt (*trit mit dem rechten fusz in triangel*[590] und *vnd trit in falschen trit*[591]), der vermutlich die Gefechtslinie verlässt („falscher Tritt" hier im Gegensatz zu den üblichen Fechtschritten) und von einem weiteren Schritt gefolgt wird, was die namensgebende Dreiecksbewegung zur Folge hat. Mit dieser kann *wasz dier prufel schlecht*, also ein grobschlächtiger Schlag, pariert werden, indem der Fechter ihn bei gleichzeitigem seitlichem Ausschreiten über die Fläche der Klinge abgleiten lässt.[592]

Das Schleudern (*schlevdern*; *schleydren*) bezeichnet einen schnellen Hieb wiederum mit der Fläche der Klinge zum Kopf des Gegners. Gemeint ist hier vermutlich eine Technik ähnlich dem Zwerchhau, bei der zunächst die eine Seite des Gegners angegriffen wird. Wird dieser Hieb versetzt, wird die Klinge zur anderen Seite herumgeschleudert.[593] Es ist anzunehmen, dass dies in Daumenlage geschieht, woraus sich auch die Verwendung der Fläche anstatt einer der beiden Schneiden erklärt: Die Schleuderbewegung von links unten zum Kopf des Gegners kann so am effizientesten ausgeführt werden, bei Verwendung einer der beiden Schneiden steht hingegen der Bewegungsumfang des Handgelenks einer stärkeren Beschleunigung der Waffe im Weg.

Im Gegensatz zu früheren Fechtmeistern macht Paurenfeindt darüber hinaus auch andernorts Gebrauch von der Fläche der Schwertklinge. So beispielsweise beim sogenannten Übergreifen (*vber greiffen*), bei dem der Fechter (in einer in den Fechtbüchern einmaligen Bewegung) die rechte Hand über dem Gehilz an die eigene Klinge legt, um so nach einer Anbindung durch Schieben mit der flachen Hand mehr Druck auf die gegnerische Waffe aufbauen zu können. Ist die Waffe des anderen erst einmal beiseitegeschoben, kann die eigene Fläche zu seinem Gesicht zucken.[594]

Das Durchschießen (*durch schissen*) ist eine nur schwer nachvollziehbare Technik, da hier die Anweisung gegeben wird *durch die rosen* zu schlagen, was jedoch nicht näher erläutert wird. In Verbindung mit der gleichnamigen Technik bei Joachim Meyer[595] lässt sich jedoch ableiten, dass es sich um einen ange-

---

590   Andre Paurenfeindt, Ergrundung, fol. A4r.

591   Ebd., fol. Cr.

592   Ebd., fol. C3r: *trit in triangl mit dem rechten fusz vnd versecz dich kurcz mit der flech.*

593   Ebd., fol. Br: *Schleydren nim ausz der obren hut / hav gegen ym mit der langen schneidt auf sein linck or verseczt er sich thu ob du zucken wellest vnd pleib mit der kurczen schneidt an seime lincken or zuck vnd schleyder von vnden mit der flech an sein recht or.*

594   Andre Paurenfeindt, Ergrundung, fol. B4r: *Vber greiffen magstu auch nemen ausz dem hohenort / greiff mit deiner rechten handt vber dein kreucz in die kling dasz dein finger in der flech stendt / schlecht dir ainer zv / schlach ge/gen ym mit der sterck dastu mit not sein schwert vber dringst / vnd zvck ym dein flech an sein recht or vnd verfar hoch in dein versaczung.*

595   Joachim Meyer, Gründtliche Beschreibung des Fechtens, fol. 1.50v.

täuschten Oberhau handelt, bei dem während des Zuschlagens die Hände verdreht werden, sodass die kurze Schneide nach unten kommt. Mit dieser wird
nun in einer Art Krumphau nach Liechtenauer an die gegnerische Waffe angebunden, worauf mit der langen Schneide nachgestoßen wird.[596]

Auch an anderer Stelle weisen die Stücke Paurenfeindts Parallelen zu den
Hieben Liechtenauers auf. Beim Fechten aus der Eisernen Pforte wird so jeweils
ein Hieb beschrieben, der dem Liechtenauer'schen Zwerchhau entsprechen
dürfte. Sowohl bei dem Stück Vom Tag (*Vom tag*) als auch beim sogenannten
Überschießen (*vberschiessen*) wird jeweils ein Angriff beziehungsweise eine Parade mit der kurzen Schneide beschrieben, worauf ein Hieb mit der langen
Schneide folgt, beim Überschießen explizit mit verschränkten Händen.[597] Da die
Eiserne Pforte laut Paurenfeindt bei den alten Meistern *twir* genannt wurde und
er die entsprechenden Verse Liechtenauers in diesem Kontext zitiert, ist davon
auszugehen, dass es sich bei den beschriebenen Stücken in der Tat um Varianten
des Zwerchhaus handelt.

Neben den oben beschriebenen Stücken verfügt der Katalog Paurenfeindts
noch über einige weitere Anwendungen der verschiedenen Techniken in unterschiedlichen Kombinationen, darunter einige Stücke, die sich aus den vier
Huten ableiten, und verschiedene Anweisungen zum Ringen sowie einen ausführlichen Aufsatz zum Fechten im kurzen Schwert. Insgesamt stellt sich Paurenfeindts Fechtlehre damit nach Talhoffer als erste größere Weiterentwicklung
der Liechtenauer-Lehre dar, bei der das System des alten Meisters nicht nur
aufgegriffen, sondern auch insoweit abgeändert wurde, dass man von einer
‚eigenen' Fechtlehre Paurenfeindts sprechen kann. Diese Entwicklung aus qua-
litativer Sicht zu beurteilen, also zu bewerten, ob und wenn ja inwiefern Paurenfeindts Lehre derjenigen Liechtenauers überlegen war, ist uns heute nicht
mehr möglich, da weder genauere Beschreibungen der jeweiligen Techniken
existieren, noch Rückschlüsse auf die konkrete zeitgenössische Anwendung der
jeweiligen Fechtlehren gezogen werden können.

Dass Paurenfeindts Werk den Weg zum Druck gefunden hat und nachweisbar auch über die Sprachgrenze hinaus rezipiert wurde, spricht jedenfalls
dafür, dass seine Fechtlehre sowohl anwendbar als auch funktionell gewesen
sein muss. Sie basiert in großen Stücken auf dem Liechtenauer-System, das Paurenfeindt wohl als bekannt voraussetzte und deshalb nur die Verse der zugehörigen *zedel* in sein Buch übernahm. Einige seiner Stücke fußen auf den Techniken Liechtenauers, darunter der Zwerchhau, aus dem bei Paurenfeindt verschiedene Angriffe abgeleitet wurden. Andere Stücke wie der Flügel oder die
Triangel wiederum scheinen sowohl nominell als auch inhaltlich ihren Ursprung

---

596 Andre Paurenfeindt, Ergrundung, fol. Br: *Durchschissen magstu auch nemen ansz dem hohenort / hav
von oben nider vnden durch dieroson / mit verkerten henden vnd kurczer schneid in sein gesicht / lasz
kurcz ablauffen / mit der langen schneidt nachtretten.*

597 Ebd., fol. B2r: *Leger dich in die eisrenporten mit gschrenkten henden / schlecht dir ainer von dach / nym
sein straich vom tag mit kurczer schneidt / vnd trit ym nach mit langer schneid [...] Leg dich wie for mit
gschrenckten henden vnd trit mit der kurczen schneid vbergschossen auf sein linck or vnd verwendet dein
hendt vnd schlach mit der langen schneid nach.*

in der ‚allgemeinen‘ Fechtlehre zu haben, während das System von Paurenfeindts vier Huten eine Mischung aus beiden Traditionen darstellt. Paurenfeindt bediente sich offensichtlich verschiedener älterer Quellen, um unter Einbindung eigener Techniken ein Fechtsystem zu schaffen, das die seiner Meinung nach brauchbarsten Stücke enthielt.

Vor dem Hintergrund älterer Fechtlehren tritt hierbei vor allem das verstärkte Arbeiten mit der Fläche der Klinge als Novum hervor, die Paurenfeindt nicht nur defensiv zum Abgleitenlassen gegnerischer Hiebe verwendet (Hangetort; Triangel), sondern auch mehrfach offensiv einsetzt (Schleudern; Übergreifen) – somit erklärt sich auch der Hinweis in den zwölf einleitenden Regeln, stets auf die Fläche des Schwertes zu achten. Ebenso fällt das fast vollständige Fehlen des Stichs als Angriffsart auf. Zwar wird der Stich im Laufe des Traktats immer wieder erwähnt, jedoch hauptsächlich bei der Wiedergabe der Liechtenauer-Verse, nicht bei den eigentlichen Erläuterungen Paurenfeindts. Dass der Stich als Technik auch bei Paurenfeindt Verwendung fand, zeigen Textstellen wie die folgende zum Absetzen: [...] *auch magstu hew vnd stich absecen vnd die flechlichen prechen / vnd mit dem ort die plesz suchen.*[598] Sowohl die Erwähnung des Stichs als gegnerische Aktion, die es mit dem Absetzen zu brechen gilt, als auch das Suchen der Blöße mit dem eigenen Ort (normalerweise als Vorbereitung auf einen eigenen Stoß) weisen darauf hin, dass diese Technik bei Paurenfeindt gefochten wurde.

Dennoch scheint im Vergleich zu früheren Lehren der Schwerpunkt eindeutig auf dem Hiebfechten zu liegen. Dies kann in Verbindung mit der Verwendung der Fläche der Waffe für viele Aktionen darauf hindeuten, dass Paurenfeindt seine Lehre explizit für das Fechten in Fechtschulen und bei Veranstaltungen verfasste, also auch unter dem Gesichtspunkt der erhöhten Sicherheit für seine Schüler. Ein Treffer mit der flachen Seite der Klinge besitzt ein weit geringeres Verletzungsrisiko als ein solcher mit der Schneide, selbst wenn diese abgerundet ist. Ebenso stellt jeder Stoß mit dem Schwert, selbst mit einer relativ biegsamen Fechtfeder, ein hohes Risiko für den Gegner dar – nicht nur offensichtliche Verletzungen im Bereich des Kopfes betreffend, sofern kein Gesichts- und Halsschutz getragen wird, sondern auch bei einem eventuellen Bruch der Klinge, bei dem scharfkantige Stellen und damit ernste Verletzungen entstehen können. Der Verzicht auf den Stoß, das Verwenden von Fechtfedern und das Bevorzugen der Klingenfläche sind daher Indikatoren dafür, dass Paurenfeindts Fechtlehre für das Fechten unter einem sportlichen beziehungsweise Wettkampfaspekt konzipiert wurde.

Ob es Paurenfeindt tatsächlich daran gelegen war, ein Fechtbuch explizit für junge und unerfahrene Schüler zu verfassen, muss hingegen offen bleiben. Seine zwölf einleitenden Regeln liefern zwar basales Wissen, das sich auch ungeübte Fechter zunutze machen können, gehen hier aber keineswegs in die Tiefe, vor allem nicht im Vergleich zu älteren Fechttraktaten, die mitunter gleiches oder tiefergehendes Grundwissen vermitteln. Besonders Themen wie die Beinarbeit,

---

598 Andre Paurenfeindt, Ergrundung, fol. E1r.

Schrittfolge und Mensur, die man in einer Abhandlung für Fechtschüler erwarten würde, werden überhaupt nicht angeschnitten. Ebenso fehlen jegliche
Erläuterungen zu den Grundhieben, die bei Paurenfeindt interessanterweise
überhaupt nicht thematisiert werden. Auch hier steht zu vermuten, dass die
Kenntnis der Liechtenauer-Lehre mit ihren grundlegenden Prinzipien vorausgesetzt wurde – dennoch fällt das Fehlen jeglicher Ausführungen zu diesem
Bereich im Hinblick auf den Nutzen für unerfahrene Fechter auf. Stattdessen
verwendet Paurenfeindt einen Großteil seiner Abhandlung auf die Erläuterung
von Spezialwissen und weiterführenden Techniken, ganz so wie es in früheren
Fechtbüchern der Fall war. Wie eingangs bereits erwähnt, dürfte es sich bei
Paurenfeindts Einleitung also in erster Linie eher um eine geschickte Verkaufs-
strategie denn ein systematisches Prinzip gehandelt haben. Der didaktische
Mehrwert für junge Schüler ist jedenfalls im Vergleich zu anderen Fechttraktaten
nicht gegeben, vermutlich nutzte Paurenfeindt das Buch selbst als unterstützendes Unterrichtsmaterial für seine Schüler.

4.2. Paul Hector Mair

Mit Paul (auch: Paulus) Hector Mair begegnet uns eine interessante Persönlichkeit des 16. Jahrhunderts, die ihren Platz in der Geschichte der Fechtkunst weniger dem eigenen handwerklichen Können verdankt als ihrem großen historischen Interesse an der Thematik. Mair wurde 1517 in eine wohlhabende Augsburger Familie hineingeboren, 1537 zum Ratsdiener ernannt und 1541 mit der
Führung der Stadtkasse betraut.[599] Offenbar besaß er schon früh ein großes
historisches Interesse, was sich zum einen in seiner Tätigkeit als Chronist nie-
derschlug – Mair fertigte eine bedeutende zweiteilige Augsburger Chronik[600] an
–, zum anderen in einer Sammelleidenschaft, die immer mehr sein Leben bestimmen und ihm schlussendlich zum Verhängnis werden sollte. Besonders
Waffen, Rüstungen und Bücher, welche sich mit diesen beschäftigten, hatten es
ihm angetan. Obwohl Mair durch Erbschaft an ein recht großes Vermögen gekommen war, reichte dieses bei Weitem nicht aus, um die Kosten für den Erwerb
immer neuer Stücke für seine Sammlung zu decken, sodass er sich gezwungen
sah, immer wieder Gelder der Stadt für seine eigenen Zwecke abzuzweigen. Die
Stadtherren setzten offenbar großes Vertrauen in den tüchtigen Schatzmeister,
denn lange Zeit – immerhin 38 Jahre – blieb sein Treiben unbemerkt, doch
schließlich verließ Mair das Glück, und im Jahr 1579 wurde er gefangenge-
nommen, nach einem Geständnis zum Tode verurteilt und gehängt.[601]
    Trotz des unrühmlichen Endes, das Mair für seine Liebe zu historischen
Artefakten und Schriften fand, ist es sein Verdienst, dass bis heute einige
Fechthandschriften erhalten sind, die ohne den begeisterten Sammler mögli-

---

599 Allgemeine Deutsche Biographie (Bd. 20), S. 121.
600 Das sogenannte Memorialbuch, abgedruckt in: Die Chroniken der schwäbischen Städte.
601 Zur Biografie Mairs siehe die Einleitung Roths in ebd. Zur Sammelleidenschaft Mairs: Mauer,
     Sammeln und Lesen.

cherweise im Laufe der Zeit verloren gegangen wären. Mair selbst war zwar kein praktizierender Fechtmeister, aber nach eigener Aussage leidenschaftlicher Fechter, der an verschiedenen Fechtschulen den Umgang mit diversen Waffengattungen erlernte[602] und dem es ein Anliegen war, so viel wie nur möglich über die Kunst des Fechtens in Erfahrung zu bringen und dieses Wissen für die Nachwelt festzuhalten. So befand sich Mair nachweislich im Besitz unter anderem einer Talhoffer-Handschrift (Augsburg, Universitätsbibliothek, Cod.I.6.2.1, vermutlich eine Kopie des ‚Königsegger Codex' – bezeichnenderweise offenbar 1561 durch Mair von ihrem Vorbesitzer gestohlen oder zumindest nach einem Diebstahl in seinen Besitz gelangt)[603], mehrerer Bearbeitungen des Liechtenauer-Zettels, darunter eine Fassung der Ringeck-Glosse von Hans Medel (Augsburg, Universitätsbibliothek, Cod.I.6.2.5)[604] sowie eine Abschrift von Jörg Wilhalms Liechtenauer-Glosse (Augsburg, Universitätsbibliothek, Cod.I.6.2.2)[605], einer Fassung der Messerfechtlehre Lecküchners (Glasgow, Glasgow Museums, E.1939.65.354)[606] und Baumanns Fecht- und Ringkampfhandschrift (Augsburg, Universitätsbibliothek, Cod.I.6.4.2)[607].[608]

Mair verfügte damit über ein großes Repertoire an Schriften der unterschiedlichsten Fechtmeister und -lehren, doch er begnügte sich nicht damit, die Werke nur zu sammeln: Unter immensem monetärem und handwerklichem Aufwand begann er ein Projekt, das gesamte ihm zur Verfügung stehende Wissen über die historischen Kampfkünste in einem Kompendium mit bis dato unerreichtem Umfang zusammenzufassen. Dazu versicherte Mair sich nicht nur der Hilfe der Werkstatt des bekannten Künstlers Jörg Breu, welcher eine gewaltige Menge prachtvoller Illuminationen beisteuerte, sondern warb zudem zwei Berufsfechter an, die ihn bei der Ausführung der beschriebenen Stücke unterstützen und Modell stehen sollten, wofür sie entsprechend belohnt wurden.[609] Aus diesen Bemühungen resultierte schließlich das zweibändige Werk *De arte athletica*, das einen Großteil des von ihm gesammelten Bildmaterials (über 600 Illustrationen) neben von Mair bearbeiteten und verfassten Texten beinhaltet. Mair ließ in den 1540er Jahren insgesamt drei Ausgaben dieses Kompendi-

---

602 Wien, Österreichische Nationalbibliothek, Cod. 10825, fol. 14*v: *Auff dise art, form und weis, habe ich mich der ritterlich übung des schwerts, underwunden, und das fechten in mancherley wheren gelernet und das auf etlichen schulen zimlich probirt.*

603 Augsburg, Universitätsbibliothek, Cod.I.6.2.1, fol. 1r: *Im 1561 Jar Im december hab ich die kobbej so aim ab gestolen […].*

604 Besitzeintrag auf fol. 7r.

605 Besitzeintrag auf fol. 2r.

606 Besitzeintrag auf fol. 3r.

607 Besitzeintrag auf fol. 1r.

608 Zu Mairs Handschriftensammlung neuerdings FORGENG, The Martial Arts, S. 268–270.

609 Wien, Österreichische Nationalbibliothek, Cod. 10825, fol. 14*v: *Daraus* [aus den gesammelten Fechtbüchern] *ich allain die allerbesten und der kunst gemessisten nützlichsten, gezogen, und dieselben durch zwen tapffere weidliche fechter, so mit mir lust und liebe zu der ritterlich kunst gehabt, unnd darauff nicht mit geringer belonung erhalten, vorbemelte stuck in allen wheren, wie sie Inn disem Buch begriffen, maisterlich aus unnd ein gefochten.*

ums anfertigen, eine in deutscher Sprache,[610] eine auf Latein[611] sowie eine synoptische Gegenüberstellung[612] dieser beiden Versionen. Enthalten sind nicht nur die bekannten Waffengattungen wie das lange Schwert, der Dolch sowie Schwert und Buckler, sondern darüber hinaus auch zunächst vielleicht merkwürdig anmutende Waffen wie die Sichel, die Sense oder der Dreschflegel, was Mairs Anspruch auf eine möglichst komplette Sammlung der Kampfkünste unterstreicht.

Antrieb für dieses komplexe und teure Projekt stellten für Mair nach eigener Aussage der Niedergang der ritterlichen Tugenden und der moralische Verfall der Gesellschaft dar, die er zu seinen Lebzeiten und besonders unter den Deutschen zu beobachten glaubte. In einer ausführlichen Vorrede beschreibt er darum die Geschichte der Fechtkunst und erläutert den Stellenwert, den die Kampfkünste bei älteren Völkern besessen und wie diese dazu beigetragen hätten, große und ruhmvolle Kulturen zu schaffen. Auch die Deutschen, so Mair, hätten durch das Praktizieren der ritterlichen Künste einstmals Freiheit, Ehre und Lobpreisung erlangt, doch in der Zwischenzeit seien Laster wie Wucher, Spielsucht, Völlerei oder ganz allgemein die Verachtung der guten Künste unter seinen Landsmännern eingerissen. Für Mair stand fest, dass eine erneute Hinwendung zu den ritterlichen Idealen, zu denen natürlich ebenfalls die Übung in den Kampfkünsten gehörte, ein notwendiger Schritt zur Wiedererlangung des alten Ruhmes sein musste.[613] So war es ihm offensichtlich auch in erster Linie daran gelegen, die alten Kampftechniken zu sammeln und für die Nachwelt zu erhalten, nicht daran, ein eigenes System zu entwickeln. Eine Orientierung am Liechtenauer-Katalog lag für dieses Unterfangen nicht nur aufgrund der Verfügbarkeit des Materials nahe, sondern sicherlich auch im Hinblick auf die enge

---

610 Dresden, SLUB, Mscr.Dresd.C.93 und 94. Handschriftenbeschreibung in Leng, Fecht- und Ringbücher, S. 97–102.

611 München, BSB, Cod. Icon. 393. Handschriftenbeschreibung in Hils, Liechtenauers Kunst, S. 92–95.

612 Wien, Österreichische Nationalbibliothek, Cod. 10825 und 10826. Handschriftenbeschreibung in Leng, Fecht- und Ringbücher, S. 102–108. Diese Ausgabe stellt vermutlich die zuletzt angefertigte dar und enthält im Vergleich zu den beiden anderen zusätzliches Material, das Mair vermutlich erst im späteren Verlauf der Arbeiten zugänglich wurde. Da es sich somit um das vollständigste Werk handelt (auch wenn es vermehrt Schreibfehler enthält, die in der früheren Fassung nicht vorhanden sind), dient es im Folgenden als Leithandschrift für die Analyse der enthaltenen Techniken. Alle folgenden Zitate zu Mair beziehen sich auf Cod. 10825, sofern nicht anders angegeben.

613 Wien, Österreichische Nationalbibliothek, Cod. 10825, fol. 11*r: *Aus disem guthertziger fechter unnd leser kanst du abnemen, was dise harte ritterliche ubung, so unsere uralten Teutschen so vest gehalte, allem Teutschland für ein grosse freihait, eer, und ewigs lob geben hat, unnd wann es noch also in Teutschen landen (der ritterlichen und manliche übung halben) stünde, und die ritterliche kunst in so hohem werdt gehalte, und daneben andere laster, als wucher, spil, überessen und trincken, Gotßlestern, und verachtung aller guten künste, sambt andren leichtvertigkait, vermitten und gestrafft würden, was grosse nutz, lob und eer, allem Teutschland noch heuttigstags daraus widerumb erspriessen möcht. Es seind aber alle laster erstlich an der fürsten höve, auch in den stetten und dörffern, dermassen so gewaltig eingerisszen, dadurch die miszbreuch dahin gewachsen, das aus der irrsal unnd untugend, aus alter böser gewonhait, laider wie ein gesatz gehalten werden, das dann offentlich am tag ligt, und menigclich sihet, wie die sach ein jämerliche gestalt hat.*

Verknüpfung dessen Lehre mit den ritterlichen Tugenden und der adligen Ausbildung, die in den Versen des alten Meisters immer wieder anklingen. Der Abschnitt zum Kampf mit dem langen Schwert in Mairs *De arte athletica* ist somit stark angelehnt an den Liechtenauer-Zettel, wie im Folgenden noch aufgezeigt wird.

Die bei Mair eingesetzte Waffe wird in auffälligem Kontrast zu früheren Fechtlehren nicht weiter spezifiziert. So wird sie dort lediglich als „Schwert" bezeichnet; weder wird die Länge der Waffe erwähnt noch irgendwelche anderen konstituierenden Merkmale – wie etwa die beidhändige Führung; auch das Attribut ,lang' findet sich auffälligerweise an keiner Stelle. Für den zeitgenössischen Leser war offenbar ersichtlich, dass es sich bei einem ,Schwert' um die bereits größtenteils veraltete, große Form dieser Waffe handelte, besonders im Hinblick auf die nun etablierten Seitenwehre wie Dussack oder Rapier, sodass offensichtlich keine weitere Unterscheidung mehr notwendig war. Die Illustrationen zeigen ein Federschwert ähnlich dem bei Paurenfeindt, ohne Verjüngung der Klinge hin zur stark abgeflachten Spitze, aber hier mit feiner gearbeiteter Parierhilfe, bei der die hakenförmigen Ausläufer gut zu erkennen sind, was jedoch der höheren Kunstfertigkeit des Illustrators geschuldet sein mag. Insgesamt wirkt die Waffe auf den Abbildungen bereits etwas filigraner als bei Paurenfeindt, aber auch dies mag an der Art der Darstellung liegen, ebenso wie die mitunter stark schwankende Länge der Waffe (Farb-Abb. 13).

So ausführlich Mairs Einleitung zur Geschichte der Fechtkunst und ihrer Bedeutung für die Gesellschaft ist, so kurz fasst er sich bei der Vorrede zum eigentlichen Traktat.[614] Lediglich einen kurzen Absatz widmet er den Fähigkeiten, die ein erfolgreicher Fechter aufweisen muss, und orientiert sich bei der Verwendung von Tier-Allegorien zu diesem Zweck unzweifelhaft an älteren Vorbildern wie Paulus Kal und Fiore dei Liberi:[615] Stark wie ein Löwe muss der Fechter demnach sein, scharfsichtig wie ein Adler, schnell wie ein Luchs und schlau wie ein Fuchs.[616] Besonders der Vergleich mit dem Löwen, sei es nun dessen Herz oder seine Kraft, und dem Raubvogel mit seiner ausgezeichneten Sehkraft waren unter den mittelalterlichen Fechtern beliebt, um die Anforderungen an ihre Kunst zu verdeutlichen. Es verwundert also nicht, dass Mair diese Allegorisierung auch für seine Vorrede aufgreift.

Nach diesem im Vergleich zur restlichen Einleitung auffallend kurzen Abschnitt liefert Mair ein ebenfalls in kryptischer Kürze verfasstes System zur Be-

---

614   Vermutlich übernommen aus der Lehre in Baumanns Fecht- und Ringkampfhandschrift beziehungsweise der Bearbeitung durch Anthonius Rast in Augsburg, Stadtarchiv, Reichsstadt, Schätze, Nr. 82, wo sich der Text im Vorwort wiederfindet (fol. 1r f.).

615   Vgl. Anmerkung 334.

616   Bemerkenswerterweise findet sich diese Vorrede nur in Dresden, SLUB, Mscr.Dresd.C.93/94, nicht jedoch in den beiden anderen Ausgaben von Mairs Kompendium. Mscr.Dresd.C.93, fol. 18v: *Wer sich Inn die Ritterlich Kunst der Fechterey begeben will · es sey In was wehren · es sey · auch Im Ringen · kempffen zu Roß oder zu fuoß · der muoß dise art oder aigenschafft an Im haben · namlich · so er die stückh treiben will · so soll er mit vier dingen begabt sein · namlich starckh wie ain vnverzagter leo · Scharpffsichtig wie ain Adler · Schnell wie ain Luchs · vnnd listig wie ain Fuchs.*

schreibung der Körperhaltung beim Fechten, das sich auf drei sogenannte *wagen* gründet.[617] Nach diesem System kann der Fechter in drei unterschiedlichen Haltungen beziehungsweise Waagen stehen: einer oberen, bei der die Beine geschlossen sind und der Körper aufrecht steht, einer unteren mit einem tiefen Stand und einer mittleren, die zwischen diesen beiden liegt.[618] Da Mair diese Einteilung weder mit einer Illustration versehen ließ, noch im weiteren Verlauf des Traktats darauf zurückkommt, scheint es sich trotz seiner mahnenden Aussage, der Fechter müsse wissen, *wie man sich darein schicken soll*, eher um eine abstrakte Beobachtung zu handeln als um eine konkrete Handlungsanweisung für einzelne Stücke. Obwohl verschiedene Abbildungen des Traktats theoretisch den einzelnen Waagen zugeordnet werden könnten,[619] wird das Konzept von Mair im Folgenden nicht mehr namentlich aufgegriffen, was neben der Auslassung in den anderen Versionen des Traktats dafür spricht, dass es sich dabei um keine grundlegende Anweisung handelt, sondern vermutlich nur der Vollständigkeit halber von Mair mit aufgenommen wurde. Lediglich im späteren Abschnitt zum Ringen verweist Mair wieder auf die Waage, hier jedoch unspezifisch mit der Anweisung *gib dich in die wag* oder mancherorts auch etwas konkreter *gib dich nider in die wag*.[620] Es handelt sich dabei also offenbar um die Ausgangsposition beim Ringkampf.

Abgeschlossen wird die Vorrede durch eine anatomische Betrachtung des menschlichen Körpers im Hinblick auf die „sechs Schwächen", die dieser laut Mair aufweist. Diese sind: das Kinn, die Vorderseite des Halses (vermutlich der Kehlkopf), eine Stelle hinter den Ellbogen, eine Stelle an der Hand, eine in der Mitte des Armes und die Kniebeugen.[621] Mair geht nicht weiter auf die einzelnen

---

617 Gemeint ist hier vermutlich in der Tat das Messinstrument. Die Analogie, den Körper gleich einer Waage zu halten, findet sich bereits in der Liechtenauer-Glosse L1. Vgl. oben, S. 61. Übernommen wurde das Konzept durch Mair vermutlich aus Augsburg, Universitätsbibliothek, Cod.I.6.4.2, denn auch hier ist verschiedentlich die Rede davon, sich in die Stellung der Waage zu begeben, etwa fol 3v: *secz dich mit dem leib nider in dy wag.*

618 Dresden, SLUB, Mscr.Dresd.C.93, fol. 19r: *Drey ding seind Inn allem Fechten vnnd Ringen · auch Im kampff zu Roß vnnd zu fuoß · Inn guter acht zu haben Namlich der drey wagen · der Obern · mitlen · vnnd vnndern wag · das ist · so du hoch mit baiden Schenncklen zusamen auffrecht In der höche stäst · das haist die Oberwag · Stastu aber mittelmessig nider · das haist die mitel wag · stastu aber nider · das haist die vnnder wag · Diser leer mustu aber auch bericht sein · damit du wissest was die wag sey oder wie man sich darein schicken soll.*

619 Ein Stand mit geschlossenen Beinen wie in der oberen Waage ist beim Fechten sehr selten zu beobachten, da dieser den Körperschwerpunkt sehr weit nach oben verlagert und damit das Halten des Gleichgewichts erschwert wird. Zu sehen ist eine solche Haltung beispielsweise bei der Illustration zum Zucken (Wien, Österreichische Nationalbibliothek, Cod. 10825, fol. 27v). Die mittlere Waage dürfte der normalen Fechthaltung entsprechen. Eine sehr tiefe Haltung, die der niederen Waage entsprechen könnte, findet sich beispielsweise bei der Illustration zum Scheitelhau (Cod. 10825, fol. 3r); natürlich kann es sich hierbei jedoch um künstlerische Freiheit des Illustrators handeln, weshalb diese Körperhaltung anhand der Abbildungen nicht zweifelsfrei zugeordnet werden kann.

620 Beispielsweise Dresden, SLUB, Mscr.Dresd.C.93, fol. 72v.

621 Ebd., fol. 19r f.: *Es sennd Sechs Schwechen an ainem Jeden Mentschen · das soll ain Jeder Fechter Inn guter Übung vnnd gedechtnüß haben vnnd wissen · Namlich ist ain Schweche vornen am kin · aine*

Schwächen ein oder erläutert, was mit diesen anzufangen ist, lediglich dass aus ihnen zu arbeiten sei und man mit ihnen die Vorhaben des Gegners brechen könne. Da es sich bei den hier aufgezählten Körperstellen um Druckpunkte des menschlichen Körpers handelt, an denen Griffe und Hebel besonders wirksam angesetzt werden können und die auch heute noch in vielen Kampfsport- und Selbstverteidigungsarten thematisiert werden, ist davon auszugehen, dass sich auch dieser kurze Abschnitt auf das (bewaffnete oder unbewaffnete) Ringen bezieht und keine Trefferzonen für den bewaffneten Kampf anzeigt.

Mit diesen kurzen einleitenden Worten erschöpft sich Mairs auf den konkreten Kampf bezogene Vorrede. Auffällig ist bei der ansonsten vorherrschenden Ausführlichkeit des Textes, besonders was die umfangreiche Vorrede zur Geschichte der Fechtkunst anbelangt, das gänzliche Fehlen jeglicher taktischer und psychologischer Grundlagen sowie aller Grundkenntnisse über die Körperhaltung und Bewegung, die sich in vielen der älteren Traktate finden lassen. Es wird auch keinerlei Systematik zu den Hieben oder Huten erläutert, diese sind einzeln über das komplette Traktat verstreut und keiner ersichtlichen Ordnung unterworfen. Stattdessen springt Mair gleich *in media res* und widmet sich den einzelnen Stücken zu den jeweiligen Waffengattungen, angefangen mit dem langen Schwert. Wie bereits angedeutet, stützt sich Mair hierbei weitgehend auf den Liechtenauer-Zettel. Man könnte sogar von einer Illustration und Glossierung desselbigen sprechen, denn obwohl der Name des alten Meisters nicht explizit erwähnt und auch die zugehörigen Verse nicht angeführt werden, basieren doch fast alle Stücke auf ihnen und sind Erläuterungen zu den im Zettel genannten Techniken.

Systematisch geht Mair hierbei so vor, dass er jeweils ein Stück *von baiden seiten* präsentiert, also zunächst die Ausführung der Technik gefolgt von dem Bruch gegen ebendiese, sollte der Gegner sie gegen einen anwenden. Danach beschreibt er jeweils das Weiterarbeiten, sollte der Gegner die Aktion versetzt haben, und liefert zusätzlich gegen diese Folgeaktion jeweils den passenden Bruch, und so weiter. Ähnlich wie in der Liechtenauer-Glosse L2 ist das Traktat folglich nach dem Schema Aktion → Gegenaktion aufgebaut, die einzelnen Techniken werden nicht separat beschrieben, sondern jeweils in einer konkreten Anwendung durch ein fertiges Stück vorgestellt. Jedes dieser Stücke ist mit einer eigenen, ganzseitigen Illustration versehen, die eine Momentaufnahme aus diesem zeigt, in den meisten Fällen die Ausgangsposition. Da bei jedem Stück mehrere aufeinanderfolgende Aktionen beschrieben sind, sind die Abbildungen nicht immer einwandfrei zuzuordnen. Auffällig ist hierbei insbesondere die Komplexität, also die Zahl der aneinandergereihten Techniken, die ein Stück ergeben. Während die älteren Fechttraktate des 15. Jahrhunderts Stücke von meist nur zwei oder drei zusammenhängenden Aktionen beschreiben, finden sich bei Mair mehrfach Verkettungen von vier oder mehr Bewegungsabläufen.

Bei der Deskription der Stücke sind keinerlei didaktische Prinzipien zu erkennen, das Traktat präsentiert sich so als lose Sammlung von Kampfsituatio-

---

vornen am Hals · aine hinder baiden Elnpogen · aine vornen bey der faust · aine in der mitt des Arms · vnnd Inn Jeder Kniepuge aine.

nen, die ohne Kontext und erkennbare Ordnung präsentiert werden. Obwohl die Stücke jeweils mit dem Namen einer Technik überschrieben sind, wird diese meist nicht näher erläutert, sondern lediglich im Kontext des jeweiligen Stückes und ohne Anwendungszusammenhang erwähnt. Es ist an vielen Stellen nicht ersichtlich, unter welchen Umständen das jeweilige Stück sinnvoll nutzbar ist. Obwohl den Stücken jeweils eine Überschrift mit dem Namen einer speziellen Technik vorangestellt ist, bezieht sich diese nicht wie in früheren Fechtlehren darauf, dass diese im Folgenden näher erläutert wird. Vielmehr weist die Überschrift hier nur darauf hin, dass die Technik im folgenden Stück Verwendung findet. Die Kenntnis der konkreten Ausführung wird aber offensichtlich bereits vorausgesetzt. Anweisungen zur Körper- oder Waffenhaltung dienen somit nicht der Erläuterung der einzelnen Techniken, sondern liefern einzig den Rahmen für das jeweilige Stück.

Das Traktat eröffnet die fünf verborgenen Hiebe Liechtenauers, die Mair zwar nicht als solche benennt, sich in ihrer Bezeichnung aber an den historischen Namen orientiert: *Zornhaw, Krumphaw, Zwirchhaw, Schillerhaw* und *Schaitlerhaw*.[622] Auch in ihrer Ausführung folgen diese den früheren Beschreibungen. Offensichtlich wird die Kenntnis der Hiebe bereits vorausgesetzt, denn die Beschreibungen der Techniken sind sehr allgemein gehalten und gehen nur in wenigen Details auf die konkrete Umsetzung des Hiebes ein. So erschöpft sich die Erläuterung meist in kurzen Sätzen, die ohne genauere Kenntnis über die Bewegungsabläufe nicht ohne Weiteres entschlüsselbar sind: *haw Im starck von oben ein* (Zornhau); *gee Im krump ein* (Krumphau); *haw dich in die Zwirch mit gecreutzgite armen* (Zwerchhau). Aspekte wie die verwendete Schneide, die Haltung der Waffe oder die anvisierte Körperstelle werden dabei nicht berücksichtigt.

Auffällig ist jedoch, dass Mair, im Gegensatz zu älteren Quellen wie etwa der Liechtenauer-Glosse L2, alle Hiebe mit einer Ausnahme ausschließlich als offensive Techniken einsetzt, um den Kampf nach dem Zufechten zu eröffnen und den Gegner direkt anzugreifen. Lediglich der Krumphau wird, wie auch in den früheren Glossen, als Bruch gegen den Angriff des Gegners eingesetzt – hier jedoch nicht wie in früheren Auslegungen explizit gegen die Hände des Gegners oder gar dessen Klinge, sondern lediglich zur nächsten Blöße.[623] Erst an späterer Stelle wird deutlich, dass der Krumphau auch gegen die gegnerische Klinge[624] oder die Hände[625] eingesetzt werden kann. Die Hiebe werden jeweils nur von einer Körperseite ausgeführt beschrieben, nämlich mit Ausnahme des Zwerch-

---

622 Wien, Österreichische Nationalbibliothek, Cod. 10825, fol. 1r–3r.

623 Ebd., fol. 1v: *Item merck wann du mit dem zufechten zum mann kombst, so setz den linggen fuß für, unnd halt dein schwert mit dem ort an deiner rechten seitten, und pleib also sten in dem krumphaw. Hawt er dir dann oben ein zu der plösse, so tritt mit deinem rechten fuß hinnach, und gee Im krump ein auff seiner rechten seitten, und haw Im zu der nechsten plösse.*

624 So erst bei der Beschreibung der Hut vom Tag: *so nimb mit dem krumphaw den ort hinwegk* (ebd., fol. 4r).

625 Ebd., fol. 28v: *Item wann Ir mit dem zufechten zusamen komend, und Ir auch baid in die schwech eurer schwerter hawt, so nimb seiner schwech war, und sitz Im krumb auff seine hand mit deiner kurtzen schneide mit kreutz weisen henden, das dein lingger fuß vorstee.*

haus immer von rechts (wobei in der Ausgangsstellung stets das linke Bein vorne
steht, beim Zwerchhau das rechte). Wo die verborgenen Hiebe in den früheren
Glossen noch als Bruch gegen die verschiedenen Huten beschrieben werden und
damit jeweils eine spezialisierte Anwendung je nach Gebaren des Gegners erfahren, liefert Mair keinen Anhaltspunkt dafür, in welcher Situation welcher
Hieb eingesetzt werden soll. Die verborgenen Hiebe werden bei ihm so zu allgemeinen Offensivaktionen. Bei der Beschreibung der einzelnen Stücke, die aus
den jeweiligen verborgenen Hieben resultieren, wird schnell deutlich, dass Mair
den Zwerchhau stark präferiert, offensichtlich älteren Quellen folgend, die diesen als den effektivsten Hieb mit dem Schwert beschreiben.[626] So resultieren viele
Versatzungen bei Mair früher oder später schließlich in diesem Hau, mit dem auf
eine bestimmte Aktion des Gegners im Verlauf des jeweiligen Stückes reagiert
wird.[627]

Auch die vier Huten des Liechtenauer-Systems finden sich bei Mair wieder:
Ochs, Pflug, Alber und vom Tag. In ihrer jeweiligen Umsetzung entsprechen sie
denen der Liechtenauer-Glosse L2, jedoch mit dem Unterschied, dass Mair die
Huten zunächst direkt als Eröffnung für weitere Aktionen verwendet. So werden
die Haltungen hier nicht als statisch beschrieben, sondern direkt als Eingang zu
einer offensiven Technik.[628] Erst im weiteren Verlauf des Traktats wird deutlich,
dass Mair die Huten ebenfalls als solche kennt.[629] Hier zeigt sich erneut Mairs
Vorliebe zum Zwerchhau, denn jede Hut wird verwendet, um den Gegner
letztendlich mit einer Variante dieses Hiebs anzugreifen.[630] Neben den vier
Standardhuten findet sich darüber hinaus auch eine Schranckhut, die auffällig
der Eisernen Pforte bei Paurenfeindt ähnelt.[631] Hier wird das Schwert ebenfalls
mit gekreuzten Armen so nach vorne und zur Seite gehalten, dass der Ort fast

---

626 Vgl. Nürnberg, GNM, HS 3227a, fol. 27v: *Hie merke vnd wisse das of dem ganczen swerte keyn haw als
     redlich zo heftik zo vertik vnd zo gut ist als der twerhaw.*
627 So beim Zornhau: *Wirt er dann des orts gewar, so far mit dem schwert wol auff über dein kopff, spring
     mit deinem rechten fuß auf sein lingke seitten, vnnd haw In mit der zwirch zu dem kopff* (Wien,
     Österreichische Nationalbibliothek, Cod. 10825, fol. 1r) und beim Schielhau: *Setzt er dir den ort
     also an, so versetz Im den. In dem wend dich in die zwirch* (ebd., fol. 2v).
628 In der Tat beschreiben auch ältere Quellen die Huten nicht als statisch, sondern als Positionen,
     die bei der Ausführung verschiedener Techniken durchlaufen werden (vgl. S. 70), jedoch gelten
     sie dort als universell einsetzbare Haltungen, während Mair die Huten jeweils einer konkreten
     Technik zuordnet.
629 Vgl. etwa zum Pflug, Wien, ÖNB, Cod. 10825, fol. 30v: *Steest du dann in dem pflug mit kreutzweisen
     henden gegen Im mit deinem lingk fuß vor, das der ort gegen dem mann steet.*
630 Beim Ochs: *Stee mit dem linggen fuß vor, und halt dein schwert mit kreutzweisen henden ob deinem
     haubt, wind dich, und tritt mit dem rechten fuß auff dein rechte seitten, wirt er des überhengens gewar, so
     haw dich in die Zwirch mit geschrenckten armen* (ebd., fol. 3v). Beim Pflug: *tritt mit dem rechten fuß
     zum Mann hinein, und heng das Schwert auf dein lingge seitten, far auff mit dem gehiltz über dein haubt,
     trit deinem linggen schenckel hinumb, und haw dich in die Zwirch* (ebd., fol. 4r). Bei Alber und Hut
     vom Tag: *steest du mit deinen linggen fuß vor mit aufgereckten armen, das der ort auf der Erden steet,
     und die kurtz schneid oben, so fligel auff mit deinem schwert mit gecreutzgiten armen in die versatzung
     für dein haubt [...] Wirst du des orts gewar, und steest mit deinem rechten fuß gegen Im in der hut vom
     tag, so nimb mit dem krumphaw den ort hinwegk, vnnd haw dich in die zwirch* (ebd., fol. 4v).
631 Vgl. Anmerkung 583 sowie die beiden Abbildungen Wien, ÖNB, Cod. 10825, fol. 32v und Andre
     Paurenfeindt, Ergrundung, fol. Bv (vgl. auch Farb-Abb. 12).

senkrecht zu Boden zeigt beziehungsweise sogar auf diesem steht. Ähnlich wie die Hut Alber wird die Schranckhut bei Mair verwendet, um den Gegner zu einem Angriff zu verleiten, indem ihm eine Blöße am Kopf angeboten wird.[632] Eine Wechselhut (hier lediglich *wechsel* genannt) findet ebenso Erwähnung als Ausgangsstellung verschiedener Techniken. Das Schwert wird hierbei seitlich mit dem Ort nach unten neben dem Körper gehalten, wobei die lange Schneide nach hinten zeigt. Ebenso wie bei der Nebenhut Ringecks kann ein Angriff des Gegners aus dieser Hut durch Auffahren mit der kurzen Schneide versetzt werden.[633] Mair kennt darüber hinaus ebenfalls die Hut namens Krone (*kron* oder *cron*), wobei der Begriff hier jedoch offenbar ambivalent für zwei verschiedene Abwehrhaltungen benutzt wird. Einerseits wie die Krone in früheren Quellen, bei der das Schwert mit dem Ort nach oben über den Kopf gestreckt wird, um die gegnerische Klinge mit der Parierstange zu fangen – dies erfolgt als Abwehr beispielsweise gegen den Scheitelhau, so auch bei Mair.[634] Zum anderen benutzt Mair die Krone als Technik im Halbschwert, um Schläge von oben abzuwehren. Dabei wird das Schwert mit beiden Händen (eine davon an der Klinge) quer über den Kopf gehalten.[635]

Mairs ausführlicher Katalog weist neben den verborgenen Hieben verschiedene Grundhiebe auf, namentlich die einfachen Hiebe Oberhau, Unterhau und Mittelhau, ferner die spezielleren Hiebe Kreuzhau, Windhau, Flügelhau und Wechselhau. Die Ausführung dieser Techniken wird aber ebenfalls kaum näher ausgeführt und erschließt sich oft nur aus dem Kontext. Bei Oberhau, Unterhau und Mittelhau handelt es sich vermutlich um die aus den anderen Quellen geläufigen einfachen Hiebe jeweils von oben, unten oder horizontal direkt zum Gegner, die als bekannt vorausgesetzt und daher nicht näher beschrieben werden. So erschöpft sich die Erläuterung zum Oberhau in der Anweisung *haw Im lang ein zum kopff*[636], an anderer Stelle *haw Im zu der oberen plösse*[637]. Der Unterhau wird an einer Stelle beschrieben mit *haw dich mit dem underhaw lang ein zu seiner linggen seitten, das dein gehiltz vor deinem haubt stee*.[638] Die Abbildung der entsprechenden Seite zeigt deutlich, wie der Hieb von unten gegen die unteren Blößen des Gegners geführt wird, hier unter dem Arm.

---

632 Wien, ÖNB, Cod. 10825, fol. 32v: *Item so du also in der Schranckhut ligst mit gestreckten armen, das dein lingger fuß vorsteet, unnd er dir oben zu dem kopff hawt, so volg mit deinem rechten fuß hinnach, und nimb seinen haw mitt deiner kurtzen schneiden hinwegk, haw Im damit oben zu der schaittel [...].*

633 Zur Wechselhut vgl. die Abbildung auf fol. 33r: *Item wann du mit dem zufechten zu dem mann kombst, und dich in den wechsel hawest, so setz deinen linggen fuß vor, unnd streich von unden auf zu seinem gesicht, das die kurtz schneid oben stee.* Vgl. weiterhin die Nebenhut bei Ringeck, Dresden, SLUB, Mscr.Dresd.C.487, fol. 49r: *Item wann du ligst In der nebenhuot vff diner lincken sytten Vnnd ainer hawet vff dich von oben nider So streych Von vnden vff vast in sin schwert mitt der kurczen schniden.*

634 Wien, ÖNB, Cod. 10825, fol. 3r: *Wann er dir dann schaittlet, so versetz Im mit der kron also das ort, das die gehiltz an denen schwertern baide übersich stehen.* Vgl. dazu Rom, BANLC, Cod. 44 A 8, fol. 25r: *Vor setzt er denn haw [Scheitelhau] das sein ort vnd das ain gehiltz paide übersich stenn das selb haist die kron.*

635 Vgl. die Abbildung auf Wien, ÖNB, Cod. 10825, fol. 55r.

636 Ebd., fol. 9r.

637 Ebd., fol. 10v.

638 Ebd., fol. 43r.

Der Mittelhau schließlich wird als solcher überhaupt nicht weiter beschrieben, lediglich die Ausgangsstellung, welche auch auf der betreffenden Abbildung dargestellt ist.[639] Das Schwert soll dabei mit gestreckten Armen auf der rechten Seite gehalten werden. Zu erwarten wäre nun eigentlich ein horizontaler Hieb von rechts nach links, jedoch gibt Mair die Anweisung, stattdessen einen nicht näher definierten Sturzhau (*sturtzhaw*) vor dem Mann zu schlagen, worauf ein Hieb zu seinem rechten Ohr folgt.[640] Der Mittelhau wird somit offensichtlich als geläufig vorausgesetzt und soll lediglich als Finte eingesetzt werden, um mittels des Sturzhaus auf die andere Seite durchzuwechseln und von dort den eigentlichen Angriff zu führen.

Ebenfalls erwähnt, aber nicht ausgeführt werden der sogenannte Kreuzhau (*Creutzhaw*) und der sogenannte Windhau (*Windhaw*). Der Kreuzhau findet sich lediglich als Angriff auf die oberen Blößen,[641] was darauf schließen lässt, dass der Hieb ähnlich wie der bereits aus der ,allgemeinen' Fechtlehre bekannte Hieb gleichen Namens in einem Kreuzmuster jeweils von oben links und rechts geschlagen werden soll.[642] Der Windhau hingegen scheint ursprünglich eine Technik aus dem Einhandfechten mit dem Dussack zu sein[643] – es handelt sich dabei wohl um einen Hieb, der durch Verwinden der eigenen Waffe nach der Anbindung die Klinge des Gegners umgeht.[644]

Auch Mair kennt darüber hinaus einen Flügel oder Flügelhau (*fligelhaw*), der hier ähnlich wie bei Paurenfeindt oder den früheren Fechtlehren aus einer Kombination von auf- und wieder abwärtsgerichteten Hieben zu bestehen scheint, die an das Schlagen eines Vogelflügels erinnert.[645]

Der Wechselhau (*Wechselhaw*) ist der einzige in seiner Ausführung konkret beschriebene Hieb: Bei diesem wird zunächst von unten mit der kurzen Schneide

---

639   Ebd., fol. 30r.
640   Ebd.: *Item stell dich also in den mittelhaw, das dein lingger fuß vorstee,dein schwert mit gestrackten armen von deinem leib auff deiner rechten seitten, volg mit deinem rechten fuß hinnach, und haw dich behend vor dem mann durch in den sturtzhaw, tritt mit dem linggen schenckel hinein, und haw Im zu seinem rechten or.*
641   Bei beiden Stellen, an denen der Hieb erwähnt wird, ist eine obere Blöße das Ziel. Ebd., fol. 5r: *haw dich in den Creutzhaw zu seinenn or.* Fol. 24v: *haw Im mit dem Creutzhaw zu dem kopff.*
642   Vgl. Anmerkung 330.
643   Der Windhau wird schon bei Paurenfeindts Abhandlung zum Messer/Dussack erwähnt (Andre Paurenfeindt, Ergrundung, fol. G4r; hier wird der Hieb *windt straich* genannt), und auch Mair führt ihn erneut bei dieser Waffe auf (Wien, ÖNB, Cod. 10825, fol. 107r).
644   Wien, ÖNB, Cod. 10825, fol. 17r: *haw dich in den Windhaw, und wend dich aus dem Windhaw in den underen schnit gegen seiner rechten seitten.*
645   Vgl. die Illustration auf ebd., fol. 18r und den Text auf fol. 20r: *[…] haw In aus der hut vom tag mit langer schneid zu seinem kopff. Versetzt er dir das, so haw Im mit ainem fligelhaw zu seinem rechten arm von unden ein, fert er dem haw nach, und will In verschieben, so haw Im mit kurtzer schneid zu der oberen plösse.* Der Flügelhau wird hier explizit nur als Hau von unten beschrieben, der Kontext weist aber auf eine Kombination von Auf- und Abwärtsschlägen hin.

zum Gegner geschlagen, darauf wird die Klingenseite gewechselt und mit der langen Schneide von oben ein zweiter Hieb geführt.[646]

Der restliche Stückekatalog Mairs geht in großen Teilen auf die Liechtenauerlehre zurück und behandelt die dort aufgeführten Techniken und Prinzipien. Thematisiert werden dabei unter anderem das Nachreisen[647], das Überlaufen[648], das Winden[649], das Hängen[650], das Sprechfenster[651], das Zucken[652], der Fehler[653] sowie die Prinzipien von Schwäche und Stärke[654] und eine ganze Reihe von Techniken zum Ringen am Schwert beziehungsweise zur Entwaffnung des Gegners[655] – hierunter auch das sogenannte Sonnenzeigen[656], eine Technik ursprünglich bekannt aus dem Repertoire Johannes Lecküchners,[657] bei der der Kopf des Gegners sinnbildlich zur Sonne gedreht wird. Die meisten der Techniken zum Fechten mit dem langen Schwert sind als diejenigen früherer Liechtenauer-Interpretationen zu erkennen, auch wenn Mairs Vorgehensweise, die Techniken nicht konkret, sondern nur eingebettet in ein Stück aus mehreren Aktionen zu präsentieren, die Analyse deutlich erschwert. Dennoch zeigen sich auch einige Unterschiede zu früheren Auslegungen.

Das Nachreisen Mairs unterscheidet sich etwa von der Ausführung in der Liechtenauer-Glosse L2 dergestalt, dass hier nicht auf einen fehlgegangenen Angriff des Gegners reagiert wird, sondern zunächst ein eigener Angriff gestartet und schließlich auf die folgende Aktion des Gegners reagiert wird. So gibt Mair etwa die Anweisung, falls der Gegner einen eigenen Unterhau dadurch versetzt, dass er mit seiner Klinge auf die eigenen Hände fällt, mit einem Krumphau zur Seite zu treten und dem Gegner damit selbst zu den Händen zu schneiden.[658] Das Prinzip des Nachreisens ändert sich bei Mair also, indem die Initiative nicht mehr zunächst beim Gegner liegt und durch das Nachreisen erlangt wird, sondern zunächst eine Reaktion des Gegners auf eine eigene Aktion provoziert wird, auf die mit dem Nachreisen dann geantwortet werden kann. Dies deckt sich mit Mairs genereller Tendenz, die Stücke stets mit einer

---

646 Ebd., fol. 33r: *setz deinen linggen fuß vor, unnd streich von unden auf zu seinem gesicht, das die kurtz schneid oben stee, trit mit deinem rechten fuß hinnach, und haw Im mit langer schneid oben zu dem kopff seiner rechte seitten.*
647 Ebd., fol. 5v–8r.
648 Ebd., fol. 8v–9r.
649 Ebd., fol. 10v und fol. 12r.
650 Ebd., fol. 22r f.
651 Ebd., fol. 23r.
652 Ebd., fol. 27r f.
653 Ebd., fol. 30v.
654 Ebd., fol. 5r. Hier findet sich gar eine Textstelle, die als verfremdetes Liechtenauer-Zitat zu erkennen ist: *zuck das alle treffen, wilt du die maister äffen.* Weiterhin fol. 32r.
655 Etwa ebd., fol. 12v–16v.
656 Ebd., fol. 52v.
657 München, BSB, Cgm 582, fol. 111r.
658 Wien, ÖNB, Cod. 10825, fol. 5v: *Item steest du mit deinem linggen fuß vor in dem underhaw, und er dir oben auff deine hend sitzt, so tritt mit deinem rechten fuß hinnach, und fall Im krumb ein auff dein lingge seitten.*

offensiven Aktion zu beginnen anstatt auf einen einleitenden Angriff des Gegners zu reagieren.

Auch das Sprechfenster – bei Mair *Brechfenster* genannt – unterscheidet sich
stark von seiner früheren Umsetzung. Anstatt den Winkel zwischen den angebunden Klingen im Langort zu beschreiben, wie dies noch bei den Liechtenauer'schen Glossen der Fall war, bezeichnet Mair mit dem Begriff eine Stellung
ähnlich der Hut vom Tag, bei der das Schwert in Daumenlage vorne über den
Kopf gehalten wird, sodass die Arme des Fechters das sinnbildliche Fenster
bilden, durch das der Gegner beobachtet wird. Die nachfolgende Beschreibung
des Stückes lässt darauf schließen, dass die Hut genutzt werden soll, um den
Gegner durch ein seitliches Ausschreiten anzugreifen, vermutlich mit einer Art
Zwerchhau.[659] Offenbar wurde hier nur das Sinnbild des Fensters übernommen,
durch das der Gegner zu sehen ist, jedoch um eine gänzlich andere Technik zu
beschreiben – möglicherweise, um mit dem „gewaltigen" Hieb aus dieser oberen
Hut einen feindlichen Angriff zu brechen.[660]

Eine eher ungewöhnliche Technik beschreibt Mair darüber hinaus mit dem
bei ihm so bezeichneten Einhorn[661]: Bei diesem handelt es sich um eine Hut
ähnlich dem Ochs, jedoch lässt die linke Hand den Schwertgriff los, wird gedreht
und greift so umgekehrt wieder zu, dass der Daumen nach hinten zum Knauf
zeigt (Farb-Abb. 13, linker Fechter). Offenbar soll durch dieses Umgreifen eine
stabilere Haltung für einen anschließenden Stoß geschaffen werden, wie die
Verwendung in den Stücken zeigt: Nach einem ersten Hieb von oben als Finte,
der den Gegner zur Parade verleiten soll, wird das Schwert wieder nach oben
gebracht, die linke Handstellung wie oben beschrieben gewechselt und zugestoßen.[662] Alternativ wird die Haltung mit verkehrter Hand direkt eingenommen
und zugestoßen.[663]

Selbst wenn das Umgreifen mit der linken Hand zunächst merkwürdig an-
muten mag, da sich dies nur für den Stoß eignet und auch dort wohl nur geringe
Vorteile bringt, handelt es sich dabei offensichtlich nicht nur um ein Kuriosum

---

659 Ebd., fol. 23r: *Item schick dich also in das Brechfenster, stand mit deinem rechten fuß vor, und halt dein
       gehiltz vor deinem haubt, das dein daumen unden stee, den ort in der höhe auff dein rechte seitten, unnd
       sich mit deinem angesicht zwischen deinen armen hinaus auf den man, verfall auff dein rechte seiten mit
       dem schwert, trit mit deinem linggen fuß hinein, und haw Im gewaltig zu dem kopff.*
660 Vgl. dazu die Erklärung Meyers in Joachim Meyer, Gründtliche Beschreibung des Fechtens,
       fol. 1.41r: *LAngort ist bey den Alten eigentlich das Brechfenster genant worden / darumb das alle andere
       stuck daraus gebrochen werden koennen.*
661 Mair verwendet für die deutsche Übersetzung die Bezeichnung *Einkiren*, das in der lateinischen
       Version dafür verwendete *Monocerote* zeigt aber, dass hier das Einhorn gemeint ist.
662 Wien, ÖNB, Cod. 10825, fol. 33v: *Item wilt du das Einkiren treiben, so schick dich also darein. Stand mit
       deinem lingken fuß vor unnd haw gestrackt als wollest du zu der Erden hawen. In dem so duplier auff, und
       laß dein lingge hand von deinem schwertßknopff, tritt mit deinem rechten fuß hinnach, und greiff mit
       verkerter hand auff den knopff, das dein daumen oben stee, und scheuß Im den ort zu dem gesicht.*
663 Ebd., fol. 35v: *Item wann du für den man kombst, so schick dich also in das Einkiren. Stee mit deinem
       linggen fuß vor mit verkerten armen vor deinem haubt, das die kurtz schneid unden stee, der ort gegen dem
       man, volg mit deinem rechten fuß hinnach, stich Im damit deinen ort zu seinem angesicht oder der prust.*
       Die verkehrte Stellung der linken Hand ist bei der Abbildung zu diesem Stück deutlich zu
       erkennen.

Mairs. Schon in älteren Fechtbüchern lassen sich Hinweise auf diese Technik finden, so etwa auf Abbildungen in Augsburg, Universitätsbibliothek, Cod.I.6.4.2[664] und Paris, Musée national du Moyen Âge, Cl. 23842[665], die deutlich die verkehrte Handstellung zeigen. Auch in Joachim Meyers Fechtbuch, das nach Mairs Zeit angefertigt wurde, taucht das Verkehren der linken Hand zum Zwecke des Stoßes wieder auf.[666] Jörg Wilhalm Hutter bringt das Einhorn schon vor Mair Anfang des 16. Jahrhunderts in Verbindung mit dem Sprechfenster, eventuell besteht hier gar eine Verbindung zu Liechtenauers Lehre, welcher der Text Jörg Wilhalms sehr nahe steht.[667] Es scheint sich hierbei also durchaus um eine Technik zu handeln, die unter den Fechtmeistern zumindest eingeschränkte Verwendung gefunden haben muss und spätestens im Laufe des 16. Jahrhunderts unter dem Namen Einhorn (beziehungsweise *Einkiren* bei Mair) kanonisiert wurde – die Bezeichnung Einhorn taucht ebenfalls schon in älteren Quellen des ausgehenden 15. Jahrhunderts auf, dort jedoch ohne konkrete Beschreibung der Technik.[668]

Im Gegensatz zu seinem Vorgänger Andre Paurenfeindt und seinem Zeitgenossen Joachim Meyer legt Mair darüber hinaus großen Wert auf den Stich beziehungsweise Stoß mit dem Ort, der auch in älteren Fechtlehren ob seiner Effektivität oft Anwendung fand. Immer wieder enden die Stücke in Mairs Kompendium mit den Anweisungen *stich Im deinen ort in sein gesicht*[669], *stich Im die nechsten plösse*[670] oder an einer Stelle gar *stoß im den ort damit zu seinen gemechten*[671]. Mit dieser stoßlastigen Fechtweise, die jedoch für den sportlichen Umgang aufgrund des hohen Verletzungsrisikos eher ungeeignet ist, knüpft Mair direkt an die älteren Meister an, die den Stoß als kürzeste Verbindung zwischen der eigenen Waffe und dem Körper des Gegners erkannten und ihn als effektive Technik schätzten.[672]

---

664 Augsburg, Universitätsbibliothek, Cod.I.6.4.2, fol. 78r.
665 Paris, Musée national du Moyen Âge, Cl. 23842, fol. 19v.
666 Vgl. das rechte hintere Kämpferpaar in Figur F auf der Abbildung in Joachim Meyer, Gründtliche Beschreibung des Fechtens, fol. 1.8v. Dazu auch die Beschreibung der Technik auf fol. 1.42v: *als bald er solch es thuot / so lasse dein Lincke hand vom knopff ab / vnd den klingen gegen seiner Rechten von Unden auff in einer hand vmb schnappen / vnnd setze jhm den vordern ort an sein Brust / greiff in des dein knopff wider an / wie du solches an den kleinern Bilder zuor Rechten hand mit dem F. hievor sehen kanst / stoß jhn also mit verkehrter hand von dir [...].* Bei der eigentlichen Beschreibung des Einhorns erwähnt Meyer das Verkehren der linken Hand jedoch nicht, ebenso zeigt die zugehörige Abbildung auf fol. 1.34r die nicht verkehrte traditionelle Handhaltung.
667 München, BSB, Cgm 3711, fol. 40v: *Der statt im einhorn | Das ist auch ein valscher ortt und gett aus dem sprechfenster und den nim als du es oben gmalt sichst und ist das einhorn.*
668 Vgl. Köln, Historisches Archiv der Stadt, MS Best. 7020 (W.Nr. 150), fol. 15r (dort ohne weiteren Kontext): *Item eyn bruch vuer den eynhorn als du sychs / das eyner der eyner den eynhorn brucht so bruch / den flogell hew.*
669 Wien, ÖNB, Cod. 10825, fol. 20v.
670 Ebd., fol. 33v.
671 Ebd., fol. 48r. Hierbei handelt es sich sicherlich um eine Übernahme der gleichen Technik aus Augsburg, Universitätsbibliothek, Cod.I.6.4.2, fol. 14v, auch wenn die Trefferzone dort noch nicht derart explizit benannt ist.
672 Vgl. dazu oben, Anmerkung 137.

Mair basiert sein Werk also zusammenfassend hauptsächlich auf Liechtenauers Fechtlehre, besonders die fünf verborgenen Hiebe und die vier Huten stellen einen wichtigen Bestandteil vieler seiner Stücke dar und werden immer wieder in die Abläufe eingebaut. Dennoch finden sich in dem umfangreichen Stückekatalog auch Techniken außerhalb der Lehre Liechtenauers. Da Mair seine Quellen nicht benennt, gehen die von ihm gesammelten Fechtlehren in seinem Traktat nahtlos ineinander über, die Grenzen zwischen Liechtenauer und anderen Fechtmeistern sind fließend. Bei der Ausführung der einzelnen Techniken dürfte weiterhin einiges an persönlicher Erfahrung Mairs sowie der von ihm für dieses Projekt verpflichteten Fechter eingeflossen sein. Bemerkenswert ist Mairs offenkundiges Bestreben, möglichst viel Material seiner historischen Sammlung in das Kompendium mit aufzunehmen, auch wenn sich ihm der Sinn mancher Technik offenbar nicht erschloss und dies bedeutete, nur ihren historischen Namen zu übernehmen und sie mit einer anderen Ausführung zu ersetzen, wie dies etwa im Fall des Brechfensters oder des Nachreisens geschehen ist. Obwohl Mair seine Quellen nicht anführt und etwa Liechtenauer an keiner Stelle seines Traktats erwähnt, war ihm offensichtlich doch daran gelegen, die historisch überlieferten Begrifflichkeiten in ihrer Gänze in sein Werk aufzunehmen, selbst wenn er ihnen dazu neue Bedeutung verleihen musste.

Die Fülle an Stücken, die in ihrer Ausführung beschrieben werden, ist bis zu diesem Zeitpunkt beispiellos. Auffällig ist hingegen das völlige Fehlen jeglicher didaktischer Grundlagen in Mairs Werk. Obwohl ein gewaltiger Aufwand betrieben wurde, die einzelnen Stücke zu sammeln, aufzuführen und zu illustrieren, stellt das Traktat nichts weiter dar als eine Aneinanderreihung von Anweisungen, wie verschiedene Techniken in Kampfsituationen angebracht werden können. Weder wird die Ausführung der einzelnen Techniken näher beschrieben, noch werden Informationen zu der taktischen Anwendbarkeit der Stücke geliefert. Verbunden mit der Tatsache, dass keinerlei Systematiken und/ oder grundlegende Kenntnisse vermittelt werden, stellt sich Mairs Werk damit weniger als eigenständige Fechtlehre dar, die das Wissen eines Fechtmeisters tradieren sollte, sondern vielmehr als aufwendiges Kompendium einzelner Gefechtssituationen. Dies deckt sich mit Mairs einleitender Beschreibung zum Kontext der Anfertigung des Traktats: Ihm ging es darum, Zweikampfsituationen nach den alten Kampfkünsten nachzustellen und diese sowohl durch Illustration als auch durch Text für die Nachwelt festzuhalten.

Dass die Stücke in einer Fechtschule konkrete Anwendung fanden oder das Kompendium gar als Lehrmaterial für Fechtschüler genutzt werden sollte, war offensichtlich hingegen nicht seine Absicht, was sich auch aus der Tatsache begründen lässt, dass Mair vielerorts Stöße und Stiche mit dem Ort als Offensivaktion verwendet. Für eine verhältnismäßig sichere Anwendung unter sportlichen Aspekten und bei Vorführungen, wie dies bei Paurenfeindt und später auch Joachim Meyer der Fall ist, ist Mairs Fechttraktat damit nicht geeignet. Auch die Verwendung von Fechtfedern schafft hier keine Abhilfe, und ihre Abbildung in Mairs Werk liegt vermutlich eher darin begründet, dass diese zur Zeit der Anfertigung im Gegensatz zu echten Schwertern weiter verbreitet und an den Fechtschulen in Benutzung waren. Gefährliche Schläge mit dem Knauf zum

Kopf des Gegners werden gleichfalls thematisiert, ebenso wie definitiv auf Verletzung ausgelegte Schnittaktionen.[673]

Dennoch kehrt sich Mair mit der Komplexität seiner Stücke, die oft aus einer Vielzahl aufeinanderfolgender Aktionen bestehen, zu einem gewissen Grad von der früheren, auf Effektivität bedachten Fechtweise ab und einer für das 16. Jahrhundert moderneren, auf das Schau- und Wettbewerbsfechten zugeschnittenen Kampfweise zu. Seine Stücke resultieren aus der zeitgenössischen versportlichten Fechtweise, die bei ihm jedoch auf einen Ernstkampf mit scharfen Waffen rückprojiziert wird und damit eine Art Hybridform zwischen den Fechtbüchern des 15. Jahrhunderts und etwa der Fechtlehre Joachim Meyers darstellt. Mair gelang es somit zwar, ein umfangreiches Kompendium zum Fechten mit dem langen Schwert (und anderen Waffengattungen) anzufertigen, in dem eine beispiellose Fülle an Stücken vereint ist, die konkrete Gefechtssituationen thematisieren. Grundlagen und Hintergründe zu den verwendeten Techniken übernahm er dabei jedoch nicht in sein Werk, wie es für eine eigenständige Fechtlehre sinnvoll gewesen wäre. Diese Anstrengung blieb seinem Zeitgenossen Joachim Meyer überlassen, dessen Fechtlehre im folgenden Kapitel näher untersucht wird.

4.3. Joachim Meyer

Mit dem ausgehenden 16. Jahrhundert neigte sich die Zeit des langen Schwertes endgültig dem Ende entgegen. Der letzte große Fechtmeister, der sich intensiv mit dieser Waffe beschäftigte, war Joachim Meyer, Verfasser des umfangreichsten und ausführlichsten Fechtbuches seiner Zeit. Meyer, gebürtig zu Basel, vermutlich um das Jahr 1537,[674] später als Bürger Straßburgs nachweisbar, begann schon frühzeitig, sich intensiv mit der Fechtkunst auseinanderzusetzen. Das Fechten habe er nach eigenen Worten *nicht allein von künstlichen beruempten Meistern erlernet / sonder auch nun eben lange Jar getriben / vnd darinnen etliche junge Fürsten / Graven / Herrn / vnd vom Adel vnderwisen.*[675] Schon in den 1560er Jahren fertigte er so ein erstes Fechtmanuskript für den aus dem hessischen Adelsgeschlecht der Solmser stammenden Otto, später Graf von Solms-Sonnenwalde an.[676] Zur gleichen Zeit ist Meyer über mehrere Jahre hinweg als Veranstalter von

---

673 Zum Knaufstoß vgl. Wien, ÖNB, Cod. 10825, fol. 34r: [...] *auch magst du In mit dem knopff zu dem haubt schlagen.* Andere gefährliche Aktionen finden sich etwa auf fol. 10v: [...] *so fall aus dem schaitler Inn den krumphaw, und schneid In durch das maul* und bei den vielfältigen Ringtechniken, die immer wieder mit gebrochenen Armen enden.

674 Dupuis, Joachim Meyer, S. 109.

675 Joachim Meyer, Gründliche Beschreibung des Fechtens, fol. a.3v. Die Blattzählung richtet sich nach der Edition von Wolfgang Landwehr; die erste Zahl (oder Buchstabe, im Fall der Vorrede) gibt hierbei das Buch an, die zweite das entsprechende Blatt. Die Transkription richtet sich nach der Ausgabe von 1570, eines der erhaltenen Exemplare in München, Bayerische Staatsbibliothek, Res/4 Gymn. 26 t (VD16 M 5087).

676 Lund, Universitätsbibliothek, Msc. A 4° 2, fol. 4r: *Den Wollgebornenn Herrnn Herrn Ottho Grane zu Solms Hern zu Minnzenberg unnd Sonnenwaldt.*

Fechtvorführungen in Straßburg nachweisbar[677] und begann mit der Arbeit an seinem Opus magnum, dem Fechtbuch *Gründtliche Beschreibung der Kunst des Fechtens*, das 1570 erschien und für dessen Drucklegung er sich hoch verschuldete.[678] Vermutlich auch um die Kosten für sein Fechtbuch zu decken, trat Meyer im gleichen Jahr in die Dienste des Herzogs von Mecklenburg, Albrecht I., wo er jedoch schon im Folgejahr nach kurzer Zeit als Fechtlehrer am Schweriner Hof in jungen Jahren verstarb.[679]

Mit seinem Fechtbuch, das offenbar größere zeitgenössische Beachtung fand (es folgte mindestens ein Nachdruck im Jahr 1600,[680] bis heute sind mehrere Exemplare beider Auflagen erhalten), hinterließ Meyer das bislang vollständigste Traktat zum Kampf mit dem langen Schwert, sozusagen eine „umfassende, abschließende Enzyklopädie der mittelalterlichen deutschen Kampfkunsttradition", wie es Wolfang Landwehr ausdrückt.[681] Kein Fechtmeister vor Meyer erreichte diese Fülle an Material, und mit dem Aufkommen der neuen Fechtkünste mit dem Rapier und anderen, moderneren Waffen geriet das lange Schwert mehr und mehr in Vergessenheit, weshalb auch später kein Versuch mehr unternommen wurde, an Meyers Werk anzuknüpfen.

Zu Meyers Quellen für dieses Unterfangen lassen sich nur wenige Aussagen treffen, jedoch existiert mit der in der Universitätsbibliothek Rostock aufbewahrten Handschrift Mss. var. 82 ein vermutlich von ihm selbst in den Jahren vor 1570[682] angefertigtes Fechtbuch (*Fechtbuch von allerhand geschwinden Stuckenn zu Ross und zu Fuß vnd zum Kampf aufgezeichnet von den fürnemesten alten theichsten meistern auch einen kurtzen grund vom Rapier gestellet durch Jochim Meyer*)[683], das wohl zu seinem Eigengebrauch, möglicherweise etwa als Lehrmaterial für seinen Unterricht diente. Auch wenn sich in dieser Handschrift verschiedene Abschnitte von Meyer selbst finden, darunter mehrere Schlagdiagramme und eine Ausführung zum Fechten mit dem Rapier, handelt es sich doch zum überwiegenden Teil um eine Sammlung älterer Texte zu verschiedenen Waffengattungen, die Meyer aus anderen Werken kopierte. Zum langen Schwert treten hier vor allem die Texte in der Tradition Liechtenauers hervor, namentlich die anonyme Liechtenauer-Glosse L2, einmal auch in der Bearbeitung durch Ringeck,[684] sodass sich Meyer zweifelsfrei als Kenner der Lehre des alten Meisters identifizieren lässt – in seinem Werk stellt er sich nicht explizit in dessen Tradi-

677 DUPUIS, Joachim Meyer, S. 109 f.
678 Joachim Meyer, Gründtliche Beschreibung des Fechtens, fol. a.4v: *Datum Strasburg den 24 Februarij / Anno 1570*. Zu Meyers Verschuldung: DUPUIS, Joachim Meyer, S. 110.
679 DUPUIS, Joachim Meyer, S. 110.
680 SCHAER, Die altdeutschen Fechter, S. 76 verweist darüber hinaus auf zwei weitere Auflagen in den Jahren 1610 und 1660, von diesen scheinen sich jedoch keine Exemplare erhalten zu haben.
681 LANDWEHR, Joachim Meyer, S. 13.
682 Datumsangabe auf fol. 123r.
683 Rostock, Universitätsbibliothek, Mss. var. 82, fol. 5r.
684 Die Ringeck-Bearbeitung findet sich auf fol. 6r–13v, hier fälschlich einem *meister Sigmundt Einring* zugeschrieben. Die enthaltene Kopie der L2-Bearbeitung erstreckt sich von fol. 13v bis 39v und gehört zur Gruppe L2b.

tion, erwähnt ihn aber zumindest verschiedentlich als Referenz.[685] Es findet sich weiterhin eine Kopie der ‚Sechs Gänge' Martin Siebers in der Sammlung, auch hier jedoch nur in Versform und ohne erläuternde Glossierung, dafür ausdrücklich dem langen Schwert zugeordnet.[686] Darüber hinaus verweist Meyer innerhalb seines Traktats auf die zwölf Regeln der *alten Fechter*, was seine Kenntnis des Fechtbuchs Paurenfeindts – oder zumindest der dort enthaltenen zwölf Regeln – nahelegt.[687]

Angesicht dieses Befunds verwundert es nicht, dass Meyer, ebenso wie sein Zeitgenosse Paul Hector Mair, die Rechtfertigung für sein Werk aus der alten Tradition der Fechtkunst zieht. In einer ausführlichen Vorrede, die sehr an diejenige Mairs erinnert, verweist auch er auf den Niedergang der Kampfkünste und wie diese inzwischen in Verachtung geraten seien. Was vor allem daran liege, dass mit dem Aufkommen der Feuerwaffen selbst der tapferste Mann einem schwachen Gegner unterlegen sei, sofern dieser nur ein Geschütz oder ein Gewehr bedienen könne.[688] Weiter geht auch Joachim Meyer auf die Geschichte des Fechtens ein, von den alten Römern bis hin zu den großen *Teutschen Helden* wie Karl dem Großen oder Heinrich I., welche von „wohlgeübter Ritterschaft" gewesen seien und so ihrem Volk auf die beste Weise dienen konnten. Meyer betont damit die Wichtigkeit einer ritterlichen Ausbildung, besonders für seine deutschen Volksleute, die nur auf diese Weise ihrem Vaterland in der Not beistehen und dem Feind die Stirn bieten könnten.[689]

Doch neben dieser historischen Rechtfertigung führt er auch ganz konkrete Gründe für das Erlernen des Umgangs mit Nahkampfwaffen an: Zwar seien Feuerwaffen das neue Mittel der Kriegsführung, doch gebe es in der Tat auch Situationen, *wann das Geschütz fürfallen der vrsach halben nicht zugebrauchen sei,*

---

685 So etwa bei der Beschreibung des Prinzips des Indes: Joachim Meyer, Gründtliche Beschreibung des Fechtens fol. 1.25r: *Dann in disen dingen allen welcher dich das woertlein Indes ermanet / stehet alle kunst des Fechten (wie Lichtenawer sagt).* Teils werden auch Versatzstücke aus Liechtenauers Zettel wiedergegeben, etwa beim Kapitel zum Versetzen, ebd., fol. 1.15v: *Von dieser versatzung nun / thut auch Lichtenawer meldung da er spricht. Vor versetzen hüt dich /Geschichts dir not es mühet dich.*

686 Rostock, Universitätsbibliothek, Mss. var. 82, fol. 39v–41r. Fol. 39v: *Das hernach geschribenn ist ein newe tzetel des lanngenn schwerts vnnd ein auszug aus der vorigenn tzetelnn, vnnd vil annder guoter stuck, von manches meisters handt, die hat tzuosamen gesetzt meister Merten Siber, vnnd ist getailt in Sechs genng.*

687 Joachim Meyer, Gründtliche Beschreibung des Fechtens, fol. 1.23v: *daher denn auch die alten Fechter so diß alles wol erwegen vnd erfahren / in ihrer zwoelfften Regel setzen. Wer Trit nach den Haeuwen / Darff sich seiner kunst wenig frewen.*

688 Ebd., fol. a.2r: […] *das zuo diser letsten zeit das schedliche geschuetz aufkommen / vnd also gar vberhand genomen / das durch dasselbige / dem aller mannlichsten vnd dapffersten Helden / sein leben / bißweilen auch von dem aller geringsten vnd zaghafftesten / auch zuo zeiten mit beyder der freundt vnnd feinde / schmertzen vnd bethawren / vnuersehenlich entzucket vnd geraubet wirdt.*

689 Ebd., fol. a.3r f.: *Welliches dann in keinen weg beschehen / wo nit die fuertreffenliche Teutschen / neben guoter policey / auch in allerhand Ritterspil vnd Kriegs sachen geuebt vnnd erfahren gewesen / wie dann an den großmechtigen thatten viler vnueberwindlicher Teutschen Helden / als Pipini / Caroli Magni / Lodouici Pij vnd Henrici Primi zuosehen / weliche dann alwegen dermassen mit woleruebter Ritterschafft geziert […] Damit sie in der zeit der noth / dem gemeinen Vatterland desto fuerstendiger / auch ir selbs leib vnd leben vmb souil besser retten / auffhalten / vnd dagegen dem feind stattlichen abbruch thuon moechten.*

und in diesen Fällen sei eine Ausbildung an der Nahkampfwaffe umso wichtiger. Denn käme es in der Schlacht zum Handgemenge, so gereiche einem ungeübten Fechter seine Waffe eher noch zum Nachteil, als dass er sich ordentlich damit verteidigen könne.[690] Dass gerade das (lange) Schwert im ausgehenden 16. Jahrhundert aus wehrtechnischer Sicht keine Rolle mehr spielte, störte Meyer dabei nicht, denn ihm zufolge sei *das Fechten im Schwerdt nit allein ein vrsprung vnd quell alles andern Fechten / sonder auch für andern wehren das aller künstlichst vnnd manlichste* und daher eine wichtige Grundlage für jede weitere Form des Fechtens.[691]

Neben dem Schwert verfasste er darüber hinaus auch Lehrmaterial für seinerzeit gebräuchlichere Waffen, namentlich Dusack, Rapier, Dolch und Stangenwaffen. Der „deutschen Nation" wegen habe Meyer also die Anstrengung unternommen, ein Fechtbuch zu verfassen, das die ritterlichen Übungen und Tugenden wieder aufleben lassen sollte. Aber auch die Ausbildung seines Mäzens Pfalzgraf Johann Kasimir, und vermutlich dessen Soldaten, spielte dabei eine wichtige Rolle, nimmt Meyer doch konkret Bezug auf die *abgelauffenen beschwerlichen frantzoesischen Heerzüge*. Gemeint ist hier sicherlich Johann Kasimirs erste Intervention im französischen Hugenottenkrieg 1567, bei der der Pfalzgraf sich am eigenen Leibe von der Wichtigkeit einer umfassenden militärischen Ausbildung überzeugen konnte.[692] Schließlich führt Meyer als Grund für die Anfertigung seines Traktats auch die einfache Tatsache an, dass *doch alle andere freye kuenste zuo diser zeite dermassen beschrieben* seien, die Fechtkunst jedoch in dieser Hinsicht ein Schattendasein führe.[693]

Dass dies mitunter daran liegt, dass – wie die alten Fechtmeister bereits wussten – das Fechten eine Kunst ist, die sich nur schwerlich aus Büchern erlernen lässt und darum *mit der fauste angegriffen / vnd mit zuothoun des ganzen leibs eruebt / vnd also mehr durch erfahrung / dann auß den Buechern*[694] gelehrt werden muss, dessen war sich auch Meyer bewusst. Geschickt rechtfertigt er dennoch sein Unternehmen mit der Begründung, dass auch eine physische Übung mit einer sinnvoll konzipierten schriftlichen Anweisung besser zu erlernen sei als durch eine ungelehrte mündliche Unterweisung. In der Tat falle das Erlernen einer jeden Kunst mit einer sorgfältig erdachten schriftlichen Anweisung leichter, und diese könne so besser verstanden werden. Darüber hinaus diene solch ein Werk natürlich gleichfalls als Erinnerungsstütze, nachdem die Kunst erst einmal durch einen kundigen Fechtmeister vermittelt wurde.[695] Ironischerweise

---

690 Ebd., fol. a.2v: *das manchem seine ruestung / waffen vnnd gewehr (wann er auch zuom besten damit versehen / weiß sich aber nicht darein zuoschicken / noch sich damit bedechtlich zuo defendiern) mehr hinderlich / dann zuor beschuetzung seines leibs vnd lebens / erschließlich oder fuerstendig werden.*

691 Ebd., fol. 1.1r.

692 Ebd., fol. a.4r.

693 Ebd., fol. b.1r.

694 Ebd.

695 Joachim Meyer, Gründtliche Beschreibung des Fechtens, fol. b.1r: *so seye dannoch gewiß vnd wahr / das sie eben als wol als andere / vom lernenden vil besser / wann sie ihme neben guoter anweisung / in richtiger ordnung zuosamen gesetzt / fuergeschriben / vnd fuer augen gestelt / ins gedechtnus eingebildet / volgends auch so vil dester ehe durch die leibs uebung kan gelehrt vnd ergriffen werden / dann wan sie*

ist Meyer als letzter großer Fechtmeister seiner Zeit damit der erste unter ihnen, der sein Werk in einen konkreten didaktischen Kontext einbettet. Dies geschah bei ihm offensichtlich auch deshalb, um sich von den Gauklern und Spielleuten abzugrenzen, welche zwar ebenfalls Schwertfechten betrieben, dies aber ohne den hohen Anspruch, den ausgebildete Fechter an die Kunst stellten – erinnert sei an dieser Stelle an die bereits bekannten abschätzigen Reden älterer Fechtmeister gegen die sogenannten Leichmeister mit demselben Ziel der Abgrenzung.[696]

Als letzte und vollständigste Arbeit Meyers dient die *Gründtliche Beschreibung der Kunst des Fechtens* im Folgenden als Referenz für dessen Werk. Bezüglich des Aufbaus und des didaktischen Anspruchs ist dieses Buch mit keinem früheren Traktat vergleichbar. Anders als seine Vorgänger liefert Meyer nicht nur ausführliche Beschreibungen zur verwendeten Waffe, den Trefferzonen, den Huten und den Angriffs- und Verteidigungstechniken, sondern darüber hinaus auch eine (wenn auch kurze) Schrittlehre sowie taktische Anweisungen zum Ablauf eines Gefechts. Besonders im Vergleich zu Mairs Kompendium fällt dabei die Gliederung von Meyers Fechtbuch auf, sind hier nämlich alle Informationen zu einem Thema jeweils in einem eigenen Abschnitt zusammengefasst, sodass sich aus dem Stoff kleinere Lerneinheiten ergeben, was das Nachschlagen bestimmter Techniken erleichtert und das gesamte Werk übersichtlicher macht.

Was die Fülle an unterstützendem Bildmaterial anbelangt, steht Meyer hingegen deutlich hinter anderen Fechtmeistern zurück. Für den Abschnitt zum langen Schwert enthält das Fechtbuch so lediglich vierzehn ganzseitige Abbildungen. Diese sind jedoch von bemerkenswerter künstlerischer Genauigkeit und veranschaulichen die abgebildeten Stellungen damit sehr realitätstreu. Um die geringe Zahl an Illustrationen zu kompensieren, sind auf Stichen in der Regel gleich mehrere Kämpferpaare abgebildet, sodass je Seite teils bis zu vier Kampfsituationen gleichzeitig dargestellt sind. Die über das Buch verstreuten Abbildungen sind dem Text nicht fest zugeordnet, dafür aber mit Buchstaben versehen, auf die im Fließtext Bezug genommen wird, was eine eindeutige Zuordnung der einzelnen Abbildungen zu den jeweiligen Techniken ermöglicht. Meyer ist der erste Fechtmeister, der konkreten Bezug auf die Aussagekraft der von ihm verwendeten Illustrationen nimmt, wenn er etwa bei der Darstellung einer Hut anmerkt, *das darinnen die Arm nit gnugsam gestreckt hie anzeigt wirt*.[697] Dieser bewusste Hinweis auf Ungenauigkeiten der Abbildung zeigt, dass Meyer die Illustrationen noch im Schaffensprozess in das Traktat eingebunden haben und im Großen und Ganzen mit ihrem Detailgrad einverstanden gewesen sein

---

ihm also schlecht muendlich erzelt / vnd stuckweise gewisen wuerde [...] so kan sich hierauß die auffwachsent jugent / nach dem sie von einem rechten Meister gelernt / vnd aber denselbigen nicht alzeit bey sich hat / erinnern / vnd taeglich zuo jhrer geordneten zeit ueben [...]. Fol b.1v: [...] ein jede kunst / wie oben gemelt / wann sie in guoter ordnunge fuergeschriben / mit geringer muehe kan gewisen / vnd von den lernenden durch die leibs uebung / mit der hand auch eher dann sonst mag begriffen werden.

696 Ebd., fol. 1.1v: *das die uebung des Fechtens aus rechtem verstendigen grundt ihr herkommen habe / vnd nicht an leichtfertigem Gauckelwerck gelegen / sintemal vnder solchem Gauckelwerck vnd dem Fechten ein sehr grosser underscheidt ist.* Vgl. dazu auch oben, Anmerkung 135.

697 Joachim Meyer, Gründtliche Beschreibung des Fechtens, fol. 1.9r.

muss, wo er dies nicht anders vermerkt. Anders als bei früheren Fechtbüchern, deren Illustrationen teilweise erst nachträglich und/oder von nicht fachkundigen Zeichnern eingefügt wurden, weshalb die anatomische Darstellung kritisch betrachtet werden muss, scheinen die Abbildungen bei Meyer vom Autor selbst abgesegnet zu sein und damit größtenteils der Realität zu entsprechen.

Die bei Meyer eingesetzte Waffe wird ebenso wie bei seinem Zeitgenossen Mair nicht näher spezifiziert und lediglich als Schwert bezeichnet – auffällig ist dies im Hinblick darauf, dass Meyer der Waffe und ihrer einzelnen Teile sogar einen kurzen Abschnitt widmet, jedoch auch hier weder auf ihre materielle Beschaffenheit noch auf die zweihändige Führung eingeht. Vermutlich ungewollt knüpft er damit an die Praktik der frühesten Fechtbücher an: Da in seinem Traktat einzig das Bloßfechten thematisiert wird und damit keine Techniken im halben – also im kurzen – Schwert aufgeführt werden, erübrigt sich nach mittelalterlichem Verständnis die Unterscheidung zwischen diesem und dem langen Schwert. Ob sich Meyer dieser Tatsache bewusst war, muss jedoch offen bleiben. Wahrscheinlicher ist hingegen, dass das zeitgenössische Publikum mit der bereits etwas archaischen Bezeichnung ‚Schwert‘ automatisch die große, zweihändig geführte Waffe früherer Jahrhunderte assoziierte. Die Illustrationen in Meyers Fechtbuch zeigen eine im Vergleich zu Paurenfeindt und Mair noch einmal filigranere Form der Fechtfeder mit einer vergleichsweise langen und schmalen Klinge, die hier zum Ort hin erstmals sogar wieder etwas spitzer zulaufend ist und damit fast schon an die früheren Fechtschwerter wie etwa in Talhoffers letzter Handschrift erinnert (Farb-Abb. 6 und 7).

Der Aufbau des Traktats unterscheidet sich grundlegend von den Werken früherer Meister. So ist Meyers Fechtbuch das erste seiner Art, das größtenteils der modernen Auffassung einer didaktischen Gliederung folgt. Besonders die Grundlagen des Fechtens, die in früheren Traktaten meist nur am Rande – sofern überhaupt – abgehandelt wurden, erhalten in der *Gründtlichen Beschreibung des Fechtens* gleich mehrere eigenständige Kapitel. Weiterhin präsentiert Meyer nicht nur anwendungsbezogene Stücke zu den einzelnen Techniken, sondern erläutert zunächst gesondert deren zugrunde liegende Prinzipien, etwa die Ausführung der Hiebe, bevor in einem späteren Kapitel auf die eigentliche Anwendung eingegangen wird. Der praktischen Umsetzung der Techniken wird also jeweils eine theoretische Komponente vorgeschalten, wie dies auch im tatsächlichen Lern- beziehungsweise Lehrvorgang der Fall wäre – zunächst werden die Techniken erlernt, dann wird ihre Umsetzung im eigentlichen Kampf erläutert. So beschäftigen sich die ersten acht Kapitel des ersten Buches allein mit den Grundlagen des Fechtens und der Erläuterungen der Fachbegriffe, erst ab Kapitel neun folgt dann die praktische Umsetzung des zuvor Vermittelten inklusive einer abschließenden Sammlung von verschiedenen Stücken. Dieser Stückekatalog wird – ganz in der Tradition der mittelalterlichen Fechtmeister – von einem Zettel bestehend aus Merkversen, gedichtet vermutlich von Meyer selbst, eröffnet.

Meyer benutzt eine sehr systematische Herangehensweise, um seinem Leser die Kunst des Fechtens zu vermitteln, und widmet sich dabei allen wichtigen Teilgebieten, darunter auch denen, die in früheren Fechtbüchern kaum bis gar nicht angeschnitten wurden, wozu ebenfalls die Beinarbeit und der sichere Rückzug aus einem Schlagabtausch zählen; auch der taktische Ablauf eines Kampfes wird dabei berücksichtigt.

Das Buch zum langen Schwert ist bei Meyer wie folgt untergliedert:
1. Einteilung der Trefferzonen (*Von dem Manne vnd desselbigen theilunge*)
2. Der Aufbau des Schwertes (*Von dem Schwerdt vnd seiner außtheilung*)
3. Über die Huten (*Von den Legern oder Huoten*)
4. Über die Hiebe (*Von den Haeuwen*)
5. Über das Versetzen gegnerischer Hiebe (*Vom versetzen ein nuetzliche vermanung*)
6. Über den gesicherten Rückzug (*Von dem Abzug*)
7. Schrittlehre (*Ein Ermanung von den Tritten*)
8. Über die vier Zeitfenster (*Vom Vor / Nach / Gleich und Indeß*)
9. Praktische Umsetzung der vorigen Punkte im Gefecht (*Anleitung auf die stuck / wie sie koennen vnd sollen aus den bißher erklehrten stuecken gemacht werden*)
10. Fechten zu den vier Blößen (*Wie man nach den vier Bloessen fechten sol*)
11. Das Zufechten aus den Huten (*Auß den Legeren zuofechten*)
12. Zettel und Stückekatalog (*Das dritte theil vom Schwerdt / in welchem der folgende Zedel mit vil schoenen und geschwinden stucken erklert wirt / welchen dan ein kunst liebender Fechter mit nutz lesen vnd sich darinnen ueben kan*)

Hierbei entfallen die Kapitel 1 bis 8 auf die Vermittlung der tatsächlichen Grundlagen und Techniken, welche in den Kapiteln 9 bis 12 schließlich im Kontext fertiger Fechtstücke miteinander verbunden und angewandt werden. Der folgende Teil der Arbeit ist aufgrund dieser Materialfülle in zwei Teile gegliedert: Im ersten Teil werden Meyers taktische Anweisungen und systematische Überlegungen untersucht, bevor im zweiten Teil schließlich auf die Techniken eingegangen wird. Eine Bewertung der Lehre bildet den Abschluss des Kapitels.

4.3.1. Grundlagen, Taktisches und Systematik

Bevor Meyer zu den eigentlichen Ausführungen zum Fechten übergeht, konstituiert er zunächst eine grundlegende Basis für alle späteren Erläuterungen, indem er die seiner Fechtkunst zugrunde liegende Systematik näher erläutert. Diese gründet sich zwar auf Prinzipien und Begriffe, die bereits von den meisten älteren Fechtmeistern verwendet wurden und die deren Fechtlehren implizit als Basis dienten. Meyer ist jedoch der erste Fechtmeister, dessen Traktat eine didaktisch aufbereitete Systematik enthält, welche alle der Fechtkunst zugrunde liegenden Prinzipien ordnet und miteinander verknüpft. Dies ist insofern sinnvoll, da die einzelnen Aspekte aufeinander aufbauen und miteinander in Wechselwirkung stehen. So basieren nach Meyer die in seinem System verwendeten Huten jeweils auf den verschiedenen Blößen des menschlichen Körpers, während die Hiebe wiederum aus den Legern resultieren, wie im weiteren Verlauf der Arbeit noch genauer erläutert wird.

Meyer eröffnet seine Abhandlung daher mit einer Übersicht über die Trefferzonen, den Blößen eines Fechters, ganz ähnlich wie dies bereits in früheren Fechttraktaten zu finden ist.[698] Dabei unterteilt er den menschlichen Körper zunächst in vier Blößen, indem dieser einmal senkrecht und einmal waagerecht in jeweils zwei Zonen aufgetrennt wird, wobei die Aufteilung des Ober- und Unterleibs hier im Gegensatz etwa zu Glosse L2 nicht an der Hüfte stattfindet, sondern etwas weiter oberhalb, knapp unter den Achseln. Meyer bezieht sich bei dieser Aufteilung explizit auf die Gewohnheit der *Alten Teutschen Fechter*, denen, nach seiner Aussage, diese vier Trefferzonen genügt hätten. Seiner Beobachtung folgend, habe sich das Fechten jedoch inzwischen so weit entwickelt, dass – vor allem bedingt durch das Winden im Krieg (bei Meyer *Handarbeit* genannt) – der Kopf nun die Haupttrefferzone darstelle. Deshalb unterteilt er auch diesen erneut in vier separate Bereiche: den Scheitel, das Kinn beziehungsweise den Hals und die beiden Ohren. Die Einteilung dieser Trefferzonen wird in Abbildung A des Traktats beim rechten abgebildeten Fechter durch ein eingezeichnetes Fadenkreuz veranschaulicht.[699]

Um den Fechter darauf zu konditionieren, diese Blößen taktisch sinnvoll anzugreifen, liefert Meyer in seinem Traktat zusätzlich eine Übungsanweisung, mit der ein Schlagmuster zu den Blößen erarbeitet werden kann. Meyer ist damit der erste Fechtmeister, der seinem Werk eine dezidierte Anweisung zur Übung beifügt, die ausschließlich dem Zweck dient, die Fechttechniken zu verinnerlichen. Es handelt sich dabei um ein Schlagschema, mit dem alle vier Blößen des Körpers nacheinander angegriffen werden sollen. Dies basierend auf der Überlegung, dass keine Blöße zweimal direkt nacheinander attackiert und stattdessen auf eine immer neue Seite durchgewechselt werden sollte, um den Gegner nicht

---

698 Vgl. dazu Nürnberg, GNM, HS 3227a, fol. 25r: *Hie merke / daz lichtnawer / der teilt eyn menschen yn vier teil / recht zam das her eym von der scheitel / eyn strich vorne gleich neder machte an sym leybe / bis her neder czwischen syne beyne / Vnd den andern strich by der görtel dy czwere öber den / leib / zo werden vier vierteil eyn rechtes vnd eyn links öber der görtel / vnd alzo auch vnder der görtel* und das Schaubild auf Köln, Historisches Archiv der Stadt, MS Best. 7020 (W.Nr. 150), fol. 2v sowie den Text auf fol. 3r: *dy vyer bloyß ym swerd vernym also, dy zwo ouer bloyß am haupt dy ander zwo vnderbloyß zo beyden syten vnder deen armen.*

699 Joachim Meyer, Gründtliche Beschreibung des Fechtens, fol. 1.3v f.: *Nun wirdt aber der Man abgetheilt in vier quatier oder theil / in das Ober vnd das Under / vnd der jedes in das Recht und Linck. Dise was vnnd wie sie an ihnen selbs seind / darff nicht weitleuffiges beschreibens / dieweil der augenschein selbs solches gibt am menschen was an jme das oberste oder underste / auch Recht vnd Lincke theil sey. Doch zuo mehrerm verstand was ich hiemit gemein / eklert das Bild zuor Rechten in obgesetzter Figur. Vnd ob schon dise nun erzelte vier theil des Mans gnugsam were / nach dem gebrauch der Alten Teutschen Fechter / bey welchen das Stechen so wol als das Hauwen zuogelassen / jedoch die weil bey vns Teutschen jetziger zeit / vnnd sonderlich in der Handarbeit mit den Winden / am meisten vnnd fürnemsten nach dem Haubt gefochten wirdt / wil ich auch dasselbig wie den gantzen menschen in gemein / in die obernante vier stuck abteilen / Nemlich in das Ober so die Scheitel betrifft / vnd das Under so dem Kin und Halß zuostendig / vnd darumb das Rechte vnd Lincke theil / welche gemeinlich wegen der ohren / so beiden seitten zuostendig / das Recht oder Lincke ohr genant werden.* Die entsprechende Abbildung befindet sich auf fol. 1.3r.

zur Ruhe kommen zu lassen. So wird zuerst eine beliebige Blöße angegriffen, darauf folgt die diagonal gegenüberliegende, auf diese die spiegelverkehrte und schließlich wieder die dieser diagonal gegenüberliegende. Es ergibt sich daraus beispielsweise das Schlagschema unten links, oben rechts, oben links, unten rechts. Zur Verdeutlichung dieses Prinzips ist dem betreffenden Absatz ein Diagramm beigefügt, das mittels eines Kreuzes zur abstrakten Darstellung der Blößen und der Zahlen von eins bis vier alle möglichen Schlagkombinationen abdeckt (Abb. 3). Der Fechter lernt mit dieser Übung nicht nur, die Blößen abwechselnd zu attackieren – und dies jeweils mit der langen Schneide, der kurzen Schneide und der Klingenfläche –, sondern in einem zweiten Schritt auch, sich gegen Angriffe auf eben diese Blößen zu verteidigen.[700] Ihm werden zusätzlich zu dem Wissen um die verschiedenen Techniken Mittel an die Hand gegeben, diese in Übungslektionen zu verinnerlichen, und dies gegebenenfalls auch alleine ohne Anleitung durch einen Fechtmeister. Hier findet sich ein Alleinstellungsmerkmal von Meyers Werk im Vergleich zu früheren Traktaten.

Als Nächstes widmet sich Meyer dem Werkzeug des Fechters, dem Schwert und seiner Aufteilung wobei er sich an historischen Vorbildern orientiert: Wie in älteren Traktaten auch wird die Klinge zur Hälfte in Schwäche (Ort bis Klingenmitte) und Stärke (Klingenmitte bis Gehilz) unterteilt, während die beiden Schneiden jeweils als kurz (zwischen Daumen und Zeigefinger beziehungsweise zum Fechter zeigend) und lang (zu den Fingern beziehungsweise zum Gegner zeigend) differenziert werden.[701] Meyer erweitert diese klassische Einteilung jedoch um einen Aspekt, indem er den verschiedenen Teilen des Schwertes jeweils bestimmte Funktionen im Kampf zuweist: zum einen das Heft (bestehend aus Knauf, Griff und Parierstange), verwendet vor allem beim Ringen und zum Ergreifen der gegnerischen Waffe; weiterhin die Stärke, die für Schnitte, das Winden und um Druck aufzubauen genutzt wird; danach das Mittel (bestehend aus jeweils einer Hälfte der Stärke und der Schwäche), das für nicht näher ausgeführte *wandelbare arbeit* eingesetzt wird; und zuletzt die Schwäche, die für alle Aktionen verwendet wird, die aus längerer Mensur gefochten werden, wie etwa

---

700 Ebd., fol. 1.28r f.: *Damit du aber solches dester geuebter werdest / so soltu mit dem ersten hauw alwegen vmbwechseln / Also wann du einmal deinen ersten hauw zuor Lincken obern Bloeß / vnnd den andern zuo seiner Rechten vndern Bloeß / vnnd also furtan wie oben gelehrt / wie solches die ausserste ziffer in disem hiebey getrucktem Figürlein anzeigen) gehauwen hast / so soltu demnoch auch den ersten gegen seiner Lincken vndern / den andern gegen seiner Rechten obern / vnd dann fürter wie die ander zal im gedachten Figürlein lehrt / darnach so Hauwe den ersten zuo seiner Rechten vnden / den andern zuo seiner Lincken oben / vnd also fürter wie dich die drit zal weist / zum letzten Hauwe deinen ersten gegen seiner Rechten / vnd fürter wie solches die inere zal außweisset / vnnd das alles lerne erstlich wie gemelt mit langer dann mit halber schneid / vnd letzlich mit der fleche in das werck richten / wanndu nun solches wol kanst / so folget nu ferner das ander stuck / nemlich das du solche vier Bloesse wissest vor solchen gelerten haeuwen zuo bewaren / vnd eintwederst die mit deiner schwerts klingen auffhaltest oder welches besser mit gegen haeuwen von dir abweisest.*

701 Ebd., fol. 1.4v: *Die Sterck des Schwerdts nennet man den theil vom Kreutz oder hefft / biß mitten in die klinge / die Schweche von der mitten biß and das ort oder endt derselben / dardurch die verenderung der stucke in Lange vnd Kurtze herwachsen. Die Langeschneid ist die volle Widerschneid von den fingern hinaus / gerad gegen deinem widerpart / die Kurtze oder halbe schneide heist die so gegen dem daumen oder zwischen dem daumen vnd zeiger / oder ersten finger gegen den Fechter selbst gekeret […].*

Abb. 3: Übungsdiagramm nach: Joachim Meyer, Gründtliche Beschreibung des Fechtens, fol. 1.28r

das Durchwechseln oder das Schleudern.[702] Meyer ist damit auch der erste Fechtmeister, der die Unterteilung des Schwertes in konkrete Verbindung zur Anwendung der Techniken im Gefecht setzt. Bemerkenswert ist der gänzliche Verzicht auf Anweisungen die Haltung des Schwertes betreffend. Weder an dieser Stelle noch bei der Beschreibung der Stücke gibt Meyer Hinweise darauf, wo die Daumenlage anzuwenden sei, auch wenn diese deutlich auf einigen der Abbildungen zu erkennen ist.[703]

Meyer greift weiterhin die schon bereits von früheren Fechtmeistern eta- blierten Begriffe zur Beschreibung des Ablaufs eines Kampfes auf und bringt sie

702 Ebd., fol. 1.5r: *Auß oberzelten theilungen des Schwerdts entspringen die Rechte gantze theilung / welche im Fechten sehr nutzlich / nemlich das das Schwerdt abermals vnnd ferner in gemein in vier theil getheilet vnd underscheiden / wie in hievor getruckter Figur zuosehen. Der erst wirt genant / das Bindt oder Hefft begreifft in sich Knopff und Kreutz / zuom einlauffen / Ringen / Greiffen / Werffen vnd anderer arbeit dienstlich. Der ander die Sterck wie oberzelet / zuom Schneiden / Winden / Trucken / vnd anderm was auß der sterck gefochten nuetzlich. Der dritte theil ist das Mittel / wirt auß der sterck vnd schwech vmb den halben theil zuogleich genomen / vnd der wandelbaren arbeit / welche nach eines jeden gelegenheit alweg mag gebraucht werden / zuogeeignet. Der vierde ist die Schweche zuom durchwechseln / Schnellen / Schlaudern / vnd was dergleichen aus der Lenge gefochten gehoerig / wie du denn solches alles folgends vil und gnugsam Exempel vnd stuck haben würst.*
703 So etwa bei der Illustration zum Zwerchhau (ebd., fol. 1.41v), hier das linke obere Fechterpaar.

ebenfalls in eine systematische Ordnung. Er unterteilt den tatsächlichen Kampf in drei Phasen: Anfang (Zufechten), Mittel (Handarbeit) und Ende (Abzug). Diese Kategorisierung ermöglicht es ihm, die später beschriebenen Techniken jeweils einer Phase des Kampfes zuzuordnen, auch wenn die Übergänge hier fließend sind: Das Zufechten geschieht mittels der Huten und der daraus möglichen Hiebe, durch die es zu einer Anbindung kommt, welche in der zweiten Phase des Kampfes mündet. Diese Phase wird bestimmt durch das Winden und die Arbeit im Nahkampf (= Handarbeit), wobei hier natürlich ebenfalls weitere Hiebe und Huten Verwendung finden können. Hauptsächlich besteht die Handarbeit jedoch laut Meyer aus den Techniken *anbinden / Winden / Wechseln / Verfueren / Nachreisen / Schneiden / Doplieren / Ablauffen sol lassen / oder woelcher gestalt man vmbschlagen / Schlaudern / Vorschieben / Absetzen / Zucken und Rucken / Verstellen / Ringen / Einlauffen / Werffen und nachtringen.* Der Abzug schließlich ist Teil eines jeden Stückes und kann ebenfalls wieder Überschneidungen mit den obigen Techniken aufweisen.[704]

So wie Zufechten, Handarbeit und Abzug das Gefecht als Ganzes gliedern, so ist jedes einzelne Stück auch hier noch einmal in die drei Zeitfenster Vor, Nach und Indes unterteilt, wobei Meyer als Novum gegenüber der älteren Fechttradition zusätzlich das Prinzip des ‚Gleich' einführt. Während das Vor und Nach bei ihm die traditionelle Bedeutung besitzen – das Vor beschreibt einen Angriff auf den Gegner, sodass dieser nicht selbst zum Zug kommt; das Nach hingegen ist die Reaktion auf einen ebensolchen Angriff –, beschreibt das Gleich eine Situation, in der beide Fechter gleichzeitig einen Angriff durchführen.[705] Meyer trennt damit die beiden ursprünglichen Bedeutungen des Indes auf, indem er den zeitlichen Aspekt, also die Spanne zwischen Vor und Nach, von dem Aspekt des Fühlens beziehungsweise Einschätzens des Gegners separiert. Das Zeitfenster des Gleich übernimmt hierbei die erste, die temporale Funktion, während das Indes nur noch die zweite, die Erkenntnisfunktion erfüllt; beide Begriffe bedingen sich aber weiterhin gegenseitig. Meyers Verständnis dieses zweiten Aspekts unterscheidet sich darüber hinaus ebenfalls von dem ursprünglichen,

---

704 Ebd., fol. 1.1v ff.: *Den Anfang / nun nenne ich das zuofechten / wann einer gegen dem Man / den er vor sich hat / zuoficht. Das Mittel die beyarbeit oder handarbeit / wann einer im bundt oder lenger in seiner arbeit wider den gegenfechter verharret / vnd im mit aller geschwindigkeit zuosetzet. Das ende den abzug / wie sich der Fechter von seinem gegenpart one schaden ab vnnd weg hauwen moege. Das zuofechten im anfang geschicht aus oder von den Legern mit den haeuwen [...] Die Bey oder Handarbeit im Mittel begreifft die groeste kunst / vnd alle geschwindigkeit die im Fechten kan fürlauffen. Denn sie zeigt nit allein an / wie man das Schwerd anbinden / Winden / Wechseln / Verfueren / Nachreisen / Schneiden / Doplieren / Ablauffen sol lassen / oder woelcher gestalt man vmbschlagen / Schlaudern / Vorschieben / Absetzen / Zucken vnd Rucken / Verstellen / Ringen / Einlauffen / Werffen und nachtringen soll. [...] Das abziehen am ende / fleußt auß dem Mittel / vnd hat in der Practicken grossen nutz / derwegen zuo ende eines jeden stucks / von darauff gehoerendem Abzug / ordenlich soll bericht beschehen [...].*

705 Ebd., fol. 1.24v: *Das Vor wirt genennet so du den Mann mit deinem Hauwen am ersten angriffen / vnd ferner dahin treibest das er zuo seinem fürnemen oder stuck nicht kommen kan / sonder mit versetzen sich engsten muß / damit er sich vor dir beschützen moege. Das Gleich ist / wenn beide du vnd dein gegenpart eines sins zuogleich mit einander ewer haew volbringet / welches auch im wort Indes verfast ist. Das Nach aber ist / wenn du von deinem gegenman wie oben angezeigt vbereilet würst / das du dein fürnemen nicht magst volbringen.*

denn bei ihm beschreibt der Begriff nicht mehr bloß das Fühlen in der Bindung und damit die Fähigkeit, zu erkennen, ob der Gegner schwach oder stark am Schwert ist. Vielmehr steht Meyers Indes für die Voraussicht und die Fähigkeit, aus seinem Gebaren zu lesen, wie der Gegner auf verschiedene Situationen reagieren wird. Die Bedeutungsebene wandelt sich damit von einer physischen Beurteilung der Reaktion des Gegners hin zu einer taktischen Evaluation mit dem Ziel, die Bewegung des anderen vorauszuahnen und die entsprechenden Blößen zu erkennen und zu nutzen.[706] Das Indes stellt so das Bindeglied zwischen Vor und Nach da: Ist der Fechter im Nach, kann es ihm nur durch erfolgreiche Beobachtung des Gegners gelingen, die Initiative und damit das Vor wiederzuerlangen oder sich unbeschadet aus dem Kampf zurückzuziehen.[707]

Schließlich findet sich bei Meyer ergänzend eine Schrittlehre, ebenfalls ein Novum in der Geschichte der Fechttraktate, und dies, obwohl die Beinarbeit – wie auch Meyer erwähnt – Grundlage aller weiteren Fechtkunst ist.[708] Dennoch ist dieser Abschnitt auch in Meyers Traktat nur von auffälliger Kürze. Es findet sich lediglich die allgemeine Anweisung, mit jedem Hieb einen Schritt zu vollführen, wie es schon das Reimverspaar aus Liechtenauers *zedel* (hier aber den zwölf Regeln der *alten Fechter* und damit vermutlich Paurenfeindt zugeschrieben) erklärt: *Wer Trit erst nach den Häuwen / Darff sich seiner kunst wenig frewen.*[709] Weiterhin rät Meyer, dem Gegner lange Schritte vorzutäuschen, wo der Fechter eigentlich kurze vollführt, und gleichfalls mit schnellen, weiten Schritten anzugreifen, wenn der Gegner ein langsames Vorrücken erwartet.[710] Diese Anweisung ist taktischer Natur, um den Gegner stets im Unklaren über die eigene Reichweite zu lassen. Der Fechter wiegt seinen Kontrahenten durch eine vergleichsweise weite Mensur in Sicherheit, die aber mit wenigen schnellen Schritten zu überbrücken ist. Ebenso kann der Gegner auf diese Weise auf Distanz gehalten werden, indem der Fechter den Anschein gibt, lange Schritte zu gebrauchen.

Was die Schritttechnik selbst anbelangt, stützt sich Meyer auf ein sehr fundamentales System aus Vorwärts- und Rückwärtsschritten kombiniert mit einem einfachen und einem doppelten Dreiecksschritt, der ebenso wie in frü-

---

706   Ebd., fol. 1.25r: *Also ermanet dich das woertlein Indes / das du ein scharpff gesicht habest / welches zuomal vil ersehen und warnemen / auch an deines gegenmans geberden gnugsam erlernen moegest / was für stuck er zuo gebrauchen im sinn habe / vnd was dieselbige für Bloesse mit sich bringen / vnd wo sie sich eroeffnen werden.*

707   Ebd.: [...] *welcher aber das Nach hat / das ist / dahin getrungen / das er jmmer versetzen muß / sol des worts Indes wol eingedenck sein / vnd dessen nicht vergessen / dann dardurch muß er das Vor wider ereilen / will er anderst ohn schaden abziehen.*

708   Ebd., fol. 1.23v: [...] *aber hieran ist so vil gelegen / das wie es denn die erfahrung gibt / alles Fechten vergebens wie künstlich es geschehe / wo nit die Trit recht darzuo gebraucht werden.*

709   Ebd., fol. 1.23v f.: *Derwegen ein jeder streich sein eigen Trit muoß haben / welcher zuogleich mit dem streich soll geschehen / wiltu anderst etwas mit deinen stucken welcher du dich gebrauchest außrichten.*

710   Ebd., fol. 1.24r: *Im angreiffen nun laß dich also mercken / vnd stelle dich als woltestu grosse vnd weite tritt thuon / so du doch in der warheit mit den Fuessen nahet bleibest / hergegen aber wann er vermeinet du woellest gemach zuo ihm tretten / so sey du geschwindt an ihm mit weiten tritten / vnd greiff ihn an.*

heren Fechtlehren als Triangel bezeichnet wird.[711] Diese knappe Beschreibung steht in auffallendem Widerspruch zur sonstigen Anlage des Traktats, ist sie doch ohne weitere mündliche Anweisung nur sehr eingeschränkt verständlich. Stellung der Beine (obschon aus den Illustrationen teilweise ableitbar), Schrittlänge, Relation der Schritte zum Gegner, weiterführende Beinarbeit wie etwa Sprünge oder Ausfälle – all dies wird auch bei Meyer nicht weiter thematisiert, denn das Fechtbuch dient weiterhin nur zur unterstützenden Anleitung, nicht zum Ersatz des mündlichen Unterrichtskontextes.

4.3.2. Die Techniken

Auch was die Erläuterungen der Fechttechniken anbelangt, geht Meyer sehr systematisch vor und unterteilt diese in drei Kategorien: die Huten, die Hiebe und das Versetzen, welchem er auch die Handarbeit zuordnet, also alle weiterführenden Aktionen nach dem Zufechten. Grundlage für den Technikkatalog stellen bei ihm naturgemäß die Huten beziehungsweise Leger dar, aus denen später die Hiebe und damit die Handarbeit resultieren, weshalb hier zunächst erst diese behandelt werden, bevor Hiebe und schließlich die weiteren Techniken folgen. Zusätzlich zur Systematisierung und Ausführung der Huten enthält das Fechtbuch weiterhin auch Hinweise auf ihre Einsatzmöglichkeiten und Anweisungen zu ihrem Gebrauch, worauf im Folgenden nach der Abhandlung der einzelnen Huten noch eingegangen wird.

Meyer unterteilt die Leger noch einmal in Haupt- und Beihuten, wobei die Haupthuten ebenso wie die vier Blößen aus der Unterteilung der Trefferzonen resultieren: Dem rechten und linken Ochsen sind die beiden seitlichen Blößen zugeteilt, der Hut vom Tag die obere Seite des Mannes und dem Pflug die untere.[712] Der Alber hingegen (hier *Olber* genannt) wird keiner Blöße zugeordnet, denn es handelt sich dabei laut Meyer um eine Hut, aus der dem Namen entsprechend (Alber bedeute so viel wie einfältig) kein vernünftiger Hieb vollbracht werden könne.[713]

---

711 Ebd.: *Der Trit aber seind drey fürneme vnderscheidt / Erstlich hindersich und fürsich / was diese sein darff nit vil erklerens / wann nemlich einer zuo oder vom Mann trit. Zuom andern seind auch trit auff die seiten / welche werden durch den Triangel abgetheilt / memlich also. Stehe auff gerater Lini mit dem rechten Fuoß vor dem gegenman / vnnd trit mit dem Lincken hinder dein Rechten / gegen seiner Lincken / vnd diser ist der Einfach. Der ander so doppelt gemacht helt sich also / Trit wie vor mit dem rechten Fus gegen seiner Lincken / folg denn mit dem Lincken hinder dem Rechten gegen seiner Lincken etwas zuor seiten / vnnd dann zuom dritten mit dem Rechten wider seiner Lincken zuo.*

712 Joachim Meyer, Gründtliche Beschreibung des Fechtens, fol. 1.5v: *Die Leger oder Huoten aber / haben wie dan auch droben bemelt ihren vrsprung aus der theilung des Mans / Dann wie der Mann in vier quatier Ober / Vnder / Recht vnd Linck getheilt / so seind der Bloessen auch vier darauff der gegenfechter fürnemlich zuotreffen / vnd wie vier Bloesse / also seind auch gleichfals viererley Haubtleger oder Huoten / darauß die andern alle herkommen vnd entspringen / als der Ochs / Pflug / Tag / vnd Olber.*

713 Ebd., fol. 1.7v: *DEr Olber wirt meines erachtens von dem wort Alber / welches ist so vil als einfeltig genennet / sintemal auß disem Leger kein volkomlicher fertiger streich mag erlanget werden.*

Die Ausführung der Huten entspricht dabei derjenigen der Liechtenauer-Tradition: Beim Ochs wird das Schwert neben dem Kopf gehalten, der Ort zeigt zum Gesicht des Gegners.[714] Beim Pflug liegt das Gehilz auf Hüfthöhe, der Ort zeigt ebenfalls zum Gesicht des Gegners – hier mit dem Hinweis, als wolle der Fechter einen Stich zum Gegner ausführen, was durch die für einen Stich optimale Handhaltung auf der entsprechenden Abbildung gestützt wird, bei der die linke Hand von hinten auf dem Knauf ruht, um diesen nach vorne schieben zu können.[715] Möglicherweise verwendet Meyer hierbei die Daumenlage. Der Text gibt keinen Hinweis darauf und die Abbildung lässt keine genaue Deutung zu. Für einen Stich wäre diese Haltung jedoch von Vorteil. Bei der Hut vom Tag (auch als Oberhut bezeichnet) wird das Schwert über den Kopf gehalten, der Ort zeigt nach oben oder gegebenenfalls leicht nach hinten.[716] Beim Alber schließlich zeigt der Ort zu Boden, die kurze Schneide ist zum Gegner gerichtet.[717]

Aus diesen vier Hauptthuten nun ergeben sich nach Meyer die acht sogenannten Beihuten (*Beyleger*): Zornhut, Langort, Wechsel(hut), Nebenhut, Eiserne Pforte (*Eisenport*), Hangetort, Schlüssel und Einhorn. Einige davon sind bereits aus früheren Fechtlehren bekannt: Beim Langort wird das Schwert dem Gegner entgegengestreckt,[718] während es bei Wechsel- und Nebenhut seitlich mit dem Ort zu Boden gerichtet gehalten wird. Da Meyer die beiden letztgenannten Huten nur jeweils von einer Seite beschreibt, handelt es sich hierbei vermutlich um dieselbe Hut, nur seitenverkehrt. Das Schwert wird hierbei jeweils so gehalten, dass die Arme nicht überkreuz liegen, in der Wechselhut (linke Seite)

---

714 Ebd., fol. 1.6v: *DEr Obertheil am Man wirt dem Ochsen zuogetheilt / vnnd wie dasselbige zwey quatier hat / das Rechte und Lincke / also kan man auch das Leger des Ochsens in zwey theil / nemlich den Rechten vnnd Lincken abtheilen. Der rechte Ochs wirdt nun also gemacht / stehe mit deinem Lincken fuoß vor / halt das Schwerdt mit dem Hefft neben deinem Kopff / zuor Rechten Seiten in der hoehe / das dein vorder ort dem Man gegen dem gesicht stehe. Zuom Lincken Ochsen schick dich disem zuogegen / nemlich trit mit dem Rechten fuoß vor / halt dein Schwerdt mit dem Hefft neben deinem Kopff zur Lincken Seiten wie oben gemeld / so hast du beider Ochsen Huot oder Leger / welches Leger in der Figur so mit dem Buchstaben B. verzeichnet ist / zuor Lincken fürgebildet.*

715 Ebd: *DEr undertheil des Mans wirt dem Pfluog zuogeeignet / vnnd gleicher gestalt wie dieselbige zwen quatier oder zwo seiten die Rechte vnd Lincke hat / also wird auch daher der Pfluog der Rechte vnd der Lincke geheissen / seind beide an sich selbst nichts anders / dan ein stich von vnden auff / den rechten Pfluog volbring wie folget. Steh mit deinem Rechten fuß vor / halt deine Wehr mit dem Hefft neben deinem vorgesetzten Knie wende die spitzen oder den ort dem Man ins gesicht / als wolstu in von vnden auff stechen / so bistu im Rechten Pfluog / tritestu mit dem Lincken fuoß fuer / vnd thust im desgleichen / so ligstu im Lincken / vnnd ist also der Recht Pfluog in obgedachter Figur zuor Rechten auch fürgebildet.*

716 Ebd., fol. 1.6v f.: *DIe Huot des Tags / welche man auch sunsten die Oberhuot nennet / wirt auff volgende weiß volbracht. Stehe mit deinem Lincken fuß vor / halt dein Schwerdt hoch vber deinem Haubt / das das ort gerad vbersich stehe / aller ding wie dich das Bilde zuor Lincken / in der Figur welche mit dem Buchstaben B. [gemeint ist C] gezeichnet lehrt / was dann also von Oben herein gearbeitet wirdt / heißt alles aus dem Tag oder Oberhuot gefochten / darumb solch Leger der Tag genennet.*

717 Ebd., fol. 1.7v: *Diser wirt also formirt / stehe mit dem Lincken fuoß vor / halt dein Schwerdt mit dem ort vor dir außgestreckt auff die erden / für deinen vorgesezten fuoß / das die kurtze schneid oben / die Lange vnden stehe / so ligstu in diser Huot recht / wie du solches in gedachter Figur zuor Rechten sehen kanst.*

718 Ebd.: *STeh mit deinem Lincken fuß vor / halt dein Wehr mit außgestrecken Armen / lang für deinem gesicht / das dein forder ort dem widerpart gegen seinem gesicht stehe / so ligstu in der Huot des Langen orts / wie dich das Bild in der Figur so mit dem A. verzeichnet lehret.*

zeigt damit die kurze Schneide zum Gegner, bei der Nebenhut (rechte Seite) die lange Schneide.[719]

Die Eiserne Pforte beschreibt Meyer nur der Vollständigkeit halber, denn sie fände beim Langschwertfechten aufgrund des zeitgenössisch nicht mehr praktizierten Stoßes keine Anwendung mehr. Es handelt sich bei ihm um eine Hut ähnlich dem Pflug, nur dass das Schwert weiter zum Gegner gereckt wird – das Heft liegt hierbei vor dem eigenen Knie, der Ort zeigt wie beim Pflug zum Gesicht des Gegners, ein weiter Stand vergrößert die Reichweite nochmals.[720] Meyer weißt explizit darauf hin, dass die Eiserne Pforte von unerfahrenen Fechtern immer wieder mit der Schranckhut verwechselt wird, bei der das Schwert mit gekreuzten Armen so vor den Körper gehalten wird, dass der Ort zu Boden zeigt. In der Tat findet sich genau diese Hut noch bei Paurenfeindt unter der Bezeichnung Eiserne Pforte.[721]

Der Hangetort entspricht der gleichnamigen Hut bei Paurenfeindt, ähnlich dem Ochs, nur mit herabhängendem Ort.[722] Das Einhorn schließlich ähnelt ebenfalls dem Ochs, nur dass der Ort hierbei in die Höhe zeigt. Es handelt sich offensichtlich um die Position, in der das Schwert nach einem Unterhau endet. Im Gegensatz zu den älteren Darstellungen des Einhorns (so auch bei Mair) wird die linke Hand bei Meyer in dieser Hut nicht verkehrt, es handelt sich bei ihm also

---

719 Ebd., fol. 1.8r: *Wechsel. DIse Huot wirt also volbracht / stehe mit deinem Rechten fuoß vor / halt deine Wehr mit dem ort oder Schwech auff der erden neben dir zuor seiten außgestreckt / das die kurtze schneid gegen dem Man stehet / wie du solches an dem Bild in der Figur so mit dem D. vermerckt sehen kanst. Nebenhuot. IN dise Huot schick dich also / Stehe mit dem Lincken fuoß vor / halt dein Schwerde neben der Rechten / mit der Spitzen auff der erden / das der Knopff vbersich / vnd die kurtze schneid gegen dir stehe.*

720 Ebd.: *WAs die recht Eysenport ist / wirstu hierunden im Rapier fechten weitlaeuffigern bericht finden / Dann dieweil das stechen mit dem Schwerdt bey uns Teutschen auffgehaben / ist auch dise Huot gentzlich abkommen vnd zuo grundt gangen […] Vnnd wirt die Eisenport also gemacht / stehe mit deinem rechten Fuoß vor / halt dein Schwerdt mit dem Hefft vor deinem Knie / mit stracken hangenden Armen / das dein orth vbersich aus dem Manne gegen seinem gesicht stehe / hast also dein Schwerdt vor dir zuom schutz / wie eine Eisenethuer / dann wan du mit den fuessen weit stehest / also das der Leib nider kompt / so kanstu alle haeuw vnd stich darauß von dir abtragen.*
   Eine Abbildung zur Eisernen Pforte findet sich nur im Abschnitt zum Rapier (fol. 3.63r). Die Funktion der Hut wird hier deutlich: Durch das weite Entgegenstrecken des Ortes wird eine hohe Distanz zum Gegner erzeugt und Angriffe können leicht mit der Klinge aufgefangen werden.

721 Ebd.: *WAs die recht Eysenport ist […] ist jetz im grund die Schranckhuot / vnd wirt von den vnerfarnen als die von der Eisenport keinen bericht haben dafür gebrauchet. […] Die Schranckhuot aber ist / wann du dein Schwerdt mit geschrenckten henden vor dir mit dem ort auff der erden heltest / wie in volgender Figur deren Buchstaben das F. ist / augenscheinlich zuersehen.* Vgl. dazu oben, S. 185. Bemerkenswert ist die Tatsache, dass auf die Verwandtschaft von Eiserner Pforte und Schranckhut bereits in Nürnberg, GNM, HS 3227a hingewiesen wird (fol. 48v). Vgl. dazu oben, S. 104.

722 Ebd., fol. 1.9r: *WIe du das Hangetort in das werck richten solt / lehret dich das Bild zuor Rechten in obgedachter Figur / allein das darinnen die Arm nit gnugsam gestreckt hie anzeigt wirt / Derwegen schicke dich In gemelde Huot also / stehe mit dem rechten Fuß vor / halt deine Wehr mit außgstreckten Armen vor dir / das die Klingen etwas vndersich gegen der erden hange / dis Leger ist durchaus fast dem Ochsen gleichfoermig / allein das du im Ochsen die Arm strack in die hoehe empor heltest / hie aber gerad vor deinem Gsicht außgestreckt sein sollen / vnd das Schwerdt gegen der erden hangen lassest / darumb es denn auch das hangetort geheissen.*

vermutlich um eine andere Hut, zumal das Verkehren der linken Hand auch bei Meyer thematisiert wird, hier jedoch andernorts.[723]

Zu diesen bereits etablierten Huten führt Meyer zwei weitere Beileger ein, die sich unter dieser Benennung in keinem früheren Fechttraktat finden lassen: die Zornhut und den Schlüssel. Die Zornhut entspricht ihrem Gebrauch nach dem Ochs, alle Stücke aus der einen Hut können auch aus der anderen gefochten werden. Das Schwert wird hierbei jedoch auf der Schulter gehalten, der Ort zeigt nach hinten und unten. Diese nach vorne hin geöffnete Körperhaltung soll den Gegner zu einem Angriff verleiten, da keine unmittelbare Bedrohung durch das eigene Schwert gegeben ist und der Fechter scheinbar offen steht.[724] Durch Eindrehen des Oberkörpers kann dabei eine hohe Körperspannung aufgebaut werden, mit der kraftvolle Hiebe von der Schulter geschlagen werden können, darunter vor allem der namensgebende Zornhau.[725]

Der Schlüssel schließlich ähnelt der Haltung beim Einhorn, das Schwert wird hier aber so weit abgesenkt, bis es auf dem Arm zum Liegen kommt. Das Gehilz liegt damit auf Brusthöhe.[726] Der Schlüssel taucht in dieser Form erstmals bei Meyer auf, womöglich handelt es sich hierbei um eine eigene Erfindung des Fechtmeisters. Der Nutzen dieser Hut erschließt sich nicht sofort, wird das Schwert hier doch sehr nah am Körper geführt, wodurch keine ausholenden Bewegungen damit möglich sind, etwa um Hiebe auszuführen. Laut Meyer bezieht sich der Name auf die Eigenschaft dieser Hut, jeden Angriff und jede andere Hut mit wenig Kraft brechen zu können, so wie ein kleiner Schlüssel auch ein starkes Schloss öffnen könne. Die anderen Huten werden hierbei gebrochen, indem ein Stich aus dem Schlüssel zum Gesicht des Gegners geführt wird, den dieser versetzen muss und darauf von einem folgenden Hieb getroffen wird. Angriffe hingegen werden durch eine Form des Absetzens aus dem Schlüssel gebrochen, indem ebenfalls ein Stich zum Gesicht geführt und dabei der geg-

---

723 Ebd.: *KOmm im zuofechten mit dem Lincken Fuoß vor / flügel von beiden seiten auff / als wollestu dich in vorgenanten Schlüssel Legern / fahre mit geschrenckten henden vbersich zu deiner Rechten / das die spitz in der hoehe vbersich heraus sehe / so heist es im Einhorn / vnd stehest wie du in der Figur hiegegen mit dem E. gezeichnet am Bild zuor Rechten sehen kanst.* Zum Einhorn bei Mair und früheren Meistern siehe oben, S. 202.

724 Ebd., fol. 1.7v: *DIe Zornhuot ist also genant das solch Leger zornig geberd erzeiget / wirt also gemacht. Stehe mit deinem Lincken fuoß vor / halt dein Schwerdt auff der rechten Achsel / also das die Kling hindersich herab zuom gefäßten streich hanget / vnd ist alhier zuomercken / das alle stuck die aus der Huot des Ochsens gebracht / auch aus dem Zornleger gefochten werden koennen / allein das vngleiche geberde zuo verfuehrung des Mans in disem Quatier sich erzeigen / vnnd jetzt dise / bald die andern gebraucht werden koennen / besihe hievon die Figur so mit dem Buchstaben E. verzeichnet.*

725 Die Bezeichnung Zornhut findet sich zwar in keinem früheren Traktat, jedoch zeigt die Abbildung zum Zornhau in Jörg Wilhalms Fechtbuch (Augsburg, Universitätsbibliothek, Cod.I.6.2.2, fol. 6v) bereits etwa 50 Jahre früher eine sehr ähnliche Ausgangsstellung.

726 Joachim Meyer, Gründliche Beschreibung des Fechtens, fol. 1.9r: *DEr Schlüssel ist in der Figur welche mit dem Buchstaben D. verzeichnet / also fürgebildet / stehestu mit deinem Lincken fuoß vor / vnd haltest dein Schwerdt mit dem Hefft vnd gecreutzigten henden vor deiner Brust / das die kurtze schneide auff dem Lincken Arm lige / vnnd das ort gegen des Mans gesicht stehe / so wirt dis Leger oder Huot recht gemacht.*

nerische Hieb mit der eigenen Klinge versetzt wird.[727] Vor Meyer ist diese Hut nicht nachweisbar, jedoch findet sie im Verlauf des 17. Jahrhunderts breitere Anwendung vor allem im italienischen Fechten mit dem größeren zweihändigen Schwert (*spadone*).[728] Ob es sich hierbei um eine spätere Translation aus der deutschen Schule nach Italien handelt oder ob Meyer bei seinen Reisen schon früher mit dieser Technik in Berührung kam, lässt sich nicht nachweisen. Der Schlüssel dient in beiden Fällen aber als Hinweis auf einen möglichen Austausch zwischen den Fechtmeistern beiderseits der Alpen.

Nicht in der Systematik enthalten, aber später im Laufe des Traktats erwähnt werden darüber hinaus eine Mittelhut und das Brechfenster. Die Mittelhut wird im Abschnitt zum langen Schwert nicht näher erläutert, stattdessen verweist Meyer auf seine Ausführungen zum Dussack mit dem Kommentar, dass die Hut für das Schwert die zweihändige Variante der dort beschriebenen Mittelhut sei. Die entsprechende Abbildung (fol. 2.43v) zeigt eine weit nach hinten gelehnte Haltung, die Position der Waffe ist dabei jedoch nicht einwandfrei zu bestimmen. Es ist anzunehmen, dass es sich auch bei Meyer um eine Hut handelt, bei der das Schwert seitlich etwa auf Hüfthöhe gehalten wird.

Für das Brechfenster scheinen Meyer mehrere verschieden Quellen vorgelegen zu haben, die er nicht vollständig in Einklang bringen konnte. So verweist er an anderer Stelle, bei der Hut Langort, darauf, dass dieser früher als Brechfenster (gemeint ist hier aber das Liechtenauer'sche Sprechfenster) bekannt gewesen sei, mit der Begründung, dass aus dieser Hut alle anderen Stücke gebrochen werden könnten.[729] Hierbei handelt es sich jedoch um eine fehlerhafte Rückübertragung, da die Bezeichnung Brechfenster erst im 16. Jahrhundert geläufig wurde und – zumindest bei Mair – eine andere Technik bezeichnet als den Langort. So richtet sich Meyer in der tatsächlichen Beschreibung des Brechfensters auch nach Mairs Auslegung einer hohen Hut mit über den Kopf gestreckten Armen. Bei Meyer resultiert das Brechfenster aber offenbar immer aus

727 Ebd., fol. 1.38v: *DIse Huot wirt darumb Schlüssel genant / dieweil auß disem Leger alle ander stuck vnnd Leger gebrochen werden koennen / dann ob solches wol aus andern auch geschehen kann / so muostu doch merh gewalts darzuo brauchen / dann in disem / vnd wie ein Schlüssel ein klein Instrument ohn sondere muehe / ein groß starck Schloß darzuo man sonst grossen gewalt haben mueste / auff thuot [...] Im zuofechten schicke dich in diese Huot / vnnd das eben auff solche form wie du dich ins Einhorn hievor gemelt gefochten hast / es legere sich dann dein gegenpart zuor Rechten oder Lincken / in der obern oder vndern Huoten eine / so stich jhm auß dem Schlüssel gerichts fuer dir hin zuo seinem gesicht in das Langort / welchen stich er dir (ob er nicht getroffen werden wil) wehren muoß / von welcher seiten er dir den als dan außschlecht / so laß dein klingen mit willen den weg dahin er die mit seinem außschlagen hin gewisen hat / vmb deinen Kopff fahren / vnd hauwe jhm eben zuo derselbigen seiten von welcher er dir außgeschlagen hat hinein [...] Zuom andern legert sich aber dein widerpart nicht / sonder tringt auff dich mit haeuwen / er hauwe als dann von Oben oder von Vnden / von Rechter oder von Lincker / so mercke in dem er herhauwet / so schiesse den Langenort fuer dir hin / abermal gegen seinem gesicht / vnd wende zuogleich in solchem fuertschieben die Lang schneid gegen seinem herfliegenden hauw.*

728 Vgl. dazu beispielsweise das Fechtbuch von Francesco Alfieri: *L'arte di ben maneggiare la spade*, hier etwa Tafel D2 (S. 27).

729 Joachim Meyer, Gründtliche Beschreibung des Fechtens, fol. 1.41r: *LAngort ist bey den Alten eigentlich das Brechfenster genant worden / darumb das alle andere stuck daraus gebrochen werden koennen.*

einer (hohen) Anbindung, was es hingegen wieder in die Nähe zum ursprünglichen Sprechfenster rückt.[730] Meyers Auslegung stellt also eine Mischform des
älteren Sprechfensters mit Mairs Brechfenster dar, bei der die Anbindung
(Sprechfenster) mit dem hoch geführten Schwert (Brechfenster) verbunden wird.

Für die tatsächliche Verwendung der hier beschriebenen Huten finden sich
zunächst scheinbar ambivalente Anweisungen im Verlauf des Fechtbuches. So
erklärt Meyer bei der systematischen Beschreibung der Leger:

> *Die Huot oder Leger aber seind ein zierlich / aber doch nothwendig / stellung*
> *vnd geberd des gantzen leibs mit dem Schwerdt / in welche sich der Fechter so*
> *er / wie offt geschicht / ehe denn sein gegenpart zuo jhm kompt auff den platz /*
> *stellet vnd Legert / damit er nit vnversehens von im vbereilt vnd verletzt /*
> *sonder er in hieraus erwarten in acht haben / vnnd als bald er zuo im kompt /*
> *mit vortheil vnd gewisser geschwindigkeit angreiffen vnnd zuohauwen / vnd*
> *sich also gegen seinem widerpart Legern / das er ohn schaden zuo ihm nit*
> *einhauwen koenne / sonder entweders / so er nach seiner Bloesse arbeitte /*
> *sich bloß geben muesse / vnd er ihm also die vermeinte zuohabne Bloeß mit*
> *einem zuo oder vmbtritt entziehen / oder jm auff das wenigst so er aus seinem*
> *vortheil hiedurch gereitzet / sein Kling ausnemen / jn verhindern / vnd jn in*
> *seiner arbeit stecken koenne.*[731]

An anderer Stelle heißt es hingegen:

> *SO vil nun aber die Leger belanget / so will ich nicht das mann in deren einem*
> *lang verharre / dann sie seind auch solcher vrsach halben nicht erfunden noch*
> *außgetheilt worden*[732]

oder:

> *Nach dem aber in allem Fechten / du Hauwest / Arbeitest / Versetzest / oder*
> *treibest für arbeit was du woellest / nicht in einem Leger verharren / sonder*
> *alweg aus einem in das ander verfahren / vnd eines in das ander verwandlen*
> *must*[733]

Es wird damit zunächst nicht gänzlich klar, ob Meyer die Huten als feste Stellungen sieht, aus denen der Fechter seinem Gegner begegnen soll, oder aber
lediglich als Positionen, die es bei der Ausführung einer Technik zu durchlaufen
gilt. Dieser Widerspruch wird nicht komplett aufgelöst, trotz seiner weitestgehend systematischen Arbeitsweise liefert Meyer keine eindeutige Erklärung zur
Verwendung der Huten. Dennoch lässt sich in den verschiedenen Bemerkungen
Meyers zu diesem Thema ein Konzept erkennen, das folgendermaßen formuliert
werden kann: Der Fechter benutzt die Huten, besonders auch im Zufechten (*ehe*

---

730 Ebd., fol. 1.42v: *ISt eigendtlich der Oberhuot zuo getheilt / welche wirt allein im bundt (nach dem du dem*
       Mann vnder sein Schwerdt komen bist) gebraucht [...] Wann du nun vnder des Manns Schwerdt
       kommen / also das du dein Schwerdt vber deinem Kopff in gemeltem Brechfenster fuehren muost.
731 Ebd., fol. 1.5v.
732 Ebd., fol. 1.30v.
733 Ebd., fol. 1.9v.

den sein gegenpart zu ihm kompt auff den platz), um sich einerseits abzusichern, etwa indem der Gegner beim Ochs oder im Pflug mit dem Ort bedroht wird, und gleichzeitig den eigenen Angriff vorzubereiten, da jeder Hieb aus einer der Huten erfolgt und somit schneller (*mit vortheil vnd gewisser geschwindigkeit*) ausgeführt werden kann. Es ist jedoch wichtig, dabei nicht zu lange in einer Hut zu verharren (*sonder alweg aus einem in das ander verfahren*), da der Gegner sich sonst auf diese einstellen und einen eigenen Angriff starten kann, um sie zu brechen.[734] Dennoch weist Meyer darauf hin, dass es mitunter ratsam sein kann, vor einem Angriff kurz in der Hut zu verharren, jedoch ausdrücklich nur *ein kleine vnd schier nur ein augenblicke weil*, um aus dieser Position abzuschätzen, wie der Gegner reagieren wird und ob der zuerst geplante Hieb wirklich der sinnvollste sein wird oder etwa ein Oberhau zu einem Zwerchhau umgelenkt werden sollte.[735]

Kommt es nun zum Angriff auf den Gegner, dienen die Huten darüber hinaus als Zwischenstationen, die bei einer Technik durchlaufen werden. So startet beispielsweise der Scheitelhau in der Hut vom Tag, durchläuft den Langort und endet im Alber.[736] Dieses Prinzip, nach dem jedem Hieb jeweils drei Huten als Ausgangs-, Verlaufs- und Endpunkt zugeteilt sind, wird an anderer Stelle auch grafisch per Diagramm dargestellt, um die jeweiligen Schlaglinien zu verdeutlichen (Abb. 4).

Darüber hinaus besitzen die Huten nach Meyer schließlich auch einen taktisch-psychologischen Nutzen: Sie dienen zum einen zur Verwirrung des Gegners, da dieser sich nur schwer auf den Fechter einstellen kann, wenn er fortwährend die verschiedenen Huten durchläuft und damit keine klare Blöße anbietet. Zum anderen kann der oben erwähnte Grundsatz, nicht zu lange in einer Hut zu verharren, bewusst missachtet werden, um den Gegner zu einem Angriff zu verleiten – da es nur begrenzte Möglichkeiten gibt, eine Hut zu brechen, kann sich der Fechter im Vorfeld darauf einstellen, was sein Gegner gegen eine bestimmte Hut fechten wird, und ihm eine entsprechende Blöße als Finte anbieten.[737]

---

734 Ebd., fol. 1.10r: *Es sol sich aber ein guoter Fechter nicht gewehnen / in seinem Legern lang zuowarten / sondern als bald er seinen gegen man kan erlangen / denselben angreiffen / vnnd sein vorgenommen stuck ausfechten / Dann lang warten bedarff vil versetzens / aus welchem man langsam zuo streichen kan kommen.*

735 Ebd., fol. 1.31r: [...] *das aber auch von den erfahrnen biß weilen in deren einem verharret wirt / ist dis die vrsach / nemlich dz du nit allein kein hauw noch streich vnbedacht fuernimest / sondern auch nach dem du schon zuor selbigen vorbedachten streich auffgezogen vnd dich erholet hast / vnd jetzt eben den streich her fuehren solt / das du an dem selbigen eussersten ort noch ein kleine vnd schier nur ein augenblicke weil verharren solt / aldo noch ferner zuobedencken / ob dein fürgenomener streich zuo volfueren nuetzlich sey / oder ob dir vnder des ein bessere gelegenheit fuergefallen oder zuostendig worden were / auff das du denselbigen noch also am eussersten ort zuo einem andern haw verwandlen / vnd das du demnoch den Oberhauw / zuo welchem du auffgezogen hast / mit einer Zwirch vollendest.*

736 Ebd., fol. 1.9v: *Erstlich so du den Obern oder Scheitelhauw thust / findestu drey Leger / dann im anfang ligstu im Tag / im mittel im Langenort / am endt im Olber.*

737 Ebd., fol. 1.10r: *Als denn dienen sie nit allein zuom zierlichen vnnd fueglichen abwechseln / aus einem Leger in das ander / sonder auch zuor verfuerung des Mans / vnd das er jrr gemacht wirdt / nicht wissen mag / was er auff dich Fechten sol / vnd letzlichen ist auch diß hierauß nutzlichen vnd gut / das du deines*

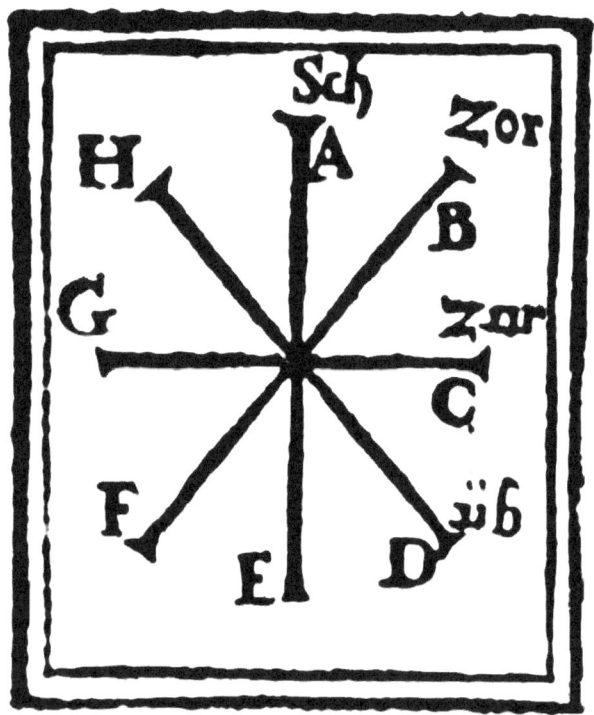

Abb. 4: Leger-Diagramm nach: Joachim Meyer, Gründtliche Beschreibung des Fechtens, fol. 1.36r

Wie die Huten teilt Meyer auch die Hiebe seiner Lehre aus didaktischen Gründen in zwei Kategorien ein: die geraden Hiebe und die verkehrten (also verdrehten) Hiebe. Zu den geraden Hieben zählen dabei all diejenigen, die den Gegner mit der langen Schneide treffen: Oberhau, Zornhau, Mittelhau und Unterhau. Diese benennt Meyer als Haupt- oder Principalhiebe, da aus ihnen alle anderen Hiebe abgeleitet werden können.[738] Als verkehrte Hiebe werden all diejenigen bezeichnet, die mit gedrehter Hand ausgeführt werden und somit den Gegner mit einem anderen Teil der Schwertklinge als der langen Schneide treffen, also mit der kurzen Schneide oder der Fläche. Meyer unterscheidet hierbei zwischen zwölf verschiedenen Hieben, die jeweils von beiden Seiten gefochten werden

---

gegenparts stuck leichtlich ersehen vnd kennen kanst / was er vngefehrlich auff dich Fechten wirt oder kan / vnd im also desto fueglicher begegnen.

738 Ebd., fol. 1.10v: *Der Haeuw aber so viel das Schwerdt jetzt belangt / sind zweierlei vnderschiedne art / als gerade und verkerte Haeuw / die Gerade nenne ich so mit Langer schneid vnd außgestreckten Armen gegen dem Man gehauwen werden / deren sein vier Ober / Zorn / Mittel / Underhauw / auß disen dieweil die anderen alle herkommen / vnd keiner auff der welt so seltzam erdacht noch erfunden kan werden / der nit vnder deren einem fueglich moechte begriffen werden / seind sie auch / vnnd billich / die Haupt oder Principal Haeuw geheissen.*

können (auch wenn er der Übersichtlichkeit halber jeweils nur eine davon beschreibt)[739]:

Blendhau	Prellhau
Glitz- oder Glützhau	Schielhau
Knöchelhau	Sturzhau
Kronhau	Wechselhau
Krumphau	Windhau
Kurzhau	Zwerch

Da diese Techniken aus den Haupthieben abgeleitet werden, werden sie auch als *darauß wachsende Haeuw* bezeichnet.[740] Was beide Gruppen in taktischer Hinsicht voneinander unterscheidet, ist ihr Zweck beim Versetzen. Meyer benutzt die geraden Hiebe als einfachen Versatz, das bedeutet, sie können eingesetzt werden, um einen gegnerischen Hieb zu brechen, bedürfen aber eines nachfolgenden Hiebes, um den Gegner zu verletzen. Die verkehrten Hiebe hingegen können eingesetzt werden, um einen Angriff zu brechen und dabei gleichzeitig den Gegner zu treffen.[741] Eine Unterscheidung, die ursprünglich die fünf verborgenen Hiebe Liechtenauers von den Grundhieben teilte. Auch Meyer hebt neben seiner Einteilung in gerade und verkehrte Hiebe die fünf verborgenen Hiebe Liechtenauers gesondert hervor, sie werden hier jedoch als sogenannte Meisterhaue bezeichnet – dies jedoch nicht aufgrund ihrer Fähigkeit, gleichzeitig zu versetzen und zu treffen, sondern weil aus ihnen alle Stücke hervorgehen, die ein Meister fechten können muss.[742]

---

739 Ebd., fol. 1.15r: *Dieweil aber dieselb mit den streichen / treten vnnd Haeuwen nur wie sie auff eine seiten vnnd art einfach gebraucht werden moegen / alhier beschriben / vnd aber sie auff beiden seiten koennen gefochten werden / hab ich den gutherzigen Leser dessen alhier erinnern woellen / das gleicher gestalt ein jeder aus den vorgehenden Haeuwen wie er gesetzt / vnnd von einer seiten gemacht / also auch von der andern artig vnd fueglich kan volbracht werden / darumb dann ich der selben weitleuffige widerholung vnnd ernewerte beschreibung / als vberfluessig gutwillig vbergangen.*

740 Ebd., fol. 1.10v f.: *Die Verkerte Haeuw seind die / wan man in den Haeuwen die handt mit dem Schwerdt verkert also das man nicht mit voller oder Langerschneid / sonder etwa mit halber schneid / flech / oder einer ecken das da geschicht mit dem Glitz / Kurtz / Kron / Schiel / Krump / Zwerch / Brell / Blend / Windt / Knichel / Sturtz / Wechselhauw. Dise dieweil sie auß den vier oberzelten Haeuwen herkommen seind / werden sie darauß wachsende Haeuw genant.*

741 Ebd., fol. 1.16r f.: *Wo aber zwen gleicher haeuw mit ihren zuogeordneten tritten also zuosamen geschehen / das ein trit ein wenig vor oder nach dem andern / wie das auch augenblicks geschicht / so bringen sie ihre versatzung mit / diese versatzung aber ist begriffen in den ersten vnd geraden Haeuwen / die ander versatzung aber ist / da du zuogleich versetzest vnnd triffst / geschicht mit den verkehrten haeuwen.*

742 Ebd., fol. 1.11r: *Nun auß disen beiden komen vnd werden außgelesen fünff / so die Meisterhaeuw genant werden / nit das wer dieselben wie Recht volbringen kan / als bald ein Meister dieser kunst zuonennen / sondern das aus denselben alle rechte künstliche stuck die einem Meister wol gezimmen zuowissen her gehn / vnd der sie recht Fechten vnd brauchen kan / für einen kunstreichen Fechter zuohalten / sintemal alle Meisterstuck in denselben verborgen / vnd man derer mit nichten kan entbern. Die seind der Zorn / Krump / Zwerch / Schieler / vnd Scheitelhauw.* Vgl. zum Begriff des ,Meisterhau' auch die Frankfurter Fechtordnung aus der Mitte des 16. Jahrhunderts, in der die Meisterprüfung für einen Fechter geregelt ist. Um diese zu bestehen, muss die Kenntnis der fünf verborgenen Hiebe nachgewiesen werden. Siehe oben, Anmerkung 492.

Bei seiner Auflistung und Erläuterung der Meisterhiebe erwähnt Meyer den Scheitelhau nicht, was sich dadurch erklärt, dass er diesen mit dem Oberhau gleichsetzt. Im Gegensatz zu älteren Quellen, die als Oberhau jeglichen von oben geführten Hieb bezeichnen, erscheint dieser bei Meyer lediglich als senkrechter Hieb von oben zum Kopf des Gegners.[743] Wie bereits ausgeführt wurde, durchläuft der Oberhau Meyers, angefangen in der Hut vom Tag, den Langort und endet im Alber. Es handelt sich also um einen durchgezogenen Hieb, was ihn von der älteren Auslegung des Scheitelhaus unterscheidet, die ihn als eher geworfenen Hieb beschreibt, bei der das Schwert stets auf Kopfhöhe bleibt.[744] Bei der Umsetzung der anderen vier verborgenen Hiebe orientiert sich Meyer an der traditionellen Auslegung etwa der Liechtenauer-Glosse L2. Den Zornhau beschreibt Meyer dabei als den stärksten der Hiebe, weshalb er bei den alten Fechtern auch „Streithau" oder „Vatterstreich" genannt worden sei.[745] Den Schielhau, der mit der kurzen Schneide gegen einen Hieb des Gegners geschlagen wird, bezeichnet Meyer ebenfalls als einen Oberhau.[746] Bei der Beschreibung des Krumphaus ist dem Verfasser offenbar ein Fehler unterlaufen, beschreibt er diesen doch als mit der langen Schneide auszuführen. Da er gleichzeitig darauf hinweist, dass der Hieb mit verschränkten Händen auszuführen sei, ist davon auszugehen, dass hier eigentlich die kurze Schneide gemeint ist – die betreffende Abbildung sowie die Einordnung in die verkehrten Hiebe stützen diese Annahme.[747] Auffällig beim Zwerch[748] hingegen ist, dass Meyer die Daumenlage

743 Joachim Meyer, Gründtliche Beschreibung des Fechtens, fol. 1.11r: *DEr Oberhauw ist ein Gerader Hauw stracks von Oben / gegen deines widerparts Kopff nach dem Schedel zuo / darumb er auch Schedelhauw genant wirt.*

744 Vgl. dazu etwa die Auslegung bei Ringeck, Dresden, SLUB, Mscr.Dresd.C.487, fol. 32v f.: *Hie merck der schaytler ist dem antlytz vnd der brust gefaerlich den tryb also Wenn er gen dir stat In der huot aulber So haw mit der langen schnyde von der lange schayttlen oben nyder vnd belyb mit dem haw hoch mit den armen vnd heng Im mit dem ort ein zuo dem gesychte.*

745 Joachim Meyer, Gründtliche Beschreibung des Fechtens, fol. 1.11r: *DEr Zornhauw ist ein Schlimmer Hauw von deiner Rechten Achsel / gegen deines widerparts lincken ohrs / oder durch sein gesicht vnd Brust / Schlims durch wie die zwo Linien / so durch die auffrecht Linien kreutzweiß vber einander sich schrencken anzeigen. Diß ist der sterckest vnder allen andern / als darinen alle krafft vnnd manligkeit des Mans gegen seinem feindt im Kempffen vnnd Fechten gelegen / darumb er auch von den Alten Streithauw oder Vatterstreich genant vnd geheissen wirt. Von gedachten Lini findestu hernach / etc.*

746 Ebd., fol. 1.11v: *Schielhauw ist auch ein Oberhauw / aber darumb also genant das er gleich mit einer kleinen Schiele gehawen / wirt also gemacht / stell dich in die Huot des Tags oder Zorns (dauon im dritten Capitel) mit dem Lincken fuoß vor / wirt auff dich gehauwen / so Hauwe hingegen / doch im streich verwende dein kurtze schneid gegen seinem streich / vnnd Schlag mit ebichter hand zuogleich mit jhme hinein / trit mit deinem Rechten Fuoß wol auff seine Lincke seiten / vnd nimm den Kopff geschwindt mit / so hastu ihm recht gethan / vnd stehest wie das grosser Bild in nechst gedachter Figur mit dem G. gegen der lincken anzeiget.*

747 Ebd., fol. 1.12v: *DIser Hauw wirt also volbracht / stehe in der Zornhuot mit dem Lincken fuß vor / Hauwet dein gegen Man auff dich / so trit mit deinem Rechten fuß wol auß seinem streich gegen seiner Lincken seiten / Hauwe mit Langerschneid vnnd geschrenckten henden seinem hauw entgegen / oder zwischen seinen Kopff vnd Klingen / vberzwerch auff seine hendt / vnd laß die Kling wol vber seinen Arm vberschiessen / wie solches in der Figuren mit dem D. an obern bossen zuor rechten Hand zuosehen.*

748 Meyer nennt den ursprünglichen Zwerchhau lediglich Zwerch, während er Zwerchhau als eine andere Bezeichnung für den Mittelhau verwendet.

nicht erwähnt, wie auch sonst an keiner Stelle in seinem Werk, obwohl sie auf der entsprechenden Abbildung deutlich zu sehen ist.[749]

Beim Mittelhau, den Meyer auch als Zwerchhau bezeichnet, wird in einer horizontalen Linie zum Gegner geschlagen. Es handelt sich nach Meyers Auslegung um einen Hieb, der ganz ähnlich wie der Zornhau angewendet werden kann, jedoch anders als dieser quer und nicht diagonal zum Gegner verläuft.[750] Der Unterhau wird als unspezifischer Hieb von unten auf zum Arm des Gegners beschrieben – jedoch aus der Ausgangshut des Ochs heraus, was für einen auffahrenden Hieb eher ungewöhnlich ist, würde dieser eigentlich aus einer der tieferen Huten erwartet. Im weiteren Verlauf des Traktats wird der Unterhau ebenfalls aus verschiedenen anderen Huten angewendet.[751]

Neben diesen bereits in vielen Fechtlehren verwendeten führt Meyer auch eine ganze Reihe weiterer Hiebe auf, die bis zur Erwähnung in seinem Traktat historisch nicht greifbar sind und damit vermutlich erst zu Meyers Wirkzeit erarbeitet wurden, möglicherweise zumindest teilweise auch von ihm selbst:

Der Kurzhau (*Kurtzhauw*) stellt eine Umgehung der gegnerischen Klinge dar, wobei der Name vermutlich auf das scheinbare zu kurz fallen der Klinge vor der Anbindung bezogen ist: Greift der Gegner mit einem Hieb von oben an, wird zunächst ein Krumphau gegen diese Aktion angetäuscht, dabei wird jedoch die eigene Klinge unten um die gegnerische herumgeführt, um sie auf der anderen Seite auszusperren und gleichzeitig einen Treffer mit der anderen Schneide zu landen.[752] Eine ganz ähnliche Technik findet sich bereits in der Liechtenauer-Glosse L2, auch in der Ringeck-Fassung. Beide beziehen sich dabei auf einen der

---

749 Ebd., fol. 1.12v: *ZU der Zwerch schick dich also / stell dich im zuofechten in die Zornhut zuor Rechten (davon in vorgedachtem Capitel) das ist / setz deinen Lincken fuß vor / halt dein Schwerdt an deine Rechte Achsel / als ob du ein Zornhauw thun woltest / Hauwe dann dein gegen Man auff dich von dach oder Oben / so Hauwe zuogleich mit halber schneid / von Unden vberzwerch gegen seinem hauw / behalt dein kreutz hoch ob deinem Haupt / damit dein Kopff versetzet sey / vnd mit dem hauw zuogleich trit wol auff seine Lincke seiten / so versetzestu vnd triffest mit einander wie die zwen bossen in der Figur mit dem H. gegen der Lincken anzeigen. Wie du diese Zwerch zuor Lincken volbracht / also soltu sie auch gegen seiner Rechten in das werck richten / allein das du gegen seiner Rechten mit Langer schneide antreffen solt. Die zugehörige Abbildung befindet sich auf fol. 1.41v, ist hier jedoch fälschlich als Figur G ausgewiesen.*

750 Ebd., fol. 1.11v: *Der Mittel oder zwerchhauw kan fast aller ding wie der Zornhauw gemacht werden / allein ist diß der vnderscheidt / das wie der Zornhauw schlims vber ort / also dieser aber vberzwerch volbracht wirdt / wie zuosehen an der vberzwerch Linien mit beiden Buchstaben G. und C. verzeichnet / solche Linie findestu hernach im Dusacken.*

751 Ebd.: *DIsen machstu also / Verhauw dich das du in Rechten Ochsen kommest (davon im nechst vorgehenden Capitel gesagt ist) vnd als bald du deinen gegenfechter erlangen kanst / so trit vnd hauw von Unden vberzwerch nach seinem Lincken Arm / das du mit dem kreutz hoch vber deinem Haupt kommest / so hastu in volbracht. Davon besihe die kleinen bossen in der Figur mit dem B. gegen der Lincken handt.*

752 Ebd., fol. 1.12v f.: *DIser ist ein heimlicher durchgang / vnd wirt also gemacht / wann man von Oben zuo dir einhauwet / so stelle dich als woltestu mit dem Krumphauw / das ist mit halber schneide auff sein Schwerdt anbinden / vnderlaß es doch / vnnd fahr behend vnder seinem Schwerdt durch / schlahe mit halber schneid vnnd geschrenckten Armen vber seinen Rechten arm zuom Kopff / so hast sein Schwerdt mit Langer schneid auffgefangen / vnnd den Kurtzhauw volbracht / vnd stehest nach ende desselbigen / wie an den obern kleinern bossen zuor Lincken / das Bilde gegen der Rechten handt außweisset / welche Figur ist mit dem Buchstaben B. verzeichnet.*

Liechtenauer-Verse zum Krumphau. Dort wird die gegnerische Klinge nach einem angetäuschten Krumphau ebenfalls umgangen, hier jedoch mit einem abschließenden Stich zum Gegner.[753] Meyer adaptiert diese Technik offenbar von einer Stich- zu einer Hiebtechnik – wie sinnvoll diese Umsetzung ist, erweist sich aber als fragwürdig, denn nach der Umgehung einen Hieb mit der einen Schneide zu setzen, während die andere die gegnerische Klinge aussperrt, dürfte bei Weitem schwieriger umzusetzen sein als ein Stich.

Der Glützhau (auch: *Glitzhau*) ist ein Versatz gegen einen gegnerischen Hieb. Führt der Gegner einen Hieb von oben, wird dieser mit der Fläche der eigenen Waffe so versetzt, dass die Klinge abprallt und ein Hieb mit der kurzen Schneide zum Kopf geschlagen werden kann.[754] Auch diese Technik scheint eine Variante des Anbindens mit nachfolgendem Stich zum Kopf zu sein, die Meyer so abwandelt, dass der Gegner nach dem Klingenkontakt durch einen Hieb anstelle des Stiches getroffen wird. Als eigenständiger Hieb findet sich der Glützhau in keiner älteren Abhandlung. Der Name Glütz-/Glitzhau leitet sich hierbei vom Aufeinandertreffen der Klingen ab, das schon in den älteren Fechttraktaten – vermutlich lautmalerisch – als *glitzen* oder *glützen* beschrieben wird (*als die swert zwo sammen klitzen*)[755].

Der Prellhau (*Prellhauw*) ähnelt stark dem Zwerchhau (bei Meyer: Zwerch) und wird auch in Verbindung mit diesem eingesetzt. Ein Hieb des Gegners wird zunächst mit dem Zwerch auf einer Seite versetzt, worauf das Schwert über dem Kopf herumgeschleudert wird, um auf der anderen Seite zuzuschlagen, wie es beim Zwerch von beiden Seiten der Fall ist, nur dass hier der zweite Hieb mit der Fläche der Klinge zum Ohr des Gegners geführt wird. Möglicherweise soll durch einen kraftvollen Hieb, wie er beim Beschleunigen der Klinge beim Drehen in den Handgelenken ermöglicht wird, die Fläche mit so viel Energie auf die gegnerische Waffe treffen, dass sich die flexible Klinge durchbiegt und den Gegner so treffen – also gegen ihn ‚prellen' – kann, selbst wenn dieser den eigentlichen Schlag versetzt hat. Da die Klinge der Fechtfeder nur über die Fläche biegsam ist, nicht jedoch über die Schneiden, kann eine solche Technik ausschließlich auf diese Weise funktionieren. Die Energie, die beim Zurückprallen der Waffe frei

---

753 Bei Dresden, SLUB, Mscr.Dresd.C.487, fol. 26r wird der Liechtenauer-Vers als *Krum nicht kurcz haw* wiedergegeben, was nicht zwangsläufig auf eine eigene Technik unter dem namen Kurzhau hindeutet. Die Beschreibung ähnelt jedoch der bei Meyer: *Das ist wenn er dir von siner rechten achseln oben ein will howen So tuo alß ob du mitt dem krumphaw an sin schwert wöllest binden Vnnd kurcz vnd far mitt dem ort vnder sinem schwert durch vnd wind vff din rechte syttenn dein gehültz über din höppt vnd stich im zuo dem gesicht*. Rom, BANLC, Cod. 44 A 8, fol. 18r gibt den Vers wieder als *Krump nicht kurtzhaw*, wobei die Kontraktion des Wortes auf eine eigene Technik hindeuten könnte. Die Ausführung entspricht der bei Ringeck: *merck das ist wenn er dir von seiner rechten seitten oben ein wil hauen So var hoch auff mit den henden vnd thue als dw ym mit dem krump haw an sein swert wellest pinden vnd var mit dem ort vnd seineem swert durch vnd stich ym zwo der anderen seitten zuo dem gesicht oder der prust vnd wart das dw oben vor dem haubt mit dem gehültz wol gedackt seist.*

754 Joachim Meyer, Gründtliche Beschreibung des Fechtens, fol. 1.13r: *DEr Glützhauw wirdt dermassen volbracht / hauwet einer von Oben gegen dir zuo / so schlag mit letzer oder ebichier handt gegen seinem streich / der Lincken obern Bloeß zu / laß deinen Schwerdts klinge an seiner klingen mit ebichter fleche abritschen / das die kurtze schneidt im schwung vber die hand den Kopff treffe.*

755 Rom, BANLC, Cod. 44 A 8, fol. 29r.

wird, kann anschließend für einen weiteren Zwerch zur anderen Seite verwendet werden, vermutlich um die Desorientierung des Gegners nach dem Schlag auf das Ohr zu nutzen und ihn noch einmal zu treffen, bevor er reagieren und versetzen kann.[756] Bei einer anderen Variante, dem sogenannten doppelten Prellhau, wird zunächst die gegnerische Klinge durch das Aufprellen mit der eigenen Fläche aus dem Weg befördert, bevor ein zweiter Prellhau von der gleichen Seite zum Mann geschlagen wird.[757]

Der Blendhau (*Blendthauw*) erinnert stark an das Duplieren, denn auch hier wird nach einer Anbindung ein weiterer Hieb angesetzt. Im Gegensatz zum Duplieren, bei dem durch Einwinden des Schwertes in der Bindung eine andere Blöße angegriffen wird, zielt der Blendhau noch einmal auf dieselbe Blöße. Dazu wird nach dem Anbinden durch einen Hieb ein Einwinden zur linken Blöße des Gegners fintiert. Reagiert dieser auf das Einwinden und folgt dem Schwert nach, wird diese Bewegung genutzt, um durch Verdrehen der Klinge mit der kurzen Schneide einen schnellen Schnitt gegen sein Gesicht zu führen.[758] Anders als beim Duplieren, bei dem der Gegner rechts getroffen würde, trifft der Blendhau hierbei seine linke Seite. Der schnelle Angriff soll vermutlich weniger Schaden anrichten als den Gegner zu irritieren und ihn zu „blenden", indem sein Gesicht bedroht wird. Eine Beschreibung des Blendhaus findet sich lediglich bei Meyer, jedoch erwähnt Martin Sieber einen *plintt haulb* im fünften seiner sechs Fechtgänge.[759] Da Meyer nachweislich eine Kopie des Gedichts besaß, bezieht er sich hier womöglich auf dieselbe Technik; eventuell stand ihm auch eine glossierte Fassung desselben zur Verfügung.

Beim Windhau (*Windthauw*) wird zunächst durch einen Unterhau mit der langen Schneide an die Waffe des Gegners angebunden. Nun wird die Klinge

---

756 Joachim Meyer, Gründtliche Beschreibung des Fechtens, fol. 1.13r: *DIser ist zweyerley: Einer der Einfach / der ander der Doppel genandt. Der Einfache wirt also gemacht / hauwet dein gegentheil auff dich von Oben her / so begegne seinem streich mit einer Zwerch / als bald es dan glitzt so zuck das Schwerdt vmb deinen Kopf / vnnd schlag von deiner Lincken mit außwendiger letzer flech / zuo seinem Ohr / aller ding wie das grosser Bild zuor Rechten hand in der Figur K. außweißt / das das Schwerdt widerumb zuo ruck abprelt / zuck es also im abpreleten schwung wider vmb deinen Kopff / Hauw mit der zwerch zuor Lincken / so ist er volbracht.*

757 Ebd., fol. 1.13r und 14r: *Den Doppeln mach also / als bald im zuofechten dein widerpart sein Schwerdt in die lufft bringt zuor arbeit / so stell dich in den Rechten Ochsen (dauon im nechsten Capitel) zucke das Schwerdt vmb dein Haubt / vnnd Hauw mit inwendiger flech von deiner Rechten starck wider seine klinge / das dir dein Knopff im schlag vnden an die spindel ruehre / wie solchs an dem grossern Bild in der Figur I. verzeichnet / gegen der Lincken handt zuosehen / im streich aber trit mit deinem rechten fuoß wol vmb seinen Lincke / vnd so bald es glützt oder ruehret / so ruck es vbersich / reiß in des gegen der Lincken seiten gleich mit auß / vnd schlage behend außwendig mit ebichter handt wider vmb zuo derselben Bloeß hinein / nemlich mit letzer oder ebichter fleche / als wann es sich in einem widerprell also herte vmbprellt / so hastu ihn recht gemacht.*

758 Ebd., fol. 1.14r: *BIndt dem Mann von deiner Rechten an sein Schwerdt / windt im Bandt mit dem gehueltz oder Hefft vnden durch gegen seiner Lincken seiten / wann nun dein widerpart dem winden wil nachwischen / so schnell geschwindt von deiner Rechten gegen seiner Lincken mit geschrenckten henden / die schweche zuo seinem Kopff / das ist der vorder ort / windt behend wider durch / oder reiß auff deiner Lincken seiten mit halber schneiden auß / so hastu den Blendthauw volbracht / dieser Blendthauw wirdt auff vil wege gemacht. Darvon in Stucken weiter.*

759 Salzburg, Universitätsbibliothek, M I 29, fol. 2r: *Den plintt haulb laß prellenn.*

eingewunden und gedreht, sodass die lange Schneide wieder nach unten zeigt und den Gegner beim Herabfahren mit der Klinge am Arm oder am Kopf treffen kann. Da die gegnerische Waffe beim eigentlichen Hieb aus der Bindung heraus nicht mehr kontrolliert werden kann, gibt Meyer die Anweisung, nach der Ausführung des Windhaus sogleich wieder gegen diese zu schlagen.[760]

Der Kronhau (*Kronhauw*) wird aus der namensgebenden Hut Krone geführt, die Meyer jedoch nicht explizit erwähnt und die auch nicht in seiner Systematik aufgeführt ist. Hierbei wird ein Oberhau des Gegners durch Auffahren mit dem Gehilz abgefangen – der Fechter befindet sich jetzt in der Hut Krone. Nun wird das Schwert eingedreht und mit der kurzen Schneide zum Kopf des Gegners herabgeschlagen.[761] Der Kronhau findet sich auch in München, BSB, Cgm 558 an mehreren Stellen, vermutlich in ähnlicher Ausführung wie bei Meyer.[762] Auch Paurenfeindt weist auf einen speziellen Hieb aus dieser Hut hin.[763]

Der Knöchelhau (*Kniechelhauw*) ist eine Aktion ähnlich dem Händedrücken: Kommt es zu einer hohen Anbindung – gemeint ist hier sicher das Brechfenster, auch wenn Meyer es nicht explizit erwähnt –, wird die Bindung gelöst und ein Zwerchhau gegen die entblößten Arme oder Ellbogen des Gegners geschlagen.[764] Dies scheint ebenfalls eine erstmals bei Meyer erwähnte Technik zu sein, auch wenn das Prinzip des hohen Anbindens mit anschließendem Treffer auf die Arme recht geläufig ist.[765]

Der Sturzhau (*Sturzhauw*) wird bei Meyer nicht erschöpfend ausgeführt, es wird lediglich erwähnt, dass es sich um einen dem Oberhau sehr ähnlichen Hieb

---

760 Joachim Meyer, Gründtliche Beschreibung des Fechtens, fol. 1.14r: *DEr Windthauw wirt volgender gestalt gemacht / Hauwet dein gegenpart auff dich von Oben / so Hauwe von Unden mit gekreuzten henden / von deiner Lincken an sein Schwerdt / also das dein Knopff vnder deinem rechten Arm außsehe / vnnd so bald es glützt / so bald trit mit dem Lincken fuß von jhme aus / wol auff dein Lincke seiten / zeuch dein Schwerdts knopff wider ab in ein runde / gegen deiner Lincken seiten herfuer / das deine Langeschneid vber seinem Rechten Arm hinder seine klingen seinen Kopff im schwang ruehret / oder vber seinen rechten Arm treffe / davon besihe das grosser Bild in gedachter Figur mit dem H. gezeichnet zuor Rechten / vnd das demnach zuogleich dein Schwerdt neben deiner seiten ausfliehe / vnnd Hauw behendt durch das kreutz wider dargegen / so ist er gemacht.*

761 Ebd., fol. 1.14r: *DIeser helt sich also / wann du im Pflug stehest / oder sonsten durch ein Leger (von welchem im vorgehenden Capitel gesagt ist) von Unden auff zuofechtest / vnnd dein widerpart von Oben auff dich Hauwet / so fahre mit vberzwerchem kreutz vbersich / fang jhme seinen streich in der lufft auff dein schilt oder kreutzstang / vnd als bald es glitschet / stoß den Knopff behendt vbersich / vnd schlag ihn mit der halben schneiden hinder seiner klingen auff den Kopff / so hastu den Kronhauw recht volbracht.*

762 München, BSB, Cgm 558, fol. 128v und 132r.

763 Andre Paurenfeindt, Ergrundung, fol. A4r.

764 Joachim Meyer, Gründtliche Beschreibung des Fechtens, fol. 1.14v: *DIeser hat den Namen von dem Gliedt / nach welchem er gerichtet wirdt / den vollend also / wann du mit denen henden hoch vber den Kopff nach dem ersten angriff / deinem gegenfechter vnder sein Schwerdt kommen bist / vnd seinen Kopff also zwischen beiden Armen heltet / so Hauw mit den Zwirchhaeuwen under seines Schwerts Knopff / vbersich nach seinen Kniecheln / oder zuo den gelencken zwischen seiner Hand und Arm / helt er die hendt gar zuo hoch / so Hauw mit obgemelten Zwirchhaeuwen von Unden auff nach dem knoepfflein bey den Elenbogen / so ist er gemacht.*

765 Vgl. wie erwähnt das Händedrücken. Ferner auch etwa die Abbildung bei Talhoffer in München, BSB, Cod. Icon. 394a, fol. 10r: *Den Oberhaw erliegen vnd In die arm slahen.*

handelt und *das die spitz dem widerpart gegen seinem gesicht kompt in Ochsen*.[766] Dieser Hieb wird in mehreren älteren Fechtbüchern thematisiert, darunter auch eine Talhoffer-Handschrift, die eine Illustration dazu liefert.[767] Aus dieser und Meyers Beschreibung lässt sich ableiten, dass es sich dabei um einen Hieb von oben ähnlich dem Schielhau handelt, der mit der kurzen Schneide voran geführt wird, im Gegensatz zu diesem den Gegner aber mit dem Ort oder kurz dahinter trifft. Der Ort ,stürzt' dabei also von oben herab, bis das Schwert in einer Position ähnlich dem Ochs landet.

Der Wechselhau (*Wechselhauw*) findet sich ebenfalls in der älteren Überlieferung immer wieder, so auch bei Talhoffer.[768] Die Umsetzung des Hiebs scheint sich aber von Quelle zu Quelle zu unterscheiden. Während Mair die Technik als eine Abfolge von zwei Hieben beschreibt, bei denen die verwendete Schneide wechselt,[769] handelt es sich bei Meyer hierbei lediglich um eine schnelle Abfolge mehrerer Hiebe von einer Seite zur anderen, um den Gegner zu verwirren.[770] Die Abbildung bei Talhoffer lässt sich eher Mairs Auslegung zuordnen, denn auch hier liegt die kurze Schneide oben. Eine Stelle im Gedicht zur Eisernen Pforte in Nürnberg, GNM, HS 3227a könnte indes Meyers Interpretation stützen, da hier die Anweisung gegeben wird, „schnell mit Wechselhieben anzugreifen".[771] Bei Meyers Wechselhieb handelt es sich somit jedoch eher um eine taktische Anweisung denn um eine konkrete Technik.

Zum Ende des Abschnitts, der sich mit den Hieben beschäftigt, weist Meyer noch einmal explizit auf die Verwendung der Zecken hin, die er auch *Schneller* nennt.[772] Diese kurzen, impulsiven Attacken werden in vielen älteren Fechtbüchern bereits erwähnt, jedoch nicht näher ausgeführt; ihnen ist auch ein Liechtenauer-Vers gewidmet.[773] Auch Meyers Beschreibung ist sehr offen gehalten, so handelt es sich einfach um jedweden Hieb, der mit einer beliebigen Stelle der Klinge zu einer beliebigen Blöße geführt wird. Konstituierend ist lediglich, dass die Klinge hierbei zum Gegner „schnellt", also nicht wie bei einem normalen Hieb durchgehend, sondern mit einem initialen Impuls beschleunigt wird, was zu sehr überraschenden, aber eher ungefährlichen Angriffen führt, die den

---

766 Joachim Meyer, Gründtliche Beschreibung des Fechtens, fol. 1.14v: *OB wol dieser Hauw ein Oberhauw ist / vnnd dafür geachtet das zwischen disem vnd jenem ein geringer vnderscheidt sey / wirdt doch dieser darumb der Sturzhauw genant / das er im durchhauwen alweg oben vbersturzt / das die spitz dem widerpart gegen seinem gesicht kompt in Oschen / vnd wirt den mehrertheil im gang oder zuofechten gebraucht.*

767 München, BSB, Cod. Icon. 394a, fol. 2r. Der Sturzhau wird auch in den ,Gefechten anderer Meister' in Nürnberg, GNM, HS 3227a, fol. 48r erwähnt: *Ader tu zam het eyn oberhaw wolle tuen von der rechten seiten /vnd tu eyn störczhaw czu der selben seite.*

768 München, BSB, Cod. Icon. 394a, fol. 2r.

769 Vgl. oben, S. 201.

770 Joachim Meyer, Gründtliche Beschreibung des Fechtens, fol. 1.14v: *DEr Wechselhauw ist nichts anders / dann vor dem Manne mit den haeuwen von einer seiten zur andern / von Oben zuom Undern vnd hinwieder abwechseln / jhn damit irre zuomachen.*

771 Nürnberg, GNM, HS 3227a, fol. 44v: *Mit wechselhewen haw czu drate.*

772 Der Begriff ,Schneller' taucht bereits bei Martin Sieber auf. Vgl. dort den Vers *Den schneller do mit mach* (Salzburg, Universitätsbibliothek, M I 29, fol. 1v).

773 Nürnberg, GNM, HS 3227a, fol. 18v: *dy czecken do nicht vormeide.*

Gegner mehr reizen denn verletzen sollen.[774] Ähnlich verhält es sich beim Schleudern, das anders als bei Paurenfeindt bei Meyer kein Herumschleudern der Klinge um den Kopf ähnlich dem Zwerchhau bezeichnet, sondern generell einen geschleuderten Hieb zum Gegner meint, von seiner Art her wie ein „Stein aus einer Schleuder".[775]

Unter dem Begriff des Versetzens fasst Meyer schließlich alle weitergehenden technischen und taktischen Prinzipien zusammen, die in der Handarbeit zum Tragen kommen, also nachdem der eigentliche Kampf durch das Zufechten mit den Hieben eröffnet und eine Mensur hergestellt wurde, die nah genug für einen Treffer ist. Meyer scheint davon auszugehen, dass in diesem Abschnitt des Gefechts die meisten ernsten Treffer gesetzt werden, wenn er darauf hinweist, dass in der Handarbeit der *Rechte ernst vnd streit* beginnt.[776] Das Zufechten dient folglich in den meisten Fällen nur dazu, die Distanz zum Gegner zu überbrücken und in eine möglichst vorteilhafte Ausgangslage für die Handarbeit zu gelangen. Die Übergänge zwischen dem Zufechten (beziehungsweise den dort verwendeten Hieben) und der Handarbeit sind fließend, wie sich auch bei den später bei Meyer beschriebenen konkreten Stücken zeigt.

Zur Handarbeit zählt Meyer eine ganze Reihe von Techniken:

Und steht zwar die ganze Handtarbeit vornemlich im Binden oder bleiben / Nachreisen / Schneiden / Umbschlagen / Umblauffen / Verfueren / Verfliigen / Absetzen / Versetzen / Zucken / Doplieren / Verkehren / Schnappen / Felen / Zirckeln / Rinden / Winden / Durchwinden / Wechseln / Durchwechseln / Abschneiden / Hendtrucken / Vorschieben / Hengen / Außreissen / Sperren / Verstellen / Übergreiffen / Einlauffen[777]

Die meisten dieser Prinzipien und Techniken sind bereits aus der Liechtenauer'schen Lehre bekannt, aber Meyer führt zusätzlich mehrere neue Begriffe für bereits bestehende Konzepte ein und erfasst diese somit in seiner Systematik:

Das Verführen (*Verfuehren*) fasst so alle Aktionen zusammen, die auf Täuschung des Gegners ausgelegt sind, wozu nicht nur Bewegungen mit dem Schwert, sondern auch Mimik und Gestik des Fechters gehören. So fällt unter das Verführen ebenso das Antäuschen auf eine Blöße mit dem Schwert wie auch etwa

---

774   Joachim Meyer, Gründtliche Beschreibung des Fechtens, fol. 1.14v: *SChneller oder Zeckruor ist fast ein ding / welche eigentlich nit haeuw seindt die gehauwen / sonder geschnelt werden / die werden volbracht in mitten oder voller arbeit / wann einer fuog hat / so nemlich von Oben oder auff beiden seiten / oder von Unden gegen deinem gegenpart mit der flech oder eussern theil der klingen / das wehr last Schnappen oder in einem schwung oben oder vnder seiner klingen hinein schnellest.*

775   Ebd., fol. 1.19r: *ISt nichts anders dann so du einen Hauw in einem Schlauder dem Mann zuom Kopff fliegen last / also schicke dich in die Huot des Olbers / vnd zeihe dein Schwerdt neben deiner Rechten zuoruck durch / trit also in dem du dein Schwerdt zuoruck zeuchst mit deinem Rechten fuoß zuo jm / vnnd Schlauder ihm deinen Hauw zuom Kopff / Diser Schlauderhauw sol eben daher fliegen wie ein stein auß einer Schlaudern geworffen wirdt / was aber sonst mehr von Schlaudern noetig / findestu in stucken hernach beschrieben.*

776   Ebd., fol. 1.16v.

777   Ebd., fol. 1.17v.

das namensgebende Schielen beim Schielhau zu einer falschen Blöße.[778] Unter der Bezeichnung Verfliegen (*Verfliegen*) sammelt Meyer dabei alle Umgehungen der gegnerischen Klinge nach Antäuschen auf eine falsche Blöße ohne direkten Klingenkontakt,[779] während der Fehler (*Fehlen*) ein ähnliches Konzept beschreibt, hier jedoch erst kurz vor oder nach dem ersten Klingenkontakt eine andere Blöße angegriffen wird.[780] Ebenso zählt Meyer das Ablaufen lassen (*Ablauffen*) und das Zucken (*Zucken*) zum Verführen, die beide aus einer Klingenbindung resultieren. Beim Ablaufen lassen wird die Klinge durch ein Abrutschen von der des Gegners gelöst, um einen Hieb anzusetzen,[781] beim Zucken hingegen wird ein Zurück-zucken ähnlich dem Abnehmen fintiert, bei dem eigentlich ein Angriff auf eine andere Blöße erwartet wird – reagiert der Gegner auf diese Finte, wird erneut zur selben Blöße geschlagen.[782]

Zwei weitere Aktionen, die dem Verführen zuzuordnen sind und auf einem ähnlichen Prinzip basieren, sind die Rinde (*Rinde* – gemeint ist hier vielleicht Runde) und der Zirkel (*Zirckel*). Bei beiden Techniken wird der Gegner durch eine kreisförmige Bewegung mit dem Schwert zu einer Handlung verlockt. Bei der Rinde wird das Schwert horizontal über dem Kopf gekreist, um einen Hieb

---

778 Ebd., fol .1.18v: *HElt sich also / wann du dich mit geberden erzeigest / als ob du deiner gegenpart zuo einer Bloeß zuofechten woellest / thust es aber doch nit / sondern schlechst den streich zuo einer andern Bloeß hinein / zuo der du am fueglichsten ohn schaden zuokommen vermeinest / vnd ob aber schon vilerley stuck so dem verfuehren zuostendig / als der Schillerhauw mit dem gesicht / das Verfelen / Verfliegen / Wincken / Ablauffen / Verzuck / Zirckel vnd andere / auch dero wegen das Verfuehren nit allein mit dem Schwerdt / sonder auch mit den geberden mancherley hieraus entstehet / so seind doch dessen nit mehr art / als art vnd eigenschaft der Fechter seind / denn es richt sich durchaus nach eines jeden eigenschafft vnnd gewonheit im Fechten / als da der zornig / einander sitsam / diser geschwindt vnd hurtig / jhener langsam fichtet / also auch das Verfuehren gleicher gestalt gebraucht vnd in das werck gerichtet wirt.*

779 Ebd.: *MUß also geschehen / wann du im zuofechten oder voller arbeit deines widerparts Bloeß zuohauwest / er aber dein streich in der lufft zuo empfangen dir entgegen fehrt / das du jn nit lassest mit seiner Klingen an dein Schwerdt ruehren / sonder in der lufft solchen streich mit einem flug wider abzuckest / zuo einer andern Bloeß / welche arbet den gegen disen sehr nuetzlich / o nur dein Schwerdt nachreisen vnd nit den leib zuo verletzen begirig.*

780 Ebd., fol. 1.19v: *FEhlen kan ein jeder wol / aber solches mit fuog und zuo gelegner zeit nuetzlich zuogebrauchen / weis allein ein wol geuebter Fechter / Derowegen wiltu mit vortheil ein Fehlstreich thun / das du ein andern daraus erholen moegest / so nim war. Wann du zuo einer Bloes einhauwest / vnd dir dein widerpart versetzen will / das du den Hauw nit rueren sonder ablauffen last / vnd hauwest zuo einer andern Bloes zuo / als zuo einem exempel. Im zuogang komm in rechten Zorn / vnd als bald du jhn kanst erlangen / so trit und hauwe dem lincken Ohr zuo biß an sein Schwerdt / in dem Hauw aber / ehe vnd denn es rueret / so erhebe den Knopff vnd laß die kling neben seiner Lincken fehl ablauffen / vnd zueck vmb den kopff / als dann hauwe jm zuor andern seiten / aussen vber sein rechten Arm zuo seinem Kopff.*

781 Ebd., fol. 1.18r: *ISt / von welcher Handt du dem Mann an sein Schwerdt bindest / so verkehr in dem es riert dein Hand / vnd laß mit halber schneid vndersich ablauffen / vnd zuck vnder des dein Hefft vbersich in die hoeh zuom streich / vnd solches treib zuo beiden seiten.*

782 Ebd., fol. 1.19r: *MIt zucken welches ein sehr guot Handtarbeit ist / kanstu deinen gegenfechter meisterlich verfuehren / welches du also treiben solt / Nach dem du deinen Mann mit Langer schneiden angebunden oder eingehauwen hast / zuo einer Bloeß / so zuck behend wider vbersich als ob du auff die andere seiten hauwen woellest / fahr aber nit fort / sonder vollendt den Hauw mit kurtzer schneid behendt wider an den ort / von welchem du abgangen bist.*

(etwa einen Zwerch) anzutäuschen, der aus dieser Bewegung folgen könnte.[783] Beim Zirkel wird aus einer hohen Bindung heraus ein Hieb (ähnlich dem Sturzhau) durch vertikales Kreisen der Klinge angetäuscht. Will der Gegner diese Bewegung versetzen, wird mit einer weiteren Kreisbewegung hinter seine Versatzung geschlagen.[784]

4.3.3. Bewertung

Meyers Fechtlehre stellt aus technischer Sicht den Höhepunkt der Geschichte des Fechtens mit dem langen Schwert dar. Auch wenn viele der bei ihm zur Anwendung kommenden Prinzipien und Techniken bereits in früheren Fechtlehren thematisiert wurden, so ist Meyer der erste Verfasser eines Fechtbuches, der diese gesammelt und methodisch systematisiert in seine Lehre integriert. Die Grundlagen des Fechtens bezieht Meyer wie bereits seine Vorgänger aus der Lehre Liechtenauers, die an mehreren Stellen explizit von ihm zitiert wird – im Gegensatz zu anderen Fechtmeistern des 16. Jahrhunderts tatsächlich auch unter Bezug auf dessen Namen. So bauen die meisten weiterführenden Techniken auf den vier traditionellen Huten des Liechtenauer-Systems und den fünf verborgenen Hieben auf. Diese nutzt Meyer, um unter Einbezug weiterer Fechtlehren ein eigenständiges System zu schaffen. In diesem finden sich Techniken der ‚allgemeinen' Fechtlehre des 14. beziehungsweise 15. Jahrhunderts wieder, die etwa schon bei Talhoffer (Sturzhau, Wechselhau), aber auch bei Martin Sieber (Prellhau, Blendhau, Schneller) Anwendung fanden. Meyers Lehre weist weiter mehrere Überschneidungen zu derjenigen Paurenfeindts auf, besonders was die Verwendung eben dieser Techniken der ‚allgemeinen' Fechtlehre anbelangt. Auch zu seinem Zeitgenossen Paul Hector Mair zeigt Meyers Werk Verbindungen – in erster Linie deutet die auch bei ihm zu beobachtende fehlerhafte Übertragung des Begriffs Sprechfenster zu Brechfenster auf eine gemeinsame Quellenbasis wenn nicht gar Kenntnis von Mairs Kompendium hin. Darüber hinaus finden sich bei Meyer Bezugnahmen auf die ansonsten nur selten rezipierte Fechtlehre Martin Siebers sowie neben anderen Quellen auf die Messer-

---

783 Ebd., fol. 1.20v: *Rinde. DEr Rinde seind zweierley / Einfach und Doppelt / Einfache Rinde ist / wann du dein Schwerdt von deines gegenparts klingen oder Bloeß in einem schwung vber dein Kopff abzuckest / vnd in der lufft last vmbfliegen / also das du ein runden Zirckel machest. Doppel Rinde ist dise / wann du also starck von seinem Schwerdt abzuckest / das es zweymal in vollem schwung vber deinem Haubt vmblaufft / zu jeder seiten einmal / welche Rind beide Einfach vnnd Doppel sehr dienstlich auch zuom verfuehren seind / wie du solches in den stucken weitleuffiger sehen vnd erfahren wirst.*

784 Ebd.: *Zirckel. WAnn du im Bandt vor dem Mann stehest / vnnd beide du vnd er die Schwerdter vber dem Kopff in den luefften fuehren / aber keiner vor dem andern sich Bloß will geben / so ist der Zirckel ein ausbuendige sonder guote arbeit zuo gebrauchen / welchen soltu also machen / Hauwe mit halber schneid und geschrenckten henden von Oben / neben seiner Rechten seiten für vber durch / das dein beide hendt ob dem Haubt bleiben / im Hauwen aber schrenck dein Rechte hand dapffer vber dein Linkce / damit du jhm das Recht ohr wol moegest mit halber schneid erlangen oder schuerpffen / wischt er als dann mit den Armen vndersich dem Schwerdt nach / so trit mit dem Rechten fuoß wol beseits auff sein Rechte seiten oder hindersich zuo ruck / vnd hauwe ein geraden Scheitelhauw zu seinem kopff.*

fechtlehre Lecküchners, die im Kapitel zum Dussack ausführlich verarbeitet wurde.

Wie auch Mair war es Meyer also offensichtlich daran gelegen, eine möglichst vollständige Sammlung älterer Techniken zu schaffen, jedoch anders als bei diesem nicht mit dem Ziel des bloßen Erhalts dieses Kulturguts, sondern mit der Absicht, die gesammelten Techniken in eine eigene Fechtlehre zu inkorporieren und sie für die zeitgenössisch aktuelle Fechtkultur anzupassen. Dies zeigt sich besonders deutlich an seiner Bemühung, einen eigenen Fechtzettel nach Vorbild Liechtenauers und anderer älterer Meister zu erschaffen, zu dem Meyer selbst anmerkt *welchen ich auß rechtem grundt der Alten zuosamen gesetzt / gebessert vnd in ein rechte ordnung gebracht.*[785] Die Bestrebung, älteres Material zu sammeln und auf den ‚aktuellen Stand' des Fechtens um die Wende des 16. zum 17. Jahrhundert zu bringen, wird hierbei deutlich.

Doch Meyers Quellen liegen nicht nur im Bereich der deutschsprachigen Meister. In seinem Buch zum Fechten mit dem Rapier etwa weist er darauf hin, dass diese Art zu fechten aus anderen Regionen nach Deutschland gekommen sei und er sie dort (gemeint ist Italien) erlernt habe.[786] In der Tat scheint Meyer das Fechten mit dem langen Schwert auch auf der Basis seiner Erfahrungen mit den zu seiner Zeit in Verwendung befindlichen Waffen, wie eben dem Rapier, rückwirkend unter Zuhilfenahme der älteren deutschen Quellen zu rekonstruieren. So ist seine Fechtweise geprägt von der italienischen Schule, wie an mehreren Stellen des Traktats ersichtlich wird.[787]

Auffällig ist vor allem Meyers fast gänzlicher Verzicht auf Stöße und Stiche mit dem Schwert. Dieser Befund ist bereits bei Paurenfeindt zu beobachten, dort jedoch nur implizit an der Auslassung der stoßlastigen Techniken erkennbar. Meyer hingegen verweist im Verlaufe seines Traktats mehrmals ausdrücklich auf die Tatsache, dass Stich und Stoß zwar bei den „alten Fechtern" üblich gewesen seien, zu seiner Zeit jedoch nicht mehr praktiziert würden beziehungsweise gar nicht mehr erlaubt seien.[788] Dies ist ein wichtiger Hinweis darauf, wie seine und

---

785 Joachim Meyer, Gründtliche Beschreibung des Fechtens, fol. 1.45v.

786 Ebd., fol. 3.50r ff.: *Souil das Rappier fechten welches jetziger zeit ein sehr notwendige vnd nuetzliche uebung ist / anlanget / ist kein zweyffel das es bey den Teutschen / ein newe erfundene vnnd von anderen voelckern zu vns gebrachte uebung ist [...] Derhalben wil ich mir das Rappier fechten / so vil ich von gedachten voelckern erlernt vnnd durch tegliche uebung selbes erfahren / wie mann sich in solche oder dergleichen Wehr schicken sol / ordenlichen anzeigen vnd beschreiben.*

787 Bei seiner Schrittlehre weist Meyer so auf die Bewegungen beim Rapierfechten hin. Vgl. ebd., fol. 1.24r: *Zuom dritten seind die gebrochne oder verstolene Tritt [...] Dise dieweil sie eigentlich in das Rappier gehoeren / so will ichs daselbest hin sparen.* Bei der Beschreibung der Eisernen Pforte verweist Meyer weiterhin auf die gleichnamige Technik beim Rapier. Er bezieht sich hier womöglich eher auf die Hut *porta di ferro* der italienischen Meister (vgl. etwa bei Achille Marozzo) als auf die Eiserne Pforte der ‚allgemeinen' Fechtlehre. Besonders auch das Dolchfechten Meyers weist eine starke Ähnlichkeit zu Marozzo auf. Vgl. dazu die Abbildungen in Achille Marozzo: Opera nova mit denen Meyers.

788 Joachim Meyer, Gründtliche Beschreibung des Fechtens, fol. 1.3v: *[...] nach dem gebrauch der Alten Teutschen Fechter / bey welchen das Stechen so wol als das Hauwen zuogelassen.* Ebd., fol. 1.10v: *Dieweil zwischen dem Schwerdt Fechten zuo vnsern zeiten / wie bey vnsern vornfahren vnd vralten im gebrauch gewesen / ein grosser vnderscheid / das ich an disem ort nur was jetzund gebraeuchlich vnnd so viel zuom*

vermutlich auch Paurenfeindts Fechtlehre aus anwendungsbezogener Sicht einzuordnen ist. Obwohl Meyer in der Einleitung seines Werkes darauf hinweist, dass das Fechten mit seinem Buch auch für den militärischen Gebrauch zu erlernen wäre, ist seine Fechtlehre eindeutig dem zivilen Bereich zuzuordnen. In der Tat kann das Erlernen des Kampfes mit dem Schwert und anderen Waffengattungen, wie es bei Meyer thematisiert wird, durchaus auch als Vorbereitung für den Einsatz im militärischen Gebiet genutzt werden, dennoch ist die Absicht Meyers deutlich erkennbar, das Duell mit dem langen Schwert nach seiner Fechtlehre möglichst ungefährlich zu gestalten.

Wichtigstes Kriterium hierfür ist sicherlich die Abkehr von stoßlastigen Techniken: Wie schon bei der Untersuchung von Paurenfeindts Lehre ausgeführt wurde, bergen diese selbst bei der Verwendung von Trainingswaffen ein hohes Verletzungsrisiko.[789] Meyer erwähnt zwar an mehreren Stellen den Stoß als Offensivaktion, benutzt diesen jedoch lediglich als Finte oder Drohung, um eine Reaktion des Gegners zu erzwingen. Der eigentliche Stoß wird in diesen Fällen nicht vollständig ausgeführt, sondern zu einer anderen Aktion abgeändert. In der Tat bauen die Stücke teilweise gar komplett auf der Prämisse auf, dass der Gegner zunächst einen Stoß versetzen muss.[790] Wie die Untersuchung der von ihm eingesetzten Techniken gezeigt hat, adaptierte Meyer darüber hinaus auch ältere Techniken, die eigentlich auf dem Stoß basieren, um sie in seinem hieblastigen System zu verwenden, darunter etwa der Kurzhau oder der Glützhau.

Aber nicht nur der Stoß wird weitestgehend ausgeklammert. Auch Ringtechniken, die zu Knochenbrüchen führen, sowie Angriffe mit dem Schwertknauf werden bei Meyer nicht thematisiert. Gerade Letztere können ebenfalls, besonders bei Kopftreffern, äußerst gefährliche Wirkung entfalten. Abschließend ist in Meyers Fechtlehre, ähnlich wie schon bei Paurenfeindt, aber hier noch weitaus stärker, eine Tendenz zu erkennen, den Gegner vermehrt mit der Fläche der Klinge anzugreifen. Nicht nur fordert Meyer seine Leser auf, alle gängigen Hiebe zusätzlich mit der Fläche zu erlernen, er führt darüber hinaus auch neue Techniken wie den Prellhau ein, die speziell auf diesem Prinzip basieren und mit der Schneide des Schwertes überhaupt nicht mehr umsetzbar sind. Meyers

---

Schwerdt gehoerig von haeuwen erzelen / so vil der alten gebrauch aber belangt / wie sie beide mit Hauwen vnnd stechen scharpff gefochten / will ich in seinem gewissen vnnd sondern ort anzeigen.

789 Dass es auch im Kontext eines sportlichen Duells mit Stoßwaffen mitunter zu Todesfällen kommen konnte, zeigt beispielsweise ein Vorfall in Nürnberg, bei dem im Jahr 1602 ein Fechter durch einen Stoß mit dem Rapier ins Auge ums Leben kam: Franz von Soden, Kriegs- und Sittengeschichte, S. 45.

790 Vgl. etwa Joachim Meyer, Gründtliche Beschreibung des Fechtens, fol. 1.35r: [...] *las jhm den vordern ort gegen seinem gesicht schiessen / als woltestu stechen / zuck aber wider an dich / vnd schlag* [...]. Ebd., fol. 1.35v: [...] *in dem es trifft so schieß jhm den ort auff seinem Schwerdt hinein zuom gesicht / fahr in des auff mit den henden / vnd arbeit zuo der nechsten Bloeß* [...]. Ebd., fol. 1.36v: [...] *so schiesse jm den vordern ort in sein gesicht / mit einem zuotrit in das Lang ort / vnd in solchem fuertschieben so wende die Lange schneid gegen seinem herfliegenden Haw / als bald du den entpfangen / so winde an sein schwert der nechsten Bloeß zu.* Ebd., fol. 1.38v: [...] *so stich jhm auß dem Schlüssel gerichts für dir hin zuo seinem gesicht in das Langort / welchen stich er dir (ob er nicht getroffen werden wil) wehren muoß* [...].

Fechtweise weist damit ein bedeutend geringeres Verletzungsrisiko auf, als dies bei einem – selbst unter sportlichem Aspekt ausgeübten – Kampf nach älteren Fechtlehren der Fall ist.

Erklärbar wird dieser Befund zuvorderst durch die Reglementierungen zum Ablauf der Fechtschulen[791], die sich vor allem im Verlauf des 16. Jahrhunderts immer größerer Beliebtheit erfreuten. Zu einer im Jahre 1573 in Zwickau abgehaltenen Fechtschule etwa heißt es im Gedicht eines zeitgenössischen Beobachters:

> *Alle falsche stück das ihr wißt,*
> *Das auff keinr Schuel nit breuchlich ist,*
> *Das sol auch da vorbotten sein,*
> *Knopff und auch orth zulauffen ein,*
> *Und all andre unredlich stück*[792]

Die Bestrebung, alle für die Fechter potenziell (lebens-)gefährlichen Aktionen zu unterbinden, wird hier offensichtlich: Sowohl Schläge mit dem Knauf als auch Stöße mit dem Ort und das Einlaufen (also das Ringen) sind verboten.[793] Meyers Fechtlehre sprach folglich ein Publikum an, das genau nach einem solchen Regelwerk Duelle ausfocht – die Anpassungen der traditionellen Techniken zu diesem Zweck sind offensichtlich. Der Verzicht auf Stöße, Knaufschläge und knochenbrecherische Ringtechniken zeigt deutlich die Abkehr vom Ernstkampf und die Zuwendung zum zivilen Schau- und Wettbewerbsfechten.

Ebenso wie bei Mair fällt auch bei Meyer darüber hinaus die hohe Komplexität der beschriebenen Fechtstücke auf. Mitunter bestehen diese aus fünf oder mehr aufeinanderfolgenden Aktionen, was in direktem Gegensatz zu den Anweisungen älterer Fechttraktate steht, den Gegner mit möglichst wenig Angriffen, am besten schon mit dem ersten Vorschlag zu besiegen:[794]

> *Im ersten angriff Hauw ein Langen Oberhauw zuo seinem Lincken ohr / in*
> *dem es glützt / so zuck beide hend vbersich / das dein Knopff vnder deinem*
> *Rechten arm im vbersich fahren durch gestossen werdt / vnnd Hauwe behend*
> *mit Langer schneiden von Unden auch zuo seiner Lincken / trit in des mit*
> *deinem Lincken fuos hinder deinen Rechten zuo jhm / vnd komm mit deinem*
> *Hefft in solchem hauwen hoch vber deinem Haupt / Herwiderumb so hauwe*
> *den ersten einen Underhauw / mit einem zuotrit deines rechten Fuoß / zu*

---

791 Anders als heute bezeichnete der Begriff Fechtschule zu dieser Zeit keine feste Institution, sondern eine einmalig abgehaltene Veranstaltung mit Wettkämpfen und Vorführungen, bei denen sich die Fechter verschiedener Gruppierungen präsentieren und untereinander messen konnten.

792 Aus dem 1574 verfassten Gedicht des Siebmachers Benedict Edlbeck, zitiert nach Wassmannsdorff, Sechs Fechtschulen, S. 13.

793 Für eine weitere solche Reglementierung vgl. August Vischer, Tractatus, S. 480: *Jedoch soll ein Jeder wissen / was auff dieser Fechtschulen soll verboten sein / als Ort / Knopff / Spitz / Einlauff / Armbrüch / Gemächtstoß / Augengrieff / Steinwerff / und alle unredliche Stück / die mancher wol zu brauchen weiß […].*

794 Vgl. oben, S. 59.

seiner vndern Bloes mit Langer schneid / zuck behendt neben deiner Rechten
wider vbersich / vnnd Hauwe den andern von Oben auch zuo seiner Lincken
mit einem abtrit deines lincken Fus / hinder deinem Rechten zuo jhm wie vor /
auff das du hinder deiner kling verdeckt standest.[795]

An diesem beispielhaften Stück, bei dem der Gegner mit insgesamt vier Hieben nacheinander angegriffen wird, wird dies besonders deutlich, ebenso wie die Tatsache, dass das komplette Stück nur aus Sicht des ausführenden Fechters beschrieben ist – die Reaktionen des Gegners werden nicht berücksichtigt. Im Gegensatz zu Mair, bei dem jedes Stück aus beiden Perspektiven geschildert wird, entsteht bei Meyer eher der Eindruck, es handele sich um keine konkrete dynamische Kampfsituation, sondern vielmehr um eine festgelegte Schlagabfolge, die zu Vorführzwecken dargeboten wird. Angesichts der Tatsache, dass Meyers Lehre in erster Linie für Partizipanten der Fechtschulen gedacht war, liegt dies durchaus im Bereich des Möglichen.

Ferner lässt die Analyse von Meyers Techniken bei der Ausführung seiner Fechtweise eine gewisse Eleganz, aber auch übertriebene Theatralik erahnen, wenn etwa bei der Technik der Rinde das Schwert zur Ablenkung des Gegners über dem Kopf herumgewirbelt wird. Möglicherweise handelt es sich hierbei genau um das *weit vmmefechten*, das der Verfasser von Nürnberg, GNM, HS 3227a seinerzeit so abschätzig kommentierte.[796] Meyer stand damit wie die anderen Fechtmeister des 16. Jahrhunderts nicht nur im Widerspruch zur traditionellen Fechtweise mit dem langen Schwert, sondern auch zur zeitgenössischen Entwicklung der Waffen- und Fechttechnik, die durch Konzentration auf und Verbesserung der Stoßtechnik ein immer effektiveres Kampfsystem zu schaffen suchte. Während er eine Fechtlehre etablierte, bei der das lange Schwert in komplexen und kunstvollen Bewegungen geführt wurde, arbeiteten andere Fechtmeister zeitgleich daran, genau dies zu vermeiden und eine möglichst einfache, auf kurze und ökonomische Bewegungen ausgelegte Fechtweise zu schaffen, welche schließlich im heutigen modernen Sportfechten gipfeln sollte.[797]

Im Spannungsfeld zwischen mittelalterlichem Duell mit scharfen Waffen und dem neuzeitlichen Bedürfnis nach einer sicheren Nutzung des langen Schwertes präsentierte Meyer damit zwar eine äußerst durchdachte, systematisierte und kunstfertige Fechtlehre, die jedoch nicht mehr die Effizienz aufwies, auf die frühere Meister bedacht waren. Diese Entwicklung war dem veränderten Anwendungskontext geschuldet, beschäftigte sich Meyer doch nicht mehr mit dem ernsten Zweikampf, bei dem es auf die möglichst schnelle Überwindung des Gegners in einer möglicherweise lebensbedrohlichen Situation ankam, sondern mit dem Duell rein um des Kampfes willen, als Konfrontation mit sportlichem Charakter oder im Rahmen einer Fechtschule. Hier stand die zu

---

795 Joachim Meyer, Gründtliche Beschreibung des Fechtens, fol. 1.29v.

796 Vgl. oben, Anmerkung 135.

797 Vgl. etwa das (zeitgleich zu Meyers Werk erschienene) Fechtbuch von Giacomo di Grassi: *Ragione di adoprar sicuramente l'Arme …*, der den Stoß als *ultima ratio* des Fechtens erfasst und diesen unter Einbezug geometrischer Berechnungen zu perfektionieren sucht. Vgl. auch Anglo, The Martial Arts, S.102–118.

präsentierende Kunstfertigkeit im Vordergrund, nicht das effiziente Töten eines Gegners.

Meyer gelang es durch seine systematische Herangehensweise, das lange Schwert in die Neuzeit zu überführen und die Techniken Liechtenauers und anderer früherer Fechtmeister mit den Anforderungen des sich immer weiter etablierenden Fechtsports in Einklang zu bringen. Doch gerade die Änderungen in der Kampfweise, die das lange Schwert sicher für den Einsatz bei den Fechtschulen machten, sorgten dafür, dass es in seiner Bedeutung immer mehr hinter die effizienteren, einhändig geführten Stoßwaffen zurücktreten musste, welche nun immer größere Verbreitung fanden. Dies dürfte auch der Grund sein, weshalb sich nach Meyer bis zum Anfang des 21. Jahrhunderts kein weiterer Fechtmeister mehr dem Schwert in beachtenswertem Umfang annehmen sollte.

4.4. Ausblick: Das frühe 17. Jahrhundert

Mit dem ausgehenden 16. Jahrhundert verschwand das lange Schwert als Fechtwaffe nach und nach aus den Fechthallen und der Fachliteratur, die sich fortan fast ausschließlich mit den einhändigen Stoßwaffen, hier allen voran dem Rapier, beschäftigte. Nachdem die Königsdisziplin des Fechtens für mehr als 200 Jahre das lange Schwert nach ‚deutscher Schule‘ gewesen war, verschob sich der Schwerpunkt nun deutlich in den italienischen Sprachraum. Nicht nur erschien in der Folge eine große Anzahl von Fachtexten auf Italienisch (zu nennen sind hier sicherlich vor allem die Werke der Fechtmeister Salvator Fabris und Ridolfo Capo Ferro), auch Übersetzungen der transalpinen Texte ins Deutsche wurden zunehmend populärer.[798]

Wo das lange Schwert als Fechtwaffe in der Fachliteratur noch auftauchte, handelte es sich nur noch um Reminiszenzen an die frühere Blütezeit der Waffe. Es erschienen noch einige Kompilationen älterer Texte, etwa durch den Fechter Jakob Sutor von Baden, der 1612 seinem *New Kuenstlich Fechtbuch* noch einmal ein kurzes Traktat zum langen Schwert voranstellte, welches aber lediglich eine Bearbeitung von Meyers Werk darstellte. Insgesamt scheint das lange Schwert um 1600 bereits zu einem Kuriosum des Fechtsports geworden zu sein, das nur noch aus nostalgischen oder gar parodistischen Beweggründen Erwähnung in den späteren Fechtbüchern fand.

---

798 Hier etwa die vermutlich im ersten Drittel des 17. Jahrhunderts angefertigte Handschrift Dresden, SLUB, Mscr.Dresd.C.94a (*Fechtkunst. Aus dem Italienischen*), bei der es sich um eine Übersetzung des Werkes *Lo Schermo, overo Scienza D'Arme* des italienischen Fechtmeisters Salvator Fabris handelt. Diese wurde gleich mehrfach ins Deutsche übertragen, etwa auch durch den niederländischen Verleger Isack Elzevier unter dem Titel *Des Kunstreichen und weitberuemeten Fechtmeisters Salvatoris Fabri Italiänische Fechtkunst* (Leiden, 1619). Andere deutsche Fechter bearbeiteten die italienischen Vorbilder in eigenständigen Werken, so beispielsweise der Nürnberger Freifechter Sebastian Heußler, der sich in seinem *New Kuenstlich Fechtbuch* (Nürnberg, Erstausgabe um 1615, hier noch unter dem Titel *New Künstlich FigurenBüchlein*) auf die Lehren Salvator Fabris und Ridolfo Capo Ferros stützte. Vgl. zum Einfluss der italienischen Stoßfechtkunst auf den deutschsprachigen Raum auch BODEMER, Aspekte, S. 151–154.

Interessant ist in diesem Kontext ein 1591 vermutlich in Süddeutschland angefertigtes Fechtbuch eines anonymen Verfassers.[799] Der Titel *Das Ander Theil Des Newen Kuonstreichen Fechtbuoches* deutet darauf hin, dass es sich um den zweiten Teil eines Kompendiums handelt, andere Bände sind jedoch nicht erhalten. Neben Traktaten zu Kampfstab, Hellebarde, Dolch, Dussack und Ringen enthält das Fechtbuch auch einen Abschnitt zum Fechten mit dem (langen) Schwert, der aus 36 einzelnen Stücken besteht. Die Darstellungsform erinnert sehr stark an das Format des Maier'schen Kompendiums: Auf jeder Seite befindet sich die farbige Abbildung eines Kämpferpaares in einer bestimmten Kampfsituation, darunter folgt eine recht knappe schriftliche Erläuterung des Stückes.

Das Fechtbuch enthält keinerlei Vorrede, weshalb Aussagen zu Entstehungsanlass und Verwendungskontext nur schwer getroffen werden können. Möglich ist, dass der nicht mehr erhaltene erste Teil ein ausführliches Vorwort enthielt. So jedoch bleibt über die Besonderheiten des Traktats nur zu spekulieren: Nicht nur inhaltlich steht das Werk für sich alleine, da es offenbar weder in der Liechtenauer'schen noch in einer anderen erkennbaren Tradition steht. So findet sich keinerlei Fachvokabular in den Erläuterungen zu den Stücken, weder Huten noch Hiebe werden gesondert bezeichnet, lediglich die an mehreren Stellen gegebene Anweisung zu *zwircken* erinnert an die Liechtenauer-Technik gleichen Namens.[800] Das Schlagen zum Gegner wird generell als *schmeissen* bezeichnet, ohne konkrete Anweisung zur verwendeten Klingenseite oder der Handstellung am Griff zu geben. Somit erschöpft sich das technische Repertoire des Traktats auch größtenteils in sehr knappen Anweisungen, den Gegner entweder mit einem Hieb in direkter Absicht zu treffen oder durch einen ersten Hieb beziehungsweise eine Finte in eine bessere Position für einen Treffer durch eine nachfolgende Aktion zu gelangen. Besonders häufig findet sich hierbei die Variante, entweder außen/innen oder hoch/tief zu fintieren (hier: *praesentiren*), um dann von der jeweils anderen Seite zuzuschlagen.[801] Die Stücke erinnern damit in ihrer simplifizierten Beschreibung stark an die Traktate der ,allgemeinen' Lehre, wie sie etwa in München, BSB, Cgm 558 zu finden ist.

Auch aus taktischer Sicht erscheinen die Anweisungen aufs Kürzeste reduziert: Es wird lediglich an mehreren Stellen die Anweisung gegeben, das Stück zu eröffnen, *wan der ander langk ligt/außligt* – gemeint ist hier offenbar, wenn der andere Fechter durch Ausführen einer Aktion (etwa einem Oberhau) eine Blöße eröffnet – oder *Wan der ander mit dem Schwert dürch hawet* – also vermutlich nach

---

799 Wolfenbüttel, Herzog-August-Bibliothek, Cod. Guelf. 83.4 Aug. 8°. Zur Lokalisierung und Handschriftenbeschreibung LENG, Fecht- und Ringbücher, S. 136–138. Datierung nach dem Eintrag auf fol. IIIr.

800 Gemeint ist hier jeweils ein waagerechter Hieb. Die Abbildungen auf fol. 2v und 4v lassen darauf schließen, dass es sich tatsächlich um ein Umschlagen über dem Kopf wie beim Zwerchhau Liechtenauers handelt: *So kan man auch binnen praesentiren vnd baussen schmeissen nach dem Kopff oder arm Vnd wan der falliret Zwircket man geschwinde nach den Lincken Ohr* (fol. 2v).

801 Vgl. etwa fol. 5v: *So kan man auch praesentiren alß wolte man vnten nach dem arm schlagen vnd schmeisset alß dan mit aller gewalt von ober nider auf den Kopff* oder fol. 7v: *Wan der ander lang ligt praesentirt man baussen vnd schlegt mit gewalt binnen nach dem Kopff.*

einem fehlgegangen Hieb des Gegners im Sinne eines Liechtenauer'schen Nachreisens. Die Komplexität der Stücke ist generell eher gering, mit wenigen Ausnahmen beschränken sich die Abfolgen auf zwei oder maximal drei Aktionen (Finte und nachfolgender Angriff, eventuell Nachschlag). Bemerkenswert sind die gleich an zwei Stellen (fol. 6v; 7r) aufgeführten Hiebe zum Bein des Gegners, einer sonst eher unüblichen Trefferzone.[802] Beschrieben werden weiterhin ausschließlich offensive Techniken, bei denen der Fechter agiert, sei es mit einem Angriff in erster Absicht oder mit einer einleitenden Finte. Reaktionen und Paraden zu gegnerischen Angriffen finden sich nicht, lediglich an einer Stelle (fol. 17v) wird der Bruch gegen eine Ringtechnik beschrieben, die vordem als Offensivaktion angeführt wurde.

Das Stückgut des Traktats präsentiert sich damit als recht basal und taktisch wie auch technisch wenig spektakulär, vor allem auch vor dem Hintergrund zeitgenössischer Texte wie Meyers eloquentem Fechtbuch. Dennoch besitzt die Handschrift einige Merkmale, die sie von anderen Traktaten abhebt. Zum einen wirken die dargestellten Fechter auf sonderbare Weise grotesk, sind sie doch im Gegensatz zu den wohlproportionierten Figuren anderer Fechtbücher durchgehend mit einem auffälligen Übergewicht, immens starken Waden und Armen dargestellt (Farb-Abb. 14). Zum anderen ist die Darstellung der Trefferwirkung durchweg sehr explizit, jeder erfolgreiche Schlag resultiert in einer blutigen Wunde, mehrfach gar in gespaltenen Schädeln, obwohl es sich bei den abgebildeten Waffen zweifellos um Übungswaffen handelt. Sprachlich wird im Verlauf des Traktats ebenfalls immer wieder an diese explizite Darstellungsform angeknüpft, wenn dort etwa die Anweisung gegeben wird, *mit aller gewalt* zuzuschlagen (fol. 5v), einen *gewaltigen Streich* zu tun (fol. 8r) oder dem Gegner den Arm zu brechen (fol. 12v). Überdies ist auch in einer auffällig hohen Zahl der Stücke ausdrücklich der Kopf beziehungsweise das Gesicht als Trefferzone angegeben (fol. 2v; 3r; 4r; 4v; 5r; 5v; 6r; 7r; 7v; 8r; 8v; 10r; 18v; 19v). Durch die in Wort und Bild evozierte Gewalt, die in starkem Gegensatz zu den verletzungspräventiven Maßnahmen und der ,zivilisierten' Fechtweise etwa bei Meyer steht, wirkt das Traktat somit für seinen späten Entstehungszeitpunkt auffällig ana-

---

802 Ein Angriff auf die Beine des Gegners entblößt für gewöhnlich den eigenen Kopf, da die Reichweite bei einem Schlag nach unten immer geringer ist als in einer oberen Auslage. Ausnahmen bilden hier Techniken wie etwa das Geißeln bei Talhoffer (München, BSB, Cod. Icon. 394a, fol. 6v), bei dem das Schwert einhändig zum Gegner ,geworfen' wird. Durch das einhändige Greifen erhöht sich die eigene Reichweite, während gleichzeitig der Körper kein so großes Ziel für den Gegner darstellt. Anders präsentiert sich die hier auf fol. 6v gezeigte Technik, bei der der rechte Fechter, merkwürdig verkrümmt in der Körperhaltung, das Schwert über dem Kopf haltend, zum Bein des Gegners schlägt. Eine recht ungewöhnliche Positur für solch einen Angriff und anatomisch nur schwer umzusetzen – auch der Zeichner stieß hier offensichtlich an seine Grenzen, die Perspektive der Abbildung scheint etwas verschoben zu sein, um den Hieb von oben zum Bein darstellen zu können. Der niedere Schlag des ausführenden Fechters kann in der Realität bestenfalls als riskant bezeichnet werden, zumal der Gegner in einer Art Scheitelhau dargestellt ist, bei dem die Beine zurückgezogen sind und eine Bedrohung von oben aufgebaut ist. Ein Angriff zu den Beinen muss den ausführenden Fechter daher zwangsläufig entblößen und einen Gegenschlag von oben provozieren.

chronistisch. Die teils schon fast zelebrierte Gewaltdarstellung wird noch unterstrichen durch die eher als plump zu bezeichnenden Fechterfiguren, die mit
aller Macht aufeinander einhieben. Das Werk vermittelt somit weniger den
Eindruck, eine Anleitung für den geregelten Kampf etwa im Rahmen einer
Fechtschule zu liefern, als vielmehr als Reminiszenz an die vermeintlich ge-
walttätigen Duelle früherer Tage zu dienen. Möglich erscheint, dass das Fechtbuch auf eine ältere Vorlage zurückgeht und – ganz ähnlich Mairs Werk – als
Sammlung älterer Kampfkünste intendiert war, wobei die explizite Gewaltdarstellung den anachronistischen Charakter des Materials unterstreicht.[803]

Das anonyme Fechtbuch veranschaulicht die zeitgenössische Stellung des
langen Schwertes um die Wende zum 17. Jahrhundert. Nach dem Siegeszug der
einhändig geführten Stoßwaffen verschwand diese große und vergleichsweise
unpraktische Schwertform aus dem Bewusstsein der Fechter und Fechtmeister.
Aus Sicht der ,modernen' Fechter war das lange Schwert inzwischen zu einer
Waffe vergangener Tage geworden, mit der man sich wenn überhaupt nur noch
aus nostalgischen Gründen beschäftigte. Sie gehörte ins Mittelalter und hatte in
der auf Effizienz bedachten Kampfkunst der frühen Neuzeit keinen Platz mehr.
Wo sie noch Erwähnung in der Fachliteratur fand, geschah dies nur noch aus
Gründen der Reminiszenz an Vergangenes, jedoch nicht um die Kunst anwen-
dungsgerecht zu tradieren oder gar noch weiterzuentwickeln. Doch auch wenn
das lange Schwert von nun an bis zum späten 20. Jahrhundert fast vollständig
von der Bildfläche verschwunden war, ist seine Bedeutung für die Geschichte der
Fechtkunst nicht zu unterschätzen. Welcher Innovationscharakter dieser Waffe
während ihrer Blütezeit innewohnte und welche sozial- und technikgeschicht-
liche Bedeutung sie besaß, wird im folgenden Kapitel erörtert.

---

803 Auffällig ist die Ähnlichkeit des Traktats zu der 1627 erschienenen Sammlung von Kupferstichen
des Florentiners Antonio Francesco Lucini (,Compendio dell'armi de Caramogi'). Lucini par-
odiert hier das Genre der Fechtbücher, indem er Zwerge als Fechter auftreten lässt, teils ebenfalls
mit sehr drastisch dargestellten Treffern (etwa die abgeschlagenen Hände auf Tafel 8) oder
übertrieben machtvollen Schlägen (so wird auf Tafel 24 gar ein Schwert bei der Parade längs
gespalten). Auch die zeitgenössische Tendenz, das Fechten auf mathematisch-geometrischen
Grundlagen zu analysieren, findet bei Lucini spöttisch Beachtung, wenn dort die typischen
geometrischen Linien als Spinnennetz dienen und gleichzeitig die Geometrie einer Flatulenz
veranschaulicht wird (Tafel 14). Die Stiche scheinen sich in Privatbesitz zu finden und wurden
bisher noch nicht digitalisiert. Einige Abbildungen finden sich bei ANGLO, The Martial Arts, hier
besonders S. 73.

III. Causa dimicandi – warum fechten?

Die Untersuchungen der vorangegangenen Kapitel haben gezeigt, dass in der deutschsprachigen Gesellschaft des Spätmittelalters und der frühen Neuzeit vom ausgehenden 14. Jahrhundert an über fast zweihundert Jahre eine rege Auseinandersetzung mit dem langen Schwert als Fechtwaffe stattfand. Worin aber lag nun das zeitgenössische Interesse an dieser Waffe begründet? Um diese Frage zu beantworten, wird im Folgenden zuerst untersucht, inwiefern die Waffe im militärischen Kontext und bei gerichtlichen Zweikämpfen Gebrauch fand. Anschließend wird ihre Bedeutung für die (adlige) Ausbildung thematisiert, während das Ende des Kapitels die Analyse der physikalischen und technischen Eigenschaften der Waffe selbst sich bildet, um die vorher gewonnen Erkenntnisse zu bestätigen.

Aus wehrhistorischer Sicht lässt sich die prominente Stellung des langen Schwertes in der Fechtliteratur nur schwerlich erklären. Obschon es verschiedene Belege für den militärischen Einsatz dieser Waffe gibt, sind diese jedoch nur eingeschränkt belastbar und auffallend selten im Vergleich zur hohen Überlieferungsdichte der Fechtbücher, in denen diese Waffengattung fast immer eine Vorrangstellung einnimmt.[804] In der Geschichte der Klingenwaffen nimmt das lange Schwert so auch eine Sonderrolle ein. Die Entwicklung von der einhändig geführten Waffe hin zu einer Griffform, die zunächst teilweise und später gänzlich Platz für beide Hände bot, ist in der Forschung unter archäologischen und materialkundlichen Aspekten bereits hinreichend untersucht worden.[805] Den tatsächlichen Verwendungskontext der unterschiedlichen Schwerttypen zu bestimmen, gestaltet sich jedoch als schwierig, da für dieses Unterfangen zumeist nur Bildquellen herangezogen werden können, die nur selten eindeutige Aussagen über die abgebildeten Waffentypen zulassen. In der Tat ist ab dem Hochmittelalter eine Aufspaltung der Gebrauchsformen für das Schwert in zwei Entwicklungsstränge zu erkennen: zum einen die für die Nutzung zu Pferde bestimmten Schwerter, zum anderen jene Schwerter, die ausschließlich im Bodenkampf eingesetzt wurden.

Die vom Pferderücken eingesetzten Schwerter wurden im Verlauf des Hoch- und Spätmittelalters stetig länger und erlaubten damit – gerade auch im Hinblick auf den Kampf nach dem Absteigen vom Pferd – auch eine zweihändige Füh-

---

804 Vgl. etwa Hɪʟs, Liechtenauers Kunst, S. 294 f., der für die Behauptung, das lange Schwert habe militärische Verwendung gefunden, als Beleg lediglich die Chroniken des Diebold Schilling anführt. Die dort abgebildeten Schwerter lassen sich nur schwerlich einem Typus zuordnen, es dürfte sich in den meisten Fällen jedoch eher um lange Reitschwerter denn um die in den Fechtbüchern abgebildete Waffe handeln.

805 Vgl. grundlegend Boᴇʜᴇɪᴍ, Handbuch der Waffenkunde, S. 230–269; Hɪʟs, Liechtenauers Kunst, S. 287–299; Oᴀᴋᴇsʜᴏᴛᴛ, The Sword, S. 25–79. Eine Zusammenstellung von Quellen und Forschungsliteratur zum Gebrauch des langen Schwertes (obgleich beim tatsächlichen Anwendungsgebiet zu sehr auf Hɪʟs fixiert) findet sich bei Wᴀɴᴋᴇ, Anderthalbhänder.

rung. Bedingt durch die Anforderungen beim Reiten mussten diese Waffen jedoch stets in erster Linie auch einhändig kontrollierbar bleiben. Im Bodenkampf
hingegen machte das Aufkommen der späteren Rüstungstypen, insbesondere
der Plattenrüstung, den bisher zur Verteidigung verwendeten Schild überflüssig,
weshalb beide Hände Platz an der Waffe finden konnten und diese sowohl zum
Angriff als auch zur Verteidigung genutzt wurde. Da im gerüsteten Kampf die
Schnittwirkung eines Schwertes nicht mehr ausreichend war, setzten sich hier
robustere Klingen durch, die für den Stoß optimiert waren und häufig im
Halbschwert geführt wurden, um Schwachstellen in der Panzerung des Gegners
auszunutzen.[806]

Ist der Übergang zwischen den tatsächlichen materiellen Schwertformen
dabei zwar fließend, so weichen diese beiden Gebrauchsarten der Waffe jedoch
stark von dem in den Fechtbüchern thematisierten Bloßfechten ab. Dort, wo
beidhändig geführte Schwerter in den Bildquellen im ungerüsteten Kampf zu
sehen sind, handelt es sich zumeist um die noch größeren Zweihandschwerter
(in den Quellen auch als „Schlachtschwert" bezeichnet)[807] der Landsknechte und
Reisläufer, welche die Schlachtfelder ab dem ausgehenden 15. Jahrhundert do-
minierten. Während dort hauptsächlich Stangenwaffen zur Bildung der sogenannten Gewalthaufen eingesetzt wurden, kam den mit Schwertern bewaffneten
Kriegern die Rolle von Plänklern und Nahkämpfern der hinteren Linien zu.[808]

Doch auch diese militärische Verwendung des Schwertes wird in den
Fechtbüchern nicht als Bloßfechten thematisiert. Einerseits sind dort in der Regel
keine Schlachtschwerter abgebildet,[809] andererseits erläutern die Fechtbücher
ausnahmslos den Zweikampf und nehmen keinen Bezug auf das Kämpfen in
einer Schlachtformation, weder aus technischer noch aus taktischer Sicht. Besonders auffällig ist hierbei die Tatsache, dass in den Fechtbüchern der Fokus im
Regelfall auf dem Kampf Schwert gegen Schwert liegt, ein starker Widerspruch
zur militärischen Realität des Spätmittelalters, da dort nur äußerst selten zwei
ungerüstete Gegner mit zweihändig geführten Schwertern aufeinandergetroffen
sein dürften. Handelte es sich um eine Begegnung von Rittern, so waren diese
gerüstet. In den Söldner- und Fußsoldatenheeren hingegen dominierte der
Kampf in Schlachtformation und mit verschiedenen Waffengattungen. Obwohl
die spätmittelalterlichen Fechtbücher immer wieder auch den gerüsteten Kampf
und oft sogar den Kampf zu Pferde zum Thema haben, beides übertragbar auf
den Kriegsfall, lässt sich das Bloßfechten zu Fuß mit dem langen Schwert in
keinen militärischen Kontext einbetten. Es scheint sich dabei also um eine Par-
allelentwicklung zur wehrtechnischen Wirklichkeit des Mittelalters zu handeln,

---

806 Vgl. etwa den Typus ‚Bohrschwert' bei Boeheim, Handbuch der Waffenkunde, S. 249–251.

807 So auch bei Paurenfeindt, siehe oben.

808 Vgl. etwa die Beschreibung einer Schlachtaufstellung bei Leonhardt Fronsberger: Fünff Bücher,
     fol. 50r: *erstlich drey glid mit langen Spiessen* […] *Darnach ein glid mit kurzen wehren / als Hellen-
     parthen und Schlachtschwertern.*

809 Ausnahmen sind hier beispielsweise Fechtmeister wie Camillo Aggrippa oder Francesco Alfieri,
     die sich in der Tat mit dem Schlachtschwert auseinandersetzen. Die literarische Beschäftigung
     mit dieser Waffe scheint aber hauptsächlich im italienischsprachigen Raum verortet zu sein.

die damit vor allem im zivilen Bereich zu verorten sein dürfte. Seinen Ursprung hat das Bloßfechten somit zwar in der militärisch bedingten Entwicklung des Schwertes zu einer langen, zweihändig führbaren Waffe, eingesetzt wurde es in diesem Kontext aber kaum. Es stellt sich also die Frage, aus welchem Grund das Fechten mit dem langen Schwert überhaupt erlernt wurde und warum es derart prominent in den Fechtbüchern thematisiert wird.

Viele der spätmittelalterlichen Fechtbücher stehen in enger Verbindung zur Praxis des gerichtlichen Zweikampfs. Besonders die Werke Hans Talhoffers und Paulus Kals nehmen immer wieder Bezug auf diese agonale Form der Rechtsfindung.[810] Talhoffer etwa liefert in seinem 1459 angefertigten Fechtbuch (T3) eine ausführliche Beschreibung zu den rechtlichen Hintergründen, dem Ablauf und den Regeln für solche gerichtlichen Duelle, die sich auffällig mit früheren normativen Rechtsquellen wie etwa dem Schwaben- oder dem Sachsenspiegel decken und eine umfassende Kenntnis der lokalen Rechtsgewohnheiten durch den Fechtmeister erkennen lassen.[811] Obwohl der gerichtliche Zweikampf als Form der Rechtsfindung seit dem auslaufenden 13. Jahrhundert immer seltener praktiziert wurde und vor allem auch von kirchlicher Seite auf starken Widerstand stieß, belegen verschiedene Quellen, dass noch bis ins frühe 16. Jahrhundert an dieser Praxis festgehalten wurde.[812] Auch das Verbot von klerikaler Beteiligung an Gottesurteilen auf dem Laterankonzil 1215 und die generelle kirchliche Ablehnung von Ordalen bei verstärkter Hinwendung zum römischen Recht als Mittel der Beweisfindung ließen das Duell zur gerichtlichen Konfliktlösung nicht gänzlich verschwinden.[813] In der Tat weist Talhoffer zu Beginn eines seiner Fechtbücher (T3) selbst explizit auf das dekretale Verbot der Gerichtskämpfe und die dennoch nach Gewohnheit weiter abgehaltenen Duelle hin.[814]

Doch auch wenn sich zumindest einige Fechtmeister und ihre Lehrtätigkeit damit in unmittelbare Nähe zum gerichtlichen Zweikampf bringen lassen, eröffnet sich auch hier kein wirkliches Anwendungsgebiet für das Bloßfechten mit dem langen Schwert. Die Bewaffnung der Kämpfer bei einem solchen Duell ist sowohl durch normative als auch deskriptive Quellen mehrfach belegt und scheint sich von Hoch- zu Spätmittelalter nicht nennenswert geändert zu haben. Es handelte sich dabei zumeist um eine Kombination von Schild und einhändig geführter Waffe. Sowohl Schwaben- als auch Sachsenspiegel sprechen beiden

---

810 Zu Fechtmeistern und der Vorbereitung auf den gerichtlichen Zweikampf, speziell bei Talhoffer und Kal, vgl. Jaquet, Six Weeks. Zur Rolle der Fechtmeister speziell im religiösen Kontext der Gottesurteile vgl. neuerdings Wagner, Die Fechtmeister Gottes.

811 Kopenhagen, Det Kongelige Bibliotek, MS Thott 290.2º, fol. 8r–10v liefert so eine ausführliche Beschreibung der Umstände und des Ablaufs eines gerichtlichen Zweikampfes, von der Anklage über die Vorbereitung zum Kampf bis zur Urteilsfindung.

812 Zur Geschichte des gerichtlichen Zweikamps vgl. Nottarp, Gottesurteilsstudien; zum Niedergang dieser Praxis vor allem S. 195–210.

813 Vgl. Neumann, Der gerichtliche Zweikampf, S. 70–75.

814 Kopenhagen, Det Kongelige Bibliotek, MS Thott 290.2º, fol. 8r: *Item wie daz nun sy daz die die decretaleß kempf verbieten So hat doch die gewonhait herbracht von kaisern und künigen fürsten und hern noch gestatten und kempfen laussen und darzu glichen schierm gebent, und besunder und umb ettliche sachn und artikeln alß her nach geschriben staht.*

Kämpfern so im 13. Jahrhundert jeweils Schild und Schwert zu, während nach fränkischem Recht auch mit Kolben gekämpft wurde.[815] Auch etwa zweihundert Jahre später bei Talhoffer finden sich diese Duelle, die hier mit dem mannshohen Stechschilden ausgetragen werden, immer wieder abgebildet.[816] Längere, zweihändig geführte Schwerter hingegen scheinen wenn überhaupt nur bei Duellen zwischen adligen Kontrahenten eingesetzt worden zu sein. Diese Kämpfe fanden in der Regel außerhalb der Gerichtsbarkeit und auf Initiative beider Kombattanten statt, die sich auch über die eingesetzten Waffen verständigten – meist wurde in voller Plattenrüstung, also ohne Schild gekämpft.[817] Lediglich der Kampfplatz wurde auf Verlangen durch den Richter gestellt. Da diese Form des Duells im Gegensatz zum Gerichtskampf nicht unter richterlicher Aufsicht abgehalten wurde, musste das Urteil durch die Kämpfer selbst noch in den Schranken vollstreckt werden, weshalb diese Art des Zweikampfes auch oft bis zum Tode eines der Duellanten geführt wurde.[818]

---

815 Schwabenspiegel, Landrecht I 79; Sachsenspiegel Landrecht I 63 §4. Beide Quellen weisen den über einen Zweikampf entscheidenden Richter an, die Kämpfenden mit jeweils Schwert und Schild auszustatten. Hierzu heißt es etwa im Sachsenspiegel (Cod. Guelf. 3.1 Aug. 2°, fol. 25r f.): *Der richter sal ouch phlegen eins schildes unde eins swertis deme, den man da schuldigit, ab hes bedarf.* Zur Bewaffnung beim gerichtlichen Zweikampf vgl. auch Nottarp, Gottesurteilsstudien, S. 283–287. Auch bei Paul Hector Mair findet sich die Darstellung eines gerichtlichen Zweikampfes in Augsburg mit Schwert und Buckler vom Anfang des 15. Jahrhunderts (München, BSB, Cod. Icon. 393, Bd. 2, fol. 162v f.

816 Das sogenannte Kolbengericht nach fränkischem Recht, wie es noch um 1410 in Nürnberg Anwendung fand, findet sich ausführlich erläutert bei Goldast, Reichssatzung, S. 85–90 und 236–239. Hier wird auch explizit der *hölzern Schilt mit Spitzen / oben und unten* erwähnt (§50). Das Kolbengericht ist auch in anderen normativen Quellen beschrieben, so im Kampfrecht der Stadt Gelnhausen aus dem Jahr 1360: *So heischet er yn aber under seinen schilt, under sinen hut, mit syme kolben, nach kamphsrecht nach Frankenrecht* (zitiert nach: Hessisches Urkundenbuch, S. 373–375); in einem Würzburger Kampfrecht (ca. 1447): *[…] sollen uf beider seiten gleich wot u. wer haben, nemlich als hernach geschriben stet. Item ein kampfrock, item einen kolben […] item ein schilt, der uf ieder seiten hat drei spitzen u. als lang der man ist* (zitiert nach Die Zenten des Hochstifts Würzburg, Bd. 1, 2. Abt., S. 1281).

817 Zum Adligen-Duell vgl. Hils, Liechtenauers Kunst, S. 211–213. Im Gegensatz zum Kolbengericht war die Bewaffnung bei adligen Zweikämpfen an den Stand der Kombattanten angepasst und mitunter nach Absprache frei wählbar. Ein Kampfrecht der Stadt Schwäbisch Hall, das im 15. Jahrhundert noch in Kraft war, jedoch nur in einer Abschrift aus dem Jahr 1537 vorliegt, weist den Kämpfern so *Einem und dem Andern gleich Harnisch vnd Wehr* zu, mit dem Zusatz *oder mögen sich des Alles selbst zu Roß oder Fuß vergleichen, wie sie sich deshalben in Schriften versprochen und einander in Schriften zugesagt haben* (zitiert nach Das Kampfgericht in Schwäbisch Hall, S. 145). Das Berlinische Stadtbuch, obschon eine niederdeutsche Quelle, verweist für das Ende des 14. Jahrhunderts ebenfalls auf eine Bewaffnung bestehend aus Harnisch, Dolch und Schwert: *Or gewede und were sal glike syn: harnesche, messer und swert.* Da hier der Schild aufgrund der Rüstung überflüssig ist, kann es sich durchaus um lange Schwerter handeln. Berlinisches Stadtbuch, S. 156.

818 Vgl. die mannigfaltigen Abbildungen zum Harnischkampf bei Talhoffer, etwa der Kampf Leutolds in Königseggwald, Gräfliches Schloss, MS XIX.17-3, der ebenfalls ein blutiges Ende findet. Da es bei dieser Art des Kampfes buchstäblich um Leben und Tod ging, wurde hier mit allen Mitteln gekämpft. Dies wird besonders deutlich an einem Fechtmeister Martin Hundtfelt zugeschriebenen Text zum Harnischkampf, in dessen Verlauf sich die Anweisung findet, dem

Da die Kämpfer ihrem Stand entsprechend in voller Rüstung antraten, handelte es sich bei diesen Duellen wiederum um das Harnischfechten zu gewappneter Hand, nicht um das Bloßfechten. Entsprechend werden etwa auch bei Talhoffer konsequent nur diejenigen Techniken mit dem Schwert in den Schranken (also im Kampfring) dargestellt, die sich auf das Harnischfechten beziehen.[819] Die Techniken des Bloßfechtens hingegen sind stets ohne die Andeutung eines Kampfringes abgebildet, ein deutlicher Hinweis darauf, dass Talhoffer diese nicht für den gerichtlichen Zweikampf lehrte. Diese Vermutung wird auch durch die Tatsache unterstützt, dass die Abbildungen zum Bloßfechten mit dem langen Schwert selbst bei eindeutigen Treffern stets ohne Blut auskommen, im Gegensatz zu denjenigen in den Schranken beim Kampfgericht.[820] Hätte Talhoffer den Kampf mit dem langen Schwert für den gerichtlichen Zweikampf gelehrt, fände sich sicherlich eine entsprechende Bildfolge dazu in einer seiner Handschriften. Das Bloßfechten ist dort aber nur losgelöst vom Kontext des Kampfgerichts zu sehen. So prominent wie diese Kampfweise in den Fechtbüchern behandelt wird – besonders auch in Anbetracht der Wirkmacht der Liechtenauer-Lehre –, wäre eine viel eindeutigere Belegsituation zu erwarten. Und dies gilt nicht nur für Talhoffer, sondern auch für die anderen normativen und deskriptiven Quellen zum gerichtlichen Zweikampf. Hier finden sich jedoch keine belastbaren Zeugnisse, die das lange Schwert als regelmäßig eingesetzte Waffe belegen, was ihre hervorgehobene Stellung in der mittelalterlichen Fechtliteratur rechtfertigen würde.[821]

Gegner bei Bedarf Dreck ins Gesicht zu werfen oder sein Visier mit Stoff (am besten voller Kot) zu verstopfen, um ihn kampfunfähig zu machen. Eine faire und ritterliche Kampfweise musste hier in der Not offensichtlich der Zweckmäßigkeit weichen. Rom, BANLC, Cod. 44 A 8, fol. 92v: *Hastu einen vnder dich geworffen so schneid oder reis ein gross stuck aus seinem wappenrock stich ym das in sein visir mit dem degen / vnd lass in das nicht aus gewinnen das ist gut wenn es kotig ist / oder würf Im das visir voller staubs oder gemüls oder stich mit dem degen erden aus vnd würf / Ims in das gesicht.* Zum Typus des verabredeten Duells unter Adligen und dem spätmittelalterlichen Zweikampf generell vgl. neuerdings Hermann, Die prozessuale Konfiguration, besonders auch S. 41–51 zum mitunter recht komplizierten Verfahrensverlauf, der hier durch ein Schema veranschaulicht wird.

819 Dazu gehören Halbschwert- und Ringtechniken sowie solche, die das Bezwingen eines gerüsteten Gegners etwa durch einen Hieb mit der Parierstange oder Stich zum Visier zeigen. Diese sind bei Talhoffer mitunter auch durch ungerüstete Gegner veranschaulicht, die Techniken beziehen sich aber eindeutig auf den Harnischkampf.

820 Vgl. etwa das Durchbohren des Gegners beim Kampf mit Schild und Schwert in München, BSB, Cod. Icon. 394a, fol. 76v. Oder die Darstellung eines Duells mit blutigem Ausgang in Kopenhagen, Det Kongelige Bibliotek, MS Thott 290.2°, fol. 84v–94r. Bei letzterem Beispiel ist auch gut die Vermischung der Darstellung von gerüsteten und ungerüsteten Fechtern bei Talhoffer zu erkennen. Nicht nur werden die Kämpfer im Laufe der Bildfolge zunächst gerüstet, dann ungerüstet dargestellt, obwohl es sich unzweifelhaft auch bei den späteren Abbildungen um den Kampf im Harnisch handelt. Der Übergang vollzieht sich sogar innerhalb einer Zeichnung (fol. 87r), auf der ein Kämpfer gerüstet, der andere jedoch ohne Harnisch gezeigt wird.

821 Vgl. dazu auch Hermann, Die prozessuale Konfiguration, S. 23 f.: „Die alte Kontroverse, ob die Fechtbücher Hans Talhoffers durchgängig Formen des gerichtlichen Zweikampfes abbilden, ist längst passé; der gerichtliche zweikampf stellt lediglich ein spezielles Anwendungsfeld be-

Sicherlich wurde auch mit dem langen Schwert in ernsten Duellen gefochten, darauf verweisen die Fechtbücher an mehreren Stellen, auch wenn uns keine historischen Beschreibungen solcher Duelle überliefert sind. Selbst der Liechtenauer-Zettel erwähnt zum Bloßfechten explizit, es nütze dem Fechter *Czu ernst ader czu schimpf*,[822] während bei den ‚Gefechten anderer Meister' in Nürnberg, Germanisches Nationalmuseum, HS 3227a der Kampf in der Not (*Und uebe dyne kunst czu noeten*), also um Ehre, Gut und auch Leben thematisiert wird (*Ander / kumpt oft / auch / das eyn man eynen uem ere / leib / und gut mus bestan*).[823] Die in den Fechtlehren des 15. Jahrhunderts angewandten Stücke weisen ebenfalls oftmals auf die Absicht hin, den Gegner wenn nicht zu töten, dann zumindest zu verletzen, wenn dort vielfach zum Gesicht gestochen wird oder es etwa heißt *schnyd In mit der langen schnyden durch das maul*[824] – Techniken also, die für das Fechten ohne tödliche Absicht eigentlich zu gefährlich wären. So heißt es dann auch in Glosse L2 bei der Technik des Ansetzens: *Merck es sein vier ann setzen die gehörent zwo dem ernst / die soltu treiben / wenn dw einen pald slachen wild oder letzen*.[825] Hier findet sich eine Technik, die explizit für den ernsten Kampf ausgewiesen wird, also wenn ein Gegner schnell besiegt werden muss. Die Fechtbücher liefern damit durchaus auch Belege dafür, dass das lange Schwert als Waffe bei ernsten Gefechten, mitunter wohl auch auf Leben und Tod, eingesetzt wurde.

Dennoch scheint das Hauptanwendungsgebiet des Bloßfechtens ein anderes zu sein. Gerade die zuletzt zitierte Stelle weist im Umkehrschluss auch darauf hin, dass es durchaus Situationen gegeben haben muss, in denen ein schnelles Bezwingen des Gegners nicht unbedingt gewünscht oder vonnöten war. In diesem Kontext fällt auch der Umfang der Fechtlehren auf, besonders auch der Liechtenauers, die mit einer Vielzahl verschiedener (teils auch unpraktischer) Techniken entgegen den Bestrebungen anderer Kampfstile stehen, durch Reduzierung der möglichen Optionen auf die wirkungsvollsten ein möglichst einfaches und effektives System zum Bezwingen des Gegners zu schaffen. Beim langen Schwert ist hingegen sogar eine gegenläufige Bewegung zu erkennen, da sich der Technikschatz bis ins 16. Jahrhundert eher noch erweitert als reduziert, was dagegen spricht, dass es sich hierbei (ausschließlich) um ein auf das effektive Kämpfen und Töten ausgelegtes System handelt. Doch auch die frühesten Liechtenauer-Glossen erwecken eher den Eindruck, aufzeigen zu wollen, was mit dem langen Schwert möglich ist, als ein möglichst effektives System zu bieten. Schon die fünf Hiebe weisen diesbezüglich eine gewisse Redundanz auf, können sie doch alle eingesetzt werden, um dieselbe Technik (den Oberhau) zu kontern. Diese Technikfülle entsprang offensichtlich also nicht der Notwendigkeit, auf

---

stimmter Formen seiner Fecht- und Ringkunst dar, deren Einsatz nicht funktional exklusiv, sondern nur besonders kontextualisiert erscheint."

822 Nürnberg, GNM, HS 3227a, fol. 18r. Ebenso Dresden, SLUB, Mscr.Dresd.C.487, fol. 16v: *In schimmpff vnd in ernst*. Vgl. dazu auch Talhoffers Bermerkungen in Kopenhagen, Det Kongelige Bibliothek, MS Thott 290.2º, fol. 1v: *wenn du in ernst mit ainem fechten wilt* und Königseggwald, Gräfliches Schloss, MS XIX.17–3, fol. 1v: *ainß schimpff sander schertz*.

823 Nürnberg, GNM, HS 3227a, fol. 44r.

824 Dresden, SLUB, Mscr.Dresd.C.487, fol. 31r.

825 Rom, BANLC, Cod. 44 A 8, fol. 27r.

eine bestimmte Situation zu reagieren, denn hierzu hätte ein Hieb ausgereicht. Vielmehr lieferte das System dem Anwender eine ganze Reihe von Möglichkeiten, seine Fertigkeiten an der Waffe auf verschiedene Arten zu verfeinern und sein Repertoire an kunstvollen Techniken zu erweitern. Ein deutlicher Hinweis darauf, dass das Bloßfechten nicht (nur) aus einer Notwendigkeit heraus, sondern um seiner selbst willen praktiziert wurde.

Dieser Befund wird weiter untermauert durch die Tatsache, dass in den Traktaten zum langen Schwert an mehreren Stellen eine auffällige Loslösung vom Kontext des ernsten Zweikampfes auf Leben und Tod oder zumindest mit der Gefährdung für Leib und Leben zu erkennen ist, wie diese etwa beim gerichtlichen Zweikampf existent ist. So finden sich neben den Gegenüberstellungen von *ernst* und *schimpf*[826] immer wieder Kommentare der Fechtmeister dazu, dass das Fechten zur körperlichen Ertüchtigung oder einfach zur Unterhaltung, zur *hobischeit* ausgeübt werden, dabei aber zugleich auch einen charakterbildenden Nutzen aufweisen soll:

Aber dorum ist derdocht fechten
das man is sal ueben in rechte
Und in guter worer hobischeit
wen is brengt gelenkheit / list und klugheit[827]

Bei Talhoffers Lehrgedicht findet sich ein ähnlicher Abschnitt, der das Fechten sowohl in Verbindung zur physischen Ertüchtigung setzt als auch zur höfischen Kurzweil:

setz din syn vff erlich sach
vnd gedenck nach ritter schafft
mit freiden üben
stain werffen vnd stang schüben
tantzen vnd springen
fechtten vnd ryngen[828]

Auch Liechtenauers Zettel weist gleich zu Beginn in diese Richtung. Eröffnet wird dieser mit einer Aufforderung an den Schüler, sich stets der höfisch-ritterlichen Tugenden zu besinnen:

JVng Ritter lere /
got lip haben / frawen io ere /
So wechst dein ere /
Vebe ritterschaft vnd lere /
Kunst dy dich czyret
vnd in krigen sere hofiret[829]

---

826 Anzumerken ist hierbei, dass das Üben der Techniken im *schimpf*, also zum Spaß, auch als Vorbereitung für den Ernstkampf betrachtet wurde, wie eine Bemerkung aus Nürnberg, GNM, HS 3227a, fol. 15r zeigt: *und ube dich dorynne deste mer yn schimpfe zo gedenkstu ir deste vas in ernste.*
827 Nürnberg, GNM, HS 3227a, fol. 44r.
828 Königseggwald, Gräfliches Schloss, MS XIX.17–3, fol. 1v.
829 Nürnberg, GNM, HS 3227a, fol. 18r.

Sowohl Talhoffer als auch Liechtenauer wenden sich mit dieser prägnanten Standeslehre direkt an ihr Klientel, die „jungen Ritter", denen sie praktisch als Captatio benevolentiae den Gewinn in Aussicht stellen, den sie aus seiner Lehre des Schwertkampfes ziehen werden: Nicht nur soll die eigene Ehre gesteigert werden, sondern es handelt sich um eine Kunst, die den jungen Adelsmann sowohl ziert (wie auch etwa der höfische Tanz), als ihm auch in Kampf und Krieg von großem Nutzen sein kann. Das Erlernen der Fechtkunst scheint also neben der physischen auch mit einer pädagogischen Komponente verknüpft gewesen zu sein, die einem jungen Ritter nicht nur das handwerkliche Können für einen eventuellen ernsten Zweikampf an die Hand geben, sondern auch ihren Teil dazu beitragen sollte, ihn für das höfische Leben vorzubereiten.[830]

Ob und inwieweit das Praktizieren einer Kampfkunst nicht nur den Körper, sondern auch den Charakter und den Geist ausbilden und stärken kann, ist heute nach wie vor Gegenstand sportwissenschaftlicher und philosophischer Forschung. Es wird jedoch immer wieder der Bezug zwischen dem Ausüben verschiedener Kampfkünste und positiven Effekten etwa auf die Selbstwahrnehmung des Praktizierenden oder dessen Verhalten in Konfliktsituationen hergestellt.[831] Dieses Bewusstsein lässt sich bereits im Verständnis der mittelalterlichen Fechtmeister finden, wenn dort die Rede davon ist, dass das Fechten „gelenkheit / list und klugheit" bringe. Dank Rainer Welles Untersuchungen zum Ringkampf als Unterhaltungskunst in der mittelalterlichen Gesellschaft darf als bewiesen gelten, dass die Nahkampfkunst einen wichtigen Teil der adligen Ausbildung, ja sogar ein „Konstitutivum der ritterlichen Adelsgesellschaft"[832] ausmachte. Dies leitet sich unter anderem aus dem mittelalterlichen Gesellschaftsbild des Menschen ab, das körperliche und äußere Werte auch auf das Innere einer Person

---

830 Die Rolle der Fechtkunst bei der adligen Ausbildung zeigt sich etwa auch im ‚Weißkunig' Kaiser Maximilians I., vgl. hierzu die Abbildung, die den jungen Kaiser beim Erlernen des Bloßfechtens unter anderem mit dem langen Schwert zeigt: Der Weiß Kunig, Figur 37. Zur höfischen Erziehung vgl. MÜSEGADES, Fürstliche Erziehung, hier besonders das Kapitel ‚Körperliche Erziehung', S. 216–220: „Die körperliche Erziehung und Ausbildung eines Fürsten hatte für die Vorbereitung auf seine spätere Regierung essentielle Bedeutung. Nach dem Ideal der Zeit sollte der zukünftige Herrscher sich im Kampf behaupten können." (S. 216). Der Einfluss der Fechtmeister und der Ausbildung zum Kampf bei der höfischen Erziehung ist in der Forschung bisher jedoch noch nicht ausreichend gewürdigt worden (so auch bei DEUTSCHLÄNDER, Dienen lernen, S. 61 f., wo dem Thema lediglich ein kurzer Absatz gewidmet wird). Der Einfluss eines Fechtmeisters als Mentor auf den höfischen Nachwuchs, besonders auch in Extremsituationen wie dem ernsten Zweikampf, bedarf einer ausführlicheren wissenschaftlichen Untersuchung.

831 Positive psychologische und charakterliche Entwicklungen, die mit dem modernen Sportfechten in Verbindung gebracht werden, sind etwa die Verbesserung des Selbstbildes, die Kontrolle von Emotionen oder der Umgang mit Stresssituationen und Konfrontationen. Vgl. hierzu Kapitel 2: ‚Pädagogische und psychologische Grundlagen des Fechtens' in: BARTH, Fechttraining, S. 35–45. Vgl. ferner die Arbeit von Nils BARATELLA, bei der exemplarisch anhand des Boxsports die Frage nach der Kanalisierung von Gewalt durch reglementierte Kämpfe untersucht wird (BARATELLA, Das kämpferische Subjekt). Weiterhin auch die interdisziplinären Beiträge zum Thema Kampfkunst und Kampfsport als Mittel der Gewaltprävention in LANGE, Kämpfen-lernen. Abschließend ein Vortrag zur Förderung von Sozialkompetenzen beim Judo: LIEBL, Persönlichkeits- und Teamentwicklung.

832 WELLE, Der Ringkampf, S. 227.

projizierte: Galt ein Mann als tugendhaft, ehrlich und aufrecht, so musste sich dies auch in seinem Äußeren widerspiegeln. Nicht zuletzt die durch das christliche Weltbild propagierte Verbindung der physischen Kraft mit der Gerechtigkeit Gottes sorgte so beispielsweise dafür, dass im ‚Recht des Stärkeren' eine durchaus entscheidungskräftige Konfliktlösungsmethodik gesehen wurde, wie es gerade auch das Kampfgericht beweist: Auf wessen Seite die Gerechtigkeit und damit auch Gottes Wille stand, der verfügte auch über die körperlichen Fähigkeiten, diese für sich zu beweisen.[833] Es lag also nur im Interesse des Adeligen, sich durch Leibesertüchtigung in Form zu halten und so dem Tugendideal nachzueifern.[834] Dass die Fechtkunst im mittelalterlichen Fachschrifttum so auch zu den Hofkünsten (*theatrica*) gezählt wurde und nicht zu den Kriegskünsten (*armatura*), verwundert vor diesem Hintergrund wenig.[835]

Besonders Talhoffers Fechtbücher lassen in diesem Kontext auf einen hohen Stellenwert des Erlernens der Fechtkunst bei der adligen Ausbildung schließen. In seiner ersten Handschrift T1 bildet der Fechtmeister den (vermutlich stilisierten) Ablauf eines Zweikampfes ab, wobei die Darstellungen zum Kampfgeschehen auf den Versoseiten jeweils unterbrochen sind von Momentaufnahmen aus dem Alltagsleben und dem sozialen Umfeld von Meister und Schüler in der Lehrzeit vor dem Duell. So ergehen sich beide in sportlichen Übungen wie Stein- und Stangenwerfen, reiten gemeinsam zur Jagd oder verbringen Zeit damit, bei Tisch Spielleuten zu lauschen.[836] Auch während und nach dem Kampf steht der Meister seinem Schützling in beratender Position zur Verfügung, wie Abbildungen aus T2 zeigen, auf denen Talhoffer seinem Schüler Leutold die Rüstung anlegt,[837] ihn zum Ring begleitet und dabei die Waffen trägt[838] und ihm nach gewonnenen Kampf beim Dankesgebet an Gott zur Seite steht.[839] Die Funktion des Fechtmeisters bei der Vorbereitung auf ein Duell scheint sich also nicht nur auf die bloße Weiterreichung von kämpferischem Wissen beschränkt zu haben, vielmehr trat dieser in die Rolle eines Mentors ein, der dem adligen Schüler eine viele Aspekte umfassende Ausbildung zukommen ließ, ihn in psychischer wie auch physischer Weise betreute und Einfluss auf dessen generelle Lebensführung nahm, wobei er fest in das Leben am Hof des Adligen integriert scheint (Farb-Abb. 15).[840] Zwar ist eine solche Vorgehensweise nur in

---

833 Vgl. ebd., S. 200 f.

834 Zum Zusammenhang zwischen körperlicher Leistungsfähigkeit des Adels und der Wahrnehmung zur Herrschaftsbefähigung vgl. neuerdings HILTMANN, Ideal und Physis.

835 Vgl. BAUER, Fechtmeister als Protagonisten, S. 303 f.

836 Vgl. dazu WIERSCHIN, Liechtenauers Kunst, S. 48 f.

837 Königseggwald, Gräfliches Schloss, MS XIX.17–3, fol. 9v.

838 Ebd., fol. 10r.

839 Ebd., fol. 23r.

840 So war es für den Fechtmeister auch wichtig, eine „maßgeschneiderte" Ausbildung für seinen Schüler bieten zu können, wie aus Talhoffers Bemerkung aus Kopenhagen, Det Kongelige Bibliotek, MS Thott 290.2º, fol. 10r hervorgeht: *Item der maister der ain understat zu leren der sol wißen daß er den man wol erken den er lerren wil ob er sie schwach oder starck und ob er gäch zornig sy oder senftmüttig, och ob er gütten auttem hab oder nit.* Zunächst muss der Meister seinen Schüler sowohl nach physischer als auch psychischer Verfassung beurteilen, um ihn dann sachgerecht unter-

Talhoffers Handschriften direkt greifbar, es ist aber durchaus plausibel, dass eine derart enge Verbindung von Schüler und Lehrer in Anbetracht der Extremsituation, die ein Kampf auf Leben und Tod immer darstellt, nicht selten gewesen sein dürfte – und möglicherweise auch darüber hinausgehend, um den jungen Adligen für das Leben als Ritter auszubilden und ihm alles Wissen an die Hand zu geben, das dieser für eine spätere gottgefällige und höfische Lebensführung brauchen würde. Denn das Fechtenlernen, besonders nach Liechtenauers Lehre, ließ sich mitunter auch als Charakterschule auffassen: Der Schüler erlernte den Umgang mit Konfrontationen genauso wie das Verständnis, dass auch ein körperlich schwacher Fechter einen starken Gegner durch List und Klugheit besiegen kann oder dass es nicht immer ratsam ist, Gewalt mit Gegengewalt zu begegnen.[841]

Aber nicht nur das Erlernen der Fechtkunst stellte einen wichtigen Teil des höfischen Alltags dar, sondern auch das Praktizieren derselben. Das Fechten lieferte eine Möglichkeit der Zerstreuung für die adelige Gesellschaft, eine beliebte Freizeittätigkeit, die auch bei ritterlichen Spielen für ‚kurzweilige Übungen‘ gut war und zur Unterhaltung Dritter betrieben wurde, wenn auch offenbar bei ritterlichen Turnieren nur als Randerscheinung.[842] Da im mittelalterlichen Fechten Schwert- und Ringkampf beinahe nahtlos ineinander übergehen, rückt es durchaus in den Bereich des Vorstellbaren, dass auch die Fechtkunst ihren Platz in der adligen Unterhaltung gefunden haben könnte. So heißt es auch wiederum in einem Lehrgedicht des Codex 3227a über das Fechten mit dem Schwert:

Wen is ist eyn hoefeliches spil
Und hat luest und frewde vil[843]

In denselbem Traktat findet sich etwas später nochmals ein Hinweis auf Fechtkämpfe als Freizeitbeschäftigung: Einem kurzen Abschnitt der Fechtlehren anderer Meister neben Liechtenauer stellt der Verfasser folgende Einleitung voran:

Wiltu weydenlich / czu eyme gehen / in schulfechten zo du

---

weisen zu können. Zur Bilderfolge in T2, welche die Begleitung des Schülers durch Talhoffer im Vorfeld des Duells veranschaulicht, vgl. die ausführliche Beschreibung bei Israel, Die Fechtbücher Hans Talhofers, S. 116–129.

841 Viele der Prinzipien Liechtenauers lassen sich vom Fechten auf das menschliche Miteinander übertragen. Seine Fechtlehre ähnelt damit Sun-Tzus Kunst des Krieges. Vgl. etwa die Aussagen in Nürnberg, GNM, HS 3227a, fol. 22v: *dorvm get lichtnawer fechten noch rechter vnd worhaftiger kunst dar / das eyn swacher mit syner kunst vnd list / als schire gesigt / mit / als eyn starker mit syner sterke* oder fol. 37v: *Ist iener denne herte vnd stark an deme swerte / vnd meynt dich vaste hin dringen vnd stossen / zo saltu denne weich vnd swach seyn / keyn syner sterke / vnd salt syner sterke vnd syme dringen mit dynen swerte entwychen.*

842 Welle, Der Ringkampf, S. 221. Zur Bewaffnung bei Turnieren vgl. Barber, Die Geschichte des Turniers, S. 196–211. Das Bloßfechten mit dem langen Schwert scheint auf Turnieren wenn überhaupt nur selten praktiziert worden zu sein. Die Kämpfe wurden hier meist mit Rüstungen bestritten.

843 Nürnberg, GNM, HS 3227a, fol. 43r.

schimpf / und hoebscheit gerest treiben[844]

Es folgen Anweisungen, die offensichtlich dazu dienen, einen Gegner im unge-zwungenen Kampf zu besiegen, also wenn aus Kurzweil oder zum Scherz ge-fochten wird. Dieser Beleg lässt sich als Indiz dafür sehen, dass das Fechten nicht nur zum Zeitvertreib praktiziert wurde, sondern dass sogar eigene Fechtweisen gelehrt wurden, die nur zur Anwendung kamen, wenn es im Duell nicht auf Leben und Tod ging, sondern um *schimpf* und *hoebscheit*.

Schon das älteste erhaltene Fechtbuch, Manuskript I.33 der Royal Armouries Leeds, scheint in einem ganz ähnlichen Rahmen entstanden zu sein. Obschon das Fechten mit Buckler und Schwert durchaus auch in kriegerischen Auseinan-dersetzungen belegt ist,[845] deuten alle Anzeichen darauf hin, dass die in der Handschrift dargestellten Kampfszenen nicht in diesem Kontext zu sehen sind: Vermutlich im monastischen Umfeld entstanden,[846] zeigen die Darstellungen einen Priester bei der Vermittlung von Kampftechniken an seinen Schüler. Dass das Fechtbuch ausgerechnet eine Personengruppe darstellt, der nach kirchli-chem Recht das Tragen von Waffen untersagt war, mutet zunächst befremdlich an, ist aber bei Weitem kein Einzelfall.[847] Der Entstehungskontext der Hand-schrift ist bislang nicht rekonstruierbar, doch dürfte eine Anfertigung zu kriegsdienlichen Zwecken ausgeschlossen sein. Möglicherweise praktizierte der Verfasser das Fechten zum Zweck der Ertüchtigung für Selbstverteidigungs-zwecke, wahrscheinlicher ist jedoch, dass der Zweikampf auch hier als Mittel der Unterhaltung, zur sportlichen Betätigung und Leibesertüchtigung diente. So werden die einzelnen Kampfstücke in der Handschrift auch als „Spiel" (*ludus*) bezeichnet, während die Darstellungen zwar immer wieder Schläge zum Kopf, aber keine blutigen oder gar letalen Verletzungen zeigen. Auch im Text finden sich wenig Anzeichen dafür, dass die Gefechte mit Verletzung oder Tod des Gegners enden sollten, knochenbrecherische Ringtechniken oder Schläge mit dem Buckler zum Kopf werden nicht erwähnt.

Dass diese klerikale Beschäftigung mit einer solchermaßen körperlich ,er-bauenden' Tätigkeit kein isolierter Einzelfall sein kann, lässt die Tatsache ver-muten, dass die Anfertigung der Handschrift einiges an Mitteln und Zeit ge-fordert haben muss; der Mangel an jeglichem einleitenden Kontext weist wei-terhin darauf hin, dass dieser vom Leser selbst erschlossen werden konnte, der Rezipientenkreis also zumindest grundsätzlich in den Praktiken des bewaffne-ten Zweikampfs und dessen Stellenwert im monastischen Umfeld bewandert gewesen sein muss. Dass das Fechten in ritterlich-adligen Kreisen, in denen das

---

844 Ebd., fol. 52v.
845 Vgl. beispielhaft die Abbildung zur Schlacht bei Bannockburn in der Holkham-Bibel: London, British Library, Add MS 47682, fol. 40r. Weiterhin im St. Louis-Psalter in Paris, Bibliothèque nationale de France,Latin 10525, fol. 45v; oder in den Chroniques de France ou de St Denis: London, British Library, Royal 20 C VII, fol. 133r.
846 FORGENG, The Medieval Art, S. 5.
847 Mit Hanko Döbringer (Nürnberg, GNM, HS 3227a) und Johannes Lecküchner sind mindestens zwei weitere Fechtmeister aus dem klerikalen Umfeld belegt.

Tragen von Waffen und insbesondere Schwertern ohnehin zum Alltag gehörte, ebenfalls zu erbaulichen Zwecken eingesetzt wurde, ist eine logische Folgerung.

Doch nicht nur der Adel, auch das Bürgertum schien gerade im Verlauf des 15. und 16. Jahrhunderts ein immer größeres Interesse an der körperlichen Ertüchtigung und dem Fechten rein aus einer Laune heraus zu finden. Für den Bürger stellte das Schwert und vor allem auch die Fähigkeit, es führen und im Bedarfsfall auch zur Verteidigung der eigenen Achtung benutzen zu können, einen Anknüpfpunkt an die adlige Lebensführung dar: Wie Hils es (etwas überspitzt) formuliert, war der Respekt, der einem Fechter entgegengebracht wurde, proportional zur Länge seines Schwertes.[848] Diese Nachahmung adliger Traditionen sorgte dafür, dass das Fechten einer Art „Versportlichungstendenz"[849] unterworfen war, die dem wachsenden Interesse des Bürgertums an einer Imitation der adligen und ritterlich-verklärten Lebensform nachkam.[850] Vor allem dem handwerklichen Milieu entsprangen Ende des 15. Jahrhunderts die städtischen Fechtschüler, die sich nun in neu etablierten Fechtergesellschaften wie den Marxbrüdern oder später auch den Federfechtern zusammentaten. Das innerstädtische Fechten wurde auf diese Weise verstärkt in institutionalisierte Bahnen gelenkt und bedurfte eigener rechtlicher Ordnung. 1487 verlieh Kaiser Friedrich III. so den *Meistern des Schwerts* das Privileg, die Fechtmeisterprüfung abzunehmen.[851] Nur wer von ihnen approbiert war, durfte sich rechtmäßig Meister des Schwertes nennen.

Wie bei der Untersuchung der Fechtlehren von Paurenfeindt und Meyer bereits herausgearbeitet wurde, war das Fechten mit dem langen Schwert spätestens im 16. Jahrhundert vor allem eine Sache der sportlichen und wettkämpferischen Betätigung geworden. Obschon der Nutzen unter militärischen Aspekten von den Fechtmeistern nach wie vor (vermutlich eher zu Werbezwecken) betont wurde, zielte die Ausbildung vor allem auf die Repräsentation der eigenen Kampfkünste im Rahmen von Vorführungen und Fechtschulen ab, die nun immer häufiger, vor allem auch unter der Schirmherrschaft der Fechtergesellschaften abgehalten wurden und bei denen man inzwischen auch die Fechtfeder als ungefährlichere Ersatzwaffe zum Schwert benutzte und die Techniken auf diese anpasste.[852]

Der gesellschaftliche Nutzen der Fechtkunst nach zeitgenössischem Verständnis klingt besonders auch in einem Gedicht von Hans Sachs aus dem Jahr 1545 heraus, in dem es heißt:

---

848 HILS, Liechtenauers Kunst, S. 310.
849 HILS, Liechtenauers Kunst, S. 306.
850 Zur Etablierung des Fechtsports in den Städten vgl. auch TLUSTLY, Martial Identity, vor allem S. 548–557.
851 Das Privileg Kaiser Friedrichs III., Nürnberg, 10. August 1487, in: LÜNIG, Das Teutsche Reichs-Archiv, S. 566 f. Neben dem Recht zur Meisterprüfung verleiht das Privileg den ‚Meistern des Schwertes' auch die Erlaubnis, eine eigene Ordnung und Satzung zu erstellen. Dieses Recht nahmen offenbar zuerst die Marxbrüder für sich in Anspruch, wie ihre Ordnung von 1491 belegt (Augsburg, Universitätsbibliothek Cod.I.6.2.5, fol. 7r ff.).
852 Zu den Fechtschulen vgl. neuerdings JASER, Fechten, hier besonders S. 222–226.

Ich sprach: Ich bitt euch, sagt mir auch,
Weil kempffen nit mehr ist im brauch,
Was ist die kunst des fechtens nütz?
Er sprach: Deiner frag bin ich urdrütz.
Laß fechtn gleich nur ein kurtzweil sein,
Ist doch die kunst löblich und fein[853]

Die Parallelen zu den Lehrgedichten Liechtenauers und Talhoffers werden vor allem in der Wortwahl deutlich. Das Fechten diente inzwischen jedoch ausschließlich noch der Kurzweil, nicht mehr dem eigentlichen Kampf. Diese Entwicklung ist nicht nur durch Beobachtungen von Zeitgenossen wie Hans Sachs evident, sondern auch durch die Fechtsysteme selbst. Meyers Fechtlehre zeigt so einerseits, wie im vorigen Kapitel herausgearbeitet wurde, starke Tendenzen dazu, das Fechten für den sportlichen Gebrauch sicherer zu gestalten. Zum anderen ist eine Zunahme der technischen Komplexität zu beobachten, die gegensätzlich zu den Bestrebungen für den Ernstfall angewandter Kampfkünste läuft, die Techniken zu vereinfachen und zu streamlinen, um eine möglichst effiziente Anwendung zu ermöglichen.

Schon die frühesten Fechttraktate zeigen also, dass das Fechten mit dem langen Schwert neben der Vorbereitung für den Ernstkampf auch – oder womöglich sogar vordergründig – zu Zwecken der körperlichen Ertüchtigung, des Zeitvertreibs und der Charakterbildung erlernt und praktiziert wurde. Diese Tradition setzte sich im Verlauf der Zeit durchgängig fort, wobei immer mehr Gewichtung auf den sportlichen Aspekt des Fechtens gelegt wurde. Spätestens bei Meyer findet sich der Umgang mit dem langen Schwert schließlich erhoben zu einer Kunst, die nicht mehr für den Kampf auf Leben und Tod ausgeübt wurde, sondern nur noch um ihrer selbst willen.[854]

Warum aber nun ausgerechnet das lange und nicht etwa das einhändige Schwert, das in Verbindung mit einem Schild eingesetzt werden konnte, wie es lange Zeit ritterlicher Usus war? Hans-Peter Hils' lapidarer Erklärungsversuch, dass „das lange Schwert mit seinen in der extremsten Ausformung beinahe Mannshöhe erreichenden Ausmaßen der kraftmeierischen und gigantomanischen Mentalität des Bürgers entgegenkam"[855], greift hier zu kurz, alleine schon aus der Tatsache heraus, dass es sich beim langen Schwert zunächst um eine Waffe des Adels handelte, die erst später den Einzug ins Bürgertum fand. Erklärbar wird der Befund vielmehr durch Betrachtung der taktischen und technischen Möglichkeiten, die diese Waffe im Gegensatz zu anderen hervorhob.

Das lange Schwert stellte durch seine zweihändige Führung im Vergleich zu einer einhändig geführten Wehr zwar zunächst eine schwierig zu meisternde Waffe dar, da das gleichzeitige Arbeiten mit beiden Armen eher unintuitiv vonstattengeht. Das hieblastige lange Messer im Vergleich etwa konnte auch

---

853 Zitiert nach Hans Sachs: Werke (Bd. 4), S. 209–215.
854 Vgl. FORGENG, The Art of Combat, S. 18: „Overall, the system of combat seems to be showing the signs of growing complexity that one might expect of a martial art that is increasingly being practiced for its own sake, rather than with the expectation of use in life-and-death situations."
855 HILS, Liechtenauers Kunst, S. 248.

ohne Vorkenntnisse wie ein Knüppel eingesetzt werden, die Schlagbewegungen mit solch einer einhändigen Waffe sind den meisten Menschen instinktiv vertraut. Das lange Schwert hingegen erforderte ungleich mehr Koordinationsvermögen, um mit dieser großen und vergleichsweise schweren Waffe komplexere Techniken umzusetzen. Dennoch nahm es eine Sonderstellung unter den ritterlichen Wehren ein, denn es diente als Synthese für die Grundlagen aller Kampfkünste, in denen ein Fechtlehrer seinen Schüler unterrichten konnte.[856] Obwohl das Bloßfechten mit dem langen Schwert nur selten im Duell oder im Kriegsfall angewendet wurde, war es für das Verständnis anderer Waffengattungen wichtig und hilfreich. Denn in dieser Waffe kulminierte die bisherige Entwicklung der Fechtkunst, sie vereinte alle wichtigen Prinzipien der verschiedenen Waffengattungen in sich und ermöglichte das Erlernen und Üben von Techniken und Grundlagen, die sich in Theorie auch auf andere Waffen übertragen ließen.[857] Durch die zweihändige Führung konnte nun der ganze Körper zur Be- und Entschleunigung der Waffe eingesetzt und das Schwert damit viel dynamischer bewegt werden. Aktionen von beiden Körperseiten wurden so ermöglicht, ebenso wie Veränderungen der Handhaltung am Schwertgriff, was eine Vielzahl neuer Techniken und Taktiken begünstigte, die so mit einer einhändig geführten Waffe nicht umsetzbar beziehungsweise praktikabel waren. So wurden Techniken wie etwa der Schielhau eingeführt, bei dem durch Abwandlung der Handstellung am Griff und eine Veränderung im Klingenwinkel beim Hieb nun gänzliche neue Möglichkeiten zur Aussperrung der gegnerischen Waffe aufgezeigt wurden.

Gleichzeitig konnte über das lange Schwert viel über die Dynamik einer Klingenwaffe vermittelt werden, besonders auch was die Klingenbindung anbelangte. Durch das Fühlen und Winden in der Bindung konnten bei dieser langen und dennoch filigranen Waffe schnell Prinzipien und Gesetzmäßigkeiten – wie etwa die Auswirkung von Dreh- und Schwerpunkten sowie das Ausnutzen von Hebelwirkungen – erarbeitet werden. Die hierbei gewonnen Erkenntnisse und Fertigkeiten erleichterten später den Umgang mit anderen Waffen, auch einhändig geführten Schwertern, wären nur mit diesen aber weit schwieriger zu erlernen gewesen. Hier zeigt sich auch noch einmal, warum Hans Lecküchners Versuch, die Techniken des langen Schwertes auf das lange Messer zu übertragen, nur teilweise erfolgreich war: Die kürzere, einhändig geführte

---

856 Vgl. Nürnberg, GNM, HS 3227a, fol. 13v über die Kunst des langen Schwertes: *dy ist eyn grunt und kern aller kunsten des fechtens*. Eine auffällig ähnliche Aussage findet sich auch bei Joachim Meyer, Gründtliche Beschreibung des Fechtens, fol. 1.1r: […] *und aber die erfahrung gibt und offenbar ist / das / das Fechten im Schwerdt nit allein ein ursprung und quell alles andern Fechten / sonder auch für andern wehren das aller künstlichst und manlichste ist.*

857 Hierzu sei angemerkt, dass das Fechten mit dem langen Schwert vermutlich nicht als Vorbereitung für eine konsekutive Einweisung in eine andere Waffengattung wie etwa Schwert und Buckler erlernt wurde. Gerade im Hinblick auf die Ausbildung für einen Ernstkampf im Rahmen eines Duells wäre dies sicher kontraproduktiv. Gemeint ist hierbei vielmehr eine umfassende Ausbildung etwa im Rahmen der höfischen Erziehung. Hierbei konnten über das lange Schwert als Königsdisziplin wichtige Grundlagen vermittelt werden, die sich auf andere Waffen übertragen ließen.

Waffe erschwerte die Nutzung genau derjenigen Prinzipien, die das lange
Schwert als Fechtwaffe so herausstellten. Durch die Möglichkeit, sowohl Hieb,
Schnitt als auch Stich einzusetzen und bei Bedarf leicht ins Ringen überzugehen,
stellte das lange Schwert darüber hinaus eine gute Ausgangsbasis für alle weiteren Kampfweisen dar, während der Übergang zum Harnischfechten ebenfalls
nahtlos vonstatten ging.[858]

Die tatsächliche Länge des Schwertes erlaubte darüber hinaus auch erstmals,
den Gegner bereits vor Erreichen einer sehr nahen Mensur zu treffen und im
besten Fall zu besiegen, bevor man ihn zu nahe an sich heran lassen musste. Dass
dies ein nicht zu vernachlässigender und auch zukunftsweisender Punkt war,
zeigt die Tatsache, dass die beim langen Schwert erreichte Klingenlänge von
etwa 100 Zentimetern auch bei späteren Waffentypen wie dem Rapier oder dem
Degen erhalten blieb, denn sie stellte offensichtlich den idealen Kompromiss
zwischen Reichweite und Kontrollierbarkeit der Waffe dar. Durch den zweihändigen Griff konnte die Klinge nun auch effizienter für Stoßtechniken eingesetzt werden, da sich der Griffwinkel leicht veränderte[859] – ein Prinzip, das in der
späteren Waffenentwicklung ebenfalls für einhändige Klingenwaffen genutzt
wurde, bei denen fortan ein oder mehrere Finger über das Ricasso gelegt wurden, um eben jenen für den Stoß optimierten Winkel auch mit einer Hand zu
erreichen (Abb. 5 und Farb-Abb. 16).[860]

Das lange Schwert stellte damit aus Sicht der Fechtkunst den Höhepunkt der
zeitgenössischen Waffentechnik dar und versammelte bereits viele der Prinzipien in sich, welche bei den später folgenden Stoßwaffen eine Fechtweise ermöglichten, die bis in die heutige Zeit kaum noch verbessert werden sollte. Die
vielfältigen Möglichkeiten mit dieser Schwertform im taktischen und technischen Bereich sorgten dafür, dass es die bevorzugte Waffe wurde, um das
Fechten in seiner Gesamtheit zu erlernen, denn an ihr ließen sich alle nötigen
Prinzipien des Kampfes zeigen. Im langen Schwert sammelten sich alle Erfahrungen des ritterlichen Kampfes der letzten Jahrhunderte, wobei die Symbol-
wirkung des Schwertes als adliges Standeszeichen erhalten blieb.[861] Beherrschte

---

858 Vgl. dazu die Vermischung von Harnisch- und Bloßkampftechniken in Talhoffers Fechtbuch T4.
       Gerade bei Talhoffer wird immer wieder evident, wie eng das Erlernen von beiden Kampfarten
       miteinander verknüpft war.

859 Dies kann zwar auch zu einem gewissen Grad bei einem einhändig geführten Schwert durch
       Veränderung der Handstellung am Griff erreicht werden, sodass der Bewegungsvektor für den
       Stoß verbessert wird. Hierbei wird aber die Stabilität der Waffe bei Krafteinwirkung auf die
       Schneiden der Klinge verschlechtert – der Fechter hat zwar mehr Kontrolle über die Bewegung
       entlang des Vektors zum Ort hin, kann jedoch Krafteinwirkungen, die nicht über diesen Vektor
       erfolgen (etwa Schläge auf die Klinge), wenig entgegensetzen. Bei einer zweihändigen Führung
       wird dieses Problem durch die zweite Hand gelöst, die stabilisierend hinten am Griff liegt.

860 In der späteren waffentechnischen Entwicklung des zweihändigen Schwertes wurden ebenfalls
       immer wieder Versuche unternommen, den Griffwinkel noch weiter zu verbessern, indem auch
       hier ein Parierschutz angebracht wurde, der erlaubte, mit den Fingern auf die Klinge zu greifen.
       Vgl. Farb-Abb. 16.

861 Zur Symbolik des Schwertes vgl. allgemein LexMA, Bd.7, Sp. 1644 f. Besonders die Kreuzform
       des Schwertes spiegelte das ritterliche Verständnis wider, als Verteidiger von Christentum und

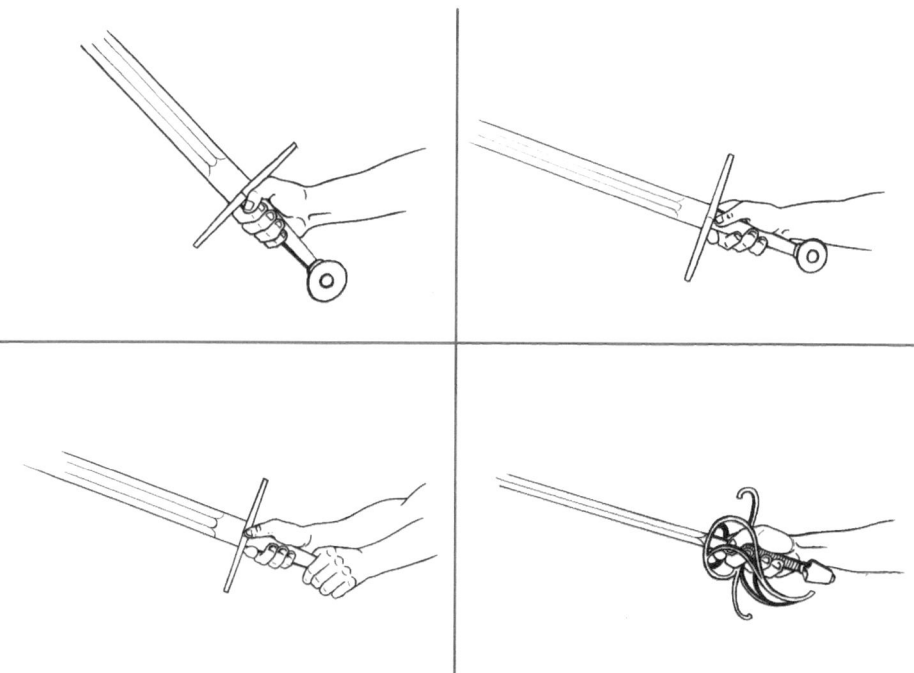

Abb. 5: Veranschaulichung des Klingenwinkels bei beidhändiger Führung des Schwertes. Die einhändige Fausthaltung (oben links) bietet gute Kontrolle bei Hieben, der Winkel für das Zustoßen mit
dem Ort ist jedoch relativ ungünstig. Der Winkel kann durch eine andere Handhaltung verbessert
werden (oben rechts), dabei verschlechtert sich jedoch die Stabilität der Klinge bei Krafteinwirkung
auf eine der beiden Schneiden. Dies kann durch Zuhilfenahme der zweiten Hand (unten links)
ausgeglichen werden. Indem ein oder mehr Finger über das Ricasso gelegt werden, kann die Kontrolle beim Stoß nochmals verbessert werden (zum Vergleich beim Rapier abgebildet unten rechts).

ein Adliger das Fechten mit dem langen Schwert, so konnte er mit der standes-
gemäßen Waffe umgehen (die er auch beim Harnischfechten einsetzen konnte)
und war geschult in den Taktiken des Zweikampfes sowie allen körper- und
waffendynamischen Prinzipien, die auch bei anderen Waffengattungen zum
Einsatz kamen. Es war damit das willkommene Werkzeug der adligen Kampf-
ausbildung. Die Perfektionierung der Fechtkunst zu einer ebensolchen, die mit
dieser Waffe ermöglicht wurde, sorgte schließlich dafür, dass sie zum Ausgang
des Mittelalters auch in bürgerlichen Kreisen Anklang fand. Die prominente
Rolle des langen Schwertes in den Fechtbüchern lässt sich somit auch erklären,
denn es stellte aus zeitgenössischer Sicht den Höhepunkt der Fechtkunst dar und
ermöglichte eine umfassende Ausbildung zum Kampf, während es gleichzeitig
aufgrund der Technikfülle als ideales Instrument zum Fechten um des Fechtens
willen diente.

Kirche zu fungieren. Vgl. dazu OAKESHOTT, Sword in Hand, S. 55–65. Zur Symbolkraft des
Schwertes als Zeremonialgegenstand neuerdings auch KRÜGER, daz Swert ze tragen.

Erst als diese filigrane Fechtweise auch auf einhändig geführte, leichtere Waffen übertragen wurde – durch Verlängerung der Klinge und Anpassung des Gehilzes zu einer immer Pistolengriff-ähnlicheren Form, was den Stoß begünstigte – verlor das nun zu große und vergleichsweise unhandliche lange Schwert seine Bedeutung für die Fechtkunst. Waffen wie das Rapier, das auch als Seitenwehr und modisches Accessoire getragen werden konnten, ermöglichten eine noch filigranere Fechtweise, die bis zum modernen Sportfechten immer weiter vereinfacht und auf die effizientesten Stoßtechniken heruntergebrochen wurde. Das lange Schwert hingegen geriet als Fechtwaffe zum Ende des 16. Jahrhunderts hin immer weiter in Vergessenheit, aus der es erst zur Jahrtausendwende wieder hervortreten sollte.

IV. Zusammenfassung

Kühnheit, Schnelligkeit, Vorsicht, List und Klugheit – das sind die Attribute, die ein Fechter aufweisen sollte.[862] Mit diesem Zitat aus einer mittelalterlichen Handschrift wurde die vorliegende Arbeit eröffnet, und es bietet sich an, in der Rückschau hier auch den Kreis zu schließen. Wie die Untersuchungen gezeigt haben, existierte im deutschsprachigen Raum spätestens zum Ende des 14. Jahrhunderts eine technisch hochkomplexe Fechtkunst mit dem langen Schwert, zu deren Meisterung die genannten Eigenschaften unabdingbar waren. Nicht nur setzte die Beherrschung des langen Schwertes als Fechtwaffe ein großes Maß an Geschicklichkeit voraus, um die verschiedenen teils sehr anspruchsvollen Techniken damit umsetzen zu können. Auch auf taktischem und psychologischem Gebiet verfügten die Fechtmeister über einen großen Wissensschatz, der sich nicht nur auf den Kampf beschränkte. Die in der Übung mit der Waffe gewonnenen Erkenntnisse konnten auch auf das alltägliche Leben übertragen werden, weshalb die Schulung an der Waffe einen wichtigen Teil der adligen Ausbildung darstellte.

Gerade das lange Schwert trat in diesem Kontext vor anderen Waffen hervor, denn es vereinte alle erlernbaren Prinzipien des Fechtens in sich und stellte aus technischer Sicht den Höhepunkt der (Fecht-)Waffenentwicklung seiner Zeit da. Es war nach modernem Verständnis *state of the art* und ermöglichte dem Fechter im Gegensatz zu anderen Waffengattungen die größtmögliche Technikfülle, um das Potenzial der Waffe vollständig auszuschöpfen. Schon die frühesten erhaltenen Fechtlehren weisen so für das Bloßfechten eine Vielzahl unterschiedlicher und teils schwer zu meisternder Techniken auf. Dass dieser umfassende Technikkatalog von den zeitgenössischen Fechtmeistern benutzt, weitergetragen und sogar erweitert wurde, zeigt die Bedeutung des langen Schwertes als zivile Fechtwaffe auf. Denn hier stand nicht mehr ein ökonomisches Kampfsystem mit möglichst wenigen, zielgerichteten Techniken im Vordergrund, sondern die Auslotung der Möglichkeiten, die das lange Schwert als technisch sehr komplexe Fechtwaffe bot. Erst als im Verlauf des 16. Jahrhunderts die Eigenschaften, die das lange Schwert so speziell machten – vor allem Länge der Klinge und die Ausrichtung auf den Stoß – auf leichtere und handlichere Einhandwaffen wie das Rapier übertragen wurden, verlor das Schwert seine Bedeutung als Fechtwaffe.

Als bedeutender Innovator tritt in der Geschichte des langen Schwertes Johannes Liechtenauer in der zweiten Hälfte des 14. Jahrhunderts hervor. Mit seiner Lehre reizte er die technischen und physikalischen Möglichkeiten der Waffe dergestalt aus, dass sein Kampfsystem die nächsten 200 Jahre hindurch nur mehr unwesentlich angepasst werden sollte. Im Gegensatz zu einer ,allgemeinen' Fechtlehre, die vor und parallel zu derjenigen Liechtenauers in Gebrauch war, erhob dieser das Fechten mit dem langen Schwert durch Systema-

---

862 Nürnberg, GNM, HS 3227a, fol. 18v.

tisierung und technische Erweiterung zu einer *ars*, einer handwerklichen Kunst. Die gelehrte Beschäftigung mit dieser Kunst des Kampfes konnte nun erstmals großflächig Eingang in das spätmittelalterliche Fachschrifttum finden – mit der Systematisierung der Techniken durch Liechtenauers *zedel* und der Kodierung in einer speziellen Fachsprache war die Grundlage für einen handwerklich-gelehrten Diskurs gelegt worden, der dafür sorgte, dass Liechtenauers Lehre und sein Name untrennbar mit dem langen Schwert verbunden werden sollten. In der Tat galt Liechtenauers Name fortan gar als Qualitätsgarant, nach moderner Begrifflichkeit als ‚Marke‘, mit der Fechtmeister auf ein bewährtes und bei ihnen zu erlernendes System verweisen konnten. Dies zeigt sich nicht zuletzt an den Versuchen, die Lehre auf andere Waffengattungen wie das lange Messer zu übertragen, um vom Ruf des großen Meisters zu profitieren.

Liechtenauers Lehre bot dem Fechter einen umfassenden Technikkatalog, dessen Beherrschung jede denkbare Zweikampfsituation abdeckte und vor allem darauf ausgelegt war, die eher basalen Techniken der ‚allgemeinen‘ Lehre auszuhebeln. Wo diese ‚allgemeine‘ Lehre ein System von einfachen Grundschlägen benutzte und diese zu verschiedenen Stücken kombinierte, entwickelte Liechtenauer mit seinen fünf verborgenen Hieben eine technische Innovation. Im Gegensatz zu den Grundschlägen konnten diese sowohl defensiv als auch offensiv eingesetzt werden, wobei sie jene physikalischen Eigenschaften ausnutzten, die das lange Schwert im Vergleich zu anderen Klingenwaffen so besonders machten. Die fünf Hiebe, auf denen das System Liechtenauers beruhte, wiesen in sich zwar eine gewisse Redundanz auf, ermöglichten demjenigen, der sie perfektioniert hatte, aber gewaltige Vorteile gegenüber Anwendern ohne diese Kenntnisse. Vor allem aber zeigten die fünf Hiebe die technischen Möglichkeiten des langen Schwertes auf und lieferten dem erfahrenen Fechter die Gelegenheit, seine Kunst zu perfektionieren. Mit Liechtenauers System waren die physikalischen Möglichkeiten der Waffe nun weitestgehend ausgelotet.

Dies zeigt sich primär an der erstaunlichen Integrität, welche die Liechtenauer-Lehre bis zum Verschwinden des langen Schwertes als Fechtwaffe aufwies. Generell war bei den Untersuchungen eine bemerkenswerte Stabilität innerhalb der Technikkataloge seit dem 14. Jahrhundert zu erkennen. Während die Liechtenauer-Lehre weitestgehend unverändert tradiert wurde, zeigen sich mehrere Techniken aus der ‚allgemeinen‘ Lehre, die ebenfalls – zumindest namentlich – Eingang in den festen Kanon der Fechttechniken gefunden haben. Schon für das 15. Jahrhundert finden sich so Fechtmeister wie Hans Talhoffer, die auf Techniken beider Lehren zurückgriffen, um ihr eigenes Fechtsystem aufzustellen. Unter den Fechtbuchverfassern ist damit vom Spätmittelalter zur frühen Neuzeit ein komplexes Geflecht aus Abhängigkeitsverhältnissen auszumachen: Die erhaltenen Fechtlehren wurden mit wenigen Ausnahmen bereits zeitgenössisch und auch später von anderen Meistern rezipiert und als Inspirationsquelle genutzt. Der zugrundeliegende Fachwortschatz zeigt, dass nahezu alle auf uns gekommenen Fechtlehren gewisse Überschneidungen im Technikschatz aufweisen. Auch wenn vereinzelt neue fachsprachliche Begriffe eingeführt wurden, blieb der Grundstock an Techniken und Fachvokabular über die Jahrhunderte doch erstaunlich konstant. Es ist somit von einer relativ starken Vernetzung unter den Praktizierenden des Fechtgewerbes auszugehen, die sich auch an der Provenienz der verschiedenen Fechttraktate erkennen lässt – in der Tat war es den meisten Fechtmeistern daran gelegen, Schriften ihrer (früheren) Berufsgenossen habhaft zu werden, um diese als Ausgangsbasis oder Ergänzung eigener Texte zu nutzen.[863]

Was den Grundschatz an Fechttechniken anbelangt, gab es nach Liechtenauers System keine nennenswerten Innovationen mehr. Der Ende des 15. Jahrhunderts etablierte Technikkatalog blieb so weitestgehend erhalten, wenn es auch teilweise zu Abänderungen der einzelnen Stücke kam. Die verschiedenen im Verlauf der Arbeit untersuchten Fechtlehren fügten dem Grundstock an Techniken somit kaum neues Material hinzu. Ihre Diversität leitet sich vielmehr aus der Kombination der bereits etablierten Techniken zu neuen Stücken ab, während sich einige Lehren sogar über 100 Jahre nach Liechtenauer noch eng an dessen *zedel* orientierten.

Bis zum 16. Jahrhundert hatte sich schließlich ein System durchgesetzt, das größtenteils auf der Liechtenauer-Lehre basierte und vereinzelte Elemente der ‚allgemeinen' Lehre integrierte. Dieses System wurde mit Aufkommen der städtischen Fechtschulen immer mehr für das Schulfechten mit der Fechtfeder als neuer Waffe angepasst und fand seinen Höhepunkt in Joachim Meyers beeindruckendem Fechtbuch. Stoßtechniken verschwanden und wurden durch ungefährlichere Hiebe mit der Klingenfläche ersetzt. Es traten neben der schon bei Liechtenauer auffällig hohen Zahl an Stücken und Techniken immer weitere hinzu, was den inzwischen versportlichten Charakter der Fechtkunst unterstreicht. Das Fechten hatte sich damit immer mehr von seinen ursprünglichen Wurzeln, der auf möglichst einfache und effektive Techniken reduzierten kriegerischen Auseinandersetzung, entfernt – die Kunst des Fechtens wurde inzwischen nur mehr um eben jener Kunst willen praktiziert, was sich am erweiterten Technikrepertoire zeigt, das nun auch vermehrt um Stücke ergänzt wurde, die zulasten der Effektivität das Können des Fechters herausstellen sollten, während allzu gefährliche Techniken unterlassen wurden.

Genau diese Adaption des langen Schwertes zu einer verhältnismäßig ungefährlichen Sportwaffe besiegelte im ausgehenden 16. Jahrhundert dann auch ihren Untergang. Denn eben jene nun mit der schweren Waffe untersagten Stoßtechniken hatten das lange Schwert zuerst zu einer so bedeutenden Fechtwaffe gemacht. Da das verhältnismäßig große und behäbige Schwert fortan aus Sicherheitsgründen nur noch als Hiebwaffe eingesetzt wurde, konnte es sich nicht mehr gegen neuere, filigranere Waffen durchsetzen. Die technischen Innovationen, die das lange Schwert ausgezeichnet hatten, wurden auf einhändig geführte Waffen übertragen, die sich im Kampf und Alltag als praktischer erwiesen. Das lange Schwert wurde damit zu einem Kuriosum in den Fechtschulen

---

863 Vgl. dazu Farb-Abb. 17. Hier sind die in der Arbeit evident gewordenen Abhängigkeitsverhältnisse unter den Fechtlehren und -meistern in einem Stemma zusammengefasst. Diese basieren sowohl auf dem jeweiligen Technikrepertoire als auch auf nachweisbarer Rezeption von Werken anderer Meister, was sich etwa durch Besitzeinträge in den Handschriften oder intertextuelle Verweise erkennen lässt.

und verschwand schließlich gänzlich aus dem Bewusstsein der Fechtgemeinde. Wo es noch in der Fachliteratur Erwähnung fand, war dies nur als Erinnerung an längst vergangene Zeiten, als noch mit einer solch anachronistischen Waffe gefochten wurde. Für die nächsten fast 400 Jahre tauchte das lange Schwert höchstens noch in Reproduktionen mittelalterlicher Fechtbücher auf und diente dort als Kuriosum aus den vermeintlich brutalen Tagen des Mittelalters. Erst zur Jahrtausendwende sollte sich dies ändern, da das wiedererwachte Interesse an den historischen europäischen Kampfkünsten eine Renaissance des langen Schwertes einläutete und die längst vergessene anspruchsvolle Fechtkunst mit dieser Waffe wiederentdeckt wurde.

Anhang

Fachsprachliches Glossar

Abnehmen: eine Umgehung der gegnerischen Waffe, bei der die eigene Klinge nach oben von derjenigen des Gegners ‚abgenommen' und – meist auf der anderen Seite – wieder hinuntergeführt wird.

Absetzen: ein Versetzen und Sperren der gegnerischen Klinge mit einem gleichzeitigen Angriff, meist einem Stoß.

Absicht: die Unterscheidung zwischen einem einfachen Angriff auf den Gegner (direkte Absicht) und der Provokation einer Offensivaktion des Gegners mit dem Zweck, diese durch eine Gegenhandlung zu beantworten (Angriff in zweiter Absicht).

Abziehen: das Lösen aus dem Kontakt mit dem Gegner.

Alber: eine tiefe Hut, bei der der Ort des Schwertes zu Boden zeigt.

Anbinden: Aufnahme des Klingenkontakts mit dem Gegner, s. → Bindung.

Band: → Bindung.

Blöße: allgemein eine der Trefferzonen des menschlichen Körpers; im Speziellen auch eine ungeschützte/geöffnete Stelle am Gegner.

Bindung: beschreibt eine Situation, in der die Klingen beider Fechter in anhaltendem Kontakt stehen, normalerweise dadurch erreicht, dass mindestens einer der Kämpfer Druck auf die Klinge des Gegners ausübt und somit den Kontakt aufrechterhält.

Bloßfechten: das Fechten ohne Rüstung.

Brechfenster: Abwandlung des → Sprechfenster, bei dem durch Hochhalten des Schwertes die Arme ein Fenster bilden, durch das der Fechter schauen kann.

Buckler: kleiner Rundschild, vorwiegend verwendet, um die Schwerthand zu schützen.

Daumenlage: Variante des Griffs, bei der das Schwert um 90 Grad in den Händen gedreht und der Daumen der oberen Hand auf die Fläche der Klinge gelegt wird.

Duplieren: ‚Verdoppeln'; ein zweiter Angriff, meist zu einer anderen Blöße.

Durchlaufen: unter einem Angriff des Gegners hindurchlaufen, um einen Ringgriff zu starten, meist indem unter dem Arm des Gegners hindurchgeduckt wird.

Durchwechseln: Umgehung der gegnerischen Klinge von einer Seite des Gegners auf die andere.

Dussack: einhändig geführte spätmittelalterliche Waffe ähnlich dem Säbel.

Einhorn: Hut ähnlich dem → Ochs, der Ort zeigt hierbei aber leicht nach oben.

Einlaufen: das nahe Herantreten an den Gegner, meist um einen Ringgriff anzusetzen.

Eiserne Pforte/Eisenport: Hut aus der ‚allgemeinen' Fechtlehre. Bei den Fechtmeistern verschieden ausgelegt, ähnelt sie entweder dem → Pflug oder der → Schranckhut.

Fechtfeder: eine zum 16. Jahrhundert aufkommende Schwertform mit langer, flexibler und stumpfer Klinge sowie großer Parierhilfe. Eingesetzt als ungefährliche Übungs- und Wettkampfwaffe.

Fehler: (beabsichtigtes) Verfehlen des Gegners mit einem Hieb, etwa um eine Parade zu provozieren.

Flügel: eine Technik aus der ‚allgemeinen' lehre, bei der wiederholt auf- und abgeschlagen wird.

Fühlen: in der → Bindung das Abschätzen des Gegners, wie dieser mit seiner Klinge reagieren wird, etwa auf Druck oder Nachgeben, also ob er hart oder weich in der Bindung ist.

Gassenhau: eine Technik aus der ‚allgemeinen' lehre, bei der mehrere Hiebe von einer Seite zur anderen folgen, um den Gegner auf Distanz zu halten.

Gefechtslinie: gedachte Linie, die beide Fechter miteinander verbindet und auf der sie sich normalerweise vor und zurück bewegen.

Gehilz: unterer Teil des Schwertes, bestehend aus Griff, Parierstange und Knauf.

Geißeln: ein schneller ‚geworfener' Hieb mit nur einer Hand (vermutlich meist die linke) am Griff. Da die Hand hierbei weit unten, etwa direkt am Knauf zugreift, erhöht sich die Reichweite gegenüber einem zweihändig geführten Hieb.

gewappnet hant: → kurzes Schwert.

Gleich: von Joachim Meyer eingeführtes viertes Zeitfenster, in dem beide Fechter gleichzeitig eine Aktion ausführen.

Handarbeit: die Phase des Kampfes, bei der die Kämpfer nah genug für einen Treffer sind.

Händedrücken: das Ansetzen des Schwertes an den Armen des Gegners, um diese durch Druck zu kontrollieren. Kann auch einen Schnitt zu den Armen des Gegners meinen.

Hängen, vier: Haltung des Schwertes, bei der der Ort zum Gegner ‚hängt'. Es existieren vier Hängen, jeweils oben und unten links und rechts.

Halbschwert: → kurzes Schwert.

Hammergriff: die herkömmliche Handhaltung am Schwertgriff. Beide Hände umgreifen das Heft dabei komplett.

Hangetort: Hut, bei der das Schwert mit dem Gehilz hoch gehalten wird, der Ort hängt dabei nach unten.

Harnischfechten: Kampf in voller (Platten-)Rüstung.

Hau: → Hieb.

Hieb: ein Schlag mit einer der Schneiden des Schwertes

Hut: eine bestimmte Haltung von Schwert und Körper. Eine Hut kann entweder statisch eingenommen oder beim Ausführen einer Aktion, etwa einem Hieb, durchlaufen werden. Meist handelt es sich dabei um Ausgangs- oder Endstellung eines bestimmten Hiebes.

Indes: eines der drei Zeitfenster; beschreibt eine Aktion, die zeitgleich mit einer anderen Aktion stattfindet, etwa das Parieren eines Hiebes mit gleichzeitigem Angriff auf den Gegner. Bezeichnet in der Liechtenauer-Lehre zunächst auch das Fühlen im Band, später bei Meyer die Kunst, das Verhalten des Gegners korrekt einzuschätzen.

Knauf: der unterste Teil des Schwertes. Verhindert ein Abrutschen der Hand nach unten vom Schwert und dient zur Ausbalancierung der Waffe. Kann auch zum Stoßen verwendet werden.

Krauthacke: Technik aus der ‚allgemeinen' Lehre, bei der das Schwert wie eine Hacke auf und nieder fährt.

Kreuzhau: kreuzförmige Abfolge von Hieben jeweils von oben und unten sowie links und rechts.

Krieg: Bezeichnung für den Teil des Kampfes nach dem Aufeinandertreffen der Kontrahenten, charakterisiert vor allem durch die Klingenbindung in enger Mensur.

Krone: Hut, bei der das Schwert über dem Kopf gehalten wird, der Ort zeigt dabei nach vorne und oben.

Krumphau: einer der fünf verborgenen Hiebe Liechtenauers. Das Schwert wird hierbei mit einem seitlichen Ausschreiten ‚krumm' zum Gegner oder dessen Waffe geführt.

kurze Schneide: die Seite der Klinge, die bei normalem Faustgriff zum Arm zeigt.

kurzes Schwert: Führung des Schwertes mit einer Hand am Griff und der anderen an der Klinge, oft beim Harnischfechten eingesetzt.

lange Schneide: die Seite der Klinge, die bei normalem Faustgriff zu den Knöcheln der Schwerthand zeigt.

langes Messer: einhändig geführte, einschneidige Waffe mit einer Länge von etwa 100 Zentimetern. Besitzt für gewöhnlich eine Parierstange und einen rechtwinklig dazu verlaufenden sogenannten Rüstnagel zum verbesserten Schutz der Hand.

Langort: eine Hut, bei der der Ort dem Gegner entgegengestreckt wird.

Leger: → Hut.

Meisterhau: → verborgene Hiebe.

Mensur: der Abstand beider Kämpfer zueinander.

Mittelhau: ein Grundhieb, der horizontal auf Höhe der Hüfte geführt wird.

Mordschlag: ein Hieb, bei dem das Schwert mit beiden Händen an der Klinge gegriffen und mit dem Gehilz zugeschlagen wird.

Nach: eins der drei Zeitfenster; beschreibt eine Reaktion auf eine bereits ausgeführte Aktion des Gegners.

Nachreisen: ein Hieb, der auf einen fehlgegangenen Angriff des Gegners folgt.

Nebenhut: Hut, bei der das Schwert seitlich des Körpers gehalten wird, der Ort zeigt zum Boden, die kurze Schneide zum Gegner.

Oberhau: ein Hieb aus einer oberen Hut (→ Hut vom Tag; → Ochs), meist zu einer oberen Blöße des Gegners.

Ochs: eine hohe Hut, bei der das Schwert mit dem Gehilz neben dem Kopf gehalten wird, der Ort zeigt dabei zum Gesicht des Gegners.

Ort: die Spitze des Schwertes.

Parierstange: Querstange zwischen Schwertklinge und -griff. Schützt die Schwerthand, kann auch zum Fangen der gegnerischen Klinge oder zum Stoßen verwendet werden.

Pflug: eine tiefe Hut, bei der der Ort des Schwertes zum Gesicht des Gegners gerichtet ist.

Rapier: einhändig geführte Hieb- und Stichwaffe, die ab dem 16. Jahrhundert immer weitere Verbreitung fand. Im Gegensatz zum Schwert immer mehr auf das Stoßfechten ausgelegt und mit einem zunehmend komplexeren Handschutz als Erweiterung der Parierstange versehen.

Ricasso: Fehlschärfe am unteren Teil der Klinge über der Parierstange. Ermöglicht es, einen oder mehrere Finger der Greifhand auf die Klinge zu legen, um eine für den Stoß günstigere Handhaltung zu erreichen.

Scheitelhau: einer der fünf verborgenen Hiebe Liechtenauers. Er wird von oben zum Kopf des Gegners geschlagen.

Schielhau: einer der fünf verborgenen Hiebe Liechtenauers. Eine Art Oberhau mit der kurzen Schneide, bei dem die Klinge des Gegners ausgesperrt wird.

Schild: Verbreiterung am unteren Ende der Schwertklinge über der Parierstange zum Schutz der Hände.

Schlüssel: Hut bei Meyer, ähnlich dem → Ochs, das Schwert liegt dabei aber etwa auf Brusthöhe und nah am Körper.

Schnitt: schneidende Bewegung mit einer der beiden Schneiden am Körper des Gegners.

Schranckhut: Hut, bei der der Ort seitlich zu Boden zeigt, das Gehilz vor dem Körper. Zeigt der Ort nach links, sind die Hände hierbei verschränkt.

Schwäche: der Bereich von der Mitte der Klinge bis zum Ort.

Stärke: der Bereich von der Mitte der Klinge bis zum Griff.

Stich: Zustoßen mit dem Ort des Schwertes zum Gegner.

Stoß: → Stich.

Stück: die Verbindung mehrerer Einzeltechniken zu einer taktischen Einheit, die im Kampf angewendet werden kann.

Sturzhau: Hieb von oben, bei dem die kurze Schneide nach unten ‚stürzt‘.

Triangel: Technik aus der ‚allgemeinen‘ Lehre, bei der der Fechter durch drei Schritte versucht, auf die Rückseite des Gegners zu gelangen.

Überlaufen: Bezeichnung für verschiedene Situationen, bei denen das eigene Schwert über dem des Gegners agiert.

Unterhau: ein Hieb aus einer tiefen Hut (→ Alber; → Pflug) zu den unteren Blößen des Gegners.

verborgene Hiebe, fünf: die fünf Hiebe Liechtenauers, Krumphau, Scheitelhau, Schielhau, Zornhau und Zwerchhau.

vom Tag: eine hohe Hut, bei der das Schwert entweder an der Schulter oder über den Kopf gehalten wird, der Ort zeigt dabei nach oben.

Versetzen/Versatzung: das Abwehren der gegnerischen Klinge.

Vor: eins der drei Zeitfenster; beschreibt eine Aktion aus der Initiative heraus, um einer Aktion des Gegners zuvor zu kommen.

Wechselhau: Bezeichnung für verschiedene Hiebe, meist aus der → Wechselhut geschlagen, kann eine Folge von Hieben meinen, bei der die jeweils zuschlagende Schneide wechselt.

Wechselhut: Hut, bei der das Gehilz seitlich am Körper gehalten wird, der Ort zeigt zu Boden.

Winden: bezeichnet die Arbeit mit der Klinge in der → Bindung. Hierbei wird die eigene Klinge unter Ausnutzung von Winkeln und Drehpunkten so an derjenigen des Gegners entlanggeführt, dass der Fechter einen Vorteil daraus ziehen kann, etwa um von der Stärke der gegnerischen Klinge an deren Schwäche zu gelangen, um sie besser kontrollieren und einen Angriff ausführen zu können.

Wunder, drei: die drei Aktionen, mit denen der Gegner verletzt werden kann (vermutlich von ‚verwunden‘): Hieb, Stich und Schnitt.

Zecke: ein kurzer, schneller Angriff, der den Gegner nur leicht verletzt oder ihn reizen soll.

Zornhau: einer der fünf verborgenen Hiebe Liechtenauers. Ein kräftig geschlagener Oberhau.

Zornhut: Hut, bei der das Schwert auf der Schulter des Fechters liegt, der Ort zeigt nach hinten.

Zucken: ein schnelles Zurückziehen und wieder Zuschlagen/Zustoßen mit der eigenen Klinge, meist zur Umgehung der gegnerischen Waffe.

Zufechten: der Teil des Kampfes, der vor dem ersten richtigen Kontakt stattfindet, etwa das Abschätzen des Gegners und die Positionierung vor dem ersten ernsten Angriff.

Zwerchhau: einer der fünf verborgenen Hiebe Liechtenauers. Er wird quer (‚twer‘) gegen den Kopf des Gegners geführt.

Abkürzungsverzeichnis

Im Text verwendete Abkürzungen

BANLC	Biblioteca dell'Accademia Nazionale dei Lincei e Corsiniana
BSB	Bayerische Staatsbibliothek
GNM	Germanisches Nationalmuseum
HAAB	Herzogin Anna Amalia Bibliothek
HEMA	Historical European martial arts
LexMA	Lexikon des Mittelalters
MGH	Monumenta Germaniae Historica
ÖNB	Österreichische Nationalbibliothek
SLUB	Sächsische Landesbibliothek – Staats- und Universitätsbibliothek
UB Erfurt	Universitäts- und Forschungsbibliothek Erfurt/Gotha
VL	Verfasserlexikon

Abkürzungen und Gebrauchsnamen zitierter Fechtbücher

Baumanns Fecht- und Ring- kampfhandschrift	Augsburg, Universitätsbibliothek, Cod.I.6.4.2
Kölner Fechtbuch	Historisches Archiv der Stadt Köln, MS Best. 7020 (W.Nr. 150)
T1	Universitäts- und Forschungsbibliothek Erfurt/Gotha Cod. MS. Chart. A 558
T2	Königseggwald, Gräfliches Schloss, MS XIX.17–3
T3	Kopenhagen, Det Kongelige Bibliotek, MS Thott 290.2º
T4	München, Bayerische Staatsbibliothek, Cod. Icon. 394a
Towerfechtbuch	Leeds, Royal Armouries, MS I.33

Quellen- und Literaturverzeichnis

1. Quellen

1.1. Fechttraktate

1.1.1. Handschriften

Augsburg, Stadtarchiv
Reichsstadt, Schätze, Nr. 82

Augsburg, Universitätsbibliothek
Cod.I.6.2.1
Cod.I.6.2.2
Cod.I.6.2.3
Cod.I.6.2.5
Cod.I.6.4.2
Cod.I.6.4.3
Cod.I.6.4.5

Bologna, Biblioteca Universitaria di Bologna
Ms. 1825

Dresden, Sächsische Landesbibliothek – Staats- und Universitätsbibliothek
Mscr.Dresd.C.93
Mscr.Dresd.C.94
Mscr.Dresd.C.94a
Mscr.Dresd.C.487

Erlangen, Universitätsbibliothek
MS.B 200

Glasgow, Glasgow Museums
E.1939.65.341
E.1939.65.354

Göttingen, Staats- und Universitätsbibliothek
Philos. 61

Gotha, Universitäts- und Forschungsbibliothek Erfurt/Gotha
Cod. MS. Chart. A 558
Cod. MS. Chart. B 1021

Graz, Universitätsbibliothek
Ms 963

Heidelberg, Universitätsbibliothek
Cpg 430

Kassel, Universitätsbibliothek
2° Ms. iurid. 29

Königseggwald, Gräfliches Schloss
MS XIX.17–3 (Privatbesitz der Familie Königsegg-Aulendorf)

Köln, Historisches Archiv der Stadt
MS Best. 7020 (W.Nr. 150) (verschollen)

Kopenhagen, Det Kongelige Bibliotek
MS Thott 290.2°

Krakau, Biblioteka Jagiellońska
MS. Berol. Germ. Quart. 2020

Leeds, Royal Armouries
MS I.33

London, British Library
Harley MS 3542

Los Angeles, J. Paul Getty Museum
Ms. Ludwig XV 13

Lund, Universitetsbiblioteket
Msc. A 4° 2

München, Bayerische Staatsbibliothek
Cgm 558
Cgm 582
Cgm 1507
Cgm 3711
Cgm 3712
Cod. Icon. 393
Cod. Icon. 394a
Cod. Icon. 395

New York City, Metropolitan Museum of Art
MS 26.236

Nürnberg, Germanisches Nationalmuseum
HS 3227a

Paris, Musée national du Moyen Âge
Cl. 23842

Rom, Biblioteca dell'Accademia Nazionale dei Lincei e Corsiniana
Cod. 44 A 8

Rostock, Universitätsbibliothek
Mss. var. 82

Salzburg, Universitätsbibliothek
M I 29

Weimar, Herzogin Anna Amalia Bibliothek
Q.566

Wien, Albertina, Graphische Sammlung
HS 26–232

Wien, Kunsthistorisches Museum
KK 5126

Wien, Österreichische Nationalbibliothek
Cod. 5278
Cod. 10799
Cod. 10825
Cod. 10826

Wolfenbüttel, Herzog August Bibliothek
Cod. Guelf. 78.2 Aug. 2°
Cod. Guelf. 83.4 Aug. 8°
Cod. Guelf. 125.16 Extrav.

Unbekannter Aufenthaltsort
Pisani Dossi MS (Privatbesitz der Familie Pisani Dossi)

1.1.2. Gedruckte Fechtbücher

Aggrippa, Camillo: Trattato di scientia d'arme, con vn dialogo di filosofia, Rom 1553.
Agocchie, Giovanni dall': Dell'Arte di Scrima Libri Tre, Venedig 1572.
Alfieri, Francesco: L'arte di ben maneggiare la spade, Padua 1653.
Egenolph, Christian: Der Altenn Fechter anfengliche Kunst, Frankfurt [1531].
Fabris, Salvator: Des Kunstreichen und weitberuemeten Fechtmeisters Salvatoris Fabri Italiänische Fechtkunst, übers. u. hg. v. Isack Elzevier, Leiden, 1619.
Fabris, Salvator: Lo Schermo, overo Scienza d'Arme, Kopenhagen 1606.
Grassi, Giacomo di: Ragione di adoprar sicuramente l'Arme, si da offesa come da difesa, Venedig 1570.
Heußler, Sebastian: New Kuenstlich Fechtbuch, Nürnberg 1626.

Lucini, Antonio Francesco: Compendio dell' armi de Caramogi d'Antonio Francesco Lucini, Florenz 1627.

Marozzo, Achille: Opera nova de Achille Marozzo bolognese, maestro generale da l'arte de l'armi, Modena 1536.

Meyer, Joachim: Gründtliche Beschreibung des Fechtens, Straßburg 1570.

Paurenfeindt, Andre: Ergrundung Ritterlicher Kunst der Fechterey, Wien 1516.

Paurenfeindt, Andre: La noble science des ioueurs despee, Antwerpen 1538.

Sutor, Jakob: New Kuenstliches Fechtbuch, Frankfurt a. M. 1612.

Viggiani, Angelo: Lo schermo, Venedig 1575.

1.2. Sonstige Quellen

1.2.1. Handschriften und andere ungedruckte Quellen

Heidelberg, Universitätsbibliothek
Cod. Pal. germ. 848

Kassel, Universitätsbibliothek, Landesbibliothek und Murhardsche Bibliothek
4° Ms. poet. et roman. 8

London, British Library
Add MS 47682
Royal 20 C VII

Nürnberg, Staatsarchiv
Reichsstadt Nürnberg Losungamt, 7-farbiges Alphabet, Urkunden 873 und 874

Paris, Bibliothèque nationale de France
Latin 10525

Wolfenbüttel, Herzog August Bibliothek
Cod. Guelf. 3.1 Aug. 2°

1.2.2. Gedruckte Quellen

August Vischer: Tractatus duo juris duellici universi qvorvm prior de dvello proviso, posterior de dvello improvise, Jena 1617.

Berlinisches Stadtbuch. Neue Ausgabe veranstaltet bei der Feier des fünfundzwanzig-jährigen Hochzeits-Jubiläums Ihrer Kaiserlichen und Königlichen Hoheiten des Kronprinzen Friedrich Wilhelm und der Kronprinzessin Victoria im Auftrage der Städtischen Behörden Berlins, hg. v. Paul Clausewitz, Berlin 1883.

Das Kampfgericht in Schwäbisch Hall, anonym erschienen in: Württembergische Jahr-bücher für vaterländische Geschichte, Geographie, Statistik und Topographie, 1843, zweites Heft, S. 142–150.

Das Teutsche Reichs-Archiv, hg. v. Johann Christian Lünig, 24 Bde., Leipzig, 1710–1722.

Der Weiß Kunig. Eine Erzehlung von den Thaten Kaiser Maximilian des Ersten. Von Max Treitzsaurwein auf dessen Angaben zusammengetragen, nebst den von Hannsen

Burgmair dazu verfertigten Holzschnitten. Hg. aus dem Manuscripte der k. k. Hofbibliothek, Wien 1775.

Der Schwabenspiegel. Oder Schwäbisches Land- und Lehen-Rechtbuch, nach einer Handschrift vom Jahr 1287, hg. v. Friedrich v. Lassberg, Tübingen 1840.

Die Chroniken der schwäbischen Städte. Augsburg (Bd. 7; Die Chroniken der deutschen Städte vom 14. bis ins 16. Jahrhundert 32), bearb. v. Friedrich Roth, Leipzig 1917.

Die Matrikel der Geistlichkeit des Bistums Bamberg 1400–1556, hg. v. Johannes Kist (Veröffentlichungen der Gesellschaft für Fränkische Geschichte 4. Reihe, Matrikeln fränkischer Schulen und Stände 7), Würzburg 1965.

Die Matrikel der Universität Heidelberg, bearb. u. hrsg. v. Gustav Toepke (Bd. 1: Von 1386–1553), Heidelberg, 1884.

Die Ordinarien des Bistums Bamberg von 1436 bis 1470, bearb. v. Johannes Kist, in: Archiv für Sippenforschung und alle verwandten Gebiete, 13. Jahrgang (Heft 1), 1936, S.243–249.

Die Zenten des Hochstifts Würzburg. Ein Beitrag zur Geschichte des süddeutschen Gerichtswesens und Strafrechts, hg. v. Hermann Knapp, 2 Bde., Berlin 1907.

Eisenacher Rechtsbuch, bearb. v. Peter Rondi (Germanenrechte, Abteilung Stadtrechtsbücher, Neue Folge 3), Weimar 1950.

Fiori dei Liberi: Flos duellatorum. Il Fior di Battaglia di Maestro Fiore dei Liberi da Premariacco, hg. v. Francesco Novati, Bergamo 1902.

Franz von Soden: Kriegs- und Sittengeschichte der Reichsstadt Nürnberg vom Ende des sechzehnten Jahrhunderts bis zur Schlacht bei Breitenfeld, 7. (17.) September 1631; nach archivarischen und andern urkundlichen Quellen (Bd. 2: Von 1620 bis 1628), Erlangen 1861.

Hessisches Urkundenbuch. Zweite Abtheilung: Urkundenbuch zur Geschichte der Herren von Hanau und der ehemaligen Provinz Hanau, Band 3: 1350–1375, bearb. v. Heinrich Reimer (Publikationen aus den königlich-preußischen Staatsarchiven 60), Leipzig 1894.

Hans Sachs: Werke (Bd. 4), hg. v. Adelbert von Keller, Stuttgart 1870.

Hugo von Sakt Viktor: Didascalicon de studio legendi, übers. und eingel. von Thilo Offergeld (Fontes Christiani 27), Freiburg 1997.

Leonhardt Fronsberger: Fünff Bücher Von Kriegß Regiment vnd Ordnung, Frankfurt a. M. 1555.

Reichssatzung Deß Heiligen Römischen Reichs, Keyser, König, Churfürsten und Gemeiner Stände, Constitution, Ordnung, Rescript und Außschreiben: auff den gehaltenen Reichstägen und Keyserlichen Höffen statuirt und außgangen […], hg. v. Melchior Goldast, Hanau 1613.

Sachsenspiegel. Land- und Lehnrecht (2 Bde.), hg. v. Karl August Eckhardt (MGH [Leges] Fontes iuris Germanici antiqui nova series 1), Hannover 1933.

Wie sick een Munsiur alla mode Kleeden soll, Kupferstich verlegt v. Johann Klockher, Augsburg 1628 (erhaltenes Exemplar in: Wolfenbüttel, Herzog-August-Bibliothek, IE 160).

2. Literatur

ANGLO, Sydney: How to Kill a Man at Your Ease. Fencing Books and the Duelling Ethic, in: Sydney Anglo (Hrsg.): Chivalry in the Renaissance, Woodbridge 1990, S. 1–12.

ANGLO, Sydney: The Martial Arts of Renaissance Europe, New Haven/London 2000.

BARATELLA, Nils: Das kämpferische Subjekt. Boxen – Der Kampf als Subtext moderner Subjektphilosophie, Paderborn 2015.

BARBER, Richard und Juliet Barker: Die Geschichte des Turniers, Darmstadt 2001.

BARTH, Berndt und Emil Beck (Hrsg.): Fechttraining, Aachen 2000.

BARTSCH, Joachim: Historisches Messerfechten. Konzepte/Analytik/Trainingshilfen, Norderstedt 2015 (BoD).

BAUER, Matthias Johannes: *Einen Zedel fechter ich mich ruem / Im Schwerd vnd Messer vngestuem.* Fechtmeister als Protagonisten und als (fach-)literarisches Motiv in den deutschsprachigen Fechtlehren des Mittelalters und der Frühen Neuzeit, in: Uwe Israel, Christian Jaser und Ludger Lieb (Hrsg.): Zweikämpfer. Fechtmeister – Kämpen – Samurai (Das Mittelalter 19/2), Berlin 2014, S. 302–325.

BAUER, Matthias Johannes: Langes Schwert und Schweinespiess. Die anonyme Fechthandschrift aus den verschütteten Beständen des Historischen Archivs der Stadt Köln, Graz 2009.

BAUER, Matthias Johannes: Von Einhorn, Ochs' und Rehlein. Sondersprachliches im Kölner Fechtbuch, in: Elisabeth Vavra und Matthias Johannes Bauer (Hrsg.): Die Kunst des Fechtens (Interdisziplinäre Beiträge zu Mittelalter und Früher Neuzeit 7), Heidelberg 2017, S. 251–265.

BERGNER, Ute und Johannes Giessauf: Würgegriff und Mordschlag. Die Fecht- und Ringlehre des Hans Czynner (1538), Universitätsbibliothek Graz MS. 963, Graz 2006.

BODEMER, Heidemarie: Aspekte der gegenseitigen Beeinflussung der deutschen und italienischen Fechtkunst und ihrer Darstellung in den Fechtbüchern, in: Elisabeth Vavra und Matthias Johannes Bauer (Hrsg.): Die Kunst des Fechtens (Interdisziplinäre Beiträge zu Mittelalter und Früher Neuzeit 7), Heidelberg 2017, S. 133–155.

BODEMER, Heidemarie: Das Fechtbuch. Untersuchungen zur Entwicklungsgeschichte der bildkünstlerischen Darstellung der Fechtkunst in den Fechtbüchern des mediterranen und westeuropäischen Raumes vom Mittelalter bis Ende des 18. Jahrhunderts, Diss. Stuttgart 2008.

BOEHEIM, Wendelin: Handbuch der Waffenkunde. Das Waffenwesen in seiner historischen Entwicklung vom Beginn des Mittelalters bis zum Ende des 18. Jahrhunderts, Nachdruck der Ausgabe Leipzig 1890.

BURKART, Eric: Body Techniques of Combat. The Depiction of a Personal Fighting System in the Fight Books of Hans Talhofer (1443–1467 CE), in: Jörg Rogge (Hrsg.): Killing and Being Killed: Bodies in Battle. Perspectives on Fighters in the Middle Ages (Mainz Historical Cultural Sciences 38), Bielefeld 2017, S. 109–130.

BURKART, Eric: Die Aufzeichnung des Nicht-Sagbaren. Annäherung an die kommunikative Funktion der Bilder in den Fechtbüchern des Hans Talhofer, in: Uwe Israel, Christian Jaser und Ludger Lieb (Hrsg.): Zweikämpfer. Fechtmeister – Kämpen – Samurai (Das Mittelalter 19/2), Berlin 2014, S. 253–301.

Burkart, Eric: The Autograph of an Erudite Martial Artist. A Close Reading of Nuremberg, Germanisches Nationalmuseum, HS 3227a, in: Daniel Jaquet, Karin Verelst und Timothy Dawson (Hrsg.): Late Medieval and Early Modern Fight Books. Transmission and Tradition of Martial Arts in Europe (14th–17th Centuries) (History of Warfare 112), Leiden 2016, S. 451–480.

Cinato, Frank: Development, Diffusion and Reception of the „Buckler Play": A Case Study of a Fighting Art in the Making, in: Daniel Jaquet, Karin Verelst und Timothy Dawson (Hrsg.): Late Medieval and Early Modern Fight Books. Transmission and Tradition of Martial Arts in Europe (14th–17th Centuries) (History of Warfare 112), Leiden 2016, S. 481–546.

Cinato, Frank und André Surprenant: Le livre de L'art du combat. Liber de arte dimicatoria. Édition critique du Royal Armouries MS. I.33 (Sources d'histoire medieval 39), Paris 2009.

Clements, John: Problems of Interpretation and Application in Fight Book Studies, in: Daniel Jaquet, Karin Verelst und Timothy Dawson (Hrsg.): Late Medieval and Early Modern Fight Books. Transmission and Tradition of Martial Arts in Europe (14th–17th Centuries) (History of Warfare 112), Leiden 2016, S. 189–215.

Deutscher, Lisa, Mirjam Kaiser und Sixt Wetzler (Hrsg.): Das Schwert – Symbol und Waffe. Beiträge zur geisteswissenschaftlichen Nachwuchstagung vom 19.–20. Oktober 2012 in Freiburg, Breisgau (Freiburger Archäologische Studien 7), Rahden, Westf. 2014.

Deutschländer, Gerrit: Dienen lernen, um zu herrschen. Höfische Erziehung im ausgehenden Mittelalter (1450–1550) (Hallische Beiträge zur Geschichte des Mittelalters und der Frühen Neuzeit 6), Berlin 2012.

Dupuis, Oliver: Joachim Meyer, escrimeur libre, bourgeois de Strasbourg (1537?–1571), in: Fabrice Cognot (Hrsg.): Maîtres & Techniques de Combat à la fin du Moyen Age et au début de la Renaissance, Paris 2006.

Eisermann, Falk: Katalog der deutschsprachigen mittelalterlichen Handschriften der Forschungsbibliothek Gotha (Druck in Vorbereitung, online erreichbar unter: http://www.manuscripta-mediaevalia.de/dokumente/html/obj31578164).

Epperlein, Siegfried: Bäuerliches Leben im Mittelalter. Schriftquellen und Bildzeugnisse, Köln/Weimar/Wien 2003.

Esch, Arnold: Zeitalter und Menschenalter. Der Historiker und die Erfahrung vergangener Gegenwart, München 1994.

Forgeng, Jeffrey L.: The Art of Combat. A German Martial Arts Treatise of 1570, London/ New York 2006.

Forgeng, Jeffrey L.: The Art of Swordmanship by Hans Lecküchner. Translated by Jeffrey L. Forgeng, Woodbridge 2015.

Forgeng, Jeffrey L.: The Martial Arts Treatise of Paulus Hector Mair, in: Elisabeth Vavra und Matthias Johannes Bauer (Hrsg.): Die Kunst des Fechtens (Interdisziplinäre Beiträge zu Mittelalter und Früher Neuzeit 7), Heidelberg 2017, S. 267–283.

Forgeng, Jeffrey L.: The Medieval Art of Swordmanship. A Facsimile & Translation of Europe's Oldest Personal Combat Treatise Royal Armouries MS I.33, Union City, Kalifornien 2003.

Gaugler, William M.: Fechten für Anfänger und Fortgeschrittene. Florett – Säbel – Degen, München 1983.

GROTKAMP-SCHEPERS, Barbara u. a. (Hrsg.): Das Schwert. Gestalt und Gedanke (anlässlich der gleichnamigen Ausstellung im Deutschen Klingenmuseum vom 26. Sep. 2015 bis zum 28. Feb. 2016), Solingen 2015.

HAAGE, Bernhard Dietrich und Wolfgang Wegner: Deutsche Fachliteratur der Artes in Mittelalter und Früher Neuzeit (Grundlagen der Germanistik 43), Berlin 2007.

HAAGE, Bernhard Dietrich und Wolfgang Wegner: Zur Verortung mittelalterlicher Ring- und Fechtbücher im Artes-Schema Hugos von St. Victor, in: Elisabeth Vavra und Matthias Johannes Bauer (Hrsg.): Die Kunst des Fechtens (Interdisziplinäre Beiträge zu Mittelalter und Früher Neuzeit 7), Heidelberg 2017, S. 13–22.

HAGEDORN, Dirk: Peter von Danzig. Transkription und Übersetzung der Handschrift 44 A 8, Herne 2008.

HELWIG, Hellmuth: Die deutschen Fechtbücher. Eine bibliographische Übersicht, in: Börsenblatt für den deutschen Buchhandel, 22. Jahrgang, Heft 55, 1966, S. 1407–1416.

HERGSELL, Gustav: Die Fechtkunst im XV. und XVI. Jahrhunderte, Prag 1896.

HERGSELL, Gustav (Hrsg.): Talhoffers Fechtbuch (Gothaer Codex) aus dem Jahre 1443. Gerichtliche und andere Zweikämpfe darstellend, Prag 1889.

HERGSELL, Gustav (Hrsg.): Talhoffers Fechtbuch (Ambraser Codex) aus dem Jahre 1459, Prag 1889.

HERGSELL, Gustav (Hrsg.): Talhoffers Fechtbuch aus dem Jahre 1467. Gerichtliche und andere Zweikämpfe darstellend, Prag 1887.

HERMANN, Hans-Georg: Die prozessuale Konfiguration des spätmittelalterlichen Zweikampfes, in: Elisabeth Vavra und Matthias Johannes Bauer (Hrsg.): Die Kunst des Fechtens (Interdisziplinäre Beiträge zu Mittelalter und Früher Neuzeit 7), Heidelberg 2017, S. 21–76.

HILS, Hans-Peter: *Der da sigelos wirt, dem sleht man die hant ab.* Zum Stand der hauptberuflichen Fechter nach mittelalterlichen Rechtsquellen, in: Zeitschrift der Savigny-Stiftung für Rechtsgeschichte, Germanistische Abteilung 102, 1985, S. 328–340.

HILS, Hans-Peter: Die Handschriften des oberdeutschen Fechtmeisters Hans Talhoffer. Ein Beitrag zur Fachprosaforschung des Mittelalters, in: Codices manuscripti 9, 1983, S. 97–121.

HILS, Hans-Peter: *Kempen unde er kinder… de sin alle rechtelos.* Zur sozialen und rechtlichen Stellung der Fechtmeister im späten Mittelalter, in: Joerg O. Fichte u. a. (Hrsg.): Zusammenhänge, Einflüsse, Wirkungen. Kongressakten zum ersten Symposium des Mediävistenverbandes in Tübingen, 1984, Berlin/New York 1986, S. 255–271.

HILS, Hans-Peter: Meister Johannes Liechtenauers Kunst des langen Schwertes (Europäische Hochschulschriften: Reihe 3; Geschichte und ihre Hilfswissenschaften 257), Frankfurt a. M. 1985.

HILS, Hans-Peter: Reflexionen zum Stand der hauptberuflichen Fechter des Späten Mittelalters unter Berücksichtigung historischer Rechtsquellen, in: Gundolf Keil (Hrsg.): Würzburger Fachprosa-Studien. Beiträge zur mittelalterlichen Medizin-, Pharmazie- und Standesgeschichte aus dem Würzburger Medizinhistorischen Institut. Michael Holler zum 60. Geburtstag (Würzburger medizinhistorische Forschungen 38), Würzburg 1995, S. 201–219.

HILTMANN, Torsten: Ideal und Physis, in: Klaus Oschema u. a. (Hrsg.): Die Performanz der Mächtigen. Rangordnung und Idoneität in höfischen Gesellschaften des späten

Mittelalters (RANK. Politisch-soziale Ordnungen im mittelalterlichen Europa 5), Ostfildern 2015.

Hoffmeyer, Ada Bruhn: From Medieval Sword to Renaissance Rapier. The evolution of straight-bladed thrusting weapons, in: Robert Held (Hrsg.): Art, Arms and Armour. An International Anthology (Bd. 1: 1979–80), Chiasso 1979, S. 52–79.

Huhle, Henner und Helma Brunck: 500 Jahre Fechtmeister in Deutschland. Ältester privilegierter Berufsstand (Kleine Schriften des Historischen Museums Frankfurt 34), Kelkheim im Taunus 1987.

Israel, Uwe: Die Fechtbücher Hans Talhofers, in: Elisabeth Vavra und Matthias Johannes Bauer (Hrsg.): Die Kunst des Fechtens (Interdisziplinäre Beiträge zu Mittelalter und Früher Neuzeit 7), Heidelberg 2017, S. 93–132.

Israel, Uwe und Christian Jaser (Hrsg.): Agon und Distinktion. Soziale Räume des Zweikampfs zwischen Mittelalter und Neuzeit (Geschichte – Forschung und Wissenschaft 47), Berlin 2016.

Israel, Uwe, Christian Jaser und Ludger Lieb (Hrsg.): Zweikämpfer. Fechtmeister – Kämpen – Samurai (Das Mittelalter 19/2), Berlin 2014.

Jaquet, Daniel: Experimenting Historical European Martial Arts, a scientific Method?, in: Daniel Jaquet, Karin Verelst und Timothy Dawson (Hrsg.): Late Medieval and Early Modern Fight Books. Transmission and Tradition of Martial Arts in Europe (14th–17th Centuries) (History of Warfare 112), Leiden 2016, S. 216–243.

Jaquet, Daniel: Six Weeks to Prepare for Combat. Instruction and Practices from the Fight Books at the End of the Middle Ages, a Note on Ritualised Single Combats, in: Jörg Rogge (Hrsg.): Killing and Being Killed: Bodies in Battle. Perspectives on Fighters in the Middle Ages (Mainz Historical Cultural Sciences 38), Bielefeld 2017, S. 131–164.

Jaquet, Daniel, Karin Verelst und Timothy Dawson (Hrsg.): Late Medieval and Early Modern Fight Books. Transmission and Tradition of Martial Arts in Europe (14th–17th Centuries) (History of Warfare 112), Leiden 2016.

Jaser, Christian: Der Bürger und das Schwert, in: Lisa Deutscher, Mirjam Kaiser und Sixt Wetzler (Hrsg.): Das Schwert – Symbol und Waffe. Beiträge zur geisteswissenschaftlichen Nachwuchstagung vom 19.–20. Oktober 2012 in Freiburg, Breisgau (Freiburger Archäologische Studien 7), Rahden, Westf. 2014, S. 207–223.

Jaser, Christian: Ernst und Schimpf – Fechten als Teil städtischer Gewalt- und Sportkultur, in: Uwe Israel und Christian Jaser (Hrsg.): Agon und Distinktion. Soziale Räume des Zweikampfs zwischen Mittelalter und Neuzeit (Geschichte – Forschung und Wissenschaft 47), Berlin 2016, S. 221–241.

Jaser, Christian: *Infamis etiam campio non esse potest.* Kämpen in deutschen und italienischen Städten des Spätmittelalters zwischen Marginalität und Rechtspflege, in Uwe Israel, Christian Jaser und Ludger Lieb (Hrsg.): Zweikämpfer. Fechtmeister – Kämpen – Samurai (Das Mittelalter 19/2), Berlin 2014, S. 380–406.

Johnsson, Peter: Die Geometrie und das mittelalterliche Schwert, in: Barbara Grotkamp-Schepers u.a. (Hrsg.): Das Schwert. Gestalt und Gedanke (anlässlich der gleichnamigen Ausstellung im Deutschen Klingenmuseum vom 26. Sep. 2015 bis zum 28. Feb. 2016), Solingen 2015, S. 16–26.

Johnsson, Peter: „One Singe Wholeness of Things": The Geometry of Medieval Swords in the Wallace Collection, in: Tobias Capwell: The noble art of the sword. Fashion and Fencing in Renaissance Europe 1520–1630, London 2012, S. 142–149.

KLEINAU, Jens Peter: Visualised Motion: Iconography of Medieval and Renaissance Fencing Books, in: Daniel Jaquet, Karin Verelst und Timothy Dawson (Hrsg.): Late Medieval and Early Modern Fight Books. Transmission and Tradition of Martial Arts in Europe (14th–17th Centuries) (History of Warfare 112), Leiden 2016, S. 88–116.

KÖNIGSEGG-AULENDORF, Johannes Graf zu und André Schulze (Hrsg.): Der Königsegger Codex. Die Fechthandschrift des Hauses Königsegg (2 Bde.), Darmstadt 2010.

KRÜGER, Günter: „daz Swert ze tragen, ze furen und ze halden". Eine kleine Kulturgeschichte des zeremoniellen Schwerttragens, in: Lisa Deutscher, Mirjam Kaiser und Sixt Wetzler (Hrsg.): Das Schwert – Symbol und Waffe. Beiträge zur geisteswissenschaftlichen Nachwuchstagung vom 19.–20. Oktober 2012 in Freiburg, Breisgau (Freiburger Archäologische Studien 7), Rahden, Westf. 2014, S. 197–205.

LANDWEHR, Wolfgang (Hrsg.): Joachim Meyer 1600. Transkription des Fechtbuchs: Gründtliche Beschreibung der freyen Ritterlichen und Adelichen kunst des Fechtens, Herne 2011.

LANGE, Harald und Thomas Leffler (Hrsg.): Kämpfen-lernen als Gelegenheit zur Gewaltprävention?! Interdisziplinäre Analysen zu den Problemen der Gewaltthematik und den präventiven Möglichkeiten des „Kämpfen-lernens", Baltmannsweiler 2015.

LEFFLER, Thomas: Zum Verhältnis von Kampfkunst und Kampfsport, in: Harald Lange und Thomas Leffler (Hrsg.): Kämpfen-lernen als Gelegenheit zur Gewaltprävention?! Interdisziplinäre Analysen zu den Problemen der Gewaltthematik und den präventiven Möglichkeiten des „Kämpfen-lernens", Baltmannsweiler 2015, S. 171–190.

LENG, Rainer (Bearb.): Fecht- und Ringbücher, in: Ulrike Bodeman u. a. (Hrsg.): Katalog der deutschsprachigen illustrierten Handschriften des Mittelalters (38, Band 4/2), München 2010.

LENG, Rainer: Text und Bild in deutschsprachigen illustrierten Fechthandschriften des Mittelalters, in: Elisabeth Vavra und Matthias Johannes Bauer (Hrsg.): Die Kunst des Fechtens (Interdisziplinäre Beiträge zu Mittelalter und Früher Neuzeit 7), Heidelberg 2017, S. 211–234.

LIEBL, Sebastian, Ralf Lippmann und Ralf Sygusch: Persönlichkeits- und Teamentwicklung – Förderung psychosozialer Ressourcen im Judo, in: Peter Kuhn und Sebastian Liebl: Menschen im Zweikampf – Kampfkunst und Kampfsport in Forschung und Lehre 2013. 3. Symposium der dvs-Kommission „Kampfkunst und Kampfsport" vom 7.– 9. November 2013 in Erlangen, Hamburg 2014, S. 26–42.

LUDWIG, Ulrike u. a. (Hrsg.): Das Duell. Ehrenkämpfe vom Mittelalter bis zur Moderne (Konflikte und Kultur 23), Konstanz 2012.

MACINNES, Iain: One man slashes, one slays, one warns, one wounds": Injury and Death in Anglo-Scottish Combat, c. 1296–c. 1403, in: Jörg Rogge (Hrsg.): Killing and Being Killed: Bodies in Battle. Perspectives on Fighters in the Middle Ages (Mainz Historical Cultural Sciences 38), Bielefeld 2017, S. 61–77.

MAUER, Benedikt: Sammeln und Lesen – Drucken und Schreiben. Die vier Welten des Augsburger Ratsdieners Paul Hector Mair, in: Mauelshagen, Franz/Benedikt Mauer (Hrsgg.): Medien und Weltbilder im Wandel der Frühen Neuzeit (Documenta Augustana 5), Augsburg 2000.

MAUNTEL, Christoph: Gewalt in Wort und Tat. Praktiken und Narrative im spätmittelalterlichen Frankreich (Mittelalter-Forschungen 46), Ostfildern 2014.

MERKL, Ulrich: Buchmalerei in Bayern in der ersten Hälfte des 16. Jahrhunderts. Spätblüte und Endzeit einer Gattung, Regensburg 1999.

MESCHKE, Kurt: Schwerttanz und Schwerttanzspiel im germanischen Kulturkreis, Leipzig/Berlin 1931.

MONDSCHEIN, Ken: The Italian Schools of Fencing: Art, Science, and Pedagogy, in: Daniel Jaquet, Karin Verelst und Timothy Dawson (Hrsg.): Late Medieval and Early Modern Fight Books. Transmission and Tradition of Martial Arts in Europe (14th–17th Centuries) (History of Warfare 112), Leiden 2016, S. 280–323.

MÜLLER, Jan-Dirk: Bild – Vers – Prosakommentar am Beispiel von Fechtbüchern. Probleme der Verschriftlichung einer schriftlosen Praxis, in: Hagen Keller u. a. (Hrsg.): Pragmatische Schriftlichkeit im Mittelalter. Erscheinungsformen und Entwicklungsstufen. Akten des internationalen Kolloquiums, 17.–19. Mai 1989 (Münstersche Mittelalter-Schriften 65), München 1992, S. 251–282.

MÜLLER, Jan-Dirk: Hans Lecküchners Messerfechtlehre und die Tradition. Schriftliche Anweisung für eine praktische Disziplin, in: Jan-Dirk Müller (Hrsg.): Wissen für den Hof. Der spätmittelalterliche Verschriftlichungsprozeß am Beispiel Heidelberg im 15. Jahrhundert (Münstersche Mittelalter-Schriften 67), München 1994, S. 355–384.

MÜLLER, Jan-Dirk: Zwischen mündlicher Anweisung und schriftlicher Sicherung von Tradition. Zur Kommunikationsstruktur spätmittelalterlicher Fechtbücher, in: Helmut Hundsbichler (Red.): Kommunikation und Alltag in Spätmittelalter und früher Neuzeit. Internationaler Kongress, Krems an der Donau, 9. bis 12. Oktober 1990 (Veröffentlichungen des Instituts für Realienkunde des Mittelalters und der Frühen Neuzeit 15), Wien 1992, S. 379–400.

MÜSEGADES, Benjamin: Fürstliche Erziehung und Ausbildung im spätmittelalterlichen Reich (Mittelalter-Forschungen 47), Ostfildern 2013.

NADI, Aldo: On Fencing, New York 2005 (unv. Nachdruck der Erstausgabe von 1943).

NEUMANN, Sarah: Der gerichtliche Zweikampf. Gottesurteil – Wettstreit – Ehrensache (Mittelalter-Forschungen 31), Ostfildern 2010.

NORMAN, A. V.: The Rapier and Small-Sword, 1460–1820, London/Melbourne/New York 1980.

NOTTARP, Hermann: Gottesurteilstudien (Bamberger Abhandlungen und Forschungen 2), München 1956.

NOVATI, Francesco: Flos Duellatorum, Il Fior di Battaglia di Maestro Fiore dei Liberi da Premariacco, Bergamo 1902.

OAKESHOTT, R. Ewart: Records of the Medieval Sword, Woodbridge 1991.

OAKESHOTT, R. Ewart: Sword in Hand. A Brief Survey of the Knightly Sword, Minneapolis, MN 2000.

OAKESHOTT, R. Ewart: The Archaeology of Weapons. Arms and Armour from Prehistory to the Age of Chivalry, Mineola, NY, 1996 (Nachdruck der Erstausgabe von 1960).

OAKESHOTT, R. Ewart: The Sword in the Age of Chivalry, London/Melbourne 1981.

PARDOEL, Henk: Fencing. A Bibliography, Amsterdam 2005.

SCHAER, Alfred: Die altdeutschen Fechter und Spielleute. Ein Beitrag zur deutschen Culturgeschichte, Strassburg 1901.

SCHMID, Hans Ulrich: Historische deutsche Fachsprachen. Von den Anfängen bis zum Beginn der Neuzeit. Eine Einführung (Grundlagen der Germanistik 57), Berlin 2015.

SCHNEIDER, Karin: Die deutschen Handschriften der Bayerischen Staatsbibliothek München: Cgm 501–690. Editio altera, Wiesbaden 1978.

SCHULZE, André: Mittelalterliche Kampfesweisen. Talhoffers Fechtbuch Anno Domini 1467 (Bd. 1: Das Lange Schwert), Mainz a. R. 2006.

SEITZ, Heribert: Blankwaffen. Ein waffenhistorisches Handbuch. Geschichte und Typenentwicklung im europäischen Kulturbereich (Bibliothek für Kunst- und Antiquitätenfreunde 4), Band 1: Von der prähistorischen Zeit bis zum Ende des 16. Jahrhunderts, Braunschweig ²1982.

STANGIER, Thomas: *Ich hab ein hertz als ein leb* … Zweikampfrealität und Tugendideal in den Fechtbüchern Hans Talhoffers und Paul Kals, in: Franz Niehoff (Hrsg.): Ritterwelten im Spätmittelalter. Höfischritterliche Kultur der Reichen Herzöge von Bayern-Landshut. Katalog zur Ausstellung der Museen der Stadt Landshut in der Spitalkirche Heiliggeist vom 26. Juni bis zum 27. September 2009 (Schriften aus den Museen der Stadt Landshut 29), Landshut 2009, S. 73–93.

TALHOFFER, Hans: Talhoffers Fechtbuch. Gerichtliche und andere Zweikämpfe darstellend (Bibliothek der historischen Kampfkünste 1), Herne ⁶2016.

TLUSTY, B. Ann: Martial Identity and the Culture of the Sword in Early Modern Germany, in: Daniel Jaquet, Karin Verelst und Timothy Dawson (Hrsg.): Late Medieval and Early Modern Fight Books. Transmission and Tradition of Martial Arts in Europe (14th–17th Centuries) (History of Warfare 112), Leiden 2016, S. 547–570.

TOBLER, Christian Henry: In Saint George's Name. An Anthology of Medieval German Fighting Arts, Wheaton (Illinois) 2010.

TOBLER, Christian Henry: In Service of the Duke. The 15th Century Fighting Treatise of Paulus Kal, Mayfair Lane (Texas) 2006.

TOBLER, Christian Henry: Secrets of German Medieval Swordsmanship, Mayfair Lane (Texas) 2002.

TRACY, Larissa und Kelly DeVries (Hrsg.): Wounds and Wound Repair in Medieval Culture (Explorations in Medieval Culture 1), Leiden/Boston 2015.

VAVRA, Elisabeth und Matthias Johannes Bauer (Hrsg.): Die Kunst des Fechtens (Interdisziplinäre Beiträge zu Mittelalter und Früher Neuzeit 7), Heidelberg 2017.

VERBAND FÜR MODERNE SCHWERTKUNST IN BAYERN E. V. (Hrsg.): Paurnfeindts Fechtbuch aus dem Jahr 1516, Norderstedt 2014 (BoD).

WAGNER, Silvan: Die Fechtmeister Gottes. Laientheologische Implikationen der Zweikampflehren des Spätmittelalters, in: Elisabeth Vavra und Matthias Johannes Bauer (Hrsg.): Die Kunst des Fechtens (Interdisziplinäre Beiträge zu Mittelalter und Früher Neuzeit 7), Heidelberg 2017, S. 77–92.

WANKE, Tilman: Anderthalbhänder – Zweihänder – Langes Schwert. Klassifikation, Nutzung und Bezeichnung der großen Schwerter des Spätmittelalters und der frühen Neuzeit, in: Waffen- und Kostümkunde 51, 2009 (Heft 2), S. 113–180.

WASSMANNSDORFF, Karl: Aufschlüsse über Fechthandschriften und gedruckte Fechtbücher des 16. und 17. Jahrhunderts in einer Besprechung von G. Hergsell: „Talhoffers Fechtbuch aus dem Jahre 1467", Berlin 1888.

WASSMANNSDORFF, Karl: Die Ringkunst des deutschen Mittelalters. Mit 119 Ringerpaaren von Albrecht Dürer, Leipzig 1870.

WASSMANNSDORFF, Karl: Sechs Fechtschulen (d. i. Schau- und Preisfechten) der Marxbrüder und Federfechter aus den Jahren 1573 bis 1614; Nürnberger Fechtschulreime v. J. 1579 und Rösener's Gedicht: Ehrentitel und Lobspruch der Fechtkunst v. J. 1589. Eine Vorarbeit zu einer Geschichte der Marxbrüder und Federfechter, Heidelberg 1870.

Wassmannsdorff, Karl (Hrsg.): Turnen und Fechten in früheren Jahrhunderten. Aufsätze zur Geschichte der deutschen Leibesübungen aus der Festzeitung für das siebente deutsche Turnfest, Heidelberg 1890.

Wierschin, Martin: Meister Johann Liechtenauers Kunst des Fechtens (Münchener Texte und Untersuchungen zur deutschen Literatur des Mittelalters 13), München 1965.

Welle, Rainer: Ringkampf – Kampfringen – Fechtringen. Motorische Fertigkeiten und ihr Beitrag zur Sozialgeschichte, in: Elisabeth Vavra und Matthias Johannes Bauer (Hrsg.): Die Kunst des Fechtens (Interdisziplinäre Beiträge zu Mittelalter und Früher Neuzeit 7), Heidelberg 2017, S. 175–209.

Welle, Rainer: … vnd mit der rechten faust ein mordstuck – Baumanns Fecht- und Ringkampfhandschrift. Edition und Kommentierung der anonymen Fecht- und Ringkampfhandschrift Cod. I.6.4° 2 der UB Augsburg aus den Beständen der ehemaligen Öttingen-Wallersteinschen Bibliothek (2 Bde.), München 2014.

Welle, Rainer: … und wisse das alle höbischeit kompt von deme ringen. Der Ringkampf als adelige Kunst im 15. und 16. Jahrhundert (Forum Sozialgeschichte 4), Pfaffenweiler 1993.

Żabiński, Grzegorz: Legendo Discimus? Structures of Selected Medieval and Early Renaissance Swordsmanship Teachings as a Reflection of the Practical Teaching Course of the Art of the Long Sword, in: Elisabeth Vavra und Matthias Johannes Bauer (Hrsg.): Die Kunst des Fechtens (Interdisziplinäre Beiträge zu Mittelalter und Früher Neuzeit 7), Heidelberg 2017, S. 157–173.

Żabiński, Grzegorz: Unarmoured Longsword Combat of Master Liechtenauer via Priest Döbringer, in: John Clements: Masters of Medieval and Renaissance Martial Arts. Rediscovering the Western Combat Heritage, Boulder (Colorado) 2008, S. 59–116.

3. Hilfsmittel

Allgemeine Deutsche Biographie, hrsg. durch d. Histor. Comm. bei d. Königl. Akad. d. Wiss. (50 Bde.), Berlin 1970 (Neudruck der 1. Auflage von 1884).

Baufeld, Christa: Kleines Frühneuhochdeutsches Wörterbuch. Lexik aus Dichtung und Fachliteratur des Frühneuhochdeutschen, Tübingen 1996.

Duden – Deutsches Universalwörterbuch. Das umfassende Bedeutungswörterbuch der deutschen Gegenwartssprache, hg. v. der Dudenredaktion, Berlin [8]2015.

Grimm, Wilhelm und Jacob: Deutsches Wörterbuch (16 Bde.), Leipzig 1854–1960.

Kluge, Friedrich (Verf.) und Elmar Seebold (Bearb.): Etymologisches Wörterbuch der deutschen Sprache, Berlin/New York [24]2002.

Lexer, Matthias: Mittelhochdeutsches Handwörterbuch, 3 Bde., Leipzig 1872–78.

Lexikon des Mittelalters (9 Bde.), München/Zürich 1980–1999.

Ruh, Kurt u. a. (Hrsg.): Die deutsche Literatur des Mittelalters. Verfasserlexikon (11 Bde.), Berlin/New York [2]1977–2005.

Schützeichel, Rudolf: Althochdeutsches Wörterbuch, Tübingen [6]2006.

4. Zitierte Internetseiten (Stand: 01.09.2017)

Acta Periodica Duellatorum: http://www.actaperiodicaduellatorum.com

Akademie der Fechtkunst Deutschlands: http://www.akademie-der-fechtkunst.de/aka-
demie

Dawson, Timothy: „A club with an edge", in: Journal of Western Martial Art, http://
ejmas.com/jwma/articles/2005/jwmaart_dawson_0205.htm

Deutscher Dachverband Historischer Fechter e.V: http://www.ddhf.de/ueber-uns

DFG-Bibliographie: https://tu-dresden.de/gsw/phil/ige/ma/ressourcen/dateien/
zweikampf_projekt/bibliographie_zweikampf?lang=de

Hoffmann, Werner: Beschreibung zur Handschrift Mscr.Dresd.C.487 der SLUB Dresden,
http://www.manuscripta-mediaevalia.de/dokumente/html/obj31600186

Wiktenauer: http://wiktenauer.com

Namenregister

Das folgende Register enthält Personen-, Gruppen- und ausgewählte Ortsnamen, die in der Arbeit Erwähnung finden. Namen, die nur im Anmerkungsapparat erscheinen, sind mit kursiver Seitenangabe aufgeführt.

Sachregister

Das folgende Register enthält auf das Fechten bezogene technische und Fachbegriffe, die in der Arbeit Erwähnung finden. Begriffe, die nur im Anmerkungsapparat erscheinen, sind mit kursiver Seitenangabe aufgeführt.

Abbildungen

Farb-Abb. 1: Zweihandschwert; Deutschland (?), 1425–1520; aus holländischem Privatbesitz.
© Lutz Hoffmeister/Deutsches Klingenmuseum.

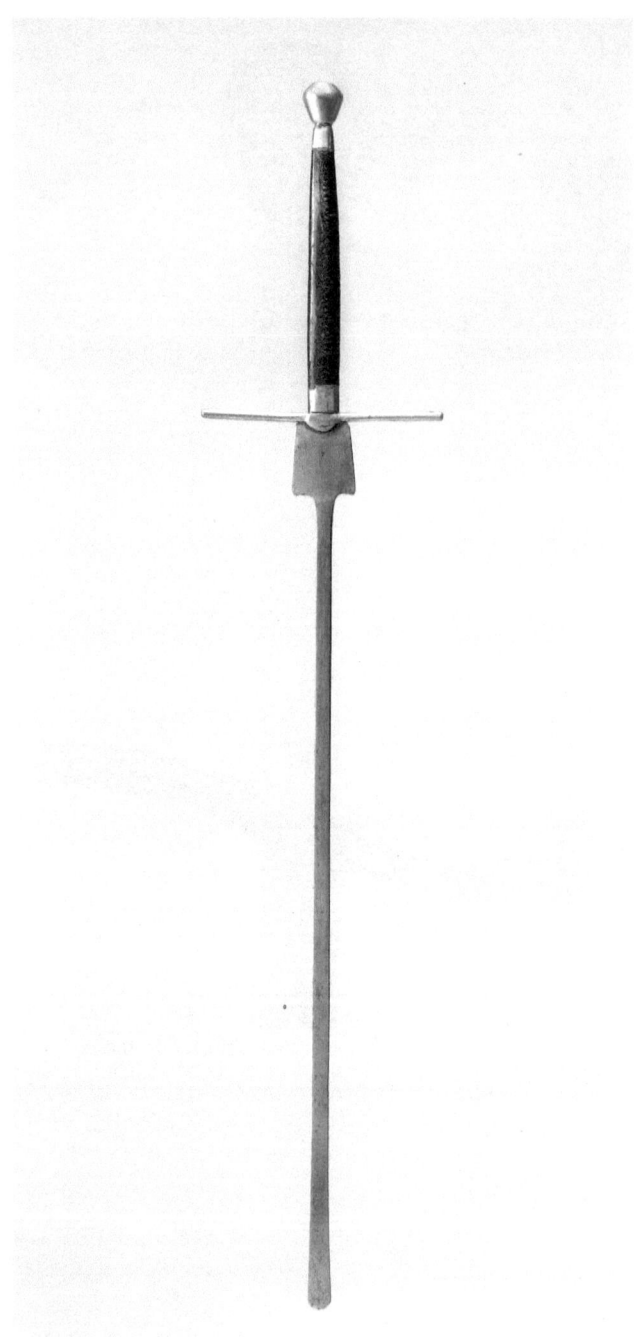

Farb-Abb. 2: Fechtfeder; Deutschland, 1500–1525; Schweizerisches Nationalmuseum, KZ-1029.
© Schweizerisches Nationalmuseum, 43192_KZ-1029.

Farb-Abb. 3: Huten Ochs (links) und Pflug (rechts); Paulus Kal, 2. Hälfte 15. Jh. (vor 1479). Bayerische Staatsbibliothek München, Cgm 1507, fol. 58r.

Farb-Abb. 4: Huten Alber (links) und vom Tag (rechts); Paulus Kal, 2. Hälfte 15. Jh. (vor 1479). Bayerische Staatsbibliothek München, Cgm 1507, fol. 58v.

Farb-Abb. 5: Krumphau (linker Fechter); Hans Talhoffer, 1467.
Bayerische Staatsbibliothek München, Cod.icon.394a, fol. 11r.

Farb-Abb. 6: Zwerchhau (Kämpferpaar hinten links, rechter Fechter); Joachim Meyer, Gründtliche Beschreibung des Fechtens, 1570.
Bayerische Staatsbibliothek München, Res/4 Gymn. 26 t (VD16 M 5087), fol. 1.32v.

Farb-Abb. 7: Schielhau (vorne, linker Fechter); Joachim Meyer, Gründtliche Beschreibung des Fechtens, 1570.
Bayerische Staatsbibliothek München, Res/4 Gymn. 26 t (VD16 M 5087), fol. 1.46v.

Farb-Abb. 8: Scheitelhau (rechter Fechter); aus dem sog. ‚Goliath'-Fechtbuch, 1510–20. Krakau, Biblioteka Jagiellońska, MS. Berol. Germ. Quart. 2020, fol. 43r

Farb-Abb. 9: Fechten mit Schwert und Buckler im sog. ‚Towerfechtbuch‘, um 1300. Abgebildet sind in der oberen Zeichnung die Hut Langort (linker Fechter) und die erste Hut bzw. unter dem Arm/*sub brachia* (rechter Fechter). Auf der unteren Abbildung gut zu erkennen das Anbinden und Winden am Schwert.
Leeds, Royal Armouries, MS I.33, fol. 7v.

Hew sach merck

Jm pandt weich oder hertt

Vor vnd nach Jndes hab acht

Ob leufft des kryg recht betracht

So wo der mayster von dem ersten stuck empfangt hatt als von
dem Zwithaw Jm sagtt es ein gutte bis das ist wenn einer
mit die ein haut oder sticht so soltu yn eben merckn wenn em
mist an das ander blit ob es Jm pandt weich oder hertt sy vnd
als pald dw des empfindest so arbeit Jndes mit dem tag nach
der weich vnd nach der hertt Zu der nexstn plöß: Vnd was
das vor vnd nach ist das pistu vor vnterricht

Farb-Abb. 10: Fechten mit dem langen Messer; Johannes Lecküchner, 1482.
Bayerische Staatsbibliothek München, Cgm 582, fol. 9v.

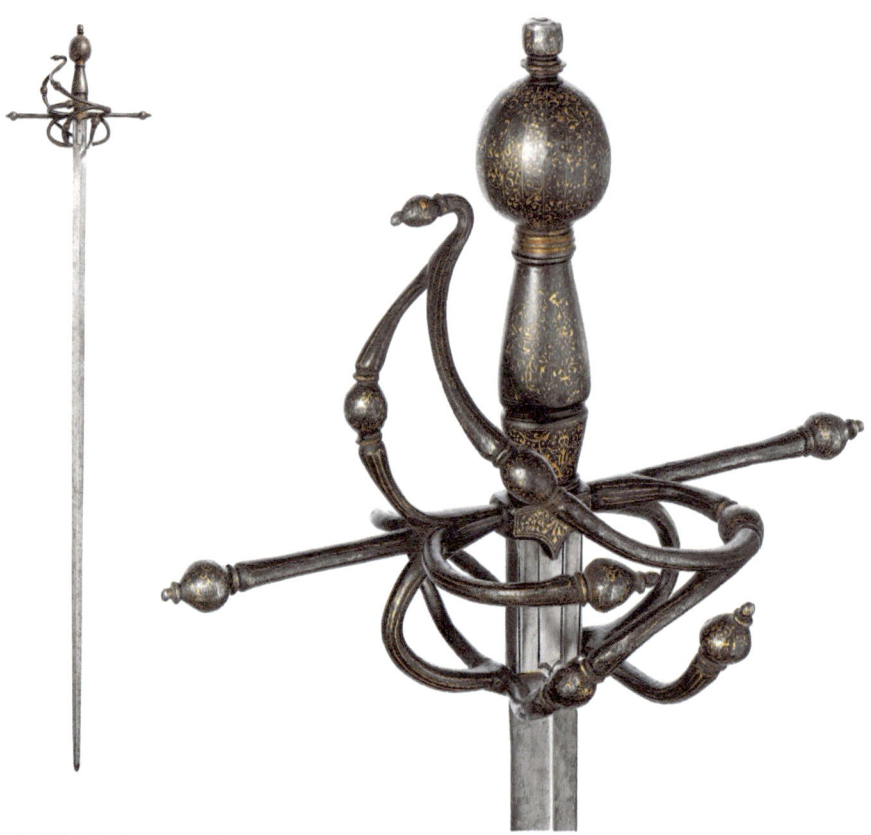

Farb-Abb. 11: Rapier; süddeutsch oder italienisch, letztes Viertel 16. Jahrhundert; Deutsches Klingenmuseum Solingen, 1972.W.003.
© Lutz Hoffmeister/Deutsches Klingenmuseum.

Farb-Abb. 12: Die Eiserne Pforte nach Paurenfeindt (linker Fechter). Der hier abgebildete französischsprachige Nachdruck enthält weitestgehend originalgetreue farbige Nachzeichnungen der Originalausgabe; Andre Paurenfeindt: La noble science des ioueurs despee, 1538.
Herzog August Bibliothek Wolfenbüttel, Hn 236, S. 12.

HABITVS MONOCEROS DICITVR QVI
SVFFICIENTER DESCRIPTVS EST SVPRA NVMERO LXVI. ADDITO
AVERSIONIS HABITV

70

DIGLADIANDO cum aduersario appropinquaris, huc in modu te in prædictum habitu præparabis, sinistru pponito, brachijs coniuersis, pro capite tuo cō formatis, ita, ut acies breuis inferior appareat, mucro uersus aduersariu sit directus, dextro consequutus mucrone in faciem uel pectus eius impellito, interim in transuersa riu inflectes, et uersus dextru aduersarij latus manibus cancellatis ferias. Sed si hostis contra te eodem ensis habitu fuerit usus, locum præfigito, et habitu prænotatum acie longa pmissa auertes, consequere crure dextro, atq superne acie ensis tui longa caput eius sauciato: excipiente id aduersario, tu hinc inde ex alia nuditate subinde alia quærito superne et inferne seriendo. Vbicuq nudus adparuerit. Sin aut is eode modo contra te laborarit, tu celeriter cura ut aut illu præuenias, uel si nequeas, tame subito illum feriundo subsequaris.

Farb-Abb. 13: Abbildung aus Mairs *De arte athletica* (Mitte 16. Jh.). Gut zu erkennen die Handhaltung beim ,Einkiren' (links) und die Daumenlage (rechts).
Bayerische Staatsbibliothek München, Cod.icon. 393(1), fol. 52v.

Farb-Abb. 14: Abbildung aus dem anonymen *Newen Kûnstreichen Fechtbůch*, 1591. Auffällig sind die übergewichtigen Fechter und die explizite Gewaltdarstellung trotz der vermeintlich stumpfen Übungsschwerter.
Herzog August Bibliothek Wolfenbüttel, Cod. Guelf. 83.4 Aug. 8°, fol. 5v.

Farb-Abb. 15: Der Fechtmeister beaufsichtigt seinen Schüler als Mentor beim ‚Steine werfen und Stangen schieben' zur Leibesertüchtigung, vermutlich während der Vorbereitung auf ein Duell; Hans Talhoffer, 1440er Jahre.
Forschungsbibliothek Gotha der Universität Erfurt, Chart. A 558, fol. 29v.

Farb-Abb. 16: Zweihandschwert mit Ricasso und erweitertem Handschutz, um ein sicheres Greifen mit dem Finger über die Parierstange für einen besseren Klingenwinkel zu erlauben; Deutschland, ca. 1525–50; The Wallace Collection, London, A478.
© The Wallace Collection, London.

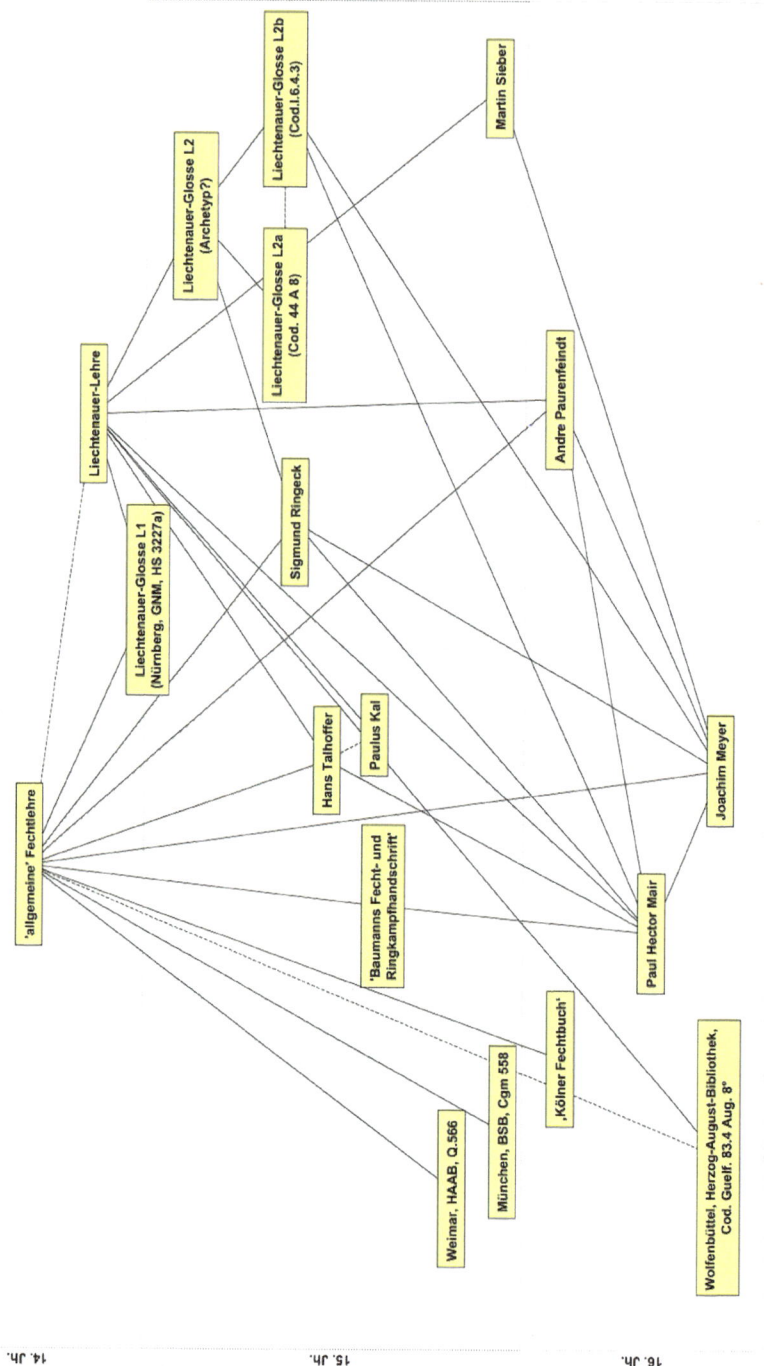

Farb-Abb. 17: Grafische Darstellung der Abhängigkeitsverhältnisse unter den Fechtmeistern bzw. -lehren. durchgängige Linien zeigen eine nachweisbare Abhängigkeit (intertextuelle Bezüge/Handschriftenbesitz), nicht durchgängige Linien eine vermutete Abhängigkeit. In Klammern jeweils die archetypische Handschrift.